CUATRO PERROS
Y SUS HISTORIAS

CUATRO PERROS Y SUS HISTORIAS

Marcella Bursey Brooks

Blue Ink Media Solutions

Cuatro Perros Y Sus Historias

Derechos de autor © 2025 Marcella Bursey Brooks.

Todos los derechos reservados. Ninguna parte de este libro puede ser reproducida, almacenada o transmitida por ningún medio—ya sea auditivo, gráfico, mecánico o electrónico—sin el permiso por escrito tanto del editor como del autor, excepto en el caso de breves extractos utilizados en artículos y reseñas críticas. La reproducción no autorizada de cualquier parte de esta obra es ilegal y está penada por la ley.

Los personajes, eventos y lugares de este libro son ficticios. Cualquier similitud con personas reales, vivas o muertas, es coincidente y no intencionada por la autora.

Printed in the United States of America
ISBN 978-1-64133-953-7 (hc)
ISBN 978-1-64133-954-4 (sc)
ISBN 978-1-64133-955-1 (e)

2025.02.15

Este libro está impreso en papel sin ácido.

Debido a la naturaleza dinámica de Internet, cualquier dirección web o enlace incluido en este libro puede haber cambiado desde su publicación y puede que ya no sea válido. Las opiniones expresadas en esta obra pertenecen únicamente a la autora y no reflejan necesariamente las opiniones del editor, quien se exime de cualquier responsabilidad sobre ellas.

Blue Ink Media Solutions
1111B S Governors Ave
STE 7582 Dover,
DE 19904

www.blueinkmediasolutions.com

Contents

Agradecimientos vii
Dedicatorias ix

Capítulo Uno 1
Capítulo Dos 5
Capítulo Tres 9
Capítulo Cuatro 19
Capítulo Cinco 28
Capítulo Seis 38
Capítulo Siete 43
Capítulo Ocho 49
Capítulo Nueve 58
Capítulo Diez 63
Capítulo Once 73
Capítulo Doce 81
Capítulo Trece 99
Capítulo Catorce 111
Capítulo Quince 116
Capítulo Dieciséis 124
Capítulo Diecisiete 129
Capítulo Dieciocho 138
Capítulo Diecinueve 148
Capítulo Veinte 158
Capítulo Veintiuno 165
Capítulo Veintidós 173
Capítulo Veintitrés 181
Capítulo Veinticuatro 186
Capítulo veinticinco 194
Capítulo veintiséis 202

Capítulo Veintisiete 210
Capítulo Veintiocho 216
Capítulo Veintinueve 221
Capítulo Treinta 225
Capítulo Treinta y Uno 231
Capítulo Treinta y Dos 241
Capítulo Treinta y Tres 250
Capítulo Treinta y Cuatro 257
Capítulo Treinta y Cinco 263
Capítulo Treinta y Seis 268
Capítulo Treinta y Siete 275
Capítulo Treinta y Ocho 279
Capítulo Treinta y Nueve 283
Capítulo Cuarenta 289
Capítulo Cuarenta y Uno 294
Capítulo Cuarenta y Dos 301
Capítulo Cuarenta y Tres 307
Capítulo Cuarenta y Cuatro 311
Capítulo Cuarenta y Cinco 320
Capítulo Cuarenta y Seis 323
Capítulo Cuarenta y Siete 327
Capítulo Cuarenta y Ocho 332
Capítulo Cuarenta y Nueve 336
Capítulo Cincuenta 343
Capítulo Cincuenta y Uno 349
Capítulo Cincuenta y Dos 356
Capítulo Cincuenta y Tres 362
Capítulo Cincuenta y Cuatro 372
Capítulo Cincuenta y Cinco 377
Capítulo Cincuenta y Seis 386

Agradecimientos

Me siento muy bendecida de haber compartido gran parte de mi vida con mis perros, quienes fueron la inspiración para este libro. Aunque ya no estén, mi amor por ellos sigue siendo tan fuerte como siempre. Los perros aman incondicionalmente, ojalá yo fuera capaz de amar con tanta entrega.

Mi difunto esposo nunca dudó de mi capacidad para escribir este libro, y su confianza en mí fue de gran ayuda. Gracias, Clint.

Mi más sincero agradecimiento al personal de la United States Dog Agility Association (USDAA), quienes fueron una fuente de apoyo amable y útil sobre el deporte de la agilidad canina. Respondieron de manera amable y paciente a mis numerosas preguntas sobre la agilidad canina durante la escritura de este libro.

Dedicatorias

Este libro está dedicado a mi difunto esposo,
el Dr. Clint Brooks, y a todas mis mascotas,
así como a las de todos los demás.

Capítulo Uno

El perro callejero, desaliñado, miró sus patas con desesperación. No podía recordar la última vez que había comido. Siempre se sentía agotado, y en su pecho sentía dolor todo el tiempo. Bebía de charcos y corrientes de agua sucia que fluían junto a las aceras de piedra elevadas. Había varios montones grandes de arena que los obreros utilizaban para hacer cemento para las casas que se estaban construyendo en la zona. A medida que las noches se volvían más frías, dormía en esos montones porque conservaban el calor del sol de cada día.

De vez en cuando, descansaba en el porche de alguna casa porque tenía un saliente que le protegía de la lluvia; sin embargo, nunca interactuaba con las personas cuya entrada usaba, porque siempre huía cuando oía que se acercaban a la puerta principal. Incluso huía cada vez que veía a aquella mujer acercarse, aunque sabía que ella le traía comida. Había decidido no amar ni confiar en nadie nunca más, porque así nunca podría ser herido si no abría su corazón. Era libre y se prometió a sí mismo que siempre lo sería.

Su garganta ya no supuraba sangre y apenas le dolía. Había caído la noche y reflexionaba sobre los acontecimientos que lo habían llevado hasta aquel montón de arena en el que yacía solo.

Apenas podía recordar cuándo dejó a su madre, su hermano y sus dos hermanas. Ahora sabía que lo habían vendido en un mercado, porque siempre recordaba la confusión de sonidos, colores y muchas personas moviéndose a su alrededor. La semana pasada, había seguido el rastro de la comida y se encontró en un lugar similar. Era un mercado, y los sonidos, las vistas y los olores evocaron aquel primer recuerdo.

Las personas que lo habían llevado a casa desde el mercado lo habían colocado al lado de Blanca. Su primera impresión de ella fue que era grande y de un color muy claro. También parecía vieja. Siempre habían vivido en un patio. Solía acurrucarse junto a ella para encontrar calor y consuelo por la noche. Le llevó un tiempo darse cuenta y aceptar que Blanca no lo quería como su madre, pero le toleraba.

Sus dueños siempre estaban enfadados con él. Nunca supo qué hacer, o qué no hacer, para agradarles. A la hora de las comidas, devoraba la escasa cantidad de comida que le daban, pero nunca se sentía lleno ni satisfecho. A pesar de recibir tan poca comida, había crecido, y ahora recordaba la sorpresa que sintió el día que se paró al lado de Blanca y se dio cuenta de que era más grande que ella.

No estaba seguro de cuál era su nombre o si siquiera tenía uno. Recordaba que, cuando era un cachorro, sus dueños decían la palabra "Mozo" siempre que le hablaban, pero a medida que creció, se quedó sin nombre.

La vida había sido tan limitada y aburrida que, a veces, cuando la puerta del patio se quedaba abierta, salía corriendo para investigar el mundo más allá. Recordaba el miedo que sintió la primera vez que vio a otros perros vagando por ahí. Solo conocía a Blanca, que nunca decía ni hacía nada, excepto levantarse de vez en cuando para cambiar de posición y acostarse sobre su otro lado. Los perros del mundo exterior le habían ignorado, al igual que las personas, salvo una vez que se acercó a una pareja que caminaba con un niño. Recordaba haber movido la cola para hacerles saber que quería ser su amigo, pero ellos habían estampado sus pies y le gritaron. Cuando el hombre levantó la mano, amenazando con golpearle, salió corriendo.

Cuando regresaba de esas excursiones, sus dueños se enfadaban con él. Claro, siempre estaban enfadados, incluso cuando no había salido del patio ni había hecho nada que pudiera haber provocado su ira. Después de aquella última aventura, su dueño le había azotado con una cuerda y luego atado esa misma cuerda alrededor del cuello, fijándola a un gancho incrustado en la pared de piedra del patio. Nunca más volvió a estar libre de la cuerda y su confinamiento fue tan extremo que ni siquiera tenía la libertad de moverse por todo el patio.

La dueña de la casa había sido cruel, o tal vez solo desconsiderada, porque frecuentemente colocaba un cubo de agua fresca tan lejos de él que la corta longitud de la cuerda no le permitía alcanzar el agua. Antes de ser atado a la pared de piedra, disfrutaba del lujo de tumbarse a la sombra del árbol del patio cuando el sol estaba alto en el cielo. Pero una vez completamente confinado por la cuerda, siempre tenía que tumbarse en el suelo de piedra del patio, soportando tanto el sol abrasador como la lluvia.

Se estremeció al recordar cómo la cuerda le rozaba y le irritaba la piel bajo la barbilla, causándole gran incomodidad y miseria. Al principio, se había sentido ofendido y herido por la indiferencia de Blanca hacia su sufrimiento, pero después de reflexionar un tiempo sobre su actitud, concluyó que toda curiosidad y sentido de aventura se le habían agotado debido a la aceptación de la indiferencia de sus dueños y al tedio de su vida cotidiana.

Sus pensamientos volvieron a aquel fatídico día de celebración. Luces de colores se habían colgado del árbol y de las paredes del patio, y como era algo nuevo y diferente que mirar, había aliviado el aburrimiento de su monótona existencia. La señora había estado cocinando comida sobre un fuego abierto en el patio, mientras que los niños corrían de un lado a otro de la casa, gritándose entre ellos con emoción a medida que llegaban extraños y eran recibidos con abrazos y risas. Él también había saludado a los extraños, hasta que su dueño le ató tan cerca de la pared de piedra que apenas quedaba suficiente cuerda para permitirle tumbarse. Ahora se daba cuenta de que nadie quería que saludara o tocara a los extraños que habían llegado para la celebración.

Todos estaban bebiendo, riendo y comiendo. La comida olía tan tentadora que la baba le empapaba el pelaje de la barbilla mientras suplicaba que le dieran algo. El amo le había dado una patada y le habló con enfado. Tembló al recordar lo que ocurrió después.

El olor a humo y los sonidos de personas corriendo y gritando le despertaron, y se quedó atónito y paralizado al ver el árbol del patio ardiendo. La gente corría dentro y fuera de la casa llevando cubos de agua para apagar el fuego. Alguien intentó rociar agua sobre el árbol en llamas, pero la manguera era demasiado corta para arrastrarla lo suficiente y mojar el árbol, y solo se mojó el suelo del patio. Su amo y su ama, los niños y todos los extraños atravesaron la puerta del patio y la dejaron abierta. Incluso Blanca se había animado y se fue tras ellos.

El ruido y el calor de las llamas aún estaban frescos en su memoria. Había tirado tan fuerte de la cuerda alrededor de su cuello en su intento por escapar que casi se había desmayado por estrangularse a sí mismo, pero la cuerda había aguantado. Revivió el terror que sintió cuando una rama en llamas del árbol voló por el aire, golpeó la pared de piedra justo detrás de él y se enganchó en su cuerda. Afortunadamente para él, era una rama carbonizada con muy poca llama y quemó la cuerda.

Recordaba correr a través de la puerta del patio, jurando no volver jamás a esas personas que lo habían abandonado en el patio con el árbol ardiendo y no habían mostrado ningún interés por si vivía o moría. En algún lugar de su pecho, aún sentía un dolor al recordar los horrores de su vida temprana.

Había estado solo desde hacía un tiempo y eso le venía muy bien. Nunca más dejaría que nadie se acercara lo suficiente como para hacerle daño—ni siquiera esa mujer pesada que intentaba tentarlo con comida.

Capítulo Dos

Topaz descansaba contenta en el sendero de piedra que había sido calentado por el sol de principios de primavera. Le encantaba tumbarse allí casi tanto como le gustaba acostarse en su cama suave y cómoda en el suelo del dormitorio de su mamá y papá. Su lugar de descanso favorito era el sofá, con la cabeza acurrucada en el regazo de su mamá.

Recordó cómo solía subirse a la cama de su mamá y papá durante la noche cada vez que oía ruidos extraños fuera, pero eso fue cuando era una cachorra y se asustaba con los sonidos desconocidos de los animales haciendo su vida después del anochecer. Se acurrucaba entre los dos y se sentía segura y protegida. Cuando se despertaban por la mañana, su mamá y papá parecían sorprendidos, pero se reían y su mamá siempre la abrazaba.

Ahora que sabía qué causaba los ruidos nocturnos, ya no le parecían extraños ni amenazantes. Los búhos a menudo ululaban y a veces los ciervos hacían ruido mientras se movían entre los matorrales. Cerca vivían zorros, y a veces oía a un macho y una hembra ladrando mientras intentaban encontrarse después del anochecer.

Cada mañana, al despertarse, le encantaba escuchar los sonidos alegres y ajetreados de los pájaros saludando a un nuevo día. De vez en cuando, los pájaros se quedaban en silencio de repente y ella sabía que, en esos momentos, un halcón volaba sobre ellos buscando comida.

Recordaba un incidente cuando estaba descansando sobre la hierba con las patas metidas debajo, mirando perezosamente a su alrededor en busca de ardillas, y se dio cuenta de que todos los sonidos de los pájaros habían cesado. De repente, un halcón volando bajo atrapó una paloma en pleno vuelo. Sucedió tan cerca de ella que algunas de las plumas de la paloma fueron arrastradas por el viento y se posaron en su cabeza y se asentaron en la hierba cerca de sus patas. Se había quedado terriblemente impactada y corrió más rápido que nunca, atravesando su puerta especial de perro hacia su casa. No dejó de correr hasta que encontró a su mamá sentada en una de las sillas grandes y cómodas del salón familiar, viendo la televisión. Saltó a la gran silla y se apretujó junto a su mamá, quien se rió y se movió para hacerle sitio.

Topaz se había acostumbrado a los eventos de la vida silvestre que ocurrían en su propiedad. Le gustaban los ciervos, y había muchos para gustarle. A veces descansaba en el césped cerca de ellos.

Mientras sus pensamientos se enfocaban en los ciervos, vio a un par de cervatillos. Parecían tan pequeños y frágiles.

Se preguntó cómo podían llegar a correr con sus finas y pequeñas patas. Miró sus grandes ojos y expresiones inocentes. Eran tan dulces y encantadores. Topaz decidió acercarse para verlos mejor, quizás olfatear a los cervatillos y lamer sus hocicos para hacerles saber que le gustaban.

Se levantó de su postura de descanso y caminó lentamente hacia ellos para no alarmarlos. Los cervatillos la observaban con curiosidad. Justo cuando estaba lo suficientemente cerca para saludarlos, su mamá cierva saltó de detrás de un arbusto de forsitia crecido. La cierva era gigantesca y silbaba y resoplaba mientras cargaba hacia ella. Topaz estaba tan aterrorizada que no pudo moverse durante varios segundos. Justo antes de que la gran cierva monstruosa se acercara lo suficiente como para matarla, Topaz logró mover sus patas y corrió por su vida atravesando la puerta de perro hasta la cocina en busca de su mamá.

Cuando la encontró, empujó con la cabeza la parte trasera de las piernas de su mamá. Su mamá separó las piernas y Topaz se sentó entre ellas, sintiéndose al fin segura. Todavía estaba temblando de miedo cuando su papá entró en la cocina con pasos firmes y comenzó a hablar con su mamá. Topaz sabía que él estaba enfadado porque ella había huido de la cierva gigante. A menudo señalaba a los ciervos, luego la miraba a ella y decía: "¡A por ellos!". Ella siempre fingía no saber qué quería que hiciera. Simplemente no quería perseguirlos. Le gustaban los ciervos. Además, eran mucho más grandes que ella.

Mientras Topaz temblaba entre las piernas de su mamá, se sintió reconfortada al sentir la caricia de su mamá en la cabeza y el cuello. Su mamá habló con firmeza y autoridad a su papá, y sabía que ella la estaba defendiendo por huir de la mamá cierva monstruosa.

Ella y su mamá tenían una conexión especial entre ellas. A veces, su mamá sabía qué hacer por ella antes de que ella misma supiera que quería o necesitaba algo. Anoche, a la hora de acostarse, su mamá la había cubierto con una manta suave mientras descansaba en su cama de perro. Inmediatamente después, Topaz se dio cuenta de que tenía frío, pero no lo había notado hasta que su mamá le puso la manta. Sí, ella y su mamá tenían un vínculo mágico y amaba a su mamá más que a nadie ni a nada. Amaba a su papá, pero no con la profunda pasión que sentía por su mamá.

Su papá había vuelto a salir al exterior. Ya no estaba enfadado con ella, pero Topaz sabía que era una continua decepción para él porque no quería cazar ni perseguir a los animales en su propiedad. Su papá nunca la había elogiado por haberse enseñado a nadar sola en el estanque de la propiedad. Su mamá había hecho todo un alarde de ello y le había dicho una y otra vez que era la perra más lista de todas. A Topaz le encantaba mojarse por completo y a menudo merodeaba por su propiedad durante fuertes aguaceros. Una vez, cuando su mamá la secaba con una toalla después de una de esas excursiones, su papá había dicho: "Topaz es demasiado tonta para entrar cuando llueve". Ella había intuido exactamente lo que su papá le había dicho a su mamá.

Jeanette Bancroft miró hacia abajo a la hermosa Pointer Alemana de Pelo Corto que estaba sentada entre sus piernas. Topaz era una delicia a la vista con su cabeza y cuello de color hígado oscuro, el color sólido solo roto por la coloración moteada de hígado y blanco en su hocico, que daba la impresión de pecas. Su cuerpo delgado y bien musculado era en su mayoría blanco con motas de color hígado y tres grandes manchas de hígado que estaban espaciadas uniformemente y viajaban desde la cruz, bajando por el centro de su espalda hasta la base de su cola. Tenía un gran pecho y cuartos traseros fuertes y bien desarrollados. Su línea superior era recta. Era una perra de exposición en apariencia, pero no en personalidad.

Jeanette acarició las sedosas orejas de Topaz y le dijo suavemente: "Se supone que te tiene que gustar la caza. Vienes de una larga línea de Campeones de Conformación y de Campo, pero el gen de la caza no se transmitió en tu ADN. ¡De todos modos te quiero, y para mí todo en ti es perfecto!"

Al igual que Topaz, Jeanette era delgada pero bien musculada. Su cabello era negro y liso, y sus ojos eran casi tan negros como su cabello. Su piel era de un blanco cremoso con tendencia a pecas. Cole a menudo comentaba que sus pecas se veían lindas, aunque le restaban ese aire de diosa. Ella medía cinco pies y nueve pulgadas de altura y tenía rasgos que favorecían el lado irlandés de su herencia, salvo por la exótica inclinación de sus ojos, que le había dado su ascendencia japonesa.

Topaz siguió a su mamá hasta la sala familiar y la observó encender un fuego en la chimenea. Topaz se estiró en la posición de yoga de perro boca abajo, bostezó y se acomodó cómodamente sobre la alfombra frente a la chimenea. Su último pensamiento antes de ser arrullada hasta quedarse dormida por el crujido y el calor del fuego fue que su vida, prácticamente perfecta, sería totalmente perfecta si tuviera algunos amigos perros.

Capítulo Tres

Essie Kilmer se pasó los dedos por su cabello rubio, corto y liso, entrecerró sus vivos ojos azules y luego se frotó el costado de su pequeña y recta nariz con el índice. Mordisqueaba sus bonitos labios en forma de arco con unos dientes parejos que recientemente habían sido blanqueados profesionalmente. Medía cinco pies y cinco pulgadas de altura—una mujer delgada, enérgica y esbelta, que trabajaba por mantener el peso que tenía en sus veintes. Estaba en un dilema mientras observaba a los criadores sacando cachorros de su furgoneta. Su marido, Evan, le estaba regalando un cachorro de Spaniel Tibetano por su cuadragésimo noveno cumpleaños.

Miró a Evan, quien había cumplido el medio siglo hacía un año y medio. Él le sonrió y se formaron arrugas de risa alrededor de sus ojos grises. Evan pasaría desapercibido en una multitud, pensó, porque todo en él era promedio en apariencia. Tenía una complexión media y medía poco menos de seis pies, con cabello castaño salpicado generosamente de canas, y rasgos uniformes que le daban un rostro agradable, pero no memorable. Sin embargo, una vez que lo conocías, te dabas cuenta de lo extraordinario que era. Tenía un gran sentido del humor, era extraordinariamente inteligente, eficiente, honesto, confiable, agudo bajo presión, y hasta ahora no mostraba ninguna tendencia a la "barriga de gelatina" típica de los cincuenta. Levantó los hombros y extendió las palmas hacia arriba en un encogimiento de hombros indefenso para indicar su incapacidad para elegir un cachorro. Siempre había estado a la altura de cualquier situación y había logrado todo lo que intentaba. Tomaba decisiones rápidamente—hoy era la excepción.

Lo primero que la cachorra de Spaniel Tibetano notó después de ser levantada del vehículo fue el asombroso árbol gigantesco. Caminó rápidamente hacia él y tocó el tronco con la nariz. Se sentía áspero y duro. Su exploración molestó a una gran araña que descansaba en una hendidura de la corteza, y la cachorra se sobresaltó tanto cuando la vio escabullirse que saltó hacia atrás.

La cachorra se sentó a la base del árbol y evaluó su entorno. Vio a un hombre y a una mujer de pie frente a una casa de piedra que tenía un techo alto y puntiagudo y muchas ventanas, y era tan grande que tuvo que girar la cabeza de un lado a otro y de arriba a abajo para verla completa. Estaban sobre un césped salpicado de árboles altos y arbustos de varios tamaños y colores. Era tan vasto que no podía ver el final de él. Además del aroma de la hierba y los árboles, había otras fragancias desconocidas y tentadoras que la invitaban a explorar sus orígenes. Observó a los otros cachorros explorando tímidamente el césped cerca del vehículo, excepto uno que se mantenía al margen y estaba sentado en la hierba mirando a su alrededor.

Tomó una decisión trascendental: quería vivir aquí. ¿Qué podía hacer para llamar la atención del hombre y la mujer? ¡Pues podía correr más rápido que cualquiera de los otros cachorros! Tropezó delicadamente alrededor de la base del árbol, aumentando la velocidad hasta parecer un pequeño carrusel fuera de control. "Elígeme", gritó en su mente. "Puedo correr más rápido que los demás". Dirigió la ferviente oración al corazón del hombre y la mujer.

La atención de Essie fue capturada por la cachorra que había estado corriendo alrededor del viejo fresno blanco de medio siglo de antigüedad y que ahora se lanzaba hacia ella como un torbellino en un mar de hierba ondulante. La cachorra se detuvo tan bruscamente a sus pies que casi hizo una voltereta, luego se dejó caer de espaldas en un gesto que claramente decía: "Cógeme. Soy tuya". Essie le dijo a Evan riendo, "He sido elegida", mientras se inclinaba y levantaba tiernamente a la cachorra en sus brazos.

La cachorra tenía el pelaje rubio con el hocico blanco, patas blancas y una cola blanca y esponjosa. El pelaje blanco rodeaba y realzaba unos ojos grandes y marrones que brillaban y miraban los suyos azules con curiosidad. Las pequeñas orejas caían hacia abajo, al estilo de un

Spaniel, enmarcando una cara tan bonita que Essie se sintió segura de que la cachorra era hembra, y una investigación más profunda lo confirmó. El corazón de Essie se derritió mientras se vinculaba con la cachorra, pensando: "Ambas somos rubias con algo de pelo blanco". Acurrucó a la cachorra cerca de ella, y la cachorra respondió lamiendo sus labios y mejillas.

Essie declaró: "La llamaré Kissy porque es una expresión de afecto y un regalo de amor para el mundo". El calor de la mujer se extendió hacia Kissy y ella se sintió querida y especial, y supo que quería vivir siempre con esta persona y con el hombre. Ayer, uno de sus hermanos había sido sacado de la pequeña habitación donde vivían y no había vuelto. Su madre le explicó que él se había ido a vivir con otras personas y que algún día ella y sus otros dos hermanos también se irían a vivir a otro hogar. Kissy se había alegrado al escuchar eso porque estaba aburrida de estar confinada y de la rutina predecible. Había deseado tener tiempo de juego y vivir en un hogar donde sería el centro de atención. Apenas podía creer que acababa de conseguir lo que quería. Lamió la cara de la mujer una y otra vez en una celebración alegre de haber sido elegida para formar parte de su familia.

Kissy luego ladró con exuberancia y alegría al mundo: "¡He sido elegida!" Lamió nuevamente la suave y tersa mejilla de la mujer.

Mientras Evan caminaba hacia los criadores para pagar a Kissy y recoger sus papeles de pedigrí, vio al cachorro pensativo sentado en la hierba, apartado de los demás. Tenía un pelaje ligeramente ondulado de color ámbar y un hocico negro. La cola esponjosa era de color ámbar y negro, y el pelaje de las orejas estaba finamente rizado, como si lo hubieran trenzado y luego soltado. La mandíbula fuerte y el cuello, que era más grueso que el de Kissy, sugerían que era macho.

Se acercó al cachorro, que lo miró con una expresión de duda y desconcierto, y cuando sus ojos se encontraron, el cachorro rápidamente apartó la mirada y cambió de posición para darle la espalda a Evan. Evan dedujo que el cachorro le estaba diciendo que no quería ninguna interacción, que no sabía qué hacía allí y que no quería quedarse lo suficiente para averiguarlo.

La evaluación de Evan era correcta. El cachorro pensaba: "No sé qué hago aquí. Podría perderme fácilmente en este lugar tan grande y nadie me encontraría jamás". Su mamá le había explicado que eventualmente la dejaría para vivir en otro hogar. Esperaba que este lugar no fuera el nuevo hogar del que su mamá había hablado. No estaba listo para dejarla.

Todavía no. Había visto a otra cachorra correr alrededor de un árbol imponente para llamar la atención sobre sí misma y luego correr hacia un hombre y una mujer pidiéndoles que la recogieran. Sabía que ella quería ser elegida para quedarse aquí y parecía que lo había logrado, así que quizás, solo quizás, él podría volver a casa y vivir con su mamá un poco más. Estaba tan absorto en sus pensamientos que no se había dado cuenta de que alguien se acercaba hasta que el hombre estuvo casi a su lado.

Evan sintió que el cachorro era muy parecido a él cuando era un niño pequeño. Recordaba cómo, durante el primer mes de jardín de infancia, se había quedado al margen durante el recreo e intentaba pasar desapercibido en clase. Eso cambió después de familiarizarse con todos y la rutina y de ver cómo sus habilidades se comparaban con las de los demás. Era el tipo de persona que le gustaba evaluar una situación antes de sentirse cómodo para actuar, y sentía que este cachorro era igual.

Quería que este cachorro también formara parte de la familia y se preguntó si sería demasiado regalarle a Essie dos cachorros por su cumpleaños—uno de los cuales ella no había elegido. Decidió que lo mejor sería pedirle a ella que le regalara este cachorro por su cumpleaños. Ella siempre decía que no sabía qué regalarle porque ya tenía todo lo que quería. Bueno, ¡su dilema estaba resuelto! Quería este cachorro, y qué más daba si el regalo llegaba seis meses antes. Se arrodilló y levantó al cachorro con suavidad, sosteniéndolo a la altura de su cara para mantener el contacto visual.

"No me elijas", suplicó el cachorro sin palabras desde lo más profundo de su ser.

"Hey, amigo, veo que eres, efectivamente, un cachorro macho. Evalúas las situaciones antes de tomar una decisión, y yo también soy así. Creo que estamos hechos el uno para el otro y me encantaría que fueras parte de la familia. Reflexionas sobre las cosas, lo cual significa que cogitas. Te llamaré 'Codgie' o algo parecido".

El cachorro se calmó con la voz baja del hombre, pero se negó a relajarse en sus brazos. Apoyó la barbilla sobre el hombro sólido y reconfortante del hombre y decidió no pensar ni hacer nada. Solo observaría lo que hacían los demás y reflexionaría.

Evan volvió con Essie y, después de pedirle que le regalara "Codgie" como su "regalo de cumpleaños anticipado de seis meses", ella aceptó riendo y dijo: "Serán compañeros, lo cual hará la transición a un nuevo hogar más fácil para ellos".

Después de que Evan explicara el nombre que había elegido, Essie sugirió que se escribiera 'Kawdje' porque hacía que pareciera un nombre exótico adecuado para un Spaniel Tibetano, y Evan aceptó de inmediato.

Kissy se acurrucó contra el cuello de Essie, pero después de ser llevada a la gran casa, miró alerta a su alrededor y su emoción creció al darse cuenta de que este enorme y emocionante lugar ahora era su hogar. Este era el verdadero comienzo de su vida. De repente, Kissy recordó que no se había despedido de su madre y se entristeció momentáneamente. Bueno, esta señora que la sostenía con tanta seguridad era ahora su madre, así que lamió la cálida mejilla de Essie para decirle, una vez más, que la quería.

Evan colocó a Kawdje en la hierba mientras pagaba a los criadores, quienes le dieron consejos útiles sobre la crianza de cachorros. La madre de Kawdje lo lamió en el hocico y le dijo que amara y obedeciera a su nueva familia. Le recordó las muchas conversaciones que habían tenido sobre que eventualmente la dejaría para vivir en otro hogar y que el propósito de un perro era brindar amor y lealtad inquebrantables a una familia humana. Le dio otra lamida de despedida antes de saltar al vehículo para su viaje de regreso a casa.

Kawdje se sintió desolado, como si alguna parte física de su cuerpo se hubiera ido, y tembló ante la idea de vivir el resto de su vida sin su madre.

La sensación de tener una parte de sí mismo ausente disminuyó después de que el hombre lo recogió, acunándolo en su gran mano contra su cálido hombro. Kawdje experimentó la misma sensación de seguridad que siempre había sentido con su mamá. Eso le ayudó a liberar el pánico y la tristeza que acababa de experiencia Cuando su mamá se había ido, su temblor disminuyó y se sintió lo suficientemente estable como para aprovechar la vista. Le gustaba estar en alto porque podía ver más y más lejos en la distancia. El césped, los árboles y la casa no parecían tan inmensamente grandes desde esa altura. Se alegró de tener al otro cachorro para jugar. Sentía que este hombre y esta mujer eran amables y cariñosos, pero por ahora, seguían siendo desconocidos.

Cuando Evan entró en la casa, Essie dijo: "Vamos a mostrarles sus jaulas donde dormirán, dónde siempre tendrán agua y los empapadores que he colocado en el suelo cerca de la puerta trasera porque es posible que no estén entrenados para hacer sus necesidades fuera. Se acostumbrarán a ir a la puerta trasera cuando necesiten hacer sus necesidades y, con suerte, pronto solo ladrarán en la puerta trasera cuando quieran salir al jardín para hacer sus necesidades".

"Buena idea. Esperemos que ellos también capten esa buena idea. Sugiero ponerlos en la misma jaula mientras son tan jóvenes y pequeños. Probablemente les resulte reconfortante dormir juntos".

Kissy y Kawdje se sintieron aliviados cuando les mostraron el gran cuenco de agua porque tenían sed. Lamieron agua hasta que sus lenguas se enfriaron y se cansaron, después de lo cual continuaron con el recorrido de su nuevo hogar. Había tantas habitaciones que resultaba confuso, y ninguno de los dos podía recordar el camino que habían tomado. Kawdje no podía oler el camino de regreso debido a los muchos nuevos olores que lo confundían y Kissy ni siquiera lo intentó. Se sentían intimidados por la inmensidad de su nuevo hogar y por los muchos muebles y grandes áreas de material en el suelo que les recordaban al césped.

Ambos sintieron la necesidad de aliviarse después de toda el agua que habían bebido hacía un rato y decidieron que cualquiera de las grandes piezas de algo parecido a hierba que había en el suelo era un buen lugar para hacerlo. Inmediatamente después de agacharse, oyeron a sus mamá y papá decir: "¡No! ¡No!" y fueron recogidos y llevados afuera, donde terminaron el trabajo.

Kawdje no podía recordar cuál era el camino hacia la puerta que daba al jardín y se sentó en el césped reflexionando sobre cómo podría salir siempre que quisiera. Kissy, orientada a la acción, comenzó a correr inmediatamente alrededor de los árboles y bajo los arbustos hasta que tuvo que detenerse para recuperar el aliento. Quería recordarle a su mamá y papá que era una corredora rápida y esperaba que se olvidaran del error que había cometido. Finalmente, corrió hacia su mamá y papá y suplicó ser recogida. Cuando se acomodó en los brazos de su mamá, lamió su cara y le transmitió el pensamiento de que la quería y lamentaba el error.

Essie rió y dijo: "Hemos elegido bien sus nombres, porque Kissy me está dando besos y Kawdje está reflexionando".

Esa noche, Kawdje se quedó abatido en la jaula, añorando a su madre, hermano y hermana, y se negó a salir e interactuar con su nueva familia. Miró tristemente a Kissy dividiendo su afecto sentándose en el regazo de su mamá un rato, luego en el regazo de su papá y luego de vuelta en el de su mamá. Recordó el día confuso y todas las nuevas reglas y rutinas que venían con este nuevo hogar. Le dolía la cabeza al intentar recordarlas todas y el esfuerzo le dio sueño.

Después de que Essie acomodara a Kissy en la jaula junto a un Kawdje que ya dormía, Evan sugirió: "Vamos a tomar un tentempié antes de dormir, tal vez algo decadente como leche entera y galletas de chispas de chocolate".

Essie dijo, mientras ponía la masa en una bandeja para galletas: "Es genial tenerte en casa conmigo. Me sentí sola después de que Joy se casara y se mudara. Ahora tenemos estos lindos cachorros. Es como tener niños en casa, y afortunadamente, tú estás aquí para ayudarme a limpiar los desastres".

Mientras Essie se ocupaba de hornear galletas, Evan pensó que había sido astuto con las inversiones de él y su hermano, Gordon, a lo largo de los años, y había logrado convertir la herencia que su padre les había dejado en un fondo de jubilación considerable. Ser jefe del departamento de contabilidad de una gran empresa con activos internacionales e intereses variados había sido un trabajo de alta presión que pagaba extremadamente bien, pero se sintió feliz de poder tomar una jubilación anticipada. Ahora tenía mucho tiempo para dedicarse a las inversiones de él y Gordon y disfrutar del tiempo libre con Essie.

Habían viajado un poco durante los primeros seis meses después de su jubilación, pero no se había sentido satisfecho. Algo faltaba y decidió que lo que su hogar necesitaba era energía juvenil y ruidosa. Como no esperaba tener nietos pronto, pensó que un cachorro sería perfecto. No una raza grande que pudiera arrancar los brazos de Essie de sus cuencas o arrastrarlo a él en un paseo más rápido de lo que jamás pensó que podría correr, sino un perro pequeño que siempre pudiera caber en su regazo. Kissy y Kawdje eran perfectos—uno para el regazo de Essie y otro para el suyo.

Evan estudió los pedigríes de los cachorros. "Essie, tenemos dos cachorros muy bien criados cuyos pedigríes son mucho más ilustres que los nuestros. Kissy es tres días mayor que Kawdje y tienen cuatro meses de edad. Tienen padres diferentes y no están directamente relacionados, aunque comparten algunos de los mismos criaderos en sus antecedentes. Cada uno tiene un impresionante número de campeones en sus linajes. Estos papeles se remontan a ocho generaciones".

Las siguientes semanas fueron felices, interesantes y agotadoras para Kissy y Kawdje. Memorizaron el camino hacia la puerta que se abría hacia el gran y maravilloso reino exterior y se familiarizaron, con frecuencia, con los empapadores que estaban en el suelo, justo frente a esa puerta. Cada uno aprendió a responder al sonido que sabían que era el suyo. A Kissy le encantaba su nombre porque parecía suave y alegre, y el sonido "s s s e e" era reconfortante. Al principio, Kawdje no estaba seguro de que le gustara el suyo, pero después de pensarlo, decidió que era agudo, imponente y masculino—¡increíble!

Cuando su mamá y papá les pusieron un collar alrededor del cuello, a Kissy le encantó el suyo de inmediato. Era un adorno y lo disfrutaba. A Kawdje le llevó varios días decidir que el collar estaba bien. Sentía que era una especie de símbolo de identidad familiar y ahora estaba feliz de formar parte de una familia con su papá, mamá y Kissy.

El día en que llevaron a Kissy y Kawdje en su primer paseo familiar en coche, Kissy se preocupó tanto preguntándose si los llevaban de vuelta al lugar de donde habían venido o a otro hogar donde vivirían, que vomitó. Essie rápidamente colocó una toalla en su regazo, evitando que el coche se convirtiera en un desastre y habló con voz suave y tranquilizadora a Kissy. Kawdje se subió a lo alto y miró por la ventana trasera, observando el paisaje cambiante mientras pasaba a toda velocidad. Las personas entraban y salían de edificios, comían, llevaban paquetes, hablaban entre ellas y, ocasionalmente, paseaban perros. Ladró de advertencia a otros perros para hacerles saber que tenía una familia poderosa y era alguien con quien no debían meterse. Cuando Evan bajó una ventana, Kawdje saltó al asiento trasero, se puso de pie sobre sus patas traseras y asomó la cabeza por la ventana. Aunque el coche se movía lentamente, había suficiente viento para hacer volar sus orejas, y la sensación del viento y su fuerza le resultaron increíblemente maravillosas. Decidió que un paseo en coche era uno de los mejores beneficios de la vida.

Kissy y Kawdje esperaban con ansias la hora de las comidas. A veces les daban a mano pequeños bocados de la mesa. A Kawdje le encantaban las habas y las puntas de espárragos, preferiblemente rociados con mantequilla. La textura ligeramente pastosa de las habas y el sabor distintivo de los espárragos le resultaban atractivos. Kissy amaba las galletas de jengibre antes incluso de probar una. El aroma era tentador y había rogado que le dieran una hasta que Evan finalmente la complació rompiendo una en pedazos del tamaño de un bocado. ¡Era todo lo que había imaginado y más! La textura crujiente y el sabor especiado eran indescriptiblemente deliciosos y, al primer bocado, Kissy decidió que una galleta de jengibre era uno de los mejores beneficios de la vida.

Essie y Evan querían que los cachorros se convirtieran en miembros bien adaptados del hogar y alcanzaran su máximo potencial, por lo que, durante los siguientes seis meses, la pareja comenzó a entrenar a los cachorros para las Exposiciones de Conformación Canina. Las exposiciones requerían interacción entre los cuatro y fueron una buena herramienta de unión.

Kissy y Kawdje aprendieron a caminar con una correa sin tirar ni tener que ser tirados, a caminar al lado, a sentarse cuando se lo ordenaban, a quedarse quietos sobre una mesa mientras les examinaban los dientes y a asumir una posición "apilada" que mostraba su conformación física de la mejor manera posible. Kissy también aprendió que no se le permitía besar a su mamá y papá durante las sesiones de entrenamiento. Le encantaba estar con ellos, pero pensaba que todo el proceso de entrenamiento era aburrido. Kawdje se preguntaba por qué tenía que quedarse quieto y mirar un pedazo de hígado seco que su papá sostenía en la mano. Lo había masticado una vez y pensó que sabía horrible.

Afortunadamente, Evan descubrió que podía usar galletas de avena como "cebo de recompensa" después de un incidente en el que Essie había dejado caer accidentalmente una de sus galletas de avena caseras al suelo y se había roto en pedazos pequeños. Kawdje inmediatamente lamió el desastre y luego se sentó sobre sus patas traseras y suplicó por más. Kawdje prefería que le dieran las golosinas a mano. A ambos cachorros les gustaba el tiempo de entrenamiento con sus padres porque les encantaba la atención y se sentían cerca de su mamá y papá. Kissy y Kawdje eran felices y estaban contentos.

Capítulo Cuatro

Cuando el despertador chilló estridentemente, Essie se acurrucó más en la cama. Sabía que Evan no se levantaría para silenciar la odiosa maquinita. Lanzó las sábanas hacia atrás, cruzó el dormitorio pisando fuerte, apretó el botón de apagado y silenció el chillido a mitad de su lamento. "Levántate y brilla, Evan. Tenemos que salir temprano para llegar a ese concurso de perros".

Evan gimió: "¿Estás segura de que queremos hacer campeones a nuestros dos pequeños queridos?"

"No, no estoy segura, pero vamos a ceñirnos al plan y ver qué pasa".

Kissy y Kawdje estaban felices de tener un paseo en coche y se preguntaban si este viaje sería una visita al veterinario, un paseo en un parque o solo muchas paradas mientras mamá y papá entraban en casas grandes y regresaban con bolsas de comida y otras cosas. Después del viaje, los bajaron del coche y de inmediato percibieron el olor de muchos perros y escucharon una amplia variedad de ladridos. Kawdje decidió advertir a los perros que no solo tenía una poderosa mamá y papá, sino que también era capaz de defender a su familia. Kissy pensó que Kawdje estaba diciendo todo de manera apropiada, pero decidió que debían presentar un frente unido, así que replicó los sentimientos en su ladrido agudo y autoritario.

Essie recogió a Kissy y le comentó a Evan: "Son tan pequeños en comparación con todas estas razas grandes. Tal vez esta sea una experiencia aterradora para ellos, especialmente porque es su primera exposición canina. Quizás deberías llevar a Kawdje en brazos. Ya sabes cómo le gusta pararse sobre cualquier cosa que lo haga más alto. Creo que desearía ser un perro grande y alto".

Kawdje se sintió aliviado cuando su papá lo levantó en brazos. Se sentía mucho mejor cuando podía ver por encima de la multitud. Notó que tanto él como Kissy llevaban sus correas cortas y se preguntó si todas esas veces que tenían que caminar cerca de mamá y papá, quedarse quietos o que les examinaran los dientes en una mesa, tenían algo que ver con estar aquí hoy.

Los dejaron cerca de otros perros pequeños que se veían como ellos. Esto estaba bien, así que esperaron en silencio. Pronto, Kissy caminó hacia un área abierta junto a su mamá. Vio a otras perras cuyas mamás las mantenían atadas de cerca.

Las observó tomar turnos caminando de un lado a otro del área llamada "el ring". Un hombre habló con su mamá y gesticuló con el brazo. Parecía estar dirigiendo a todos. Después de caminar juntas alrededor del ring, su mamá la subió a una mesa y el hombre palpó su cuerpo. Todas las personas que llegaban a su casa eran amigables, siempre acariciaban suavemente su cabeza y sus orejas, le hablaban con suavidad y sonreían. Sabía que les gustaba. Este hombre le parecía— Kissy buscó la descripción correcta y eligió "impersonal". Sí, eso era. No le gustaba, pero tampoco le desagradaba. Simplemente no parecía importarle en absoluto.

Se sintió insultada cuando el extraño metió sus dedos en su boca y examinó sus dientes, así que lo mordió suavemente para hacerle saber que no le gustaba que invadiera su espacio sin su permiso. El juez gritó y se apartó. Essie se sintió mortificada cuando le ordenaron sacar a su perra del ring. Kissy percibió que su mamá estaba molesta y avergonzada mientras salían apresuradamente del ring. Cuando se reunieron con Evan y Kawdje, Essie dijo: "¡Kissy mordió al juez!"

Evan dijo riendo: "¡Bien por ella! De todos modos, es un pomposo."

"Evan, no creo que pueda volver a presentar a Kissy después de una experiencia como esa. Siempre estaré nerviosa por lo que podría hacer, y eso afectará su rendimiento y definitivamente el mío."

"Yo me encargaré de Kissy en el ring de ahora en adelante y tú te encargas de Kawdje, excepto por hoy. Estás demasiado alterada para llevarlo al ring. Además, ya cumpliste con tu deber."

Era el momento para que los machos de Spaniel Tibetano desfilaran por el ring. Kawdje se quedó quieto al lado de su papá, esperando ver qué sucedería. Sabía que tenía que permanecer alerta e intentar entender cuál era el propósito de todo esto.

El tiempo pasaba lentamente y comenzó a sentirse incómodo porque necesitaba aliviarse. Su mirada recorrió el ring buscando empapadores o el tronco de un árbol, pero no podía ver nada adecuado. No podía esperar más y decidió que el mejor lugar era la pierna de su papá. Razonó que era lo más parecido a un tronco de árbol y, lo más importante de todo, estaba disponible.

Evan escuchó las risas de algunas personas que estaban afuera del ring. El manejador que estaba detrás de él también se rió y le contó sobre la divertida infracción de Kawdje a la etiqueta del ring. Evan miró su pierna del pantalón, que estaba muy mojada. Encontró la situación más divertida que embarazosa. Solo esperaba que el juez no hubiera visto el acto.

El resto del tiempo en el ring transcurrió sin problemas. Kawdje no estaba seguro de lo que se esperaba de él y simplemente siguió las indicaciones de su papá. Por fin, su papá recibió una cinta y salieron del ring para reunirse con mamá y Kissy. Su mamá lo abrazó y lo besó.

"Oh, Evan, estuvisteis geniales en el ring y él ha ganado el segundo lugar."

Mientras avanzaban entre la multitud hacia la salida del edificio, decidieron que en el futuro siempre llevarían a las mascotas a un descanso para hacer sus necesidades antes de entrar al ring de la exposición. Ambos coincidieron en que Kawdje había estado nervioso y Kissy había estado a la defensiva debido a la confusión y el ruido de la multitud y la presencia de tantos perros grandes.

Durante los siguientes meses, los cuatro asistieron a más exposiciones caninas. Kawdje ganó cuatro cintas azules, además de un "Mejor de Raza". Kissy, sin embargo, generalmente quedaba en segundo o tercer lugar porque la coloración blanca de sus patas llamaba la atención sobre el hecho de que eran ligeramente demasiado largas para el estándar de la raza. Las patas de Kawdje, que siempre deseaba que fueran tan largas como las de Kissy para poder correr tan rápido como ella, tenían la longitud correcta en relación con su cuerpo y él se ajustaba perfectamente al estándar establecido para un Spaniel Tibetano.

Aunque Kawdje había ganado cuatro cintas azules y un "Mejor de Raza", las clases habían sido pequeñas porque la raza no era muy conocida, por lo que no había obtenido muchos puntos por esas victorias. Un perro tenía que adquirir quince puntos para obtener el título de Campeón y debía recolectar algunos de esos puntos siendo premiado con el primer lugar sobre suficientes otros competidores para ganar al menos dos "majors" de tres puntos o un "major" de cinco puntos.

A medida que Kawdje se familiarizaba con la rutina de las exposiciones caninas, se relajaba hasta el punto de sentirse seguro. Siempre miraba a los ojos del juez tratando de percibir qué tipo de persona era y observaba alguna señal de lo que debía hacer a continuación. A Essie y Evan les encantaba su hábito de darle al juez una mirada inquisitiva, porque parecía como si estuviera pidiéndole al juez que le diera la victoria. Le funcionaba a su favor, en este caso, ser un perro contemplativo.

A Kissy le gustaba más el momento antes de entrar al ring y después de salir de él. Era en esos momentos cuando la gente se reunía a su alrededor diciéndole lo dulce y hermosa que era.

En una de las exposiciones, Kissy y Kawdje vieron algunos perros realizando actividades que nunca habían visto antes. Corrían por túneles, subían algo que parecía unas escaleras, caminaban sobre una tabla y corrían dentro y fuera de postes. Parecía desafiante y muy divertido para Kissy.

Notaron que los perros no llevaban correas y que sus mamás y papás corrían junto a ellos. Parecía ser una especie de carrera en la que ganaba el perro más rápido. Kawdje pensó que si fuera una carrera, él nunca ganaría. Ni siquiera podía correr más rápido que Kissy.

Kissy quería jugar a este juego de obstáculos. Ese mismo día, comenzó su campaña para enviar su deseo a sus padres, imaginándose a sí misma haciendo esta actividad y colocando la imagen en los corazones de sus padres.

La semana siguiente, los cuatro asistieron a otra exposición canina de conformación donde, una vez más, se demostraba el deporte de la agilidad canina. Essie y Evan se detuvieron para echar un vistazo rápido, pero se quedaron más tiempo cuando notaron el evidente interés y entusiasmo de Kissy. Observaron cómo sus ojos se movían de un lado a otro, captando las actuaciones de los perros. De vez en cuando, ladraba su aprobación y ánimo.

Kissy ansiaba participar en el activo y desafiante deporte de la agilidad canina, especialmente después de escuchar los aplausos por la actuación de cada perro. Entendía que Kawdje estaba siendo elegido por encima de ella y de muchos otros perros en las exposiciones de conformación porque a los jueces les gustaba él por ser el mejor. El mejor en qué, no lo sabía. Todo lo que ella y Kawdje hacían era pasear por el ring y luego quedarse esperando hasta que un juez te eligiera, o no. Por alguna razón incomprensible, Kawdje era elegido por encima de ella. La gente lo notaba a él y la descuidaba a ella. Estaba segura de que sería una ganadora y una estrella si pudiera correr por ese curso de obstáculos. Era más ágil que Kawdje y nunca tenía miedo de probar algo nuevo, y él nunca la atrapaba cuando jugaban al pilla-pilla. Mentalmente se colocó a sí misma en el curso de obstáculos y se animó tanto que casi saltó de los brazos de Evan.

Él dijo: «Me pregunto si podría entrenarme para manejarla en el ring. Es tan rápida y ágil, tiene una memoria fantástica y es muy inteligente. Estoy pensando que le iría bien en este deporte; sin embargo, no estoy tan seguro de que yo lo haría".

Se presentaron a la atractiva mujer que estaba parada junto a ellos y sostenía un perro de raza no identificable, grande, peludo y de cincuenta tonos de gris, que iban desde blanco sucio hasta carbón. El perro tenía el pelaje áspero y grueso típico de la mayoría de las razas Terrier, pero evidentemente no era un Terrier de raza pura. Se parecía un poco a un Lobero Irlandés más pequeño que el promedio, excepto por tener un mayor crecimiento de pelaje sobre la cruz y en la parte trasera de los cuartos traseros. Essie pensó que parecía un cruce bastante desaliñado entre un Airedale y un Lobero Irlandés; sin embargo, la inteligencia que brillaba en sus ojos marrones, combinada con su porte majestuoso, le daba presencia.

"¿Sabes algo sobre agilidad canina y tu mascota compite en este deporte?" preguntó Essie.

Sarah Pullman se presentó. Era baja, medía solo cinco pies y una pulgada y media de altura. Su piel estaba bronceada en un tono dorado claro y tenía el cabello ondulado de color castaño claro dorado hasta los hombros, que combinaba con el color de sus ojos. Tenía una nariz delicadamente esculpida y los hoyuelos que aparecían cada vez que sonreía atraían la atención hacia ella. El gran tamaño y aspecto desaliñado del perro contrastaban con la pequeña y bonita mujer, y juntos formaban una pareja llamativa. Ella respondió que tenía algunos obstáculos de agilidad canina en su casa y que ella y su mascota, Michael Archangelo, habían comenzado a practicar el deporte recientemente.

"¡Qué nombre tan maravilloso e inusual para un perro!" exclamó Essie.

"Debe haber una historia relacionada con un nombre así", añadió.

Sarah dijo: "Pasé este invierno en San Miguel de Allende y vi a Michael refugiándose debajo de un coche estacionado al lado de la calle. Era el perro más feo que había visto jamás. Parecía desaliñado y hambriento y había un aura de miedo y desolación a su alrededor. Sentí que alguien o algo lo había herido profundamente y sentí una gran compasión por él. Me sentí obligada a ayudarlo, pero él se escapaba cada vez que me acercaba. Sabía que debía haber sucedido algo terrible para que tuviera tanto miedo de las personas. Los perros callejeros nunca se escapan si no los amenazas porque esperan ser alimentados. Michael llevaba un collar y me preguntaba por qué estaba tan asustado de las personas y tan patéticamente delgado si tenía una familia.

Durante los siguientes meses, llevé comida y agua conmigo cada vez que caminaba por mi vecindario con la esperanza de verlo. Durante las primeras semanas, se escapaba cada vez que intentaba acercarme, así que colocaba su comida y agua en el suelo y me iba. Cuando volvía y recogía el cuenco vacío, nunca estaba segura de si Michael había comido la comida o si otro perro se la había comido. Con el tiempo, confió lo suficiente en mí como para comer su comida mientras yo estaba cerca. Nunca movía la cola en respuesta a mí.

Después de unas seis semanas de comer una ración diaria de comida, el pelaje de Michael adquirió brillo y lustre, y tenía más energía. Me sorprendió darme cuenta de que era un perro joven. Había pensado que era viejo porque se movía como un perro viejo, pero eso se debía a que estaba hambriento y carecía de energía".

"¿Cómo lograste hacerte amiga de él para que te permitiera tocarlo?" preguntó Essie.

Sarah relató que ella y algunos amigos se habían ido de San Miguel para hacer un viaje a Guadalajara y estuvieron fuera varios días.

"A mi regreso, di mi paseo matutino habitual llevando comida y agua para Michael. Sentí un hocico húmedo empujando mi mano. Era Michael. Estaba tan feliz de verme que saltó a mi alrededor en un torpe baile perruno. A pesar de lo que hubiera sucedido para causar su desconfianza hacia las personas, había decidido arriesgarse conmigo. En ese momento, resolví que no traicionaría su confianza y que lo llevaría a casa conmigo cuando me fuera de San Miguel en la primavera.

Para entonces, había tomado la costumbre de llamarlo 'Michael', que, como seguramente sabrás, es la versión en inglés de Miguel. Me pareció apropiado llamarlo así por el nombre del pueblo donde lo encontré, y como Miguel es el nombre de un Arcángel, añadí Archangelo. Quería darle a este ser magnífico y sensible un nombre ilustre para compensar su falta de pedigrí.

Tiene una gran cicatriz granulada en la parte inferior de su cuello. No tengo idea de cómo ocurrió. Algo, o alguien, obviamente lo lastimó profundamente. No puedo imaginar las terribles y dolorosas circunstancias que lo llevaron a desconfiar de los humanos. Sin embargo, ahora confía completamente en mí y me siento honrada de que lo haga. Es un compañero maravilloso y una bendición en mi vida".

Essie y Evan preguntaron si podían tocar a Michael, y Sarah respondió que ahora era muy tolerante con las personas. Michael les permitió acariciarle las orejas y alisar la parte superior de su cabeza.

Kissy y Kawdje pudieron notar que a Michael le gustaba la atención porque entrecerraba los ojos y levantaba la cabeza ligeramente hacia las manos de sus padres. Aunque Michael era muy grande, no le tenían miedo. Podían notar que Michael era amable y disciplinado. Percibían el lazo de amor y confianza entre él y su mamá. Decidieron que les gustaba Michael y, simultáneamente, ambos se acercaron y se sentaron mirándolo hacia arriba. Michael bajó la cabeza y los tres se tocaron las narices y movieron la cola.

Essie comentó: "Nunca había visto a mis dos consentidos ser amigables con otro perro en estas exposiciones caninas, y mucho menos con un perro grande. ¡Esto es increíble!"

"¿Tuviste que viajar mucho para asistir a esta exposición?" preguntó Evan.

"No", respondió Sarah. "Conduje desde Chadds Ford."

Essie exclamó: "¡Somos prácticamente vecinas! Vivimos en Media, Pensilvania. Quizás podríamos reunirnos y hablar sobre el deporte de la agilidad canina."

Intercambiaron información de contacto y Essie y Evan invitaron a Sarah y Michael a cenar el sábado por la noche. Sarah preguntó si estaban seguros de que querían que Michael Archangelo los acompañara. Le aseguraron que Michael era igualmente bienvenido.

Como Sarah llevaba guantes, Essie no podía ver si llevaba un anillo de bodas o de compromiso, así que le preguntó: "¿Tienes esposo o amigo que te gustaría traer también?"

"Soy viuda. Mi esposo murió hace varios años. Mi hija, y única hija, se casó el año pasado y por eso pasé el invierno en México. No parecía haber ninguna razón para pasar un invierno frío en Pensilvania, sola en mi casa, y pensé que el cambio me haría bien. Una pareja que Charles y yo conocíamos desde hace años planeaba pasar el invierno en San Miguel de Allende y decidí que disfrutar del invierno en un lugar cálido y soleado con amigos cerca sería una buena medicina para mí. Y lo fue. Volví a casa con un regalo especial del universo: Michael Archangelo."

"Lamento tu pérdida", dijo Essie, y luego añadió: "Pareces demasiado joven para tener una hija casada".

Sarah sonrió. "Gracias. ¿A qué hora deberíamos ir a cenar y qué debería llevar?"

"Ven alrededor de las cinco y no tienes que aportar nada más que una conversación interesante. ¿Qué le gustaría comer a Michael? Yo suelo alimentar a nuestras mascotas con hígados de pollo cocidos o bocados de la mesa y verduras frescas, además de comida seca para perros de alta calidad."

Sarah sonrió: "A Michael le gustarán todos y cada uno de los alimentos mencionados. Es bueno saber que no soy la única cuyo perro cena la misma comida que yo. ¿Te importaría si llevo galletas de jengibre? A Michael le encantan y de vez en cuando le doy algunas de postre."

Essie y Evan rieron y dijeron al unísono: "¡A Kissy también!"

Capítulo Cinco

Cuando Sarah y Michael llegaron para la cena, Michael llevaba una cesta, cuyo asa sostenía entre sus dientes. Evan los condujo a la cocina y anunció: "Michael ha venido con regalos."

Mientras Sarah hacía un gesto para que Michael colocara la cesta en el suelo, dijo: "Tiene un regalo para Kissy y otro para Kawdje". Sostuvo un pequeño perro de peluche hacia Kissy, a quien le encantaban los juguetes. Kissy lo agarró, corrió hacia la sala familiar y procedió a desatar el lazo alrededor de su cuello. Luego, Sarah mostró una pequeña pelota suave y colorida a Kawdje. Él la olió con desconfianza antes de aceptarla con cautela de la mano de Sarah. Cuando cerró la boca alrededor de ella, la pelota emitió un chirrido. Estaba tan sorprendido que la dejó caer. Michael golpeó la pelota con una pata y esta volvió a chirriar. Kissy volvió corriendo a la cocina para ver la causa del alboroto. Fue directamente hacia la pequeña pelota y presionó su nariz contra ella. La pelota volvió a chirriar. Para entonces, Kawdje ya había recuperado la compostura. Atrapó la pelota con las mandíbulas y corrió hacia la sala familiar, seguido por Michael y Kissy. Luego, mientras Sarah, Essie y Evan se sentaban en la sala tomando vino, los perros empujaban la pelota, pisándola o mordiéndola para hacerla chirriar.

Finalmente, las mascotas se acomodaron sobre una alfombra oriental de felpa enfrentándose unos a otros.

"Tienes un hogar cómodo", dijo Michael.

"¿Cómo es tu hogar?" preguntó Kissy.

"Tengo un gran y maravilloso hogar con la señora Sarah y tengo mi propia cama suave y cómoda para dormir, pero no siempre fue así", respondió Michael. "No siempre viví con Sarah."

"¿Dónde vivías antes de tu vida con Sarah? ¿Por qué dejaste tu primer hogar?" preguntó Kissy.

Michael les contó sobre haber sido vendido en un mercado, la maldad de sus dueños, la indiferencia de Blanca, el aburrimiento de la vida en el patio, la miseria y el dolor de estar atado a la pared del patio con una cuerda que rozaba su cuello, el árbol en llamas y su huida hacia la libertad a través de la puerta del patio.

Kissy y Kawdje escucharon con asombro y compasión. Kissy apoyó su cabeza en el cuello de Michael y Kawdje colocó una pequeña pata sobre la grande de Michael.

"¿Qué pasó después de que saliste corriendo del patio? ¿Cómo llegaste a vivir con Sarah? ¿Quién te alimentó? ¿Cómo te las arreglaste para vivir solo?" preguntó una preocupada y curiosa Kissy.

Michael continuó con su historia.

"Corrí y corrí hasta que estaba tan cansado y sediento que tuve que caminar. Seguí buscando una fuente de agua y, por fin, encontré un arroyo y tomé una bebida larga y satisfactoria. Decidí quedarme cerca del arroyo para poder beber más tarde. Dormí en tierra dura con mi espalda contra una roca. Era muy parecido a dormir en el patio, excepto que la tierra era más cálida y suave. Me desperté al amanecer. Mi garganta se sentía dolorida y olía mi propia sangre. Había desgarrado mi carne al tirar de la cuerda mientras intentaba escapar del fuego. No había sentido dolor en ese momento porque estaba muy asustado. La cuerda ya no estaba alrededor de mi cuello. Se había caído mientras corría.

Me sentí increíblemente feliz de estar libre de la cuerda y lejos de esas personas crueles. Juré nunca permitir que nadie se acercara lo suficiente como para hacerme daño o confinarme de nuevo. Pensé que las personas eran criaturas crueles y desconsideradas que solo se preocupaban por sí mismas y no daban ni amor ni pensamiento a nada más."

"Pero eso no es cierto", exclamó Kissy.

"Lo sé ahora, pero, en ese momento de mi vida, nunca había conocido el amor."

"Cuéntanos más", instó Kawdje.

Michael les contó sobre días y noches buscando agua para beber, saqueando cubos de basura para encontrar comida, buscando lugares seguros para pasar la noche y tratando de pasar desapercibido.

"No sabía adónde iba porque no tenía un destino más allá de encontrar un lugar seguro donde la comida y el agua siempre estuvieran disponibles y un área resguardada para dormir por la noche. Caminé y busqué hasta que mis patas estaban tan doloridas que cojeaba. Eventualmente, llegué a una gran ciudad con muchas personas y casas, gatos y perros. Los vendedores tenían carritos llenos de comida que cocinaban al costado de las calles. Las personas que compraban la comida se sentaban en mesas cerca de los carritos y, de vez en cuando, compartían su comida conmigo y con otros perros que mendigaban bocados. Nunca tuve suficiente comida para sentirme lleno y satisfecho, pero sobrevivía y estaba agradecido de ser libre."

"¿Hiciste algún amigo?" preguntó Kissy.

"Conocía algunos perros en los que confiaba, pero no tenía compañeros con los que vagara. Aún llevaba un collar, así que otros perros de la calle pensaban que tenía una familia.

Me establecí en el área que les conté: el porche delantero en el que a veces me acostaba para salir del sol o la lluvia, y esos grandes montones de arena en los que a menudo dormía por la noche. Había un arroyo cerca y una gran área de césped. Otros perros y algunos gatos también andaban por allí.

La gente caminaba con frecuencia en esa área y algunos paseaban con perros con correa. Muchas casas tenían perros que vivían adentro con sus personas. Sacaban la cabeza por las ventanas y me ladraban."

"¿Qué te decían?" preguntó Kawdje.

"La mayoría me advertía que me mantuviera alejado de su propiedad. Les decía que ellos podían ser reyes de sus castillos, pero que yo era el rey de las calles."

"¡Qué gran respuesta!" dijo Kawdje admirado.

"¿Cómo logró Sarah ganarse tu confianza?" preguntó Kissy.

"Podía notar que los perros que caminaban junto a sus dueños los amaban y eran amados a cambio. Me di cuenta de que caminar junto a sus personas era una feliz aventura para ellos. Incluso vi algunos perros viajando en coches."

"¿Cómo pudiste verlos si estaban dentro de los coches?" preguntó Kissy.

"Porque todo perro viaja en un coche con la cabeza asomada por una ventana para que el viento pueda soplar a través de su pelaje, agitar sus orejas y vibrar su hocico. Yo hago eso ahora, y es uno de los mejores beneficios que la vida tiene para ofrecer a un perro."

"¡Amén a eso!" dijo Kawdje.

"Debe ser cosa de chicos porque a mí no me emociona", dijo Kissy.

Michael continuó: "Tenía una rutina en la que patrullaba ciertas calles saqueando cubos de basura para conseguir comida, bebiendo del arroyo cercano, durmiendo en el porche delantero o en un montón de arena y pidiendo comida a las personas mientras me sentaba cerca del carrito de un vendedor. Siempre me sentía agotado porque no tenía suficiente para comer, pero era libre y eso era lo más importante. Un día, mientras descansaba en un montón de arena, una mujer se acercó a mí y me ofreció comida. Era la Señora Sarah. Aunque nunca me sentí amenazado por ella, me alejé porque desconfiaba de todos y de todo, pero ella continuó dejando comida todos los días dondequiera que me encontrara, y gradualmente me sentí lo suficientemente seguro como para comer su comida mientras ella se quedaba cerca. La comida estaba deliciosa, la mejor que había probado."

"La buena comida y los paseos en coche son los beneficios de la vida", declaró Kawdje.

"Los machos son tan corporales", dijo Kissy.

Michael y Kawdje la miraron asombrados y dijeron al unísono: "¿Qué dijiste?"

"Quiero decir que los machos juzgan todo por cómo se siente su cuerpo en lugar de usar su mente para evaluar las experiencias."

Michael estaba demasiado desconcertado para responder al comentario de Kissy, así que continuó con su historia.

"Otros perros callejeros me evitaban porque llevaba un collar. Un día eso cambió cuando caminaba entre los arbustos y mi collar se enganchó en una rama. Mientras forcejeaba intentando liberarme, el collar se rompió y cayó. Me sentí feliz porque eso significaba que era realmente libre. Solo me pertenecía a mí mismo."

"Me gusta ser parte de una familia", dijo Kissy. "Justo antes de dormirme, me siento feliz sabiendo que veré a mamá, papá y Kawdje cuando me despierte."

"En ese momento, nunca había tenido una relación cercana. No extrañaba lo que nunca había conocido. Sentía que la Señora Sarah era amable y genuinamente se interesaba en mí, pero no estaba dispuesto a arriesgarme a amar y confiar en nadie. Si nunca dejaba que alguien fuera un amigo, entonces no podría resultar herido."

"¿Cómo llegaste a amarla?" preguntó Kissy.

"No sabía que estaba abriendo mi corazón hacia ella hasta que algo sucedió y me hizo darme cuenta de que había comenzado a depender de ella para la comida y la compañía. La Señora Sarah siempre me traía comida cada mañana y cada tarde. Después de un tiempo, noté que me sentía más fuerte y podía correr más rápido y por períodos más largos sin jadear, y que dormía profundamente por la noche. Había un buen ritmo en mi vida. Un día, esa rutina se interrumpió. La Señora Sarah no vino en absoluto.

Esperé todo el día y la busqué esa noche, pero no apareció. Era demasiado tarde para pasar por el carrito del vendedor porque siempre cerraba su puesto al anochecer, así que esa noche me acosté en mi montón de arena sintiéndome hambriento. Me desperté al amanecer y tomé un largo trago de agua del arroyo cercano, más que nada para llenarme—no porque tuviera sed.

Esperé a la Señora Sarah hasta que el sol estaba alto en el cielo, y cuando no apareció, olfateé su rastro hasta su casa. Esperé junto a la puerta de su patio y cuando no había aparecido al atardecer, corrí al lugar del vendedor y pedí comida. Alguien lanzó un pedazo de carne y la mitad de un bollo a la calle frente a mí. No alcanzaba para satisfacer mi hambre. Además, ahora que me había acostumbrado a comer la comida de Sarah, la comida del vendedor ya no sabía tan bien, pero los mendigos no pueden elegir y yo era un mendigo."

"¿Sarah pasó al día siguiente?" preguntó Kissy.

"No. Me senté fuera de su patio ese día también, pero podía notar que no había ningún rastro fresco y supe que no había tocado la puerta del patio en varios días. Comencé a pensar que se había ido para siempre. Me empezó a doler el pecho. Me sentí vacío y no era porque no hubiera comido mucho. Me di cuenta entonces de que hay una diferencia entre sentirse vacío y tener hambre."

"¿Cuál es la diferencia?" preguntó Kawdje.

"Tener hambre se siente solo en una parte de tu cuerpo, pero sentirse vacío es en todo el cuerpo. Incluso está en tu cabeza. Es una sensación horrible y aterradora. Había llegado a depender de la Señora Sarah para la comida. La parte más aterradora fue que había llegado a depender de ella para la compañía. Deseaba con todo mi ser que volviera a casa conmigo. Decidí que, si lo hacía, la dejaría tocarme y la tocaría para hacerle saber que la apreciaba y la amaba. Esa noche dormí fuera de su patio. Recuerdo haber pensado lo extraña que es la vida. Había pasado la mayor parte de mi vida tratando de salir de un patio y ahora ansiaba entrar en uno.

Cuando me desperté por la mañana, caminé hacia mi arroyo, bebí agua, me acosté y me pregunté qué hacer ahora que Sarah se había ido. No parecía haber ninguna razón para vivir. Me sentí terriblemente abatido cuando me di cuenta de que la vida no valía la pena si no tenía a alguien a quien amar y por quien preocuparme, y si nadie me amaba ni se preocupaba por mí. Volví a mi montón de arena favorito y vi a Sarah. Corrí hacia ella y coloqué mi hocico en su mano y lamí su palma. Moví la cola tan rápido que hizo vibrar mi columna. Presioné mi cabeza contra ella y le dije que la había extrañado terriblemente y que la amaba y siempre lo haría. Incluso me acosté boca arriba y expuse mi barriga para demostrarle mi completa confianza.

Ella envolvió sus brazos alrededor de mi cuello. Acarició mi espalda y mi hocico. Murmuró palabras en mi oído que no reconocía, pero sabía su significado. ¡Me estaba diciendo que me amaba! Sentí una felicidad como nunca antes había conocido. Envié un ferviente deseo al cielo de que viviría con Sarah todos los días y todas las noches de mi vida.

Caminé a su lado todo el camino de regreso a su patio y hasta su puerta principal. No recordaba haber estado nunca dentro de una casa, así que me senté y esperé su invitación. Me hizo un gesto para que entrara, así que crucé el umbral. Me sentía tan feliz y emocionado que pensé que flotaría. Esa noche dormí en una cama que era mucho más suave, cálida y cómoda que cualquier cosa que hubiera conocido.

Cada día con Sarah estuvo lleno de experiencias nuevas y maravillosas. Ese primer día, caminé por las calles con ella hasta una tienda donde compró un collar y lo colocó alrededor de mi cuello. Estaba feliz de llevarlo porque significaba que era parte de su familia. Enganchó una correa a mi collar. Aprendí rápidamente que cuando tiraba de la correa, debía seguir la dirección del tirón. La habría seguido a cualquier parte, con o sin correa. Estaba lleno de orgullo mientras caminábamos juntos por la ciudad.

Mi siguiente experiencia fue realmente extraña para mí. Sarah me llevó a un lugar donde una mujer me lavó con agua tibia mezclada con algo que hacía espuma y olía agradable. Nunca había sentido agua tibia en mi cuerpo antes. Me enjuagó con agua tibia y luego sopló aire caliente por todo mi pelaje. Me recortaron las uñas y me cortaron algo de pelo, especialmente alrededor de la cabeza, las orejas y el cuello. No tenía idea de lo que sucedería a continuación, pero la mujer no me estaba haciendo daño y no quería ofender a nadie, así que me quedé muy quieto. Cuando la mujer terminó de arreglarme, me llevó a la habitación donde Sarah me esperaba. Pude notar que pensaba que me veía bien. ¡Yo me sentía bien! Era la primera vez en muchos, muchos días que no me sentía arenoso por dormir en montones de arena. He ido a salones de aseo muchas veces desde entonces, pero esa primera experiencia fue la más fantástica."

Kissy dijo: "Michael, cuéntanos cómo llegaste a vivir aquí."

"Sí, mejor sigo con la historia de mi vida con Sarah durante esos primeros meses. Estábamos viviendo muy lejos, en un lugar que Sarah llama San Miguel de Allende, México. Ahora sé que Sarah solo estaba visitando el lugar donde nací. Me encantaba caminar por las calles de San Miguel con Sarah. Después de convertirme en parte de la familia de Sarah, cada vez que veía perros callejeros, los compadecía."

Ella es una líder amable y considerada y una compañera divertida. Me ha enseñado el significado de algunas palabras y a seguir órdenes como sentarse, quedarse, caminar al lado, dar la vuelta, buscar la pelota... cosas así. Ahora estoy aprendiendo a subir un A-Frame y a usar otros obstáculos de agilidad".

Kissy le preguntó a Michael si podría enseñarle a hacer algunas tareas de agilidad. "No lo sé, pero eres bienvenida a venir a mi casa y usar los obstáculos de agilidad en mi jardín".

"Deja que Michael continúe con su historia", dijo Kawdje.

"El día después de haber ido al salón de peluquería, Sarah me llevó al veterinario. En ese entonces, no sabía lo que era un veterinario. Me miró las orejas y la boca, y luego recogió algo llamado termómetro y me levantó la cola. ¡No vas a creer lo que pasó después!"

"¡Sí, sí lo haríamos!" exclamaron Kissy y Kawdje al unísono.

"No digas más", dijo Kawdje. "Conocemos la rutina. Cuanto menos se diga, mejor se olvida".

"Buen consejo", dijo Michael. "Déjenme contarles sobre el viaje a casa. Un hombre vino a nuestra casa y ayudó a Sarah a poner maletas en la parte trasera de un coche, en algún lugar detrás del asiento en el que Sarah y yo nos sentamos juntos. Sarah colocó una toalla en el asiento donde yo me senté; creo que el hombre que nos llevó al aeropuerto la hizo hacerlo.

Fue mi primer viaje en coche y estaba tan emocionado. Quería sacar la cabeza por una ventana, pero estaban cerradas. Miré el paisaje, pero era difícil enfocar en algo porque todo pasaba tan rápido. Sabía que nos habían llevado a una ciudad diferente porque las calles eran más anchas y había muchos más coches y personas que en San Miguel.

Nuestro destino fue un enorme edificio que Sarah llamó un aeropuerto. Para mí, fue muy confuso, pero Sarah sabía qué hacer. Algunas personas me metieron en una jaula. Estaba asustado porque nunca antes me habían encerrado en algo parecido a una caja. Podía ver fuera de la jaula y eso me alivió, pero, para aumentar mi miedo, me llevaron lejos de Sarah y me preguntaba si la volvería a ver.

Me rodaron hacia afuera y vi un edificio de metal gigantesco que parecía un gran pájaro. Me subieron dentro y, después de un rato, se cerró una gran puerta y todo se volvió oscuro. Luego escuché un sonido fuerte y estruendoso y el gran pájaro, que ahora sé que se llama avión, comenzó a moverse. El ruido se hizo más fuerte, el avión vibró, se movió más y más rápido y, de repente, supe que se había levantado del suelo y estaba volando como un pájaro. Sentí una sensación inquietante en mi estómago. Creo que eso se debió en parte al hecho de que no sabía dónde estaba Sarah. Traté de dormir porque no había nada más que hacer, pero estaba demasiado preocupado para relajarme, así que me quedé allí mucho tiempo escuchando el ruido, que parecía volverse parte de mí. Deseaba con todo mi ser estar acurrucado junto a Sarah. No habría tenido miedo si hubiera estado con ella y sabía que, fuera lo que fuera que estuviéramos haciendo o adondequiera que fuéramos, lo estaríamos experimentando juntos.

Al fin, sentí que el pájaro volador, es decir, el avión, se inclinaba hacia abajo. Luego, hubo un golpe brusco y un ruido estruendoso que me dolió los oídos y supe que estaba rodando por el suelo como un coche.

Me sentía tembloroso y me alivió mucho cuando una gran puerta se abrió y vi la luz del día. Dos hombres me sacaron y rodaron mi jaula por el suelo y hacia un enorme edificio. Sabía que estaba en un aeropuerto diferente porque todo olía distinto y la luz del sol tenía una calidad diferente a la de San Miguel.

Vi a Sarah caminando hacia mí y, cuando abrió la puerta de la jaula, le lamí las manos y salté a su alrededor porque estaba tan feliz y aliviado de verla. Moví la cola y apoyé mi cabeza en ella. Ella me abrazó y acarició mi cuello y mi espalda. Sabía que Sarah me había llevado de México para vivir con ella para siempre. No sabía dónde estábamos y no me importaba."Solo me importaba que dondequiera que estuviera, estuviera con Sarah. Ella me amaba y yo la amaba, y estábamos juntos."

"¿Dónde vives con Sarah?" preguntó Kissy.

"Un hombre nos llevó a la casa más grande que había visto jamás. Salté del coche y respiré un aire bastante frío. El viento traía aromas desconocidos que no podía identificar porque los árboles y arbustos no eran del mismo tipo al que estaba acostumbrado.

Hice un recorrido por el lugar para familiarizarme con mi propiedad. No podría defender una propiedad si no la conocía a fondo. Decidí investigar un área que tenía muchos árboles creciendo muy juntos, pero no tuve tiempo de seguir el rastro de algunos animales porque Sarah silbó para que regresara a ella.

Entramos a nuestro hogar. Sarah me llevó a la cocina, llenó un cuenco con agua y lo colocó en el suelo. Estaba agradecido porque no había tenido agua ni comida durante muchas horas."

Kawdje dijo: "Hablando de comida, ¿tenéis hambre los dos? Yo sí. Vamos a la cocina y hagamos saber a mamá que queremos que nos alimente."

Capítulo Seis

Mientras Michael relataba la historia de su vida a Kissy y Kawdje, Sarah compartía su experiencia en San Miguel de Allende con Michael Archangelo y su vuelo de regreso a casa con Essie y Evan.

"Estaba muy descontenta con las acomodaciones de viaje aéreo para Michael. Estoy segura de que Michael estaba petrificado al separarse de mí, y realmente no sé cuán seguro fue para él haber sido almacenado en la zona de carga. Me dijeron que lo mantendrían en un compartimiento separado y con temperatura controlada, pero no sé si la temperatura fue cómoda para él. Creo que debería haber un área separada en la cabina de pasajeros dedicada para las mascotas que viajan."

Evan dijo: "Si Essie y yo voláramos con Kissy y Kawdje, tendríamos las mismas preocupaciones. Nuestras mascotas son pequeñas pero demasiado grandes para caber en una jaula que pueda ser almacenada debajo de un asiento, y debido a eso, tendrían que ser alojadas en la carga. Voy a preguntarle a mi hermano sobre esto. Solía ser piloto y volaba grandes aviones comerciales antes de dejar eso para convertirse en arqueólogo. Todavía tiene una licencia de piloto y vuela aviones pequeños y posee un helicóptero."

"¿Qué le motivó a hacer ese cambio de carrera?" preguntó Sarah.

"Mi hermano siempre estuvo fascinado por la arqueología y tomó cursos sobre el tema cuando asistió a la universidad, pero también amaba volar y obtuvo una licencia para volar aviones pequeños. Gordon se casó inmediatamente después de graduarse de la universidad. Necesitaba ganar suficiente dinero para mantener a una esposa y una familia, así que se concentró en convertirse en piloto de aerolíneas comerciales y dejó a un lado su sueño de convertirse en arqueólogo de campo a tiempo completo.

Financieramente, fue bueno para él, pero no en ningún otro sentido. Estaba mucho tiempo fuera de casa, lejos de su esposa y su hijo, porque el trabajo requería viajar. Creo que la separación física frecuente fue la razón por la que su matrimonio se desintegró. Se divorció hace unos diez años y no se ha vuelto a casar. Su hijo, Kevin, tiene veinte años. Está estudiando ingeniería aeronáutica en la Universidad de Purdue y también está tomando algunos cursos de arqueología. Parece que la fascinación por volar y por los huesos viejos pasó de padre a hijo."

Essie añadió: "No hemos visto a Elsa desde el divorcio. Gordon nos contó que ella se volvió a casar en un par de años. Kevin vivía con Elsa, pero pasaba la mayor parte de sus veranos con Gordon en las excavaciones."

Evan continuó: "Gordon persuadió a Elsa para que dejara que Kevin asistiera a una excelente escuela preparatoria en esta área durante sus años de secundaria. Planeaba que Kevin eventualmente asistiera a una universidad de primer nivel, por lo que quería asegurarse de que tuviera una buena educación. Nosotros estábamos contentos con esa decisión porque eso nos permitió verlo a menudo. Ayudó a suavizar el golpe cuando nuestra hija se fue de casa para asistir a la universidad y finalmente se volvió lo suficientemente solvente como para tener su propio apartamento después de graduarse."

Sarah exclamó: "¡No sabía que tenías una hija! Como ya sabes, yo tengo una hija. Tú cuéntame sobre la tuya y yo te contaré sobre la mía."

Essie respondió: "Nuestra hija se llama Joyce, pero la llamamos Joy. No pudimos resistir ponerle el nombre, Joyce Kilmer, en honor al poeta que escribió el famoso poema 'Trees'. Ella heredó mi cabello rubio y liso, mis ojos azules y mi constitución delgada, y se parece mucho a mí, excepto que ha heredado la altura del lado de la familia de Evan. Mide cinco pies y nueve pulgadas de altura—casi tan alta como su padre. Se graduó de Swarthmore College con un título en Artes Liberales, luego se dedicó a la fotografía y ahora trabaja para The Inquirer. Se casó el año pasado con Sam Albright."

Sarah preguntó, medio en broma: "¿No será el Sam Albright, el famoso jugador de baloncesto, verdad?"

Evan respondió con una amplia sonrisa: "Sí."

"Qué suerte tener un yerno así. Apuesto a que tienen asientos fantásticos en los partidos de baloncesto cuando él juega. ¿Joy viaja con Sam cuando el equipo está de gira o ha mantenido su trabajo en el periódico?"

Essie dijo: "Lo acompaña ocasionalmente, pero ha mantenido su trabajo en el periódico, así que la vemos con frecuencia. Ella y Sam compraron una casa adosada en la ciudad y, por ahora, están cómodos allí. Ahora cuéntanos sobre tu hija."

"Los extraños nunca adivinarían que mi hija y yo estamos emparentadas. Su apariencia se parece más al lado de la familia de su padre. Pat tiene una estatura media de cinco pies y siete pulgadas. Tiene el cabello oscuro y grueso de su padre y lo lleva largo y liso. Tiene los rasgos de Charles: su nariz recta en lugar de la mía respingada, y su cara rectangular en lugar de mi cara en forma de corazón. Aunque sí tiene mis ojos. Pat se graduará pronto de la Escuela de Medicina Veterinaria de la Universidad de Pensilvania. Su esposo es abogado y se especializa en derecho corporativo e internacional. Se llama Edward Palliser, así que ahora su nombre es Patricia Pullman Palliser. ¿No suena genial? Me sorprende que Pat no tenga una mascota, pero supongo que su vida ha estado demasiado ocupada en los últimos años para hacerle espacio a una. Solía mostrar a nuestro perro, Chopsticks, cuando era manejadora junior."

"¿De qué raza era Chopsticks?" preguntó Essie.

"Pekinés. Todos lo adorábamos. Vivió hasta los 12 años y, por supuesto, Pat, Charles y yo estábamos desolados cuando murió. No conseguimos otro perro de inmediato porque Pat estaba a punto de dejar el hogar para asistir a la universidad y yo necesitaba tiempo para lamentar la pérdida de Chopsticks. Cuando sentí que estaba lista para abrir mi corazón a otro perro, a Charles le diagnosticaron cáncer de estómago. Se sometió a una cirugía y se recuperó hasta el punto de tener una buena calidad de vida durante varios años. Volvió al trabajo y nuestras vidas siguieron con normalidad, pero siempre teníamos el temor subyacente de que el desastre podría golpear en cualquier momento, y así fue. Hace tres años, mi esposo falleció."

"Lamentamos mucho tu pérdida y tu dolor", dijo Essie. "¿Cómo lo sobrellevó Pat? ¿Cómo encontraste la fuerza para seguir adelante?"

"Pat se concentró en sus estudios. Quería terminar la escuela de veterinaria, así que esa meta la mantuvo firme. Yo tuve que ser fuerte por el bien de mi hija. Charles había previsto bien nuestra situación financiera, por lo que, afortunadamente, no teníamos al lobo en la puerta.

Lo extrañé terriblemente al principio, pero después del primer año, eso fue disminuyendo gradualmente. Recuerdo que estaba conduciendo al supermercado un día soleado, unos dos años después de la muerte de Charles, y los árboles estaban llenos de hojas, los tulipanes florecían y el mundo se veía excepcionalmente hermoso. De repente me di cuenta de que estaba profundamente feliz de nuevo. Mi duelo había terminado."

Bueno, no soy una invitada muy vivaz a la cena. Hablemos de temas felices. Me pregunto cómo se estarán llevando Michael, Kissy y Kawdje. ¡Han estado muy callados!"

"Aquí están ahora", exclamó Essie. "Apuesto a que quieren comida. Deberíamos dejarlos salir al aire libre unos minutos antes de alimentarlos."

Aún quedaba suficiente luz afuera para disfrutar de los árboles y arbustos. Los tulipanes estaban en flor, así como algunas variedades tardías de narcisos. Mascotas y personas paseaban por el gran jardín en feliz compañía.

La tranquilidad se transformó en una escena de acción cuando Kawdje vio una ardilla y la persiguió, seguido de una Kissy que ladraba y un Michael corriendo que rápidamente superó a Kawdje. Todos rodearon la base del árbol que era el hogar de la ardilla.

"Son tan compañeros", dijo Essie.

"Quiero invitarlos a todos a mi casa a cenar. Mencionaste que crees que a Kissy le gustaría más el deporte de Agilidad Canina que ser mostrada en exposiciones de Conformación. Pueden probar a Kissy y Kawdje en el equipo de Agilidad que tengo para Michael. Los saltos se pueden bajar para acomodarlos."

"Gracias, Sarah. A Evan y a mí nos encantaría ir a cenar y darles a nuestras mascotas una prueba de Agilidad. Entremos y discutámoslo durante la cena. ¿Michael comerá carne asada con verduras?" preguntó Essie.

"A Michael le encanta casi toda la comida casera."

"Tengo crème brûlée para el postre. Sé que es una combinación rara con carne asada, pero es el postre favorito de Evan, así que lo hago a menudo. A Kissy y Kawdje les encanta la crème brûlée. Si a Michael no le gusta, siempre puedo darle galletas de jengibre."

El postre fue la pièce de résistance. Tres mascotas y tres personas hicieron justicia a la crème brûlée. ¡No quedó ni una gota!

Capítulo Siete

La semana siguiente, Essie y Evan llevaron a Kissy y Kawdje a otra exposición de perros de conformación. Era un día soleado y templado, con un cielo despejado, y el ánimo de Kawdje se elevó para igualar las condiciones perfectas del clima, ya que la exposición se celebraba al aire libre. Sabía lo que se esperaba de él. Había aprendido que la mayoría de los jueces señalaban la dirección hacia la que debía caminar, así que guió a Essie durante la rutina. Cuando se detuvo frente al juez, lo miró inquisitivamente y mentalmente le preguntó: "Bueno, ¿lo hice todo bien, o qué?"

Cuando salieron del ring, Essie se unió emocionada a Evan y Kissy y dijo: "Kawdje ha ganado otro Best of Breed. Ahora tiene dos majors. Sé que eso significa que tenemos que quedarnos en esta exposición para la competición del Grupo No Deportivo, pero si Kawdje gana eso, ¡tendrá su campeonato!"

"Lo dudo mucho," dijo Evan. "Está compitiendo contra un Caniche y un Bichón Frisé, y ambos son adorables y esponjosos. ¡No tiene ninguna oportunidad! Bueno, quedémonos para darle una oportunidad al título."

Pasearon y se detuvieron junto al ring donde mostraban Bracos Alemanes de Pelo Corto.

Escucharon a un manejador diciéndole a una mujer alta, esbelta y hermosa de origen euroasiático: "Topaz tiene una conformación hermosa, pero se mueve por la exposición como si fuera un suplicio para ella. No parece vivaz ni feliz, ni siquiera concentrada, y debido a su actitud, nunca se mostrará bien. Estás perdiendo tu tiempo y tu dinero."

La mujer le agradeció sombríamente por la evaluación honesta. Su postura era majestuosa mientras veía al manejador alejarse, pero su expresión era desoladora. Se dio la vuelta y miró a Essie y Evan, y su expresión se transformó en una hermosa sonrisa al ver la cinta de Best of Breed de Kawdje.

Felicitó a Essie y Kawdje por la victoria y dijo: "Supongo que esto es lo más cerca que estaré de esa prestigiosa cinta."

Essie le agradeció y se presentó junto a Evan. Le explicó que, aunque estaban mostrando a sus dos mascotas, a Kissy tampoco le interesaba ser mostrada, y la inscribían en exposiciones de conformación principalmente para acompañar a Kawdje y continuar la actividad como un cuarteto familiar.

Jeanette Bancroft se presentó e informó que su esposo, Cole, rara vez asistía a estas exposiciones porque, como cardiólogo, siempre tenía una agenda de trabajo muy ocupada, además de emergencias.

"Él quiere que Topaz se convierta en Campeona en Exposiciones de Conformación porque sabe que es una causa perdida entrenarla para ser Campeona de Campo. Topaz considera a los ciervos como amigos y nunca los ahuyenta de nuestra propiedad."

Jeanette relató un incidente en el que Topaz fue perseguida por una cierva que se preocupó por la seguridad de sus dos crías cuando Topaz se acercó demasiado a ellas.

Evan y Essie rieron a carcajadas y Evan preguntó: "¿Crees que a Topaz le interesaría el deporte de Agilidad Canina?"

Jeanette dijo que le encantaría entrenar a Topaz en Agilidad Canina si el perro mostraba interés en el deporte y preguntó cómo podía informarse más al respecto.

"Essie y yo tenemos una amiga que tiene algunos obstáculos de agilidad instalados en su propiedad y está entrenando a su perro. Nos ha invitado a probar con Kissy y Kawdje y ver si alguno tiene aptitud y, lo más importante, interés en el deporte."

"¿Crees que tu amiga me permitiría llevar a Topaz alguna vez para probar el equipo? Si Topaz muestra interés en la Agilidad Canina, estaría dispuesta a entrenarme como su manejadora. Creo que los perros necesitan un programa de aprendizaje para ayudarlos a evolucionar. Tienen una capacidad de razonamiento decente, una necesidad de compañía y un deseo de agradar. Tengo un par de vecinos, y cada uno tiene un perro que siempre está solo en el patio trasero, sin estímulo ni compañía. ¡Qué vida tan aburrida y vacía!"

"Estamos de acuerdo," añadió Essie. "Intercambiemos números de teléfono. Contactaré a mi amiga y le haré tu petición y me pondré en contacto contigo. ¿Dónde vives? Yo vivo en Media y la casa de mi amiga está en Chadds Ford."

Jeanette escribió su información de contacto en un papelito mientras le informaba que vivía cerca de New Hope en el condado de Bucks. Essie metió rápidamente el papel en su riñonera y dijo que tenía que ir al ring del Grupo No Deportivo para mostrar a Kawdje. Ella y Evan se despidieron con un gesto y prometieron ponerse en contacto pronto.

Kawdje sabía, mientras lo llevaban a otro ring con muchos perros de otras razas, que algo especial estaba sucediendo. Estaba directamente detrás de un perro grande, pero como ya se había familiarizado con Michael, los perros grandes ya no lo aterraban. Sabía que todos estaban con correas, así que estaba a salvo de cualquier ataque. Tal vez al gran perro que tenía delante le gustaba viajar en coches rápidos y sacar la cabeza por la ventanilla, igual que a él y a Michael les encantaba hacerlo.

Sus pensamientos se dirigieron a Topaz. Le había gustado instantáneamente. Era grande y hermosa, y no era nada amenazante ni agresiva. "Sí," pensó. "Algunos perros grandes merecen la pena ser conocidos."

Estaba de buen humor mientras caminaba por el ring con su mamá. Cuando se detuvo frente a la jueza, la miró directamente a los ojos. Cuando su mamá lo levantó a la mesa, se quedó muy quieto en la posición de "stack" y no movió las patas mientras la jueza le revisaba los dientes y palpaba su espalda y sus patas.

Después de que su mamá lo bajó al suelo del ring, observó cuidadosamente hacia dónde señalaba la jueza y supo exactamente en qué dirección debían caminar él y su mamá.

Caminó un poco por delante de su mamá y, cuando ella tiró ligeramente de la correa, se dio la vuelta rápidamente sin perder el ritmo y caminó hacia la jueza. Kawdje movió la cola para decirle que le agradaba mientras miraba su cara.

Su mamá lo condujo hacia el lado del ring y él se quedó quieto mientras los otros perros actuaban para el juez. La espera era aburrida y cansina, pero la toleró porque era parte de una rutina que conocía bien y se sentía seguro al seguirla. Miraba al juez cada vez que ella pasaba a su lado, intentando captar cualquier señal que le indicara qué debía hacer a continuación. Ella lo señaló e hizo un gesto que significaba que debía salir de la fila y caminar hacia el lugar que ella indicaba. De repente, su mamá estaba muy feliz y emocionada. Vio cómo la jueza señalaba a varios otros perros, y ellos se colocaron detrás de él. Luego, la jueza gesticuló para que él se moviera alrededor del ring. Su mamá tiró de la correa y casi corrió mientras lo llevaba alrededor del ring, por lo que él caminó más rápido que nunca para seguirle el paso. Escuchó fuertes aplausos y luego su mamá lo tomó en brazos y la jueza le entregó una enorme cinta. Kawdje sabía que había ganado algo. Se posó en la posición de "stack" mientras le tomaban una foto.

Su papá logró abrazarlo a él y a su mamá, mientras todavía sostenía a Kissy en brazos.

"Essie, estuviste genial en el ring y Kawdje estuvo 'a tono' hoy. Qué logro tener una victoria en el grupo. Ha ganado un major de cinco puntos, así que ahora es un Campeón."

Kawdje pensó que el show había terminado y se sorprendió cuando lo llevaron de nuevo al ring. Se desconcertó al ver solo a otros seis perros. Decidió hacer exactamente lo que había hecho hace un rato: mantenerse quieto en la posición de "stack" y observar cuidadosamente a la jueza para ver qué debía hacer a continuación.

Evan observaba desde el borde del ring y sus esperanzas de que Kawdje ganara el Best in Show se desvanecieron al observar al increíble Bloodhound que representaba al Grupo Hound. Un maravilloso Terranova del Grupo de Perros de Trabajo y un tembloroso Shih Tzu del Grupo de Perros Toy también parecían ser ganadores.

"Todos parecen ganadores, y lo son", pensó.

Tuvo que admitir que Kawdje aún estaba "a tono". Se veía firme y seguro de sí mismo, y se posicionaba en "stack" siempre que no estaba caminando por el ring. La mandíbula de Evan se abrió y sus ojos se ensancharon de incredulidad al ver a la jueza caminar hacia Essie y entregarle una enorme roseta. Incluso si no estuviera sosteniendo a

Kissy en brazos, sabía que no habría encontrado la fuerza para aplaudir. Estaba demasiado abrumado por las emociones. Observó a Essie aceptar las felicitaciones y lentamente abrirse paso entre la multitud de personas hacia él.

"Evan, ¡estoy asombrada! Nunca imaginé que Kawdje sería un ganador de Best in Show cuando él y Kissy vinieron a vivir con nosotros. Él era el reservado que siempre se contenía en situaciones nuevas y evaluaba a las personas y circunstancias. Hoy realmente se abrió y pude notar que se sentía bien consigo mismo. Además, le gustó la jueza, así que eso ayudó."

"Obviamente, la jueza también lo ha querido, y eso ciertamente ayudó. Bueno, Essie, ¿está el Show de Westminster en el futuro de Kawdje?"

"No me hago ilusiones de que sea aceptado para competir en Westminster, y no sé si estoy preparada para manejarlo en ese prestigioso show, aunque a veces pienso que es él quien me maneja a mí en el ring. Siempre está contemplando todo y hoy su mente y su corazón se conectaron y lo disfrutó. Se mostró como un verdadero campeón."

Kissy sabía que Kawdje acababa de tener una gran victoria. Estaba recibiendo atención de la gente que se agolpaba a su alrededor. Le encantaba la gente y que todos la notaran. Estaba segura de que, si estuviera actuando en los obstáculos de agilidad, sería una ganadora y todos le prestarían atención.

Essie notó que Kissy estaba algo apagada y dijo: "Me pregunto si Kissy se está sintiendo desplazada o celosa porque Kawdje ha recibido tanta atención hoy."

"Puede ser. Tendremos que empezar el entrenamiento de agilidad pronto. Incluiremos a Kawdje, pero sospecho que Kissy se desempeñará mejor en la Agilidad Canina que él porque es más atrevida. ¿Recuerdas cuánto tiempo le llevó aprender a subir la escalera de peldaños abiertos en casa?"

"Evan, creo que eso se debe a que tenía miedo de caer a través de los espacios entre los peldaños. Definitivamente no le tiene miedo a las alturas. Aunque siempre contempla y piensa mucho, su razonamiento no siempre es lógico según los estándares humanos.

Vamos a casa a celebrarlo, Evan. Tendré que llamar a Joy y a Sarah para contarles todo sobre la gran victoria de Kawdje y que ahora es un Campeón. Además, debo preguntarle a Sarah si podemos llevar a Jeanette Bancroft y Topaz para probar su configuración de Agilidad Canina y ver si disfrutan del deporte. También necesitas saber si te gustará el trabajo en equipo de Agilidad Canina, ya que serás el compañero de Kissy. Yo manejaré a Kawdje en Agilidad si él quiere participar en ese tipo de evento."

Mientras Essie y Evan, junto con Kawdje y Kissy, se abrían paso entre las jaulas de los perros y el equipo de aseo que se estaba empacando, los detuvieron con frecuencia los manejadores que querían echar un buen vistazo a Kawdje y preguntar sobre las características de personalidad del Spaniel Tibetano. Kawdje se deleitó contento con toda la atención y pensó que este día había sido casi tan bueno como un paseo en coche con la cabeza colgando por una ventana abierta.

Durante varios encuentros con otros manejadores, Kissy ladró para llamar la atención sobre sí misma, y los manejadores cumplieron acariciándole la cabeza y comentando lo bonita que tenía la cara. Se preguntó por qué Kawdje había ganado una cinta. "Puedo correr más rápido que él. ¿Por qué ganaría algo por caminar alrededor de un ring? Bueno, ya encontraré algo que sea más emocionante y desafiante."

Capítulo Ocho

Sarah acarició la cabeza de Michael mientras observaba el montaje que consistía en tres saltos, un A-Frame (rampa), un túnel de tubo rígido y postes de zigzag, y estaba satisfecha de que hubiera suficiente equipo para que las mascotas tuvieran un buen entrenamiento de agilidad. El cuerpo de Michael de repente se puso completamente alerta y, varios segundos después, la furgoneta de Essie y Evan subió por su camino de entrada seguida del SUV de los Bancroft. Las puertas del coche se abrieron y las personas y las mascotas salieron. Michael corrió a saludar a todos y se detuvo momentáneamente cuando vio a Topaz, luego reanudó el movimiento de su cola con aún más entusiasmo. Su aroma era más delicioso que el hueso más jugoso que jamás había roído. Ella tenía un tamaño que le permitía mirarle a los ojos y sus cálidos ojos marrones eran los más amables, amigables y hermosos en los que jamás se había fijado —aparte de los de Sarah, se apresuró a aclarar. Tenía muchas ganas de tocarle la nariz en saludo, pero no estaba seguro de cómo reaccionaría, así que se contuvo.

Sarah alcanzó a Michael y Essie y Evan le presentaron a Jeanette y Cole. Pensó que la alta y elegante mujer euroasiática con su aire de serenidad y amabilidad y el alto y delgado hombre de cabello oscuro con expresión intensa y ojos avellana penetrantes enmarcados por gafas sin montura, eran una buena pareja. Un hermoso Pointer Alemán de Pelo Corto estaba pegado muy cerca de la pierna de Jeanette y Sarah sintió el fuerte vínculo entre ambas y supo que Topaz era "la niña de mamá" y no "la niña de papá".

Sarah estrechó la mano de Jeanette y Cole, luego deslizó una mano por una de las increíblemente sedosas orejas de Topaz. "Es exquisitamente hermosa. Su cuerpo es un equilibrio perfecto entre elegancia y solidez".

Jeanette dijo: "Las exhibiciones de conformación aburrían a Topaz, por lo que no se desempeñó bien. Mi esposo y yo esperamos que disfrute el entrenamiento de agilidad. Gracias por extendernos tu hospitalidad."

Cole estudió el montaje de agilidad y preguntó: "¿Cómo podrán todas las mascotas usar el mismo montaje? Kissy y Kawdje son diminutos en comparación con Topaz y Michael."

"Todos los saltos son ajustables, por lo que las mascotas de cualquier tamaño pueden usar el mismo montaje. Antes de comenzar la sesión de entrenamiento, ¿alguien quiere beber algo? Tengo té helado, refrescos, zumo y agua. Además, hay agua para las mascotas cerca del área del césped que he dedicado al ring de agilidad. Vamos a mostrarles su cubo de agua ahora."

Todos caminaron hacia el cubo. Kissy y Kawdje apenas eran lo suficientemente altos como para beber sin tener que pararse sobre sus patas traseras para alcanzar el borde. ¡Les encantó! Se sentían genial al poder beber del mismo cubo de agua que los perros grandes. Michael metió la cabeza en el cubo y bebió agua con ellos. Topaz esperó educadamente hasta que los otros tres terminaron antes de beber.

Kissy notó el montaje de agilidad canina y esperó emocionada que iba a tener la oportunidad de demostrar su rapidez y aprender cómo actuar en los obstáculos. Compartió sus pensamientos con los demás. Kawdje inmediatamente se sintió cauteloso y preocupado, como siempre le sucedía ante una nueva situación. Topaz dijo que le parecía más divertido que estar parada esperando su turno para pasear frente a un juez, y que sería realmente genial si iba a ser una actividad que ella y su mamá harían juntas. Michael les contó a los otros tres que él y Sarah llevaban un tiempo practicando y que disfrutaba de la actividad, especialmente porque lo hacían juntos.

Los Kilmer y los Bancroft declinaron tomar algo y todos estuvieron de acuerdo en que debían comenzar con la prueba de entrenamiento de agilidad.

Sarah sugirió que ella y Michael dieran una demostración, después de lo cual todos podrían elegir un obstáculo para comenzar a entrenar a sus mascotas a usarlo y luego progresar al siguiente, y así sucesivamente.

Sarah le indicó a Michael que subiera y bajara el A-Frame. Señaló los dos puntos de contacto en el obstáculo. Cada uno se encontraba en la parte inferior del marco donde tocaba el suelo y subía unos 50 centímetros. Explicó que un perro debía tocar la zona de contacto de seguridad al subir y bajar el obstáculo.

"La falta de contacto con las zonas de seguridad y un salto prematuro son faltas. Cada falta tiene puntos, usualmente cinco, y esas faltas se suman al tiempo que un equipo tarda en completar el recorrido. Un equipo está compuesto por un manejador y un perro. El equipo que gana es el que tiene menos faltas y el tiempo más rápido. Existen diferentes tipos de clases de agilidad. Algunas clases requieren que un equipo acumule la mayor cantidad de puntos posible dentro del tiempo del recorrido estándar, y el equipo con más puntos gana. En esas clases, la puntuación cesa después de una falta. No sería justo que un equipo ganara por acumular más puntos debido a que tuvo más faltas."

Mientras Michael zigzagueaba a través de los postes, Sarah mencionó que el perro siempre debía entrar a los postes por el lado derecho.

Evan preguntó: "¿El lado derecho cambia dependiendo del enfoque? ¿Podría el lado izquierdo ser el correcto a veces?"

Todos parecían confundidos.

Sarah, disculpándose, dijo: "He leído que los postes siempre deben ser abordados desde el lado derecho. Creo que Michael siempre tendrá que entrar desde su izquierda. Me resulta muy difícil recordar mi derecha de mi izquierda. Estoy intentando enseñarle a diferenciar entre su derecha e izquierda. Le digo 'izquierda' cuando entra en los postes, pero he cometido muchos errores porque me lleva mucho tiempo traducir el lado derecho de los postes y su lado izquierdo en mi mente, lo que lo confunde."

Evan preguntó cómo podía obtener más información sobre la agilidad canina.

Sarah dijo: "Hay un sitio web al que podéis acceder y os daré esa información después de la práctica. Si alguien decide que la agilidad canina es algo que quiere seguir practicando, sugiero que nos reunamos con frecuencia entre nosotros para practicar. Mi casa y el montaje están abiertos para todos vosotros. También, tal vez queráis considerar uniros al Keystone Capers Dog Agility Club. Yo voy a hacerlo. He asistido a una sesión como observadora y fue útil."

Evan dijo: "Vamos a trabajar", mientras trotaba con Kissy hacia el primer obstáculo de salto.

Kissy pensó que la barra superior parecía al menos tres veces más alta que la parte superior de su cabeza y consideró deslizarse por debajo del salto. Evan saltó, pero Kissy no. Todos aplaudieron y vitorearon, y felicitaron a Evan por su destreza saltando. Él rió e hizo una reverencia, luego recogió a Kissy y la levantó por encima del obstáculo.

Sarah se acercó al salto y retiró dos barras. "Vamos a empezar con una altura muy baja, adecuada para su tamaño. Más adelante, podemos aumentar la dificultad del salto."

Evan y Kissy trotaron de nuevo hacia el salto y esta vez Kissy no se sintió intimidada, saltó por encima de la barra superior. Estaba emocionada por su éxito, aunque decidió que el salto alto no era uno de los mejores beneficios de la vida.

Essie hizo que Kawdje intentara el salto mientras estaba a baja altura y lo superó con suficiente espacio de sobra. Se sintió fuerte, atrevido y completamente maravilloso, y decidió que el Dog Agility podría ser algo divertido de hacer. Razionó que, como los obstáculos evitaban que esta actividad fuera una carrera, tal vez podría hacerlo tan bien como Kissy.

Sarah volvió a colocar las barras superiores en el salto. Jeanette y Topaz trotaron hacia el obstáculo y Topaz saltó sin esfuerzo, sin perder el ritmo. Saltar era una actividad común para Topaz, que fácilmente superaba viejas vallas y otros obstáculos en su propiedad.

Sarah sugirió que pusieran correas cortas a las mascotas y las guiaran por el A-Frame para enseñarles a tocar las zonas de contacto y evitar un salto temprano.

Jeanette llevó a Topaz al A-Frame, que solo lo miró. Jeanette colocó las patas delanteras de Topaz en la base del marco y dijo, "Contacto". Luego, se puso al lado del obstáculo y tiró de la correa para indicarle que debía ascender. Topaz se sintió desconcertada por esa cosa extraña que no era una escalera y no se parecía a nada que hubiera escalado en su propiedad. Miró interrogante a su madre, que seguía diciendo, "Arriba, arriba".

Comenzó a subir y fue alentada por los elogios de su madre por su esfuerzo. Después de llegar a la cima, Topaz descendió con facilidad y rapidez, tocando la zona de contacto que su madre le señaló diciendo, "Contacto". Topaz entendió que debía caminar por la parte inferior de la tabla. Luego, su madre la llevó a otro salto que era más alto que el primero. Lo superó con facilidad.

No estaba segura de qué hacer cuando llegaron a los palos de slalom, así que Michael dio otra demostración y luego su madre y su padre la ayudaron físicamente a tejer entre cada palo. Topaz se sintió torpe, lo cual era una experiencia nueva para ella.

Mientras tanto, Essie y Evan estaban entrenando a Kissy y Kawdje para usar el A-Frame. A Kissy le encantó. Era como subir las escaleras de casa. Kawdje se resistió. Para él, parecía algo parecido a una escalera, pero no lo era. Entonces se le ocurrió la idea de que podría tener una mejor vista desde la cima de esa cosa, así que rápidamente ascendió y se negó a bajar. Disfrutó de la vista.

Essie estaba a punto de levantarlo del A-Frame cuando de repente entendió que a él le gustaba estar tan alto.

Se volvió hacia Evan y dijo: "Odio arruinarle la diversión, pero tenemos que enseñarle a no detenerse en la cima. ¿Qué hago?"

"Esa es una situación difícil, Essie. Si alguna vez va a ser un competidor serio de agilidad, debe aprender ahora a no detenerse en la cima del A-Frame."

Essie estuvo de acuerdo y tiró de la correa de Kawdje para hacerlo descender. Tan pronto como tocó el suelo, se volvió y enfrentó la rampa que acababa de descender, listo para subirla de nuevo rápidamente. Entre risas, Essie lo llevó hacia abajo del otro lado. Kawdje se volvió bruscamente y se preparó para ascender de nuevo. Ella lo levantó. "Eres un pequeño testarudo", dijo mientras lo acunaba en sus brazos.

Essie y Evan llevaron a sus mascotas hacia los palos de slalom. Una vez más, Michael demostró cómo tejerse entre los palos. Kissy y Kawdje fueron guiados entre ellos y parecían disfrutar de la actividad. Evan les quitó las correas y animó a Kissy a repetir el movimiento. Ella se deslizó rápidamente entre los palos, disfrutando del movimiento sinuoso que le recordaba a la manera en que una vez había visto a una serpiente moverse. Kawdje caminó tras ella con lentitud, sintiendo, una vez más, que estaba siguiendo el camino de Kissy, lo cual siempre sucedía en cualquier actividad que requiriera velocidad.

Después de una hora, todos tomaron un descanso.

Las mascotas se reunieron alrededor del cubo de agua. A cada una le dieron una gran galleta para perros y, aunque a Kissy y a Kawdje no les gustaban mucho, ambos mordisquearon la galleta porque estaban contentos de haber recibido una del mismo tamaño que las de Michael y Topaz.

Topaz dijo: "Eres muy bueno en todos los obstáculos, Michael. ¿Cómo logras deslizarte entre los palos con tanta facilidad?"

"Requiere práctica. Sarah y yo hemos estado haciendo esto casi todos los días durante semanas. Empezamos poco después de que vine a vivir aquí."

Kissy dijo: "Michael, cuéntale a Topaz tu historia de cómo llegaste a vivir con tu mamá, Sarah."

Michael resumió una versión de su vida en México y cómo conoció a Sarah.

Topaz dijo con simpatía: "Nunca he sabido lo que es no ser amado o estar solo. Me alegra que ahora tengas un hogar y una familia. Tienes una gran propiedad de la que ocuparte. Es tan grande como la mía. Se supone que debo mantener a los ciervos fuera de mi propiedad, y eso es un problema porque me gustan los ciervos. Además, son mucho más grandes que yo. Cuando trato de ahuyentarlos, se niegan a correr. Soy una decepción para mi papá porque dice que soy un perro de caza y espera y quiere que cace y, francamente, no me gusta. Especialmente no me gusta cazar ni perseguir nada que sea más grande que yo. Persigo marmotas, conejos y ardillas listadas, y corro con las ardillas hasta sus árboles. Puedo correr lo suficientemente rápido como para casi atraparlas. No estoy segura de lo que haría si realmente atrapara a alguno de esos animales. Me gustan y no quiero hacerles daño ni que alguien más les haga daño."

Michael dijo: "Aquí también tenemos ciervos, pero huyen de mí. Les he advertido que no dañen nuestros árboles y que se mantengan alejados. Vienen a mi propiedad de noche, pero no puedo hacer nada para evitarlo porque duermo en la misma habitación que Sarah y mi prioridad es protegerla a ella y a nuestra casa. Los ciervos no harán daño a Sarah ni a nuestra casa, así que solo mantengo mis sentidos alerta por cualquier intruso que pueda representar una amenaza para su seguridad."

Los otros tres se quedaron impresionados.

"¿Qué harías si alguien intentara entrar a tu casa sin el permiso de tu mamá?", preguntó Kawdje.

"Gruñiría a modo de advertencia y haría lo que fuera necesario para proteger a Sarah, incluso clavar mis colmillos en el intruso."

"Supongo que Kissy y yo haríamos lo mismo", dijo Kawdje con cierta incertidumbre.

"Somos pequeños", dijo Kissy, "pero tenemos ladridos agudos y fuertes, y podríamos despertar a nuestra mamá y papá, quienes sabrían qué hacer y nos cuidarían."

Kawdje estuvo de acuerdo. "Nuestro papá y mamá pueden manejar cualquier cosa, pero supongo que mordería a alguien si supiera que esa persona quería hacerles daño."

"Supongo que yo también lo haría", dijo Kissy, "pero nunca he conocido a una persona que no me gustara, excepto a ese juez en mi primera exhibición canina, y solo lo mordí ligeramente porque metió sus dedos en mi boca."

Michael soltó una risita.

Topaz dijo: "Supongo que podría morder a alguien que quisiera hacerle daño a mi mamá. Puedo sentir lo que ella está sintiendo y, a menudo, sé lo que está pensando. Si alguna vez sintiera que tiene miedo de alguien o de algo, haría todo lo posible por protegerla, pero la mayoría de las veces, ella me protege a mí."

Los perros vieron a sus familiares acercarse hacia ellos.

"Supongo que nos espera más entrenamiento ahora," dijo Michael.

La siguiente hora pasó rápidamente para todos y, cuando Sarah sugirió que fueran adentro para cenar, la gente aplaudió y las mascotas movieron sus colas. La cocina era un lugar concurrido mientras Sarah delegaba tareas. Cole abrió una botella de vino y sirvió una copa para todos. Sarah sacó del horno patatas asadas y una pierna de cordero asado. El aroma a ajo y romero hizo que a todos se les hiciera la boca agua y a las mascotas les cayera la baba. Evan cortó el cordero asado y Sarah colocó las rebanadas en una bandeja. Jeanette preparó una ensalada y la repartió en cuencos que Essie llevó a la mesa del comedor. Luego, Sarah, Jeanette y Essie llenaron cuatro cuencos para los perros mientras Cole y Evan extendían periódicos en el suelo de la cocina para colocar allí los platos de las mascotas.

El entrenamiento de la tarde había hecho que todos tuvieran hambre, y aquellos que cenaron en el comedor limpiaron sus platos casi tan rápido como aquellos que comieron en la cocina.

¡El postre fue un éxito!

Cole comentó: "Mi abuela solía hacer pudín de arroz y siempre fue uno de mis postres favoritos. Mi madre también lo hacía, pero nunca era tan bueno como el de la abuela. Tu pudín está a la altura del de mi abuela."

Sarah sonrió de placer mientras Jeanette y Essie le pedían que compartiera su receta. Sarah dijo que lo haría y les contó que era una receta familiar antigua de su tatarabuela, que había pasado de generación en generación.

Las mascotas también se mostraron entusiasmadas con el postre. Cada una devoró su porción con rapidez, ansia y placer, y luego revisaron los cuencos de los demás en busca de sobras.

Mientras los amigos tomaban café y té, decidieron continuar con las prácticas de agilidad en la casa de Sarah, ya que los obstáculos estaban instalados en su jardín, y reunirse para practicar los fines de semana. Las condiciones climáticas determinarían si debía ser sábado o domingo. Essie y Jeanette insistieron en turnarse para llevar la cena y aliviar la carga de cocinar a Sarah.

Todos compartieron las tareas de limpieza. Había sido un día agotador pero satisfactorio, así que, tan pronto como el último plato había sido enjuagado, secado y guardado, los Bancroft y los Kilmer se despidieron. Michael y Sarah los acompañaron hasta sus coches.

Antes de que los coches se perdieran de vista, Michael corrió hacia la casa, subió al dormitorio y se tumbó en su cama. Se sentía agotado de demostrar una y otra vez cómo tejer entre los palos. A pesar de su cansancio, había disfrutado mucho de la práctica. Le agradaban todos, especialmente la hermosa Topaz, cuyo aroma era incluso más delicioso que el pudín de arroz. Apenas podía esperar a volver a verlos.

Durante el viaje a casa, Essie le dijo a Evan: "Pensemos en un plan para presentar a tu hermano con Sarah. Creo que harían buena pareja. ¿Tienes alguna idea de cuándo nos visitará Gordon nuevamente?"

Evan dijo que no lo sabía, pero prometió llamar a su hermano y averiguarlo.

Capítulo Nueve

La semana siguiente, Essie y Evan, Sarah y Jeanette se unieron al Club de Agilidad Canina Keystone Capers, que se reunía todos los martes por la noche en la finca de Mavis Lowden.

Mavis era una mujer alta. Todo en ella era gris. Tenía el pelo gris, llevaba pantalones oscuros grises y una blusa gris más clara, y parecía tener entre más de cincuenta y menos de setenta años. Tenía un comportamiento firme y serio, pero amable, y demostraba todo con su Pembroke Welsh Corgi y su Retriever de pelo liso.

Las nuevas situaciones solían estresar a Kawdje más que a los otros tres perros, pero incluso él se adaptó a esta circunstancia desconocida después de notar rápidamente que solo había ocho perros, además de él y su grupo, y que todos estaban con correas, excepto un perro pequeño y uno grande que la dueña de este gran lugar de práctica usaba para demostrar los obstáculos.

Mavis tenía varias técnicas para enseñar a los perros a seguir órdenes y el significado de izquierda y derecha. Se podía usar un silbato o un dispositivo de clic en lugar de comandos de voz si el adiestrador lo prefería. Ella mostró cómo el mismo recorrido se modificaba para adaptarse a razas de perros de todos los tamaños.

"Solo se cambian las vallas y las alturas de los saltos. Algunos de nuestros asistentes primerizos se preguntarán por qué los perros grandes y pequeños usan el mismo recorrido y cuestionarán la justicia de tal práctica. Las diferencias de altura se tienen en cuenta, y los Tiempos Estándar de Recorrido son diferentes para cada categoría de altura."

Mavis explicó que un Tiempo Estándar de Recorrido era diferente para cada clase y cada recorrido, y era determinado por el juez, quien tomaba en cuenta el camino que debía seguir el perro, la distancia de ese camino, el número de obstáculos y el grado de dificultad.

"Un Tiempo Estándar de Recorrido para la misma clase y recorrido será más lento para los perros pequeños y más rápido para los grandes, de modo que, aunque un perro pequeño debe recorrer la misma distancia, se le da un Tiempo Estándar de Recorrido más largo para hacerlo."

Les informó del procedimiento para determinar la altura de salto de un perro y las cuatro categorías de altura de salto. "Un perro debe ser capaz de saltar al menos su propia altura en la cruz e incluso más alto. Voy a aprovechar la oportunidad para medir a nuestros cuatro nuevos clientes caninos."

Michael, Topaz, Kissy y Kawdje fueron medidos desde los hombros hasta el suelo. Michael y Topaz cayeron en la categoría de salto de 26 pulgadas, y Kissy y Kawdje en la categoría de 12 pulgadas. Mavis dijo que enviaría la información a los oficiales de la USDAA.

Mavis luego discutió la etiqueta del manejo del recorrido.

"El manejador debe guiar al perro sin correa mientras esté en el ring y tener control sobre el perro durante la ejecución. Es motivo de eliminación si un perro corre descontrolado en el recorrido, si corre el circuito de forma incorrecta o, Dios no lo quiera, si sale del ring. Asegúrense de que los miembros de cuatro patas de su equipo tengan una pausa para ir al baño antes de actuar, ya que ensuciar el ring es otro motivo de eliminación.

Además, siempre estén a tiempo para su entrada programada al ring. Si están inscritos en varias categorías en un evento y piensan que podría haber un conflicto de horarios, hablen con los oficiales del evento y ajustarán sus horarios para evitar que estén programados para estar en dos rings al mismo tiempo."

Mavis terminó su charla preguntando si había alguna pregunta. Sarah dijo: "Las barras de slalom deben ser ingresadas siempre por el lado derecho y la derecha dependerá del enfoque hacia ellas. Estoy entrenando a Michael usando comandos verbales, así que, ¿debo decirle 'izquierda' ya que siempre entrará entre la primera y la segunda barra girando hacia su lado izquierdo?"

Mavis dijo: "Sí. Su entrada por el lado derecho de las barras siempre será desde su lado izquierdo."

Después de la clase, Mavis les informó que los perros debían tener al menos dieciocho meses de edad para competir en eventos de Agilidad Canina y que se requería un certificado del veterinario para confirmarlo.

Sarah estaba en un dilema porque no conocía la edad de Michael. Jeanette dijo: "Tu veterinario puede hacer una estimación examinando los dientes de Michael. Los humanos tienen molares que salen a los 2 años, a los 6 años y a los 12 años, y los perros tienen un crecimiento dental comparable y predecible. Estoy suponiendo que tiene más o menos la edad de Topaz, y ella tiene 18 meses."

Mientras caminaban hacia sus respectivos vehículos para regresar a casa, Evan dijo: "Entré en el sitio web de la USDAA desde que nos reunimos en casa de Sarah y saqué impresiones que describen los obstáculos y las diferentes categorías. También ordené el libro de Normas y Regulaciones Oficiales y debería recibirlo pronto. Podemos revisar todo en nuestra sesión de práctica el próximo fin de semana."

Durante el viaje a casa, Evan sugirió dejar los shows de conformación para Kissy. "Sé que le encanta la Agilidad Canina. Se desliza por esas barras de slalom como un cometa."

"Los cometas no se deslizan," rió Essie. "Se abren paso por el espacio dejando un rastro."

Evan dijo: "Kissy se abre paso por esas barras tan rápido que casi deja su cola en la entrada de los postes de slalom."

"Deberíamos apodarla 'Kissy el Cometa'," declaró Essie. Añadió que Kawdje estuvo más relajado en la práctica de esa noche que en la casa de Sarah.

Evan dijo que también se había dado cuenta de eso. "Mantengámoslo en Agilidad. Podría convertirse en un gran competidor y me gustaría que sea una actividad familiar. La competición seria de Agilidad Canina consume tiempo y requiere viajar a competiciones. Hagámoslo juntos a menos que él nos haga saber que lo odia. Además, compremos una Pasarela Canina para contribuir al circuito de agilidad de Sarah."

Se reunieron el sábado en la casa de Sarah para su práctica de agilidad. Essie y Evan llegaron temprano para poder colocar la Pasarela Canina en el montaje. Evan también trajo dos aros de hula y todos ayudaron a fijarlos a postes que Evan empujó profundamente en el suelo. Un aro se colocó a una altura de salto para Kissy y Kawdje, y el otro a la altura de salto de Michael y Topaz. Jeanette sorprendió a todos trayendo un Túnel Colapsable.

La práctica fue divertida para todos; sin embargo, Sarah luchó con su discriminación derecha/izquierda. El problema se complicaba aún más cuando intentaba recordar la izquierda y derecha de Michael.

Durante la pausa para el almuerzo, Evan pasó hojas impresas que describían todos los obstáculos.

Anunció, "Los obstáculos de contacto son aquellos que el perro toca al realizar el recorrido, y esos serían todos los obstáculos, excepto los Saltos y Barreras. Deberíamos conseguir un balancín porque ninguno de nuestros perros tuvo la oportunidad de usarlo durante la reunión del Club de Agilidad Canina Keystone Capers.

Los diferentes Saltos y Barreras son: Salto de Aro, Pozo de los Deseos, Salto Largo, Salto de Arbusto, Barreras de Salto Doble, Barreras con Alas y Barreras sin Alas.

Una Barrera de Salto Doble es como un puente bajo que debe ser saltado en lugar de ser caminado. Siempre es más baja y más corta para los perros pequeños que para las razas más grandes. Todos los Saltos pueden elevarse o bajarse para adaptarse a las cuatro categorías de altura de salto que son 12 pulgadas, 16 pulgadas, 22 pulgadas y 26 pulgadas en el Programa de Campeonato en el que nuestros perros están inscritos. Existe un Programa de Rendimiento que es menos exigente y tiene alturas de salto más bajas. Sería adecuado para perros veteranos o razas que no son rápidas y ágiles debido a su estructura ósea o por cualquier otra razón. Nosotros solo necesitamos concentrarnos en el Programa de Campeonato."

Todos pensaron que deberían conseguir un balancín y una Barrera de Salto Doble. Evan se ofreció a hacer una Barrera de Salto Doble para Kissy y Kawdje y una más grande para Michael y Topaz y pedir un balancín para ser entregado en la casa de Sarah. El grupo estuvo de acuerdo en compartir los gastos.

Sarah dijo, "Pronto tendremos suficientes obstáculos para montar un recorrido completo. Por cierto, mi hija revisó los dientes de Michael y estimó que tiene al menos dieciocho meses de edad."

Varias semanas después, Essie y Kawdje regresaron a casa de un Show de Conformación Canina que se había celebrado en la zona y Essie anunció mientras atravesaban la puerta principal: "Kawdje ganó otro Mejor del Show hoy."

Evan dio un alegre grito y levantó a Essie en un abrazo de oso. "Mi hermosa manejadora. Apuesto a que te veré en la televisión en el Show Canino de Westminster. Yo también tengo buenas noticias. Acabo de colgar el teléfono tras hablar con Gordon. Vendrá a visitarnos mañana."

Kissy y Kawdje reconocieron la emoción en las voces de sus padres y respondieron persiguiéndose el uno al otro por la cocina. Kissy había extrañado a Kawdje, quien había salido temprano esa mañana con su mamá.

Essie dijo, "Llevaremos a Gordon con nosotros a nuestra práctica de agilidad de fin de semana en casa de Sarah. Vamos a presentarlos el uno al otro antes de lo que pensamos, y sucederá sin los planes elaborados que habíamos tramado. Los planes más simples siempre funcionan mejor de todos modos. Será mejor que avise a Sarah para que prepare un lugar extra en su mesa."

Capítulo Diez

Jeanette colgó el teléfono y su expresión mostraba una evidente angustia mientras se volvía hacia Cole.

"Ese era Brant Prescott, el cuñado de mi hermana. Dijo que Iris y Don han resultado gravemente heridos en un accidente de tráfico. Ambos tienen huesos rotos y han sido llevados a cirugía. Aún no sabe el alcance total de sus lesiones. Tendremos que cuidar de nuestra sobrina mientras Iris y Don se recuperan. Jenny está con Brant, pero él no puede cuidarla por más de unos días. Su trabajo requiere mucho viaje y, además, está atravesando un divorcio. Mañana conduciré hasta Chicago. Espero tener que quedarme allí hasta que Jenny termine su año escolar en un par de semanas y luego la traeré conmigo. Probablemente se quedará con nosotros durante el verano, quizás incluso más tiempo. Llevaré a Topaz conmigo. Así no tendrás que venir a casa un par de veces durante el día para sacarla o preocuparte si la has dejado fuera todo el día, pensando que podría cruzar la cerca eléctrica y sufrir algún daño."

"Quizás esa sea la mejor solución," dijo Cole y luego preguntó, "¿Cómo entrarás a su casa?"

"Llamaré a Brant y le diré que planeo conducir hasta allí mañana. Arreglaremos encontrarnos en el hospital y él me podrá dar la llave de la casa de Iris o decirme dónde conseguir una."

Cole dijo, "Será difícil para Jenny estar tan lejos de sus padres."

"Lo sé, pero no es como si fuéramos unos desconocidos para Jenny. Quizás Iris y Don reciban el alta pronto y tengan atención en casa. Sea cual sea el caso, conduciré hasta allí mañana con Topaz, evaluaré la situación y decidiré el mejor curso de acción cuando tenga más información. Ahora llamaré a Sarah para decirle que no podré asistir al entrenamiento de agilidad este fin de semana."

Sarah escuchó con preocupación mientras Jeanette relataba los acontecimientos.

Inmediatamente se ofreció para cuidar de Topaz mientras Jeanette estuviera fuera.

"Gracias por la oferta, Sarah, pero sé que ella será un trabajo extra y podría deprimirse porque me echa de menos."

"Tengo otra sugerencia, Jeanette. Déjala conmigo durante el día mientras Cole está trabajando. Puede recogerla cada noche. Topaz es bienvenida a quedarse aquí toda la noche cada vez que Cole tenga guardia de emergencia. De esa manera, no será un ajuste tan grande para ella. Es un amor y creo que Michael está enamorado de ella."

Jeanette se rió, "Sé que le gustas a Michael y a ella, y se sentiría cómoda en tu casa. Hablaré con Cole y te llamaré muy pronto."

Topaz percibió que su mamá estaba triste, emocionada, preocupada y tensa, todo al mismo tiempo. Observó a su mamá hacer la maleta y supo que eso significaba que se iba a subir al coche y se iba a ir. A veces, la llevaba con ella también. Saltó alegremente cuando su mamá la llamó para que subiera al coche. Cuando llegaron a la casa de Michael, Topaz se sintió confundida. ¿Por qué su mamá había hecho la maleta solo para hacer un viaje a casa de Michael?

Saltó elegantemente fuera del coche y miró a su alrededor. Michael corrió hacia ella y tocó su nariz. Como Kissy y Kawdje no estaban, Topaz decidió que esto no era una práctica de agilidad. Vio cómo su mamá entregaba su cuenco de comida a Sarah y luego sacaba su manta favorita del coche y la llevaba dentro de la casa de Michael. ¿Qué estaba pasando, se preguntaba?

Cuando su mamá volvió a salir, abrazó a Topaz y le susurró al oído. Topaz entonces comprendió que se quedaría allí con Michael y Sarah. No sabía por cuánto tiempo, pero sabía que no sería para siempre.

Michael lamió su hocico y le dijo lo feliz que estaba de tener su compañía. Sarah acarició sus orejas y Topaz se relajó. Sabía que a Sarah realmente le gustaba, y el ánimo de Topaz mejoró al recordar que Sarah siempre servía comida rica. La buena comida era una de las grandes ventajas de la vida.

Su mamá había estado hablando con Sarah y ahora se volvió y le dio a Topaz un último abrazo de despedida. Cuando Topaz vio a su mamá subir al coche, escuchó el zumbido del motor y vio desaparecer el coche, se sintió con náuseas. Ya echaba de menos a su mamá. Sarah le ofreció un trozo de hígado cocido y picado, pero Topaz lo rechazó. Tenía un nudo en la garganta tan grande que estaba segura de que nunca podría volver a tragar nada.

Michael sugirió que dieran una vuelta por la propiedad y Topaz aceptó. Le mostró el majestuoso pino bajo el cual le encantaba acostarse.

Percibieron el rastro de unos ciervos y Michael dijo: "Mira y te mostraré cómo los hago correr lejos de mí."

Michael corrió olfateando hasta que encontró el rastro y lo siguió, con Topaz muy cerca de él.

"Gira por aquí," dijo Topaz mientras se desvió hacia la izquierda. Y allí, detrás de un grupo de altos arbustos, estaba una pequeña manada de ciervos. Michael emitió una serie de ladridos cortos y agudos, advirtiéndoles que debían abandonar su terreno ¡de inmediato! Unas cuatro hembras y dos cervatillos, ya pasados de la fase de tener manchas, corrieron y saltaron más profundamente en el bosque. Un joven macho se quedó dudando. Michael adoptó una postura de caza agresiva. Avanzó lentamente hacia el joven macho mientras emitía un gruñido bajo y ronco. Michael no vaciló en su avance y el joven macho dio media vuelta y salió corriendo detrás de la manada.

"Así es como se hace. Los acechas lentamente, dándoles tiempo de sobra para que corran, y les haces saber que eres el jefe y que no vas a retroceder. Siempre ceden."

"Pero, Michael, me dan pena los ciervos. Nunca harían daño a nadie, excepto para proteger a sus crías."

"Topaz, se supone que debes cazar y perseguir animales. Tienes una gran nariz para captar olores. Supongo que eso es porque vienes de una larga línea de maestros cazadores."

"Lo sé, Michael, pero mi problema es que me gustan la mayoría de los animales y tengo miedo de perseguir a aquellos que son más grandes que yo. Gracias por enseñarme tu tierra. Vamos dentro ahora. Creo que me gustaría comer algo y beber."

Cole desarrolló una rutina diaria de dejar a Topaz en la casa de Sarah a primera hora de la mañana y recogerla justo antes de la cena. Estaba contento de tener la compañía de Topaz por las noches. Ella era amable, inteligente y bien educada. Topaz y Jeanette eran parecidas en algunos aspectos. Ambas eran tranquilas y capaces; luego enmendó rápidamente el pensamiento. Jeanette no era exactamente tranquila. Era solo que parecía hacer todo con una economía de movimiento y esfuerzo. Amaba tanto a su esposa que a veces se sentía excluido por el misterioso vínculo psíquico que ella y Topaz compartían. Quizás, mientras Jeanette estuviera fuera, él y Topaz se acercarían más.

Cole asistió al entrenamiento de agilidad del sábado en ausencia de Jeanette y llegó a la casa de Sarah justo antes que los demás. Michael salió de la casa para saludarles justo cuando Essie y Evan llegaban en su coche. Cuando Gordon bajó de su vehículo, se presentó a Cole.

Michael y Topaz rodearon a Gordon, olfateando sus zapatos y lamiendo sus manos. A ambos les gustó y confiaron en él de inmediato. Kissy y Kawdje lo querían casi tanto como querían a sus padres. Gordon se movió lentamente y de forma torpe hacia la puerta principal de Sarah. Temía levantar los pies y caminar de manera normal por miedo a pisar una pata de alguno de los animales que revoloteaban a su alrededor con entusiasmo.

Sarah salió por la puerta principal y sonrió en señal de saludo. Gordon se quedó sin palabras mientras su hermano la presentaba. Le resultaba tan familiar. Todo en ella era exactamente correcto, desde el color de su cabello ondulado castaño dorado que coincidía con sus ojos, hasta el tono dorado de su piel ligeramente bronceada. "Es una chica dorada", pensó. "Su sonrisa iluminaría una mazmorra".

Apretó su mano extendida y dijo algo que no pudo recordar inmediatamente después de haberlo dicho. Esperaba que hubiera sido algo educado y con sentido.

A Sarah le pareció que el sol de repente brillaba más mientras estrechaba la mano de Gordon. Sintió como si ya lo hubiera conocido antes y pensó: "No se parece mucho a Evan, pero son hermanos, así que debe haber una similitud genética en muchas cosas, como la forma en que se mueven, el ritmo de su habla... algo. Es más alto que su hermano y tiene los ojos azules en lugar de grises como los de Evan, además de tener el pelo grueso y rubio. Tiene la misma complexión que Evan, excepto que sus hombros son más anchos. ¡Es un hombre atractivo!"

Sarah sabía que tenía debilidad por los hombres altos y Gordon medía al menos 1,88 m (6 pies y 2 pulgadas). Era muy consciente de que ella apenas llegaba al 1,57 m (5 pies y 2 pulgadas), y sentía que estar con un hombre alto la equilibraba. Sabía que a Topaz le molestaba tener una cola muy corta y que a Kawdje no le gustaba ser tan pequeño. Ella podía relacionarse con eso, ya que siempre había querido ser alta, así que compensaba su falta de altura prefiriendo a hombres altos. Si ella no podía ser alta, la siguiente mejor opción era estar con alguien que lo fuera. Se controló a sí misma y ofreció a todos algunas bebidas antes de empezar la práctica.

Gordon sugirió una prueba de agilidad simulada y se ofreció para cronometrarlos. Todos ayudaron a marcar un recorrido por el circuito, colocando un número en cada obstáculo. El recorrido comenzaría con el número uno, luego al obstáculo número dos, y así sucesivamente.

"No tengo un cronómetro, así que para esta práctica mi reloj de pulsera servirá. Tienen varios minutos para recorrer el circuito y planificar dónde correr entre los obstáculos, o dónde pararse para poder mostrar mejor al perro miembro de su equipo qué hacer y adónde ir a continuación".

Gordon recorrió el circuito con Sarah y le dijo: "Eres una anfitriona maravillosa y generosa al abrir tu casa a todos los fines de semana".

"No es mucho esfuerzo para mí. Normalmente hacemos una cena tipo potluck, así que no tengo que cocinar mucho. Todos ayudan con las tareas de limpieza. Me siento afortunada de tener mis fines de semana llenos de compañeros agradables y con un propósito común. Los amigos que tenía cuando estaba casada se alejaron después de que mi marido muriera".

"Lamento tu pérdida. Evan y Essie me mencionaron que eres viuda. También me dijeron que tienes una hija mayor. ¿La ves a menudo?"

"No tanto como me gustaría. Pat lleva una vida muy ocupada, pero me consuelo sabiendo que está bien y feliz, cumpliendo su sueño de convertirse en veterinaria".

Gordon dijo: "Supongo que heredó tu amor por los animales".

"Supongo que sí. He observado que son muy parecidos a nosotros. Tienen el mismo rango de emociones que nosotros; tienen capacidad de razonamiento; disfrutan muchas de las mismas actividades que nosotros y, además, aprecian las comodidades de la vida, al igual que los humanos. Por ejemplo, a Michael le encanta dormir en su cómoda cama, igual que a mí en la mía. Adora viajar en coche y disfruta del paisaje tanto como yo, excepto que a él le encanta asomar la cabeza por la ventana mientras lo aprecia. Se comportó de una manera muy humana cuando perdió la confianza en la gente y tuvo miedo de volver a amar porque había sido maltratado".

"Essie y Evan me dijeron que lo trajiste de vuelta contigo de tu viaje a México y que su nombre completo es Michael Archangelo. Estoy seguro de que hay una historia interesante detrás de ese nombre exaltado y me gustaría escucharla".

"No puedo contarla ahora porque nuestra pausa está a punto de terminar. Quizá pueda contártela durante la cena, si a los demás no les importa escuchar la historia una vez más".

Gordon aprovechó la oportunidad para invitar a Sarah a salir. "¿Por qué no me la cuentas durante la cena mañana por la noche? Me gustaría invitarte si estás libre".

"Gracias por la invitación, la acepto. ¿A qué hora pasarás a buscarme?".

Gordon decidió rápidamente pedirle que pasara la tarde con él también. "Si estás libre por la tarde, me gustaría venir alrededor de las 2 p.m. Podríamos visitar el Museo de Arte de Filadelfia. Generalmente presentan alguna colección especial en préstamo. ¿Te interesaría?".

"Es una idea maravillosa, Gordon. Si puedes venir a eso de la 1 p.m., tendré el almuerzo listo para nosotros. Puede que necesitemos comida para fortalecernos para toda la caminata que vamos a hacer".

Gordon dijo: "¡Genial! A la una, entonces".

"Será mejor que recorra de nuevo el circuito para planificar mi estrategia. No presté mucha atención mientras hablábamos".

Sarah corrió hacia el obstáculo que había sido designado como número uno, mientras Gordon se posicionaba ligeramente a un lado del circuito.

Le dio un par de minutos, luego sacó su silbato y anunció: "¡Bien, equipos! Todos prepárense. Sarah y Michael son el Equipo Uno; Cole y Topaz son el Equipo Dos. Bajaremos los saltos antes de que Essie y Kawdje, que son el Equipo Tres, actúen, seguidos por Evan y Kissy, que son el Equipo Cuatro".

Mientras Gordon observaba a Sarah y Michael actuar, se dio cuenta de que ella miraba su mano izquierda y notó una marca en ella. Dudaba al ordenar a Michael que girara a la izquierda o a la derecha. Eso ralentizaba su actuación, que era rápida a pesar de su obvio problema de orientación entre derecha e izquierda. Michael usó cada obstáculo sin dudar ni tener dificultades. Gordon pensó que tenían lo necesario para ser un equipo campeón y se le ocurrió una idea para ayudar a Sarah con su problema de orientación derecha-izquierda.

Mientras tanto, era obvio para Gordon que Cole y Topaz no estaban acostumbrados a trabajar juntos. Topaz era elegante y una saltadora natural, que necesitaba más tiempo para familiarizarse con los postes en zigzag. Su rendimiento se veía obstaculizado por la falta de experiencia de Cole, pero a pesar de eso, su tiempo no fue mucho más lento que el de Sarah y Michael. De hecho, Topaz estaba tan feliz de que su papá practicara con ella que quería complacerlo tanto que eso tuvo un efecto negativo en su rendimiento, ya que no estaba tan relajada como cuando practicaba con su mamá. No podía sintonizar con los pensamientos y sentimientos de su papá como sí podía hacerlo con los de su mamá, y el resultado fue que se sentía sola en el recorrido de práctica.

Gordon vio que Essie y Kawdje trabajaban como un equipo. Su experiencia en las exposiciones de perros de conformación apoyaba su trabajo en equipo en la agilidad canina. Kawdje tenía un resorte natural en todos sus saltos. Quería detenerse en la pasarela para mirar a su alrededor, pero Essie lo instó a continuar. Kawdje cumplió por costumbre, pero también porque empezaba a entender que este tipo de actividad requería velocidad y acción. Nadie se quedaba quieto o esperaba pacientemente a que un juez te evaluara en las prácticas de agilidad canina. Los postes de zigzag eran sus obstáculos menos favoritos y avanzaba pesadamente a través de ellos. Gordon no tenía idea de si el tiempo de Kawdje era excelente o desastroso. No podía comparar su desempeño con el de Michael o Topaz. Tendría que esperar hasta que

Kissy corriera el recorrido para determinar un Tiempo Estándar del Recorrido aceptable para perros en la categoría de salto de 12 pulgadas.

Gordon sonrió ante la actitud agresiva y entusiasta de Kissy. No estaba decidida sobre si esperar la guía de Evan o lanzarse adelante y hacer lo suyo. No era una saltadora natural y carecía del resorte que tenía Kawdje, pero compensaba con creces esa falta siendo tan ágil y moviéndose de un obstáculo a otro con rapidez. Calculó que el tiempo de Kissy en el recorrido comparado con el de Kawdje era más rápido por casi dos segundos.

Todos disfrutaron la prueba simulada de agilidad, tanto que cambiaron los papeles numerados a diferentes obstáculos para delinear un nuevo camino a través del montaje. Gordon anunció que el tiempo de cada equipo había mejorado.

La contribución de Gordon a la sesión de práctica había sido invaluable y todos se lo dijeron. Había sido una tarde larga y satisfactoria, y cuando Sarah preguntó si estaban listos para cenar, Essie y Evan, Cole y Topaz, Kissy y Kawdje corrieron hacia la puerta principal e intentaron entrar juntos apresuradamente.

Gordon se acercó a Sarah y Michael y dijo: "Espero que no te ofenda si digo que noté que tienes dificultad para diferenciar la derecha de la izquierda. Tengo una sugerencia que podría ayudar con tu problema".

Sarah gimió y mostró a Gordon la marca en forma de 'L' que tenía en la palma de la mano izquierda, hecha con tinta. "Esto no me ayuda a distinguir rápidamente la izquierda y la derecha de Michael. Sé que mi problema ralentiza nuestro rendimiento. Agradezco cualquier sugerencia que pueda proporcionar una solución".

Gordon dijo: "A menudo uso pintura en aerosol para marcar áreas en una excavación. Es más fácil que clavar estacas en tierra compacta y evita la posibilidad de dañar artefactos enterrados superficialmente. Eso me dio la idea de que, si pintaras con spray tu mano izquierda y la oreja izquierda de Michael en un color brillante que se viera fácilmente, siempre tendrías una referencia visible y un recordatorio de la izquierda de él y la tuya. O podrías pintar con spray la oreja derecha de él y tu mano derecha, lo que más te convenga".

El aliento de Gordon se quedó atrapado en su garganta y sintió que su corazón daba un vuelco cuando Sarah sonrió radiantemente mientras lo miraba directamente a los ojos.

"¡Es una solución fabulosa! Mañana por la mañana compraré una pintura en aerosol no tóxica a base de agua y probaré tu sugerencia antes de que llegues para almorzar".

Michael vio un brillo que rodeaba a Sarah y Gordon y se acercó más para sentirse incluido en esa radiancia. Se deleitó con la sensación de flotar y la alegría que lo hacía sentir cosquilleo por todo el cuerpo. Se sentía como si estuviera tomando el sol mientras se sentaba tranquilamente mientras ellos hablaban.

Cuando los tres entraron a la casa, Essie estaba calentando lasaña en el horno y Evan estaba preparando la ensalada que habían traído. Cole había comprado un pastel de chocolate decadentemente rico de una pastelería. Sabiendo que los perros nunca deben ser alimentados con chocolate, también había traído arroz con leche para las mascotas. Todos aplaudieron y rieron mientras se repartían los postres. Cuando la noche llegó a su fin, tanto las mascotas como las personas estaban reacias a irse, a pesar de sentirse cansadas.

Cuando se despedían, Cole le preguntó a Sarah si podía dejar a Topaz durante la noche la próxima semana.

"Voy a tener un día largo y ocupado el próximo martes y no llegaré a casa hasta las 11 p.m. o más tarde. A la mañana siguiente, tendré que salir de casa alrededor de las 6 a.m. ¿Está bien si traigo a Topaz el martes por la tarde y la dejo hasta el miércoles por la tarde?"

"No hay problema, Cole. ¿Traerás su cama contigo o prefieres que le proporcione mantas para dormir?"

"Traeré su cama. Creo que es mejor mantener su rutina de sueño lo más normal posible. No puedo agradecerte lo suficiente por abrir tu casa tan generosamente para Topaz y para todos nosotros cada fin de semana".

Mientras tanto, Gordon se marchaba a regañadientes con su hermano y cuñada, enfadado internamente por no haber podido tener más tiempo a solas con Sarah, ya que Cole la había mantenido ocupada conversando.

Cuando Cole y Topaz llegaron a casa, la luz del contestador automático estaba parpadeando. Cole apretó un botón y escuchó la voz de Jeanette decir: "Me alegro de no haber llevado a Topaz conmigo porque normalmente estoy en el hospital, recogiendo a Jenny de la escuela o comprando comida. Iris tiene la pelvis aplastada y se ha roto la pierna y el brazo derechos, además de tener contusiones musculares y ligamentos y tendones desgarrados. Las dos piernas de Don están rotas y tiene costillas fracturadas. Afortunadamente, ninguno de los dos tiene lesiones internas. Espero que tengamos a Jenny todo el verano. Es lista y bien educada. Te encantará tenerla con nosotros. ¿Cómo te las arreglas? Llámame, por favor".

Él la llamó y le relató los eventos del día.

Jeanette dijo: "Parece que Gordon fue un verdadero factor positivo durante la práctica. ¿Cómo os fue a ti y a Topaz juntos?"

"No dio su mejor actuación porque está acostumbrada a estar en equipo contigo, pero nos las arreglamos. ¿Quieres hablar con ella?"

Topaz reconoció la voz de su madre. Deseaba con todo su corazón que su madre estuviera con ella. Ladró un par de veces al teléfono para decirle que la echaba de menos, pero que estaba bien.

Capítulo Once

Michael alertó a Sarah de la llegada de Gordon ladrando a la puerta principal cerrada. Ella acababa de terminar de preparar la ensalada que acompañaría los sándwiches de pastrami caliente. El té y el café estaban listos porque era un día frío y lluvioso. Ella le dio la bienvenida y cenaron en la mesa de la cocina mientras Michael devoraba su pastrami en su cuenco que Sarah había colocado en el suelo cerca de ella.

Michael observó cómo Sarah se ponía una chaqueta y, cuando ella se acercó y le tocó la espalda seis veces, supo que le estaba diciendo cuánto tiempo estaría fuera de casa. También sabía que su puerta especial para perros estaría cerrada, ya que Sarah siempre la cerraba por la noche, cuando iba a estar fuera por mucho tiempo o cuando llovía o nevaba. Se tumbó en la alfombra del pasillo trasero. Era un buen lugar para descansar mientras hacía su turno de guardia. Decidió soñar con Topaz y él persiguiendo ciervos por el bosque.

Sarah y Gordon recorrieron el museo y descubrieron que a ambos les encantaba el Impresionismo y no disfrutaban del Arte Moderno. Más tarde, durante la cena en un restaurante italiano situado en el sur de Filadelfia, Sarah relató la historia de cómo ella y Michael se habían encontrado. Describió lo angustiado que estaba Michael cuando lo llevaron en una jaula al área de carga del aeropuerto para el vuelo de regreso a Pensilvania.

"Estaba preocupada por su acomodo, pero no tenía otra opción. No había llevado mi coche a México, así que conducir de vuelta no era una opción. No puedo pensar en ninguna razón válida por la cual todas las aerolíneas no tienen ciertos vuelos y aviones específicos que tengan cabinas de pasajeros modificadas para acomodar mascotas que viajan con sus familias. Debe haber gente como yo que estaría dispuesta a pagar el pasaje para que su mascota viaje en la cabina. Sería reconfortante poder visitar periódicamente la sección de la cabina donde se encuentren los transportines y hablar con la mascota de la familia. Creo que en vuelos muy largos, se debería asignar una pausa para ir al baño para cada mascota. Dejar salir a una mascota a la vez y mantenerla con correa mientras se la lleva a un área preparada para ese propósito debería ser algo disponible".

"¿Cómo regularías las pausas? ¿Estarían involucrados los auxiliares de vuelo o el cuidado a bordo de las mascotas sería responsabilidad exclusiva de los miembros de la familia? ¿Qué tipo de configuración imaginas para el área de baño de las mascotas?"

Sarah dijo: "No he pensado esto con mucho detalle; sin embargo, no esperaría que los auxiliares de vuelo tuvieran ninguna interacción con las mascotas. Eso no sería reconfortante ni para las mascotas ni para los pasajeros. Debería haber un letrero de 'vacante/ocupado' en la zona de mascotas, al igual que en la zona de baños para las personas. No debería haber más de una mascota fuera de la jaula al mismo tiempo, para evitar posibles peleas entre mascotas estresadas y alteradas. También pienso que debería haber una partición entre las jaulas de perros y gatos.

Además, los empapadores que se usan durante el entrenamiento de cachorros podrían utilizarse para las pausas de baño de cada mascota. Deberían estar en abundancia en cada vuelo. Podrían desecharse fácilmente después del uso de la mascota y retirarse con la otra basura tras el vuelo".

Sonrió y añadió: "Perdón, a veces me subo a mi tribuna con este tema".

Gordon la miró con admiración y dijo que pensaba que su idea era muy viable. "Sarah, merece la pena investigarlo y estaría encantado de ayudarte con la investigación si quieres. Quizá podamos interesar a alguna aerolínea en la idea. Muchas de ellas están teniendo problemas financieros y tu idea podría ayudar a aumentar sus ingresos".

Sarah se sobresaltó cuando oyó a un hombre decir, al pasar junto a su mesa, que eran las 7:45 p.m. "Gordon, son casi las 8 p.m. La puerta para perros de Michael está cerrada. Tengo que llegar a casa cuanto antes".

Gordon llamó a un camarero y pagó la cuenta. Tomaron sus chaquetas y salieron rápidamente del restaurante. Cuando Sarah abrió la puerta principal, Michael los recibió a ambos con igual entusiasmo antes de salir corriendo al exterior. Sarah preparó un poco de café y desbloqueó la puerta para perros. Justo cuando se acomodaban en las sillas de la mesa de la cocina, Michael entró por su puerta para perros. Para asombro de Sarah, Michael se acercó a Gordon, se sentó a su lado y apoyó la cabeza en la rodilla de Gordon.

Michael estaba percibiendo la increíble energía que envolvía a Sarah y Gordon, y que se expandía hacia afuera para incluirlo a él. Le hacía sentir como si estuviera creciendo para igualar esa energía cálida y feliz. Era como tomar el sol, pero mucho, mucho mejor. Sabía que ambos se sentían felices, y él también.

Cuando Cole dejó a Topaz al día siguiente, Michael le describió la hermosa energía que percibía entre Sarah y Gordon. "¿Sientes esa misma clase de energía fluyendo entre y alrededor de tu mamá y tu papá?"

"Jamás lo había pensado, Michael. Siempre hay una felicidad constante y tranquila en mi casa. Nunca he conocido otra cosa. ¿Sarah estaba triste antes de conocer a Gordon?"

"No. Siempre hemos sido felices juntos. Es solo que nunca había experimentado una energía tan especial y reconfortante antes. Me hace sentir como si pudiera flotar".

Topaz tocó su nariz con la de Michael y dijo: "Hoy es un día lluvioso. Vamos a descansar juntos en el asiento de la ventana mientras te cuento sobre mi experiencia intentando ahuyentar a los ciervos".

Después de acomodarse cómodamente, Topaz continuó: "Ayer por la tarde, mi papá me llamó afuera y me dijo que ahuyentara a una manada de ciervos de nuestra propiedad. Copié tu método para tratarlos. Me acerqué lentamente mientras gruñía lo más amenazadoramente que podía. Las ciervas y sus crías se agruparon inmediatamente y corrieron hacia el bosque. Yo seguía avanzando sin titubear, gruñendo y acercándome a los machos, que silbaban y resoplaban. Noté que no estaban seguros de cómo lidiar con la situación. Reconocí a algunos de ellos, ya que había dormido en la hierba cerca de ellos no hace mucho, y probablemente ellos también me reconocieron y se preguntaron por qué el cambio repentino en mi comportamiento. Todos los machos se dieron la vuelta y siguieron a las ciervas, excepto uno. Mi papá seguía instándome a que los ahuyentara. Ladré y salté alrededor, pero el macho que quedaba arañaba el suelo y bajaba sus astas. ¡Temía que me embistiera! Estaba atrapada entre el macho decidido y mi papá insistente. Estaba tan asustada y deseaba que mi mamá estuviera conmigo o que tú estuvieras a mi lado para ahuyentar al macho. Mi papá corrió hacia el ciervo gritando y agitando los brazos, y el ciervo se adentró en el bosque. Una vez más, decepcioné a mi papá".

Mientras Topaz y Michael se comunicaban, Cole le dijo a Sarah que Jeanette traería a su sobrina a casa y preguntó si estaría bien que llevaran a Jenny a las prácticas semanales de agilidad.

"¡Claro que sí! ¿No tiene Jenny unos once años? ¿Le gustan los perros?"

"Sí, tiene once años y no sé si le gustan los perros. No hay mascotas en su casa."

"Cole, apuesto a que tener a Topaz cerca será una verdadera alegría para Jenny. Veo que has traído la cama de Topaz. Haré que duerma en mi dormitorio y colocaré su cama cerca de la de Michael. No te preocupes por ella. Topaz está acostumbrada a estar aquí y se siente cómoda."

Más tarde ese día, Gordon llegó a la casa de Sarah con un enorme ramo de lirios, espuelas de caballero y helecho espárrago. Ella puso las flores en un jarrón que las mostraba a la perfección y colocó el arreglo en la gran mesa de centro del salón. Topaz bajó del asiento de la ventana y se acercó a olfatear las flores.

"Ella es tan dulce y gentil, Gordon. No creo que tenga ni un hueso cazador en su cuerpo."

Ambos rieron y cada uno le dio un abrazo antes de abrazarse mutuamente. Topaz sintió una oleada de energía brillante y feliz que la atravesaba. Era como la energía que impregnaba su propia casa, excepto que esta era mucho más intensa. Regresó al asiento de la ventana, se subió y se acurrucó junto a Michael, luego le contó sus percepciones sobre la energía.

Sarah y Gordon bebían chocolate caliente en la cocina y discutían sobre los viajes aéreos para los miembros de la familia que eran mascotas.

"Gordon, si una mascota se pierde como a veces ocurre con el equipaje, o no se transfiere al vuelo de conexión correcto o se deja en el vuelo original y termina en el destino equivocado o en otro país, ¿la aerolínea se hace responsable de cuidar a la mascota desafortunada o qué?"

Estuvieron de acuerdo en que definitivamente sería más seguro para una mascota viajar dentro de la cabina de pasajeros y tener al miembro de la familia asegurándose de que la jaula de viaje fuera retirada del avión y llevada por la terminal para tomar un vuelo de conexión.

"En los aeropuertos pequeños que no tienen pasarelas para conectar una aeronave directamente con la terminal, ¿los pasajeros tendrían que embarcar y desembarcar directamente al aire libre por medio de escaleras? Si es así, sería difícil subir o bajar una jaula por las escaleras", dijo Sarah.

"Si un avión es tan pequeño, creo que las mascotas podrían ir con correa y negociar las escaleras ellas mismas. Sé que en algunos aviones muy pequeños a los perros se les permite acostarse en el suelo de la cabina durante el vuelo", respondió Gordon, y luego preguntó, "¿Te apetece hacer algo de investigación de campo en un aeropuerto? Podemos cenar temprano en el centro si quieres".

"Volvamos aquí para la cena. De esa manera, Michael y Topaz no estarán confinados adentro tanto tiempo. Tengo un pastel de carne en la nevera, listo para meter en el horno cuando lleguemos a casa y un pastel de jengibre para el postre."

La tarde pasó volando mientras visitaban aerolíneas. Se les negó el acceso para ver la zona de carga donde una mascota sería alojada. Preguntaron sobre el espacio asignado y las condiciones de temperatura, y se les informó que el animal sería llevado al área de boletos y, desde allí, colocado en una jaula y llevado al área de carga. El animal viajaría separado del equipaje en una sala no iluminada, presurizada, a una temperatura de aproximadamente 67°-70° Fahrenheit. Además, los animales no podían viajar si la temperatura exterior era inferior a 10°F o superior a 85°F porque la puerta de carga estaba abierta durante la carga y descarga del equipaje y todas las partes del área de carga podrían volverse frías o calientes, dependiendo de las temperaturas exteriores. Les dijeron que el área de carga tenía condiciones de viaje cómodas para cualquier animal, sin un nivel de ruido mayor al que experimentarían los pasajeros de cabina.

Mientras caminaban por el estacionamiento de corta estancia del aeropuerto, estuvieron de acuerdo en que las compañías aéreas consideraban a las mascotas domésticas como animales y no como miembros legítimos de la familia.

"Michael tuvo mucha ansiedad por separación cuando lo llevaron al área de carga. Si hubiera podido visitarlo durante el vuelo, habría estado más tranquilo y sabría que todo estaba bien, aunque fuera una experiencia nueva y extraña para él."

"Es tan inteligente y sociable, Sarah. Estoy honrado de que se haya convertido en mi amigo tan rápidamente."

"Te quiere, Gordon. Creo que estoy un poquito celosa por eso." Para entonces ya habían llegado a su coche y Gordon se volvió hacia Sarah y dijo, "Hablando de amor, tengo que soltar esto de una forma directa y poco romántica: 'Te amo' y lo he hecho desde el primer momento en que te vi. Esto suena a cliché, pero siento como si siempre te hubiera conocido. Cuando me presentaron contigo, sentí ganas de decir, '¿No nos hemos conocido antes?' Pero tenía miedo de que pensaras que era una frase trillada de ligoteo y me borraras de tu radar."

Sarah miró hacia arriba a Gordon con una mirada en sus ojos y una sonrisa que podría convertir el hielo en agua caliente.

"Instantáneamente tuve esa misma sensación de familiaridad, pero me dije a mí misma que era porque eres el hermano de Evan. No puedo encontrar palabras para describir lo increíblemente feliz que me hace que me ames, porque yo también te amo."

Gordon envolvió sus brazos alrededor de ella, la miró como si acabara de encontrar el tesoro más preciado de su vida, y la besó con apasionado abandono. Sarah rodeó su cuello con sus brazos y dejó ir todos los pensamientos, excepto Gordon y la deliciosa perfección del beso. La semana pasada se había sentido vieja—bueno, no exactamente vieja, pero sí de mediana edad, y ahora se sentía joven y vigorosa. El amor era un mejor energizante que una montaña de vitaminas.

Los coches en el aparcamiento de corta estancia pasaban y algunos de los ocupantes tocaban el claxon, bajaban las ventanas y aplaudían o gritaban ánimos, pero Gordon y Sarah habían borrado al resto del mundo. Cuando finalmente abandonaron su realidad alterna, se encontraron junto al coche de Sarah con una audiencia cambiante de conductores que aplaudían y animaban. Ellos sonrieron y saludaron a todos.

Durante el camino a casa, Gordon propuso matrimonio y Sarah aceptó. Él quería casarse de inmediato, pero Sarah se resistió, diciendo que necesitaban contarles a sus hijos y estar preparados para la posibilidad de su desaprobación y objeción a su matrimonio.

Gordon sugirió que se fugaran, lo cual haría inútil cualquier objeción de sus familias.

"Eso lastimaría a nuestros hijos y quiero que mi hija sea mi dama de honor. ¿No te gustaría que Kevin fuera tu padrino? Si los incluimos en nuestra boda, será verdaderamente un asunto familiar. Vamos a dar la noticia primero a nuestros hijos, luego a otros miembros de la familia y esperamos que se alegren de que tengamos otra oportunidad de vivir una vida matrimonial feliz."

Gordon dijo, "Si Kevin y/o Pat se oponen, de todas formas planeo casarme contigo. Espero que tú sientas lo mismo."

"Sí, lo siento, pero me gustaría que fuéramos lo más diplomáticos posible e intentáramos incluir a nuestras familias y amigos cercanos en nuestra boda."

Discutieron dónde vivirían después de casarse. Gordon dijo que a menudo estaba de viaje en expediciones arqueológicas y que no necesitaba vivir en el área de Phoenix para seguir su carrera, así que podría establecer su base en Pensilvania. Decidieron vender sus respectivas casas y comprar una que no tuviera fantasmas de recuerdos pasados para ellos ni para sus hijos.

Sarah dijo que contactaría a un agente inmobiliario mañana para comenzar a buscar una casa para ellos y que quería suficiente terreno para acomodar la instalación de agilidad. Gordon quería suficiente terreno para una plataforma de helicóptero.

"Dejaré mi helicóptero en Arizona por ahora, porque es donde hago la mayor parte de mi trabajo de campo. Eventualmente, buscaré un puesto en el Departamento de Arqueología en alguna de las universidades de esta área."

Después de más discusión sobre dónde vivir, el tema volvió a las acomodaciones de viaje aéreo para mascotas, y Gordon dijo: "Vamos a investigar la posibilidad de comenzar nuestra propia aerolínea amigable para mascotas. Mi hijo está estudiando ingeniería aeronáutica y mecánica. Le pediré que diseñe cambios en los aviones que permitan cuartos para mascotas dentro de la cabina principal de pasajeros, además de instalar un elevador para subir a las mascotas enjauladas al avión cuando los viajeros tengan que caminar por la pista y subir escaleras al abordar o desembarcar. La mayoría de las veces, cuando se aborda desde un puerto, el elevador no sería necesario, ya que la mascota enjaulada podría ser llevada rodando al avión. Tu yerno es abogado, ¿no? Podríamos pedirle que redacte una carta fundacional."

"No sé si esa es el área de especialización de Ed. Hablaré con Pat y ella hará que Ed nos contacte. Me dará una oportunidad para contarle sobre nosotros. Además, los invitaré a la práctica de agilidad del fin de semana. Hará que las presentaciones sean menos intensas, con otras personas presentes y la actividad de agilidad restando parte del enfoque de nuestro próximo matrimonio."

"Buena idea, Sarah. Hablaré con Essie y Evan para que Kevin venga el fin de semana, pero le contaré sobre nosotros antes de invitarlo. Eso le dará la oportunidad de pensar en una excusa plausible para negarse si está molesto con la noticia y siente que no puede aceptar la situación por ahora."

"Gordon, si mi hija me dijera que quiere casarse con alguien a quien solo ha conocido durante unos días, mi consejo sería esperar."

"¿Tienes dudas sobre mí o sobre nuestra relación, Sarah?" Ella apretó la mano de Gordon.

"¡Definitivamente no!"

Se sorprendió al ver su casa y dijo: "Ese trayecto se me pasó rápido."

Cuando atravesaron la puerta principal, Michael y Topaz los recibieron con un entusiasmo bullicioso.

"Es un placer llegar a casa y recibir una bienvenida tan alegre. Todos deberían tener tanta suerte," dijo Sarah.

Capítulo Doce

Se predijo que el clima sería perfecto para la práctica de agilidad del fin de semana. Sarah revisó la instalación de agilidad, que ahora incluía un balancín y un salto de arbustos que Gordon y Evan habían ensamblado ayer. En ese momento, Evan le dijo que había revisado el sitio web de la USDAA y descubrió que el evento del Campeonato Regional de Agilidad Canina del Noreste se celebraría localmente y en un futuro muy cercano. Ella se alegró de que las mascotas tuvieran una práctica intensiva en los nuevos obstáculos antes de competir en el Regional. Jeanette también podría practicar con Topaz antes del evento porque ella y Jenny habían llegado a casa hace un par de días.

Gordon y Kevin fueron los primeros en llegar. Sarah notó que Kevin era tan alto como su padre y se parecía mucho a él. Tenía la sonrisa de su padre, su comportamiento relajado y un aire de competencia. Su cabello rubio era más oscuro que el de Gordon y sus ojos eran color avellana, no azules como los de su padre. Le dio un breve abrazo cuando Gordon los presentó.

"Te pareces mucho a tu padre físicamente, Kevin, y tal vez por eso me resultas familiar. ¡Bienvenido! Estoy encantada de conocerte."

Michael caminó alrededor de Kevin olfateándolo minuciosamente, luego se sentó a su lado y apoyó la cabeza contra la pierna de Kevin.

Kevin respondió agachándose para mirarle directamente a los ojos.

"Así que tú eres el perro maravilloso del que mi padre me ha hablado. Gracias por la cálida bienvenida."

Michael colocó una pata en el muslo de Kevin y tocó la cara de Kevin con su nariz. Michael podía decir, por el olor de Kevin, que estaba relacionado con Gordon. Sabía que Kevin era más joven que Gordon y concluyó que este era el hijo de Gordon. Lo amó instantáneamente, al igual que había amado a Gordon. Miró a los ojos de Kevin y supo que era bueno, fuerte y amable, como su padre.

Kevin acarició las orejas y el cuello de Michael y lo rascó debajo de la barbilla. "Me alegra que seamos parte de la misma familia."

El corazón de Sarah se calentó hacia Kevin. Reconoció su bondad innata y sensibilidad. Ella y Gordon se sonrieron el uno al otro. La reunión inicial había salido muy bien, gracias en parte a Michael.

Oyeron abrirse y cerrarse las puertas de los coches, seguidos de los sonidos de Kissy y Kawdje, que entraron a la cocina a toda velocidad a través de la puerta de perro de Michael. Kevin aún estaba agachado frente a Michael. Kissy se metió entre ellos y se paró lo más alto que pudo sobre sus patas traseras para besar la cara de Kevin y luego lamer el hocico de Michael. Estaba feliz de estar con algunos de sus seres favoritos y de conocer a alguien nuevo. "Qué gran día," pensó.

Kawdje se quedó atrás hasta que Kevin extendió la mano y lo atrajo al círculo. Kawdje deseaba poder ser tan extrovertido y seguro de sí mismo como Kissy.

Essie y Evan trajeron comida y Sarah se ocupó de poner todo en el refrigerador. En medio de la agitación en la cocina, Pat y Ed llegaron llevando pollos y relleno de pan de maíz que debían prepararse y hornearse.

Gordon se sorprendió de que Pat se pareciera tan poco a su madre y pensó que ella y su esposo se parecían lo suficiente como para estar relacionados. Ed parecía ser varios centímetros más alto que Pat, su cabello era espeso y castaño oscuro como el de Pat, pero sus ojos coincidían con el color de su cabello, mientras que los ojos de Pat tenían el tono dorado de su madre. Pat tenía la eficiencia activa de su madre, pero de una manera más asertiva y con carácter. Gordon dedujo que debía haber heredado la compasión de su madre por los animales porque era veterinaria—bueno, casi. Ed era más tranquilo en comparación, aunque su actitud afable y modesta probablemente le ganaba amigos y ayudaba en su carrera como abogado.

Sarah se sentía nerviosa mientras hacía las presentaciones porque no estaba segura de cómo reaccionaría Pat ante Gordon. Pat se había mostrado consternada al enterarse del próximo matrimonio de su madre con un hombre al que solo conocía desde hacía una semana. Sarah no había corregido la suposición de Pat sobre la brevedad del noviazgo. Esperaba que Pat nunca descubriera que solo había conocido a Gordon durante tres días antes de aceptar su propuesta de matrimonio.

Pat inmediatamente simpatizó con Kevin. ¿Cómo no simpatizar con alguien que obviamente amaba a los perros y, lo que era más importante, era tan obviamente amado por ellos? Pensaba que los perros tenían un buen instinto sobre las personas y un sentido innato de quién podía ser digno del regalo de su amor y lealtad. A regañadientes admitió para sí misma que Gordon parecía ser el gran tipo que su madre había dicho que era. Además, era agradable a la vista. Corrigió el pensamiento y se dijo a sí misma que era indudablemente guapo, al igual que Kevin. De alguna manera, su madre y Gordon se veían como una pareja y no era solo porque lucían bien juntos. Había un vínculo invisible entre ellos que hacía que parecieran dos mitades de un todo. Sintió un atisbo de tristeza al recordar a su padre, luego se dijo con firmeza que él querría que su madre fuera feliz y no viviera el resto de su vida sola y lamentando su pérdida. "Eso también es lo que quiero para mamá", pensó Pat.

De repente, se dio cuenta de que Michael estaba empujando su pierna con la cabeza y sintió las patas delanteras de Kissy presionando contra sus espinillas para ayudarla a equilibrarse sobre sus patas traseras. Pat rió, se arrodilló y los abrazó.

Michael había percibido una inquietud fluyendo de Pat. Nunca la había conocido de otra manera que no fuera feliz cada vez que había visitado. Kissy también percibió la tensión en algunas de las personas presentes y decidió que la mejor manera de promover la felicidad y la alegría era besar a todos, y eso hizo.

Kawdje notó a Ed de pie ligeramente apartado de los demás y comprendió de inmediato que Ed era muy parecido a él. Caminó hacia él, se sentó y suplicó. Ed lo levantó. ¡La alta percha de Kawdje lo deleitó! Sintió un vínculo con este hombre tranquilo, así que apoyó la cabeza contra la mejilla de Ed.

Essie dijo: "Todos, miren a Kawdje. Ha elegido a Ed como amigo. Ed, siéntete halagado porque Kawdje es reservado y distante y generalmente le toma tiempo otorgar confianza y amistad."

Todos se acercaron. Ed y Kawdje estaban encantados no solo de ser incluidos, sino de ser el centro de atención.

Justo en ese momento, llegaron Jeanette, Cole, Jenny y Topaz con más comida. Se hicieron las presentaciones y Sarah y Essie le dieron a Jeanette un abrazo de bienvenida a casa y luego abrazaron a Jenny. Habían esperado que Jenny se pareciera un poco a Jeanette y se sorprendieron al ver que era pequeña para su edad. La madre de Jenny, Iris, carecía de la altura de su hermana, y la parte asiática de la herencia genética de Jenny estaba más diluida por la contribución caucásica de su padre. El cabello de Jenny era castaño claro y muy liso. Sus ojos eran su característica destacada, no solo por su inusual color verde y su exótico rasgo almendrado hacia arriba, sino también por la energía fuerte y enfocada que emanaba de ellos como un rayo láser. Essie y Sarah notaron que Jenny tenía la economía de movimiento de su tía Jeanette, cuando Jenny rápidamente se apartó para evitar ser golpeada por la cola de Michael que se movía vigorosamente mientras saludaba con entusiasmo a Topaz.

Kissy percibió que aunque Jenny no estaba infeliz, tampoco parecía estar exactamente feliz. Decidió que su remedio de besos era necesario y, mientras se acercaba a Jenny, Kissy movía la cola con tanto entusiasmo que se retorcía por completo. Una vez más, se puso sobre sus patas traseras y se apoyó poniendo sus patas delanteras sobre las piernas de Jenny. Jenny quedó encantada con Kissy. Se dejó caer al suelo y puso a Kissy en su regazo. Rió mientras Kissy le lamía la cara.

"Ahí está," pensó Kissy. "La he hecho feliz."

Evan anunció que tenía impresiones describiendo cada uno de los tipos de clases de agilidad y sugirió que repasaran los requisitos antes de comenzar la práctica del fin de semana.

Después de que todos, incluidos las mascotas, se acomodaron cómodamente en la sala de estar, Evan dijo: "Los obstáculos que se utilizan en Agilidad Canina son: A-Frame, See-Saw, Túnel Colapsado, Túnel Rígido, Postes de Zigzag, Paseo del Perro, Mesa, Salto de

Neumático, Salto de Pozo de los Deseos, Salto Largo, Vallas y Vallas Dobles.

Hay una Clase Estándar de Agilidad y cuatro Clases No Estándar. Las cuatro Clases No Estándar son Gamblers, Snooker, Relevos y Jumpers."

Mientras Evan repartía diagramas que había dibujado mostrando una propuesta de disposición de los obstáculos para cada tipo de clase de agilidad canina, sugirió que estudiaran la información justo antes de practicar esa clase en particular.

"Como vamos a practicar el Relevo en Parejas pronto, todos podrían querer revisar ese diagrama mientras leo información sobre las reglas para esa clase.

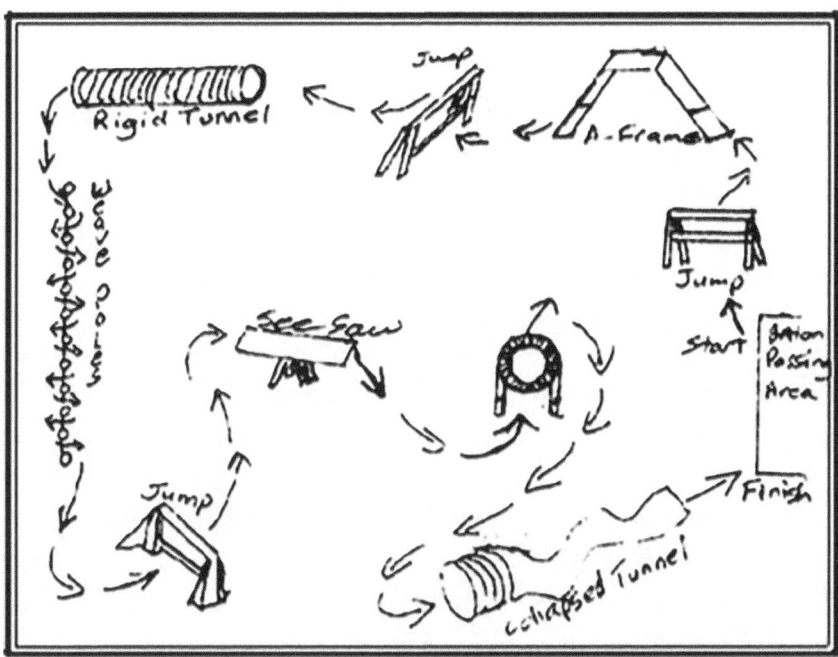

El curso de Relevo es muy similar a un montaje de Agilidad Estándar, excepto que no todos los obstáculos de contacto tienen que estar incluidos y la Mesa nunca se incluye como un obstáculo a usar. Los ganadores del Relevo son los equipos que tienen el tiempo más rápido y la menor cantidad de faltas, o ninguna. Las faltas se suman al tiempo total.

Se llama Relevo en Parejas cuando dos equipos realizan un recorrido, y Relevo de Tres Perros cuando tres equipos lo hacen. En mi opinión, esta clase requiere verdadero espíritu deportivo, porque si un equipo mediocre se empareja con un equipo que tiene un rendimiento superlativo, y el equipo mediocre es lento y acumula faltas, la puntuación general del equipo reflejará eso, y el equipo excelente tendrá una colocación mucho más baja de lo que merecía por su desempeño. Además, si un equipo es descalificado, el otro equipo también queda fuera. USDAA requiere que cada equipo no realice la clase de Relevo con el mismo equipo socio más de una vez en cada nivel de titulación. Esa regla evita que dos equipos de alto nivel siempre se emparejen entre sí.

Sarah dijo: "Por lo que entiendo, Michael y Topaz pueden emparejarse para el Relevo en Parejas una vez en el Nivel Inicial, una vez en el Nivel Avanzado y una vez más en el Nivel de Maestros, si alguna vez llegamos tan lejos."

"Eso es correcto," respondió Evan. "También quiero mencionar que se permite que un manejador sostenga a su perro mientras el otro equipo está realizando el recorrido."

"¡Qué alivio!" exclamó Sarah. "Podía imaginarme a Michael corriendo para unirse a Topaz y saltar las vallas con ella."

Essie dijo: "Sería mejor hacer contactos en el circuito de agilidad y arreglar para emparejarnos con otros equipos en nuestras respectivas categorías de altura de salto antes de registrarnos para cada evento de Relevo, o arriesgarnos a que los oficiales del evento nos emparejen al azar con otros participantes."

Pat preguntó: "¿USDAA significa Asociación de Agilidad Canina de los Estados Unidos?"

"Eso es correcto," dijo Evan.

"¿Qué constituye una falta?" preguntó.

Evan respondió: "Algunas formas de acumular una falta serían no tocar las zonas de contacto en los obstáculos de contacto, no pasar correctamente por un poste del zigzag, no saltar limpiamente un obstáculo o negarse a usar un obstáculo. Algunas infracciones son causa de descalificación, como ensuciar el ring, tres rechazos en el recorrido, signos de agresión, salir del ring antes de completar la actuación o realizar el recorrido incorrecto, lo cual incluye tomar un salto en la dirección equivocada".

Pat preguntó: "¿Quién establece los límites de tiempo para las actuaciones?"

Evan respondió: "Otra buena pregunta, y me enorgullece saber la respuesta. Cada clase, en cada evento, tiene un Tiempo Estándar de Recorrido que es establecido por el juez de esa clase. Los Tiempos Estándar de Recorrido serán más rápidos para los perros grandes que realicen el mismo recorrido que para los perros más pequeños. Supongamos que en el Nivel Inicial de la Clase de Agilidad Estándar, un perro que compite en la categoría de 26 pulgadas tiene un SCT de 50 segundos, un perro en la categoría de 22 pulgadas tendrá más tiempo para completar el recorrido, y un perro en la categoría de 16 pulgadas tendrá aún más tiempo. El perro en la categoría de 12 pulgadas tendrá la mayor cantidad de tiempo para completar el recorrido.

Cuanto más avanzado sea el nivel, más complicado será el diseño del recorrido, con obstáculos adicionales añadidos a todas las clases y menos tiempo para completar el recorrido".

Pat preguntó: "¿El Nivel de Maestros es el nivel más alto al que puede competir un perro?"

"No," respondió Evan. "El Nivel de Campeón está por encima del Nivel de Maestros; sin embargo, todas las clases en el Nivel de Maestros y superiores se realizan bajo las reglas de Maestros. Muchos equipos siguen compitiendo después de alcanzar el Nivel de Campeón y obtienen el título de Maestro de Torneos y Designaciones Metálicas de Bronce, Plata, Oro y Platino".

"Supongo que podrías seguir compitiendo durante toda la vida", comentó Pat.

Evan dijo: "Consulté la Agenda de Cynosport Mundial del año pasado y hay eventos no titulados como Disc Dogs y Dock Dogs. También busqué el significado de 'cyno'. Es griego para perro".

Jeanette intervino: "Me interesaría Dock Dogs. A Topaz le encanta el agua. Sería divertido inscribirla en esa competencia. Cole y yo tenemos un muelle en nuestro estanque y todos son bienvenidos a traer a las mascotas en cualquier momento para usar el estanque. Averiguaré más sobre la competencia de Dock Dogs".

Evan dijo: "Siempre se celebra en noviembre en Arizona. Todas las clases se realizan bajo las reglas de Maestros y ninguna puede usarse con fines de titulación, aunque deben cumplirse todas las reglas y regulaciones de la USDAA. Creo que equipos de otros países compiten en el evento. Sería una buena experiencia de aprendizaje para nosotros".

Sarah dijo: "Tal vez ninguno de nosotros tenga suficiente experiencia o habilidad para poder competir en tal evento. Noviembre llegará antes de que nos demos cuenta".

Essie exclamó: "Será mejor que dejemos de hablar y empecemos a practicar".

Todos recogieron tazas y vasos y los llevaron a la cocina, luego se dirigieron al exterior para el montaje de agilidad. Sarah le pidió a Gordon ser el cronometrador.

"Solo si me das un beso y un gran abrazo".

Sarah se dio la vuelta y tenía la intención de darle un beso breve, pero Gordon, sin preocuparse por los observadores, la abrazó y le dio lo que Jenny, sonriendo, llamó "un beso eterno". ¡Todos aplaudieron!

"Está bien, está bien", les recordó Evan. "Es hora de organizar los obstáculos para una clase de Relevo".

"No tenemos un testigo que pasar", dijo Essie.

"No hay problema", dijo Sarah. "Romperé una rama de un arbusto".

"Te ayudaré", ofreció Gordon.

"Olvídalo", dijo Pat. "Yo la ayudaré. Ustedes dos podrían perderse en el bosque y quién sabe cuándo los volveríamos a ver".

Jenny se rió. Mientras Sarah y Pat buscaban un palo adecuado, los hombres movieron algunos obstáculos, y Jeanette y Essie decidieron dónde estaría la zona de entrega del testigo.

Los saltos se ajustaron para la categoría de altura de 26 pulgadas, por lo que Michael y Sarah actuaron primero, mientras que Topaz y Jeanette se colocaron en la zona designada para el paso del testigo.

Michael estaba desconcertado porque Sarah sostenía un palo en la mano mientras lo dirigía de un obstáculo a otro. Decidió que Sarah quería jugar, así que intentó varias veces arrebatarle el palo. Ella seguía diciendo "no" con un tono firme y serio, así que finalmente se concentró en correr el recorrido.

Cuando Sarah entregó el palo a Jeanette, Michael se abalanzó sobre él. También lo hizo Topaz, y los perros le ganaron el premio a Jeanette. Michael y Topaz pensaron que era un juego de Tira y Afloja y les encantó. Esto era lo más divertido que la práctica de agilidad había sido nunca. Topaz hundió sus dientes en la madera. Michael apretó un extremo con sus dientes y sacudió la cabeza de un lado a otro.

Kissy vio la batalla simulada y se unió al jaleo. El palo era lo suficientemente largo para que ella también pudiera morderlo. Casi la levantaron del suelo. No le importó. Amaba y confiaba en Michael y Topaz y sabía que nunca la lastimarían. De repente, Kawdje estaba a su lado tratando de conseguir un buen mordisco del palo.

Todos escucharon a Sarah diciendo: "No. No. ¡Parada!" Ellos la ignoraron. Todos los demás estaban riendo demasiado como para decir algo. Finalmente, Kissy sintió a su papá levantándola y soltó el palo. Topaz se dio cuenta de que su mamá la acariciaba en la espalda. Kawdje fue apartado por Essie y sostenido en sus brazos, y Michael prestó atención a Sarah, quien le extendió la mano y le ordenó que le entregara el palo.

Cuando la risa se calmó y se bajaron las alturas de los saltos, Essie y Kawdje comenzaron el relevo. Essie sostenía el palo con la mano izquierda e intentaba mantenerlo fuera del campo de visión de Kawdje. Como Kawdje no estaba muy familiarizado con el balancín, Essie quería asegurarse de que tocara la zona de contacto durante el descenso, por lo que tocó el área con la mano derecha diciendo "contacto" mientras sostenía su mano izquierda, que tenía el palo, alejada de su cuerpo. Kawdje descendió suavemente por el balancín, tocó la zona de contacto en la parte inferior de la rampa y agarró el palo firmemente entre sus dientes sin perder el paso. Essie reaccionó automáticamente levantando el palo, pero Kawdje se aferró con todas sus fuerzas. Recogió sus patas hacia el cuerpo y dejó que ella lo llevara fuera del montaje.

Evan sostenía a Kissy en sus brazos, lo que le impidió unirse a Kawdje en su intento de conquistar el palo. Afortunadamente, Jeanette y Sarah habían agarrado a Topaz y a Michael, frustrando sus intentos de unirse al juego.

Todos gritaron y rieron, y Pat, que había estado dentro poniendo la mesa del comedor, salió justo a tiempo para ver la infracción de Kawdje a la etiqueta de la agilidad canina. Se rió tanto que le lloraron los ojos.

Cuando la risa se calmó, Pat anunció: "He puesto la mesa del comedor. Los pollos están asados. La ensalada está lista. Alguien necesita trinchar los pollos y luego los cuidadores de las mascotas pueden llenar los cuencos de comida. Cada uno de ustedes sabe cuánto come su mascota".

Kevin preguntó mientras se acercaba a ella: "¿Cuidadores de mascotas? ¿Qué significa eso?"

Pat dijo: "No creo que la gente deba considerar a las mascotas como su propiedad. La gente puede tener joyas, casas, coches y cosas así, pero las mascotas son seres sintientes que piensan y sienten, actúan y reaccionan. Incluso sueñan. Un ser no debería poseer a otro solo porque tenga mayor capacidad de razonamiento o más inteligencia, al menos tal como los humanos medimos la inteligencia".

"Mi papá me dijo que eres veterinaria. Estás en la profesión adecuada. Tu actitud hacia las mascotas es encomiable y muy visionaria. Cuando tenga un perro, recordaré pensar en mí mismo como un tutor en lugar de un propietario".

Pat confesó: "Me he prometido tener un perro cuando me gradúe de la escuela de veterinaria, pero esperaré un tiempo y veré cómo se desarrollan los eventos antes de tomar una decisión tan grande. Después de todo, una mascota está contigo durante muchos años y tiene un efecto profundo en tu vida".

Para entonces, ya estaban en la cocina y Pat puso a Kevin a trabajar llevando la ensalada y los tazones a la mesa del comedor. Ed trinó los pollos mientras Jenny servía el relleno en un tazón.

Ed dijo: "Las mascotas ciertamente pueden cambiar tu vida. Piensa en los grandes cambios en la vida de tu mamá, Pat. Ella trajo a Michael Archangelo a casa con ella y, debido a eso, conoció a Essie y a Evan cuando asistieron al mismo espectáculo de perros. A través de Essie y Evan, conoció a Gordon, Jeanette y Cole. Todas nuestras vidas han cambiado porque tu mamá rescató a Michael. Hemos conocido a esas mismas personas, además de Kevin y Jenny. Todos nos conocimos gracias a los cuatro perros. Ellos son el centro de nuestra rueda de amistad".

Jenny, Kevin y Pat se detuvieron y lo miraron. Pat se acercó por detrás, rodeó su cintura con sus brazos y apoyó la mejilla en su cálida espalda. "Ed, no hablas mucho, pero cuando lo haces, te expresas de manera poética. Los perros son definitivamente el centro de nuestra rueda de amistad. Tendremos que brindar por eso durante el almuerzo".

Los demás entraron por la puerta de la cocina como una bandada de gansos, charlando y riendo ruidosamente, o ladrando, dependiendo de la especie.

Después de que se llenaron los cuencos de las mascotas y las personas se sentaron a la mesa, Ed se puso de pie, levantó su vaso de té helado y dijo: "Por Michael, Topaz, Kissy y Kawdje. Nos dan amor, lealtad, alegría y compañía, todos ellos componentes de la amistad, y nosotros les correspondemos. La mayoría de nosotros no nos habríamos conocido si no fuera por estos cuatro perros. Ellos son el centro de nuestra rueda de amistad y, cuando digo esto, incluyo a las mascotas: nuestras vidas se han enriquecido gracias a nuestras amistades".

Todos chocaron sus vasos y bebieron su agua, té o refresco. Aplaudieron y felicitaron a Ed por su elocuente brindis. Los cuatro perros corrieron al comedor para ver qué estaba pasando. No querían perderse ninguna diversión y se sintieron decepcionados al ver que todos estaban sentados.

"Volvamos a nuestra comida", dijo Michael.

Después de devorar su comida y revisar los tazones de los demás para asegurarse de que no hubieran dejado un bocado que otro pudiera terminar, asumieron una pose de descanso y discutieron la práctica de la mañana. Ninguno de ellos podía entender por qué no se les permitió jugar al juego de "agarrar el palo".

"¿Por qué mi papá puede llevar el palo y yo no?" preguntó Kissy.

"Sarah a menudo lanza un palo y me hace ir a buscarlo y llevárselo", comentó Michael.

Kawdje dijo: "Quieren llevar el palo y dárselo el uno al otro y no dejarnos a ninguno de nosotros tenerlo. No sé por qué, pero lo pensaré y tal vez encuentre una razón".

Topaz dijo: "Nuestros mamás y papás siguen cambiando la configuración. Me pregunto por qué lo hacen".

Kissy declaró: "Me gustan los cambios. Es divertido no saber qué va a pasar a continuación".

Michael dijo: "Tal vez quieran que podamos trabajar en diferentes configuraciones. Seguro que me hace prestar más atención a Sarah porque nunca sé cuál será el próximo obstáculo que tendré que usar".

Kawdje intervino: "Me resulta inquietante no saber qué obstáculo usar a continuación; sin embargo, aunque la configuración cambie, los obstáculos y cómo se supone que debemos usarlos no cambian".

Kawdje miró a Topaz y dijo: "Siempre parece que sabes lo que tu mamá quiere que hagas. ¿Por qué es eso?"

"Mi mamá y yo siempre hemos tenido una conexión especial que me ayuda a saber lo que ella quiere que haga", respondió Topaz.

"¿Funciona al revés? ¿Sabe ella lo que tú quieres que haga?" preguntó Kissy.

"Creo que sí. Muchas veces, ella sabe lo que quiero o necesito antes de que yo misma lo sepa. Por ejemplo, una noche cuando estaba acostada en mi cama y mi mamá estaba a punto de meterse en la suya, de repente sacó una manta del armario y me cubrió con ella. Después de que lo hizo, me di cuenta de que tenía frío. Tenemos un vínculo especial y no puedo explicar cómo o por qué".

Michael les contó a los demás que podía ver y sentir emociones, y les describió a Kissy y Kawdje el brillo y la sensación de gran felicidad que fluía entre y alrededor de Sarah y Gordon, y que lo hacía sentir como si pudiera flotar en el aire cuando los rodeaba. Topaz les dijo que ella también lo había visto y sentido cuando se quedó en casa de Michael durante el tiempo que su mamá estuvo ausente.

Kissy y Kawdje describieron su método de poner una imagen de lo que querían en el corazón de su mamá o papá.

"Seguimos haciéndolo hasta que uno de ellos capta la imagen", dijo Kawdje.

Mientras tanto, Evan les contaba al grupo en el comedor la historia del deporte de la Agilidad Canina. "La Asociación de Agilidad Canina de Estados Unidos se estableció en 1986 y sus reglas se basaron en las que ya estaban en vigor en Gran Bretaña. Muchos países de todo el mundo ahora participan en el deporte de la Agilidad Canina y el número sigue creciendo. Cada dos años se lleva a cabo una competición internacional en uno de los países miembros de la Federación Internacional de Deportes Cinológicos (IFCS, por sus siglas en inglés). Nuestro país es miembro de la IFCS. Este año ya se ha llevado a cabo una competencia internacional, por lo que tenemos tiempo suficiente para escalar la escalera de títulos, ganar experiencia y pasar el próximo año acumulando tantos puntos como podamos con la esperanza de ser elegidos para representar al equipo de Estados Unidos en la primavera del año siguiente".

Sarah habló con voz temblorosa, "Me asusta pensar en una competición internacional. Ninguno de nosotros ha participado siquiera en un evento local".

Jeanette anunció, "Me encargaré de traer un testigo para la práctica del relevo de mañana. Tengo una idea sobre cómo evitar que nuestras mascotas usen el testigo como un juego de 'buscar el palo para todos'".

Essie sugirió, "Practiquemos la clase de 'Gamblers' esta tarde. Será un desafío ejercer control mientras estamos tan lejos de nuestras mascotas". Todos estuvieron de acuerdo y hubo un estrépito de platos que se recogían y se llevaban del comedor a la cocina.

Evan, que odiaba lavar los platos o cualquier tipo de tarea de limpieza después de una comida, sugirió que los hombres salieran y reorganizaran el recorrido para una configuración de 'Gamblers' mientras las mujeres lavaban los platos y guardaban los restos. Salió corriendo por la puerta de la cocina antes de que alguien tuviera tiempo de comentar. Gordon, Kevin, Cole y Ed lo siguieron tan rápido como pudieron.

Essie puso las manos en las caderas y dijo, "A Evan le disgusta limpiar después de comer. Supongo que a la mayoría de los hombres les pasa lo mismo. De alguna manera, siempre se las arreglan para escaquearse de las tareas de cocina".

Las tres mujeres hicieron el trabajo de limpieza rápidamente, después de lo cual estudiaron el diagrama que Evan había hecho de un recorrido de 'Gamblers' y leyeron cuidadosamente las reglas de esa clase antes de unirse a los demás al aire libre.

Evan pasó el diagrama y las reglas de 'Gamblers' a Gordon y Cole y luego, para el beneficio de todos, incluida Jenny, anunció un resumen de las reglas con algunos consejos útiles incluidos.

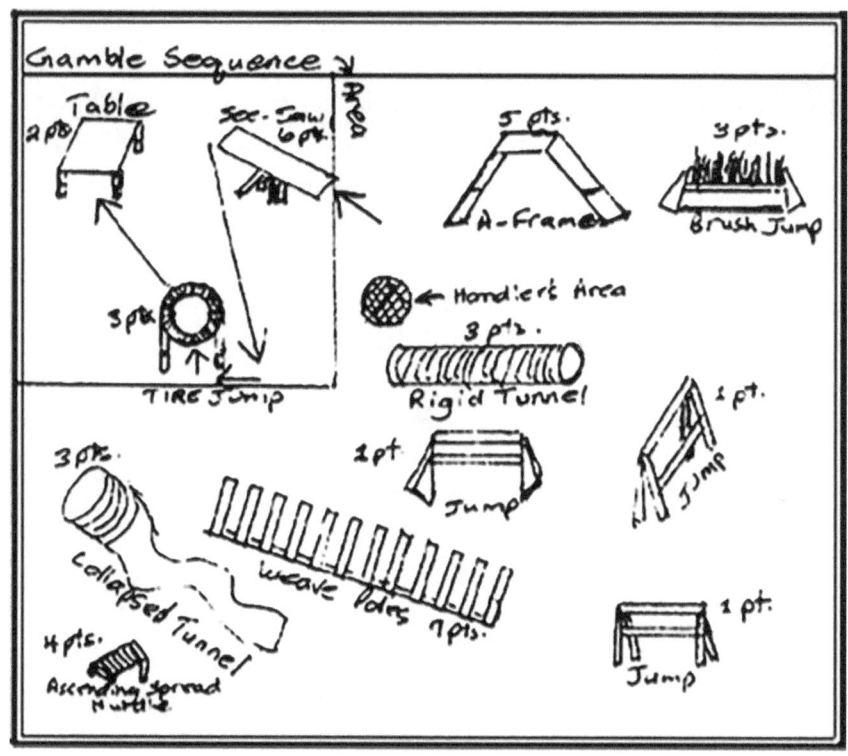

"Durante el período de apertura, el perro y el guía intentan acumular la mayor cantidad de puntos posible. Todos los obstáculos pueden ser utilizados un número ilimitado de veces, pero solo se pueden ganar puntos dos veces en cada obstáculo. Tiene sentido no perder el tiempo usando un obstáculo más de dos veces. Cuando el silbato del juez señala el final del período de apertura y el comienzo de la secuencia 'Gamble', el guía debe estar y permanecer en el área designada para el guía mientras dirige al perro a realizar los obstáculos de la secuencia 'Gamble'.

Aunque el período de apertura no tiene una ruta predeterminada, la secuencia 'Gamble' sí la tiene. Siempre se utilizan al menos tres obstáculos y la dirección en la que deben tomarse está claramente señalada. Durante la secuencia 'Gamble', el guía está al menos a 9 pies de distancia del perro en todo momento; esa distancia aumenta a 15 pies en el nivel Masters. Esta clase requiere estrategia y control a distancia por parte del guía. Si el perro comete una falta en un obstáculo, no se ganan puntos por la falta, como sucedería en las clases de Agilidad Estándar, 'Jumpers' y 'Relay', donde el equipo con el tiempo más rápido y menos faltas gana. En esta clase y en 'Snooker', el equipo con más puntos gana, y el tiempo es el desempate."

En veinte minutos, todos estaban listos para comenzar con 'Gamblers'. Sarah había pintado con spray de color neón naranja su mano y la oreja de Michael. Jenny los declaró como el equipo más genial de todos. Michael no podía ver su oreja y, una vez que la pintura se había secado, no se sentía diferente de la otra, por lo que se olvidó de ella. Topaz, Kissy y Kawdje no interpretaban su oreja como un naranja brillante y chocante, así que la ignoraron.

El recorrido se había preparado para una altura de 66 centímetros. Topaz y Jeanette fueron las primeras. Estuvieron magníficas. Cuando Jeanette se paró en el área definida para los manejadores durante el "Gamble", Topaz siguió las instrucciones como si hubiera hecho el recorrido cientos de veces.

El corazón de Cole se hinchó de orgullo al ver a Jeanette y Topaz. Pensó que, aunque Topaz era demasiado tonta para entrar cuando llovía y no lo suficientemente valiente como para espantar a los ciervos, ciertamente se comportaba de maravilla en la Agilidad Canina, en gran parte gracias a su increíble esposa, que parecía tener talento para todo lo que decidía hacer.

Las entrañas de Sarah temblaban mientras esperaba para comenzar. Miró la oreja naranja brillante de Michael y esperaba que eso le ayudara a distinguir rápidamente entre la izquierda y la derecha. Rezó fervientemente para que su actuación no fuera una gran decepción después de la elegante muestra de trabajo en equipo de Jeanette y Topaz. Sobre todo, no quería frenar a Michael, quien tenía el potencial de ser un perro de agilidad fabuloso.

Respiró hondo y le dijo a Michael: "Vamos." Se mantuvo cerca de él durante la secuencia de apertura, por lo que recordar la derecha de la izquierda no fue un problema porque podía señalar y decir el nombre de cada obstáculo que quería que utilizara. Su mayor preocupación durante el período de apertura para acumular puntos era mantenerse delante de Michael y posicionarse para que él pudiera ver claramente su señal sobre cuál obstáculo quería que usara a continuación y en qué dirección tomarlo. Cuando Michael se acercó al A-Frame, Sarah vio que estaba preparado para saltar y rápidamente gritó "Contacto" para que no saltara a mitad de la rampa ascendente y perdiera el punto de contacto al inicio del ascenso. "Tendré que trabajar con él en los puntos de contacto", pensó.

Cuando terminaron el período de apertura, había guiado el camino a través del recorrido de modo que ella estuviera dentro del área de manejadores y Michael estuviera en buena posición para usar el balancín, que era el primer obstáculo del "Gamble". Sostuvo su mano izquierda pintada de naranja neón frente a ella, a la altura del pecho, para poder verla fácilmente y siguió girando su dirección para corresponderse con la dirección de Michael mientras daba sus órdenes. Esto ayudó a aliviar su dilema de derecha/izquierda.

Dado que sería una buena disciplina para las mascotas asumir y mantener la posición de descanso durante una cuenta de 5 segundos, a una distancia de casi 3 metros del área de los manejadores, decidieron usar la mesa como el último obstáculo del "Gamble", aunque nunca se usaría de esa manera en competencias oficiales. Michael terminó el recorrido manteniéndose en la posición de descanso sobre la mesa durante la cuenta de 5 segundos. Sarah estaba muy orgullosa de él y envió una oración de agradecimiento al cielo porque, al menos, Michael sabía cuál era la izquierda y cuál la derecha.

"Es más listo que yo", pensó. Le resultó algo molesto tener que seguir mirando su mano izquierda y luego mirar hacia arriba para orientarse con la posición de la oreja izquierda de Michael, pero la pintura en aerosol realmente ayudó a disminuir su dilema de derecha/izquierda.

Fue una buena actuación, aunque no tan fluida y coordinada como la de Jeanette y Topaz. Gordon revisó el cronómetro y, aunque la actuación de Michael no fue tan rápida como la de Topaz, sabía que se debía a que Sarah tardaba más en calcular en qué dirección ordenar a Michael que tomara. La había visto mirar de un lado a otro entre su mano naranja y la oreja naranja de Michael durante la actuación, pero no había cometido un error de derecha a izquierda. La señal fue una referencia física útil, y Gordon estaba seguro de que, a medida que Sarah continuara usándola, se volvería más relajada y confiada y el rendimiento del equipo mejoraría.

Todos colaboraron y bajaron rápidamente los saltos para adaptarse a la altura de 30 centímetros de Kissy y Kawdje. La actuación de Essie y Kawdje precedió a la de Evan y Kissy. Kawdje siguió obedientemente las instrucciones de su mamá durante toda la actuación y se centró en ella mientras mantenía una posición de descanso de 5 segundos en la mesa, esperando su señal para saltar. Essie lo abrazó y besó y le dijo que era el mejor pequeño compañero con el que cualquiera podría tener el placer de trabajar.

Ella se había preocupado de que Kawdje pudiera ponerse de pie y colocar su postura en la posición apilada que se requería cuando estaba sobre la mesa en una exhibición de conformación, pero no pareció reconocer ninguna similitud entre la mesa cuadrada grande y baja utilizada en Agilidad Canina y la mesa más alta y pequeña utilizada en los Shows de Conformación para ayudar al juez a examinar a los perros pequeños.

Evan esperaba con impaciencia mostrar la destreza de Kissy. Ella era una competidora rápida y sin miedo. Hizo que usara los postes de slalom dos veces durante el período de apertura porque podía deslizarse entre ellos tan rápidamente y tenían el valor de puntos más alto. Mientras se encontraba en el área de los manejadores durante la secuencia de Gamblers, Evan daba instrucciones tan rápido como podía formar las palabras, y Kissy respondía con una agilidad y velocidad increíbles. Saltó sobre la mesa y, a su señal, adoptó la posición de descanso, pero lo ignoró cuando le indicó que se quedara. Se levantaba a medias y luego volvía a la posición de descanso mientras él le ordenaba quedarse, y después de un segundo, volvía a levantarse a medias, anticipando el salto fuera de la mesa. Parecía que estaba haciendo una versión canina de flexiones. Era obvio que Kissy quería seguir moviéndose y no pensaba que quedarse en la posición de descanso durante 5 segundos contara como parte de la actuación.

Todos intentaron esconder sus sonrisas, excepto Jenny, quien se rió divertida.

Essie dijo con aire de suficiencia: "Creo que cada vez que Kissy se negó a permanecer en la posición de descanso fue una falta. Estoy segura de que acumuló al menos 20 puntos. No sé si eso es motivo de eliminación, pero si no, seguro que te da el peor tiempo a ti y a Kissy."

Evan llamó a Kissy para que viniera hacia él. La sostuvo en sus brazos mientras decía: "Pequeña, estás demasiado entusiasta. A veces quedarse quieta es parte de la actuación. Tenemos trabajo que hacer. Tienes que aprender a esperar mi dirección."

Todos decidieron dar por terminada la jornada de agilidad y cenar las sobras calentadas. Sarah anunció que había preparado un delicioso postre de mascarpone y ricotta que se podría compartir con las mascotas. Fue una noche agradable para mascotas y personas. Mientras se discutían las estrategias para acumular la mayor cantidad de puntos en Gamblers en la mesa del comedor, las mascotas, que cenaban en la cocina, recordaban y decidían sus postres favoritos.

Michael pensó que el nuevo postre era casi tan delicioso como el crème brûlée. Topaz dudó un rato antes de decidir que, para ella también, el crème brûlée seguía siendo su favorito indiscutible. Kissy y Kawdje dijeron que el sabroso nuevo postre era tan bueno como el arroz con leche, pero quedaba en segundo lugar después del crème brûlée. Todos coincidieron en que los postres eran uno de los mejores placeres de la vida; no tan benditos como formar parte de una familia feliz ni tan gratificantes como tener amigos leales, ni tan cómodos como una cama limpia y suave para dormir, ni tan emocionantes y desafiantes como la agilidad, pero muy, muy satisfactorios para el alma.

Capítulo Trece

A la mañana siguiente, alrededor de las 11 a.m., todos se reunieron de nuevo en el césped de Sarah para practicar agilidad, con la excepción de Kevin, que estaba en un vuelo de regreso a su universidad. Los amigos habían decidido la noche anterior que las clases de Relevos en Parejas y Snooker serían los únicos eventos de ese día.

Jeanette tenía una sonrisa enigmática mientras se ponía un par de guantes de jardinería. Le preguntó a Sarah si tenía un par resistente de guantes de jardinería y le sugirió que se los pusiera. Sarah corrió al garaje a buscar un par.

Topaz y Jeanette comenzaron su actuación sin contratiempos. Jeanette podía ver que Topaz miraba el testigo con anhelo, pero obedeció todas las órdenes, tomó cada obstáculo según lo indicado y no hizo ningún intento por agarrar el nuevo palo. Cuando llegaron a la zona de entrega del testigo y Jeanette se lo pasó a Sarah, Michael movió la cola porque estaba muy feliz de que Topaz estuviera cerca de él. Quería jugar, así que se lanzó por el palo. Topaz había visto a Michael cambiar su peso hacia sus cuartos traseros en preparación para un salto de agarrar el palo y decidió adelantarse. Ambos alcanzaron el premio juntos y se lo arrebataron fácilmente a Sarah, quien no había tenido tiempo de agarrarlo bien antes de la intervención de los dos.

Kissy y Kawdje habían estado sentados a un lado, entre su mamá y su papá. Con felices ladridos, corrieron a toda velocidad a través del área y se unieron a la disputa. De repente, las colas dejaron de moverse y se escucharon varios aullidos de dolor. El testigo cayó al suelo y las mascotas se alejaron rápidamente de él.

Gordon se quedó boquiabierto ante el espectáculo de Michael, Topaz, Kissy y Kawdje caminando hacia sus dueños con la cabeza baja, las orejas agachadas y las colas caídas, y preguntó: "¿Qué ha pasado?"

Jeanette alzó la voz. "He juntado unas ramas de rosales y he dejado algunas espinas. Es un método cruel y desagradable, pero rápido y efectivo para enseñarles que el testigo no es un juguete."

Cole pensó: "Parece una diosa, pero es astuta."

Pat preguntó: "¿Fuiste maestra en tu vida pasada?"

Jenny dijo: "¡Tía Jeanette, eres una gruñona!"

La clase de Relevos en Parejas continuó sin más percances y las mascotas se comportaron con tanta serenidad como señoras mayores en una fiesta de té.

Los amigos decidieron practicar la clase de Snooker mientras las mascotas aún se encontraban en un estado de obediencia. Todos se movieron alrededor de los obstáculos para cumplir con el diagrama de Evan de una configuración de Snooker.

Evan luego citó las reglas: "En Snooker, a todos los obstáculos se les asigna un color. Cada color siempre tiene el mismo valor en puntos, de la siguiente manera: el rojo siempre vale 1 punto, el amarillo—2, el verde—3, el marrón—4, el azul—5, el rosa—6, y el negro—7 puntos.

Los obstáculos rojos siempre son saltos que se pueden modificar para adaptarse a las diferentes categorías de altura de salto. Los colores asignados a los demás obstáculos pueden cambiar de un evento a otro; sin embargo, los valores de 6 o 7 puntos generalmente se asignan a obstáculos más difíciles, como el balancín o los postes de zigzag, en lugar de, por ejemplo, el túnel de tubo. Durante el periodo de apertura, se quiere acumular la mayor cantidad de puntos posible, hasta un máximo de 24, cuando se usan 3 obstáculos rojos. Hay un protocolo que se debe seguir. Se debe usar primero un obstáculo rojo, seguido de un obstáculo de cualquier otro color, luego uno de los dos obstáculos rojos restantes sin usar, seguido de cualquier color, luego el último obstáculo rojo que no se haya utilizado, y luego otro color. Hay una trampa: se deja de puntuar si un obstáculo rojo no se toma con éxito o si no se sigue el protocolo 'rojo—color—rojo'.

Durante el cierre, que es la secuencia de Snooker, los obstáculos deben tomarse en el orden correcto de color, comenzando con el amarillo que vale 2 puntos y subiendo en valor ascendente. La puntuación se detiene en la secuencia de Snooker si el perro incurre en una falta o si se acaba el tiempo del recorrido. Al igual que en la clase de Gamblers, el equipo con más puntos gana y el tiempo es el factor de desempate".

Decidieron darle el valor más alto de siete puntos al balancín porque era el obstáculo más nuevo y su desconocimiento probablemente lo convertía en el más difícil para que las mascotas lo utilizaran, aunque Topaz y Kawdje aún avanzaban lentamente por los postes de zigzag.

Evan, Essie, Sarah y Jeanette recorrieron el curso y decidieron su estrategia para la secuencia de apertura. El balancín se colocó en el extremo opuesto del recorrido respecto a los tres saltos rojos, lo cual significaba que se usaría un tiempo valioso tratando de recolectar el máximo de puntos en la secuencia de apertura. El tiempo se iría acumulando mientras las mascotas corrían de un extremo al otro del montaje.

Todos sabían que el equipo con más puntos ganaba y que el tiempo era el desempate. También sabían que no podían acumular más puntos durante la secuencia de apertura si no se tomaba un obstáculo rojo con éxito, por lo que tenían que ser cuidadosos. La secuencia de apertura definitivamente requería estrategia.

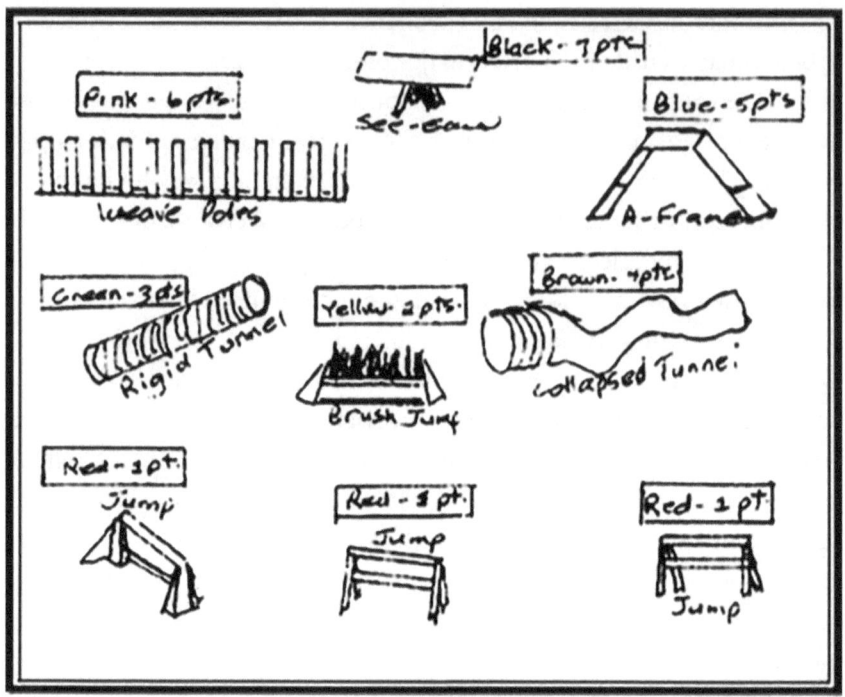

Jeanette sabía que Topaz era una saltadora natural y físicamente fuerte. Decidió hacer que utilizara el balancín tres veces —una después de cada obstáculo rojo— durante la secuencia de apertura. De esta forma, estaría recolectando el máximo número de puntos. Aunque los postes de zigzag estaban más cerca, Topaz aún no había desarrollado un ritmo natural para deslizarse entre ellos y valían un punto menos que el balancín.

Sarah también eligió hacer que Michael recolectara el máximo número de puntos utilizando el balancín tres veces en la secuencia de apertura. Él era un competidor fuerte y versátil que se sentía cómodo con cualquier obstáculo.

Essie decidió que no había ninguna duda en hacer que Kawdje utilizara el balancín tres veces en la secuencia de apertura. Era pequeño, pero un competidor fuerte y bien entrenado que podía recorrer la longitud del curso de ida y vuelta tres veces y aún así poder saltar los obstáculos rojos con facilidad, ya que tenía una habilidad natural para saltar. Se movía lentamente por los postes de zigzag, por lo que el hecho de que estuvieran más cerca de los obstáculos rojos no le ayudaría en cuanto al tiempo.

Evan razonó que a Kissy le encantaba correr y era rápida. No pensó que hacer que ella corriera de un extremo al otro del recorrido entre cada salto rojo la agotaría o le impediría realizar cada salto limpiamente. A Kissy no le importaba saltar, siempre y cuando no tuviera que repetir un salto tras otro.

Teniendo en cuenta la disparidad de tamaños, los manejadores calcularon que Kissy tenía el tiempo más rápido. Ninguna de las mascotas acumuló faltas.

El almuerzo fue un festín de sobras, excepto por un pastel de jengibre fresco y tibio con una salsa de limón caliente para el postre. Sarah dijo que lo había hecho usando una receta familiar antigua de su tatarabuela. Antes de que Essie y Jeanette pudieran pedir la receta, Sarah dijo que se la enviaría por correo electrónico. Ambas sonrieron agradecidas.

Mientras se demoraban tomando té y café, Evan anunció que el Torneo Regional de Agilidad Canina del Noreste se celebraría en Kennett Square dentro de dos semanas. "Tenemos que empezar nuestra búsqueda para convertirnos en equipos campeones de agilidad canina. El evento comienza el viernes a las 10 de la mañana y termina el domingo a las 2 de la tarde. He descargado los horarios de la página web de la USDAA y he marcado las clases en las que deberíamos inscribirnos. Todas serán clases del nivel inicial que cuentan para el título. Podremos competir en dos clases de agilidad estándar, dos de 'Gamblers', dos de 'Snooker' y dos de relevos por parejas. Si nuestras mascotas consiguen una puntuación clasificatoria en cada una de esas clases, habrán completado dos tercios del programa de campeonato en el nivel inicial. Podemos considerar inscribir a nuestro intrépido cuarteto en la carrera de obstáculos, que es un curso de saltos, y en el Grand Prix, que es similar a una clase de agilidad estándar, ambas bajo las reglas de nivel máster. Eso significa que los tiempos estándar del recorrido serán mucho más rápidos que en los niveles inicial y avanzado".

Distribuyó las copias impresas. Todos, salvo Pat y Ed, que se habían ido después del almuerzo, revisaron los horarios, discutieron las clases y si traer una tienda de campaña y un almuerzo caliente cada día.

Decidieron usar el montaje de agilidad todos los días de manera informal e individual en preparación para el próximo evento de agilidad canina.

A primera hora del lunes por la mañana, Pat llamó a Sarah y le confesó que realmente le gustaba Gordon, pero estaba muy preocupada por su compromiso de casarse después de conocerse durante tan poco tiempo. Le preguntó cuándo planeaban casarse y Sarah dijo que probablemente no se casarían antes de finales del verano.

"Eso es dentro de tres meses, Pat".

"Mamá, te habrías vuelto loca si Ed y yo nos hubiéramos casado después de conocernos solo tres meses. ¿Dónde os vais a casar?»

"Aquí. No en esta casa, quiero decir, en esta zona. Sabes que Gordon y yo tenemos a un agente inmobiliario buscando una casa para nosotros".

Pat dijo con una voz ronca, como si estuviera reprimiendo las lágrimas, "Echaré de menos la casa en la que crecí contigo y papá, pero me alegra que estés feliz y ocupada de nuevo, mamá. Realmente me gusta Kevin y eso es bueno, porque va a ser mi hermanastro. Es muy parecido a Gordon. Son buena gente y creo que nos llevaremos bien. Todos tenemos algo en común: adoramos a los perros. Cualquiera que ame a los perros tiene su corazón en el lugar correcto y para mí está bien. Así que, será una boda en otoño, mamá. ¿Puedo ayudarte a planificarla?"

Sarah se sintió eufórica aliviada de que su hija hubiera aceptado el nuevo giro de los acontecimientos. "Este verano va a ser como una montaña rusa. Por cierto, este pasado fin de semana fue tan ocupado que Gordon no tuvo la oportunidad de hablar con Ed sobre la posibilidad de que él redactara una carta constitutiva, o lo que sea necesario, para crear una compañía aérea que transporte tanto a personas como a mascotas en la cabina. Evan y Essie quieren formar parte de ello. Espero que Jeanette y Cole también lo hagan. Gordon habló del tema con Kevin y le pidió que pensara en las modificaciones necesarias para instalar un elevador para los animales enjaulados y rediseñar el espacio de la cabina para crear una zona para las jaulas de las mascotas".

"Mamá, ¡me encanta esa idea! Estoy segura de que Ed hará todo el trabajo legal necesario. ¿Cómo van a financiar este gran proyecto? ¿Es Gordon rico?"

"No lo sé, Pat. Ni él ni Evan necesitan trabajar a diario para vivir cómodamente. Evan es un inversor astuto y maneja la mayoría de las inversiones de Gordon. Supongo que lo descubriremos cuando nos reunamos contigo, Ed y todos para una cena pronto. Joy, la hija de Essie y Evan, y su marido, Sam Albright, también estarán en la reunión. Joy quiere conocer a la afortunada mujer que se va a casar con su tío Gordon. Es periodista y fotógrafa del periódico The Philadelphia Inquirer. Su marido juega al baloncesto".

Pat chilló: "¿Es él EL Sam Albright?"

"¡El único e inigualable!" respondió Sarah.

Aproximadamente una hora más tarde, Michael escuchó un vehículo subir por el camino de entrada. Salió de la casa a través de su puerta para perros y se sorprendió y alegró al ver a Topaz. Frotó su hocico y luego dio un saludo rápido a Jeanette y Jenny antes de correr hacia la gran furgoneta de los Kilmer que estaba llegando a su fin.

Después de que Kissy y Kawdje se unieron a él y Topaz, se sentaron juntos y miraron con interés mientras Evan y Gordon descargaban un obstáculo de Dog Walk de la furgoneta.

Mientras lo ensamblaban, Sarah les contó a los demás que había hablado con Pat sobre dejar que Ed se encargara de las cuestiones legales para establecer una compañía aérea amigable con las mascotas.

"Gordon, ella hará que Ed te llame esta noche cuando llegue a casa del trabajo".

Jeanette preguntó: "¿Es algo en lo que Cole y yo podríamos participar también?" Sarah le dio una breve explicación de sus planes para una compañía aérea amigable con las mascotas y dijo que serían bienvenidos a participar.

Essie dijo: "Comencemos las discusiones durante la cena en mi casa. Eso quitará la carga de proporcionar el lugar de reunión de ti, Sarah. Después de todo, todos vamos a invadir tu comedor una vez más este fin de semana".

Jeanette dijo que Cole generalmente estaba disponible los jueves por la noche. Todos acordaron que esa sería la noche elegida para la reunión, si le venía bien a Ed.

Sarah enganchó la correa de Michael y juntos trotaron hacia el Dog Walk. ¡Él realizó la actividad sin fallos! Topaz y Jeanette también tuvieron una actuación muy digna, aunque Topaz fue más vacilante y menos segura de sí misma mientras cruzaba la tabla horizontal. No había necesidad de que Jeanette le recordara a Topaz tocar la parte de contacto durante su ascenso y descenso, ya que Topaz estaba claramente siendo cautelosa.

Kissy subió corriendo con valentía, cruzando y bajando por el Dog Walk. Evan tuvo que apresurarse para seguirle el ritmo. Era demasiado pequeña para saltarse las zonas de contacto, lo cual probablemente era algo bueno; de lo contrario, en su prisa por realizar la actividad a la máxima velocidad, podría haberse saltado las zonas de contacto. Kawdje caminó lentamente por la tabla ascendente y decidió detenerse y disfrutar de la vista mientras caminaba por la tabla horizontal. Jenny se rió al ver a Essie animando a un Kawdje remolón a cruzar la tabla horizontal del Dog Walk. Después de que él descendiera a regañadientes, Evan sugirió que las mascotas repitieran la actuación sin las correas cortas, ya que tendrían que realizarlo sin correas en los eventos oficiales de agilidad canina.

"Vamos a practicar una clase de agilidad estándar incorporando el Dog Walk," sugirió Jeanette.

Sarah saltó ante la sugerencia. "Buena idea. En caso de que ninguno de ustedes tenga el diagrama de esa clase, puedo ir a buscar el mío a la casa y podemos hacer ese montaje".

Essie y Evan estuvieron de acuerdo.

Evan les recordó que las reglas para la clase de agilidad estándar eran las mismas que para la clase de relevos, en la que el equipo con el tiempo más rápido y menos o ninguna falta ganaba. "Todos los obstáculos se utilizan en esta clase, incluyendo la Mesa, que no se usa en la clase de relevos", añadió Evan.

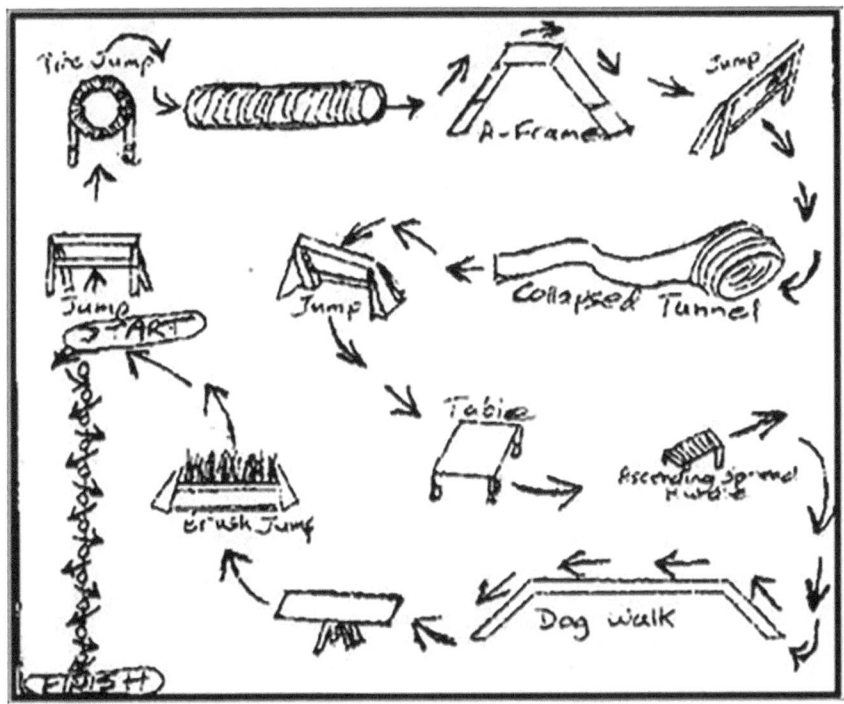

Todos pegaron números en los obstáculos para marcar el camino a seguir a través del montaje.

Como los saltos estaban configurados en la categoría de altura de 26 pulgadas, se decidió que Michael actuaría primero, seguido de Topaz y, después de ajustar los saltos para la categoría de altura de 12 pulgadas, Kissy actuaría y Kawdje sería el último.

Kawdje observó a los demás de mal humor. Se preguntaba por qué siempre era el último en actuar. Estaba disgustado porque ahora había otro obstáculo en el montaje. Se dio cuenta, mientras observaba el progreso de los demás, de que el tambaleante y complicado balancín debía realizarse inmediatamente después de usar el Dog Walk.

Entró en la pista a paso lento, dejando claro que no estaba entusiasmado. Durante su actuación, estaba nervioso porque tenía que usar ese complicado balancín y terminar tambaleándose a través de esos cansinos postes de zigzag. Cuando su mamá le señaló que tomara el Dog Walk, él, obedientemente, subió por la tabla ascendente y cruzó la tabla horizontal. Disfrutó de la altura extra que le daba y su estado de ánimo mejoró. Se sintió lo suficientemente seguro como para mirar a su alrededor mientras caminaba hacia adelante. Vio un ciervo cerca del borde del bosque. Ladró para alertar a los demás y corrió bajando por el Dog Walk hacia el ciervo tan rápido que Essie no pudo agarrarlo.

Michael y Kissy se unieron al alboroto y corrieron en caliente persecución. Topaz, de mala gana, corrió detrás de ellos con un paso tranquilo y relajado. Ella no quería ninguna confrontación con los ciervos y tampoco quería que sus amigos les hicieran daño.

El camino más corto hacia el ciervo requería que Kawdje saltara por encima de los obstáculos. Los superó como un saltador de altura. Michael seguía detrás de él, pero ganando terreno. Kissy ladraba con entusiasmo y Topaz trotaba a su lado.

La manada de ciervos, sorprendida, se quedó atónita al ver a una criatura muy pequeña corriendo rápidamente hacia ellos. Estaban acostumbrados a Michael y no estaban seguros de qué era esa cosa pequeña y veloz. A medida que se acercaba, los ciervos reconocieron el olor a perro. La manada cambió su enfoque y vio a Michael y Topaz, cuyo olor les era familiar, además de otro perro muy pequeño y ruidoso. Los ciervos se dieron la vuelta y desaparecieron en el bosque.

Las mascotas oyeron a sus familias llamándolas para que regresaran y, mientras Michael, Topaz y Kissy abandonaban la persecución, Kawdje, que quería seguir a los ciervos en el bosque, decidió que la discreción, al menos por ahora, era la mejor parte del valor. No estaba seguro de cuántos ciervos componían la manada y, razonó, sin nadie que lo respaldara, ¿quién sabía qué podría pasarle? Brevemente, consideró la idea de perseguir a toda la manada de ciervos en lugar de enfrentarse a la balanza, pero decidió que sería realmente valiente y se enfrentaría a ese obstáculo tambaleante. A regañadientes, se dio la vuelta hacia el campo de agilidad.

Jenny se deleitó con la interrupción en la rutina y se rió hasta quedarse sin aliento. Gordon y Evan también se rieron hasta tener que limpiarse las lágrimas de los ojos.

"Fue como una cacería de zorros, excepto que fue una cacería de ciervos, con un pequeño Spaniel Tibetano a la cabeza", dijo Gordon.

"¿Quién hubiera pensado que dentro de Kawdje late el corazón de un guerrero cazador?" exclamó Evan.

Kawdje se pavoneó hacia su papá, quien lo levantó y frotó su cuello.

"¡Qué tipo eres! Estás lleno de contradicciones. Tenías miedo de subir las escaleras durante tanto tiempo cuando eras un cachorro, y eres sospechoso y cauteloso con cualquier cosa nueva, pero estás listo para reunir a una manada de ciervos. Me pregunto cómo reaccionarías ante búfalos, o leones y tigres".

Gordon estaba acariciando la cabeza de Kawdje, así que Evan se lo pasó. Mientras Gordon acurrucaba y elogiaba a Kawdje, Michael experimentó una sensación desconocida que lo invadió al ver el amoroso gesto que Gordon le daba a Kawdje. De repente, se sintió infeliz y deprimido y quería que Gordon lo amara, así que se acercó a él y apoyó la cabeza contra su pierna. Gordon se agachó y puso a Kawdje en el suelo y repartió su cariño entre los dos.

Essie, con mal humor, observó que Kawdje había creado deliberadamente una distracción porque no tenía ganas de practicar agilidad. "Sé que no le gusta mucho la balanza".

"Oh bueno", dijo Sarah. "Nos hizo reír a todos. La agilidad debería ser divertida".

Kawdje decidió que lo mejor era reconciliarse con su mamá, así que se pavoneó hacia ella, se puso de pie sobre sus patas traseras y apoyó sus patas delanteras contra sus piernas mientras la miraba tan encantadoramente como podía. Sabía que su mirada especial ganaba a los jueces en los shows de conformación de perros y esperaba que derritiera el corazón de su mamá. Essie suspiró resignada y lo levantó.

"Está bien, amigo, volvamos al trabajo". Lo llevó hasta la balanza y lo colocó sobre la tabla horizontal donde había estado antes de salir corriendo a perseguir ciervos. Rápidamente realizó el obstáculo y corrió hacia la temida balanza. Kawdje se sentía más relajado ahora y avanzó con paso seguro por la tabla. Al llegar al punto de pivote y sentir que la tabla comenzaba a inclinarse hasta quedar horizontal bajo sus patas, lentamente colocó una pata hacia adelante, luego otra, y la tabla se movió a la posición nivelada.

"Esto es genial", pensó. "Si me quedo quieto, la tabla permanecerá nivelada y podré mirar alrededor y ver lejos en la distancia. Quizás vea más ciervos".

Oyó a su mamá instándolo a avanzar, así que a regañadientes continuó caminando hacia adelante y la tabla se inclinó hacia abajo hasta tocar la hierba. Corrió hacia abajo y llegó al césped.

"Bueno, eso no estuvo tan mal", pensó. "En realidad, fue bastante divertido".

Para sorpresa de Essie, Kawdje indicó que quería repetir el ejercicio al girarse y enfrentar la balanza, colocando sus patas delanteras sobre ella. Ella le dejó realizar el obstáculo de nuevo, y esta vez lo hizo con velocidad y perfección. ¡Kawdje y Essie estaban eufóricos!

El resto de la práctica fue bien y la mañana pasó volando. Todos acordaron llegar a la casa de los Kilmer alrededor de las 5:00 p.m. el jueves.

Capítulo Catorce

Tarde del jueves, Essie acababa de terminar de poner la mesa del comedor y Evan estaba colocando vasos en la barra cuando Kissy y Kawdje ladraron, anunciando la llegada de Jeanette, Cole, Jenny y Topaz. Los tres invitados de dos patas trajeron deliciosos postres de trifle y arroz con leche y comentaron sobre el hermoso entorno campestre. Essie se ofreció a mostrarles la propiedad. Caminaban por el terreno mientras Essie les señalaba su pino de agujas rizadas, su ejemplar premiado, y algunas variedades antiguas de azaleas y rododendros que se agrupaban entre pequeños bosques de cornejos.

Kissy y Kawdje estaban ocupados mostrando a Topaz su territorio. "¿Ves esos arbustos de enebro que crecen bajos?", preguntó Kawdje. "Un topo vive debajo de ellos. Ha hecho un agujero bajo las raíces al que se escapa cada vez que nos acercamos para intentar atraparlo".

"Veo que habéis intentado cavar para sacarlo", dijo Topaz al observar un pequeño agujero que habían cavado. "¿Queréis que os ayude?"

Kissy y Kawdje dijeron simultáneamente un rotundo, "Sí".

Essie escuchó llegar a Sarah, Gordon y Michael. Como Gordon iba a quedarse más tiempo del planeado, había conducido hasta la casa de Sarah más temprano esa tarde para recogerla a ella y a Michael en un coche alquilado. Pat y Ed habían seguido a Gordon en su propio coche.

Michael saltó del coche, se acercó a sus amigos y miró con interés el agujero que estaban cavando. Kissy lo puso al corriente sobre el topo que vivía bajo las raíces del arbusto de enebro, y Michael se unió de inmediato a la excavación. Pronto, los cuatro perros habían desarraigado el pequeño arbusto, pero para su desilusión, no había ningún topo.

Podían ver un laberinto de pequeños túneles, así que todos continuaron cavando con tenacidad y diligencia. Desarraigaron otro arbusto.

Tras charlar y beber vino con sus amigos durante un rato, Essie se preguntó dónde estaban las mascotas y se disculpó para ir a verlas.

Evan estaba rellenando el vaso de 7 Up de Jenny y casi lo deja caer cuando todos escucharon el grito de Essie. Todos se levantaron de inmediato y corrieron en la dirección del alboroto. Los arbustos de enebro de bajo crecimiento de Essie, que habían sido plantados en un diseño de ondas para imitar las tejas de cedro onduladas que rodeaban la casa en un borde de cuatro pies de ancho, habían sido desarraigados y tirados a un lado en un revoltijo de raíces expuestas. Ella estaba de pie junto a ellos con una expresión de horror en el rostro.

"Sabía que a Kissy y Kawdje les interesaba esta zona y habían cavado pequeños agujeros. Supuse que probablemente había un topo, o un ratón de campo, bajo uno de los enebros, pero nunca imaginé que Michael y Topaz les ayudarían a desenterrar mis arbustos. Mi jardín está arruinado", lamentó Essie.

Joy y Sam, que acababan de llegar, corrieron rápidamente desde su coche hacia el grupo.

"Mamá, ¿qué pasa?", preguntó Joy.

Essie señaló la destrucción y dijo: "Mira mis enebros Blue Star. La disposición de la plantación está arruinada".

Los hombros de Sam temblaban mientras se daba la vuelta y se tapaba la boca para amortiguar la risa.

Jeanette se sintió terrible y también se sintió responsable, al igual que Sarah, ya que era obvio que Topaz y Michael habían contribuido a la mayor parte del daño.

"Oh, maravilloso", pensó Jeanette. "Es mi primera vez aquí y la noche no ha comenzado bien". Se disculpó por el comportamiento de Topaz y dijo: "Dame una pala y un cubo de agua. Si los enebros se replantan de inmediato, creo que se pueden salvar".

Evan y Gordon trajeron palas al área mientras Cole unió dos mangueras y atornilló un extremo a una llave de agua al aire libre. Essie buscó algunas estacas en el garaje y todos ayudaron a replantar y apuntalar los enebros.

Michael, Topaz, Kissy y Kawdje observaban con gran interés los esfuerzos por replantar los arbustos.

Kissy dijo: "Están reconstruyendo la casa de ese bicho".

Kawdje respondió: "Eso nos dará otra oportunidad para sacarlo de nuevo".

Topaz dijo: "Siento que mi mamá está muy molesta porque desenterramos esos arbustos".

Michael resumía la situación: "Todos nosotros nos divertimos mucho cavando juntos para atrapar a ese bicho, pero ninguna de nuestras familias nos entiende".

"Hablemos de esto durante la cena", sugirió Kawdje. "Huele que cenaremos jamón".

Kissy añadió: "Y de postre arroz con leche. ¡Delicioso!"

Caminaban a buen paso hacia la casa y esperaban junto a la puerta a que sus familias los alcanzaran.

Durante la cena, se discutieron los aspectos logísticos de fundar una compañía aérea que atendiera a toda la familia. Todos querían dar a la aerolínea un nombre llamativo que promoviera la idea de que las mascotas son miembros plenos de la familia y reciben un servicio completo también.

Jenny cortó la charla y simplemente dijo: "Pal".

Todos la miraron. Luego Joy exclamó: "Sí, es perfecto y debería escribirse con doble P, como en PPAL, que significaría People Pets Air Line".

Hubo una serie de síes resonantes.

"¿Por qué pensaste en PAL?", preguntó Jeanette.

"Topaz siente cuando estoy triste porque echo de menos a mis padres y me preocupo por ellos, y viene a mí y pone su cabeza en mi regazo o se acurruca junto a mí. Pensaba que ella es mi compañera. Luego pensé que esas letras podrían significar Pet Air Lines".

"Buen pensamiento", dijo Cole. "Has nombrado nuestra compañía aérea".

La conversación abarcó el estatuto que Ed redactaría, cuánto cobrar por el billete aéreo para las mascotas, cuántos aviones comenzarían a operar y qué aeropuertos y rutas de vuelo ofrecerían.

Gordon sugirió: "Deberíamos ofrecer el servicio solo en este país y, si despega, sin intención de juego de palabras, podríamos añadir vuelos a Canadá y algunas islas del Caribe. Queremos ofrecer vuelos a lugares donde algunos hoteles y moteles acepten mascotas".

Pat dijo: "Puedo redactar directrices para los viajes aéreos de mascotas. Por ejemplo, todas las vacunas deben estar al día, además de la documentación que demuestre un reciente certificado de salud veterinario, y creo que todas las mascotas deberían tener una identificación con foto, al igual que las personas. Podría prevenir que una persona sin escrúpulos utilice el certificado de la mascota sana de otra persona y la haga pasar por la suya que está enferma o sin vacunar. También ayudaría a prevenir el robo de mascotas."

"Esos son buenos puntos," dijo Gordon.

Sam interrumpió, "¿Cuánto dinero necesitaremos para poner esta compañía aérea en marcha?"

Joy dijo, "Ahí vas otra vez, hablando en juegos de palabras."

Todos discutieron cuánto podrían invertir en PPAL y llegaron a la conclusión de que la cantidad sería mínima en comparación con lo que realmente se necesitaría.

Jeanette dijo que no debían rendirse tan pronto y sugirió tener cuestionarios disponibles para distribuir en algunos de los próximos eventos de agilidad canina. "Las personas que participan en Agilidad Canina son nuestros potenciales clientes. Averigüemos si utilizarían una aerolínea amigable con las mascotas, qué rutas de vuelo serían más convenientes para ellos y cuánto estarían dispuestos a pagar por el servicio. Además, deberíamos acompañar el cuestionario con un folleto que describa el servicio que esperamos ofrecer para las mascotas que viajan en avión con su familia."

Todos pensaron que era una gran idea y prometieron llamar a Jeanette con sus ideas y sugerencias sobre el contenido de los cuestionarios.

Después de que terminó la reunión, Jeanette invitó a todos a su casa el domingo para probar a Michael, Kissy y Kawdje como "Perros de Muelle". Joy y Sam, Pat y Ed declinaron la invitación diciendo que tenían sus horarios llenos para el fin de semana, pero los demás prometieron llegar sobre las 11 a.m. y marcharse antes del almuerzo.

"Oh no," dijo Jeanette. "Quedaos a almorzar. Así tendremos otra oportunidad para discutir sobre PPAL."

Mientras Gordon conducía a Sarah y a Michael a casa, Sarah dijo que su agente inmobiliario había encontrado una casa en el condado de Bucks que podría ser justo lo que estaban buscando, pero que no estaría en el mercado hasta dentro de unos días.

Gordon dijo, "Si la propiedad es lo suficientemente grande y la normativa local no lo prohíbe, podría dejar mi Bell Jet Ranger en la propiedad. Si no, hay un pequeño aeropuerto en el condado de Bucks y tal vez podría dejarlo allí."

"No nos hagamos ilusiones todavía," advirtió Sarah. En su interior, tenía el presentimiento de que esta casa podría ser la que les hablaría en cuanto cruzaran la puerta, diciéndoles, "Soy vuestra."

Michael dormitaba perezosamente en el asiento trasero. Escuchó la palabra hogar mencionada varias veces mientras Sarah y Gordon hablaban. Era consciente de que su hogar con Sarah no era el de Gordon y se preguntaba si estaban hablando de un lugar que sería hogar para los tres. Amaba su hogar con Sarah, pero lo dejaría con gusto si eso significaba que Gordon viviría con ellos.

Capítulo Quince

El domingo por la mañana, los aspirantes a Equipos Campeones de Agilidad Canina llegaron con solo unos minutos de diferencia para los intentos de prueba de los "Dock Dogs". Sarah jadeó de asombro ante la belleza de la casa de Jeanette y Cole. El camino de entrada era largo y serpenteante y, debido a la cantidad de árboles maduros y la exuberante vegetación de helechos bajo ellos, no pudo ver la hermosa casa de piedra y estuco hasta que el camino terminó y se abrió en un área de estacionamiento que podría acomodar seis vehículos.

Amplias extensiones de césped a ambos lados y detrás de la casa le daban un aire de majestuosidad. Algunos peonías de árbol estaban en flor y las flores eran tan grandes, exquisitamente formadas y perfectas que parecían artificiales. Hermosas flores bordeaban un lado del césped, con un bosque de árboles maduros como telón de fondo. El césped del lado opuesto rodeaba un gran patio de piedra y, mientras Sarah y Gordon caminaban hacia él, se detuvieron para disfrutar de la magnífica vista. El césped del patio se mantenía nivelado durante unos quince metros antes de inclinarse hacia abajo. Era tan empinado que los árboles que crecían en el borde de esa porción de césped no oscurecían la grandiosa vista que se extendía por millas.

"No me importaría vivir en un lugar como este," dijo Gordon. "De hecho, me encantaría."

Caminaron hacia la puerta principal con Michael andando entre ellos. Jenny abrió la puerta al escuchar el golpe y los invitó a entrar. Jeanette apareció en el pasillo limpiándose las manos en su delantal. Topaz estaba cerca de ella y, cuando se encontraron, ella y Michael se lamieron los hocicos mientras sus familias se saludaban. Cole entró por la puerta trasera cargando un montón de leña que colocó en el hogar antes de abrazar a Sarah y estrechar la mano de Gordon.

Sarah dijo que ella y Gordon estaban muy impresionados con la casa y los terrenos que la rodeaban. Jeanette y Cole ofrecieron darles un recorrido si les apetecía.

El jardín trasero era sobresaliente. Un cenador de rosas arqueaba la entrada de un camino de piedra que invitaba a caminar por él. Al final del camino se abría un patio redondo pavimentado en piedra, rodeado por arcos de metal sobre los cuales se entrenaban rosales trepadores. Urnas de barro envejecido llenas de flores de colores estaban colocadas alrededor del perímetro del patio, al igual que varios bancos de piedra que parecían tener siglos de antigüedad, aunque Jeanette y Cole los habían comprado el año anterior. Una fuente en el otro extremo del patio completaba una hermosa y tranquila habitación al aire libre.

Gordon y Sarah contemplaron el lugar con admiración silenciosa.

Finalmente, Sarah dijo: "¡Qué entorno tan increíblemente encantador! Esto es hermoso más allá de las palabras. Podríais alquilarlo para bodas y hacer una fortuna".

Jeanette preguntó: "¿Os gustaría casaros aquí? Sería nuestro placer y honor albergar vuestra boda".

"¡Qué oferta tan maravillosa! Sois amigos tan amables y especiales, pero Gordon y yo no querríamos que os tomaseis tanto esfuerzo para nuestra boda".

Gordon interrumpió: "¿Quién dice que no lo haríamos? Creo que este es el lugar perfecto para nuestra ceremonia de boda, y acepto la oferta, en nuestro nombre".

Sarah balbuceó: "Jeanette y Cole, me encanta vuestra casa y vuestros jardines. Es idílico. Es solo que no quiero imponer la carga de organizar nuestra boda sobre vosotros".

Jeanette sonrió: "Cole y yo queremos que os caséis aquí". Cole añadió: "El asunto está resuelto".

Sarah les agradeció y dijo: "Me encantaría tener a Jenny como mi niña de las flores, si aún está aquí cuando se celebre la boda. También quiero que Michael participe en la boda. Quizás camine hacia el altar con él. Ahora que lo pienso, todos los perros deberían estar presentes en la boda e incluso formar parte de la ceremonia. ¿Qué piensas de eso, Gordon?"

Él la acercó para darle un abrazo y dijo: «Me parece perfecto. Son parte de nuestras familias, así que ¿por qué no deberían estar incluidos?»

Jeanette rió y dijo: "A Topaz le encanta cantar. Tal vez podría cantar en la boda. Ella le canta a la luna, especialmente cuando está llena. Cole lo llama aullido, pero yo sé que está cantando".

Mientras tanto, Michael dijo a Topaz mientras paseaban por su casa: "Tienes tantos bosques como yo, Topaz. Incluso tienes más césped".

Justo entonces llegaron Essie, Evan, Kissy y Kawdje. Los perros corrieron el uno hacia el otro y se tocaron las narices. Topaz dijo: "He estado mostrando a Michael mi propiedad. ¿Queréis uniros al recorrido?"

Siguieron a Topaz hasta el patio de piedra. Kawdje podía ver kilómetros de distancia y pensó que estar sentado en ese patio era incluso mejor que estar en su propio muro de piedra o en la cima del obstáculo en forma de A. "Vaya", pensó. "¡Nada mal!"

Luego, Topaz los llevó al estanque. Caminaban sobre el muelle y miraban el agua, que era demasiado turbia para ver el fondo. Ninguno de los otros había nadado antes, así que Topaz los llevó al muelle hacia la orilla donde podían vadear. Ella les demostró su destreza nadando. Michael caminó hacia el agua hasta que ya no pudo tocar el fondo. Instintivamente, empezó a mover las patas rápidamente y, para su sorpresa, estaba nadando. Nadó en media circunferencia y se dirigió hacia la orilla.

Kissy vio el éxito de Michael y se animó a intentarlo. Después de dar unos pasos en el agua, ya no podía tocar el fondo. Intentó nadar a lo largo de la orilla, pero no conseguía coger el ritmo. Hizo un gran esfuerzo para evitar hundirse. Su pelaje mojado la pesaba. Se sentía agobiada, pesada y torpe, lo cual era una sensación nueva para ella. Rápidamente decidió que no disfrutaba nadando, así que salió del agua y se sacudió vigorosamente.

Kawdje miró con preocupación el intento de Kissy de nadar. Cautelosamente, puso una pata en el agua. No estaba tan caliente como el agua que sus padres usaban cuando lo bañaban en el fregadero grande de casa; sin embargo, los otros no habían sufrido ningún daño, así que caminó un poco más adentro del estanque. El agua estaba fresca, pero no desagradablemente fría. De repente, ya no había fondo sobre el cual caminar, así que, al igual que Michael, instintivamente empezó a mover las patas y, para su sorpresa y placer, consiguió mantener la cabeza por encima del agua. Estaba nadando como Topaz y Michael y su alegría le dio confianza. Nadó hacia adelante una corta distancia antes de nadar en media circunferencia y nadar a la orilla. Cuando pudo tocar el fondo, nadó a lo largo de la orilla. Pensó que nadar era más fácil de aprender que subir las escaleras de peldaños abiertos de casa.

Cuando sus familias llegaron al estanque, se sorprendieron al ver a Topaz, Michael y Kawdje nadando, y se sorprendieron aún más al ver que Kissy no lo hacía. Podían ver por su pelaje mojado que ya había intentado nadar. Cuando se negó a volver a entrar al agua, a pesar de las súplicas de Evan, concluyeron que había decidido que nadar no era lo suyo.

Jeanette dijo: "No estoy segura de que Kawdje se convierta en una estrella en la competición de Dock Dog. No está diseñado para perros más pequeños".

Evan respondió: "Si decide que le gusta lanzarse al agua tras una pelota, apoyaremos sus esfuerzos. ¿Quién sabe? Tal vez Dock Dogs abra eventualmente una categoría para razas más pequeñas".

Jeanette se colocó al final del muelle y llamó a Topaz para que viniera. Cuando Topaz estaba a unos tres metros de distancia, Jeanette lanzó la pelota al agua tan lejos como pudo y ordenó: "Busca". Topaz corrió hacia el final del muelle, saltó al agua y nadó hacia la pelota. La recogió y nadó hasta la orilla sosteniéndola en su boca. Salió del agua sin detenerse a sacudirse y corrió alegremente hacia su mamá. Jeanette tomó la pelota, la alabó, y luego colocó a Topaz a unos seis metros del final del muelle. Caminó de regreso al final del muelle, hizo un amplio arco con su brazo izquierdo, chasqueando los dedos al terminar el movimiento, mientras decía: "Salta" y luego "Busca". Arrojó la pelota a una buena distancia en el estanque.

Topaz corrió hacia el final del muelle. Ahora entendía que su mamá quería que hiciera un gran salto, así que se lanzó al aire y estiró sus patas delanteras mientras caía al agua.

¡Fue un salto prodigioso! Jeanette calculó que debía haber sido de unos seis o siete metros antes de tocar el agua. Todos silbaron y aplaudieron. Topaz se sintió muy orgullosa.

Michael caminó hacia el muelle y dejó claro que quería intentar ser un Dock Dog, así que Sarah lo siguió y lanzó la pelota a una distancia corta porque, hasta donde ella sabía, Michael acababa de aprender a nadar.

Michael se sintió aliviado de que no necesitara saltar demasiado lejos desde el muelle para buscar la pelota, ya que era la primera vez que saltaba al agua. Se lanzó de panza, pero logró mantener la cabeza por encima del agua. "Hasta ahora, todo bien", pensó. Recuperó la pelota y nadó lo más rápido que pudo hacia la orilla. Salió del agua, dejó caer la pelota, se sacudió y luego recogió la pelota nuevamente y se la llevó a Sarah, que estaba en el muelle.

Todos aplaudieron con entusiasmo. Dos veces más, Michael realizó la rutina de Dock Dog y con cada intento, saltó más lejos.

Essie y Evan decidieron que Kawdje debía buscar la pelota desde la orilla, al menos en su primer intento, para ver cómo manejaba la rutina. Kawdje observó a su mamá lanzar la pelota al agua y decirle "Busca". Sabía lo que debía hacer porque recordaba lo que habían hecho Topaz y Michael, así que caminó hacia el agua y nadó hacia la pelota.

Intentó recuperarla, pero no pudo abrir sus mandíbulas lo suficiente para agarrarla. La pelota se alejaba con cada intento. Siguió nadando hacia la pelota hasta que escuchó a su mamá llamándolo. Estaba en una encrucijada. Se suponía que debía llevar la pelota de vuelta a ella, pero no podía sujetarla con la boca. Decidió intentarlo una vez más. No tuvo suerte. Simplemente no podía sostener la pelota en su boca.

Escuchó agua salpicando cerca de él y luego vio a Topaz. Ella agarró la pelota con sus mandíbulas y nadó hacia la orilla, manteniéndose un poco delante de él. Se sorprendió al ver lo lejos que había nadado desde la orilla. Topaz soltó la pelota en el agua un poco más adelante. Él nadó hacia ella, pero antes de que pudiera alcanzarla, ella la agarró con sus mandíbulas y nadó hacia la orilla, y una vez más, soltó la pelota un poco más adelante. Lo hizo hasta que llegó a la orilla. Se sintió muy aliviado por la ayuda de Topaz y se lo agradeció mientras salía del agua y observaba cómo ella dejaba la pelota sobre la hierba. Kawdje empujó la pelota con su nariz hacia su mamá hasta que tocó sus zapatos. Luego se sacudió el agua de su pelaje y todos gritaron.

Essie cogió a Kawdje y todos se turnaron para elogiarlo por su valentía, tenacidad y determinación. Essie pasó a Kawdje a los brazos de Evan, luego colmó de elogios a Topaz por rescatar a Kawdje.

Evan dijo, "Debería haberme dado cuenta de que la pelota era demasiado grande para su boca. Le conseguiré una más pequeña."

"¡Evan, no puede competir en Dock Dogs contra razas grandes! Las reglas podrían cambiar y abrir niveles en Dock Dogs para razas pequeñas, Essie. Además, a él le gusta estar en el agua. Se supone que a los Spaniels tibetanos no les debería gustar el agua, pero Kawdje no lo sabe."

Kissy había ladrado sin parar mientras Kawdje estaba en el agua, para animarlo y también para dar la alarma de que estaba en problemas. Estaba muy alterada y preocupada de que Kawdje pudiera sufrir algún daño. Ahora que estaba a salvo en la orilla y era el centro de atención, se sentía molesta y celosa.

"De alguna manera, siempre logra robarse el protagonismo," pensó. Jeanette fue a buscar toallas a la casa y todos se pusieron a secar a los perros con esmero.

Los perros todavía estaban mojados cuando devoraron un almuerzo de hígado picado y habas cocidas mezcladas con pienso seco para perros, rociado con caldo de pollo casero.

Después de haber comido, comentaron sobre el evento de la mañana.

Kawdje dijo, "De verdad disfruté mucho. Sabía que debía recuperar la pelota, pero seguía resbalándose porque era demasiado grande para mis mandíbulas. Topaz, gracias de nuevo por guiarme de vuelta a la orilla. Eres una buena nadadora y me sentí seguro porque estabas cerca de mí."

Michael dijo admirado, "Topaz, realmente puedes dar saltos largos desde el muelle. Estuviste genial."

"Gracias, Michael y Kawdje. Creo que los dos lo hicieron increíblemente bien. Hicieron un gran trabajo nadando en su primer entrenamiento."

Kissy se sintió excluida. "Odio nadar. Mi pelaje mojado me pesaba demasiado. No me gusta el agua fría y nunca haré algo tan inútil como saltar de un muelle al agua fría para recuperar una pelota. Prefiero un asiento cómodo junto a la ventana con una almohada suave para apoyar la cabeza y una buena vista para mirar."

Topaz, Michael y Kawdje comprendieron que Kissy estaba molesta porque finalmente había encontrado algo que no podía conquistar de inmediato. Sentir falta de disposición, miedo o simplemente desagrado por hacer algo era una experiencia nueva para ella. Michael cambió de tema con cuidado hacia la práctica de agilidad.

Mientras tanto, en el comedor, el tema era la inmobiliaria. Gordon dijo, "Sarah y yo vamos a ver una casa en esta zona dentro de un par de días. No está lejos de un pequeño aeropuerto donde podría alquilar espacio para mi helicóptero. Además, la propiedad es lo suficientemente grande como para tener una pista de aterrizaje si la normativa local lo permite."

"¿Estarías dispuesto a llevarnos a Jeanette, Jenny y a mí a dar un paseo alguna vez?" preguntó Cole. "Siempre he querido volar en un helicóptero."

"Por supuesto," dijo Gordon. "Mi helicóptero es un Bell Jet Ranger que puede llevar hasta ocho personas si no está cargado con equipaje."

Jeanette sugirió a Sarah, Essie y Jenny que se acomodaran en la sala y discutieran sobre la boda, dejando a los hombres hablando sobre volar. Jenny pidió permiso para excusarse porque quería jugar con una consola de videojuegos portátil.

Cuando se acomodaron cómodamente, Sarah dijo, "Estuve escuchando una vieja grabación de Mario Lanza cantando esa maravillosa canción, 'Because,' hace unos días. Ya sabes, la que empieza, 'Porque vienes a mí con nada más que amor', bueno, quiero que esa canción se cante en mi boda. Es un clásico. Creo que una reunión pequeña e íntima en este lugar tan encantador sería ideal. Quiero llevar un vestido de novia largo y llevar rosas porque hay una línea en la canción que dice algo así como, 'Veo las rosas floreciendo a tus pies.'

Enviaré notas escritas a mano a la familia de mi difunto esposo para informarles de mi próximo matrimonio, pero no les enviaré invitaciones. Ninguno de sus hermanos está lo suficientemente bien como para viajar y no creo que ninguno de ellos quiera venir, aunque estoy segura de que se alegrarán por mí. Quiero tener a nuestros hijos, algunos amigos de la iglesia y una amiga de la infancia con la que siempre he mantenido el contacto, además de mi pastor, a quien me gustaría que oficiara la ceremonia, y su esposa. Mi hermano y su familia también querrán venir. Aún no he preguntado a Gordon a quién quiere invitar a la boda. Me gustaría que Jenny fuera mi niña de las flores, si eso es posible, y quiero que todos nuestros perros asistan. ¿Qué os parece?"

Mientras tanto, Michael, Topaz, Kissy y Kawdje estaban en el patio de piedra con vistas a la hermosa vista. Jenny estaba sentada en una silla cercana jugando con su consola de videojuegos portátil. Discutían sobre la práctica de Dock Dogs. Topaz les dijo que el gesto amplio que había hecho su mamá con el brazo justo antes de lanzar la pelota al agua significaba que quería que hiciera un gran salto.

"Creo que se supone que debemos saltar bien lejos en el agua, en lugar de saltar cerca del muelle."

"¿Quieres hacerlo de nuevo?" preguntó Michael.

"Sé que lo haría mejor si no tuviera que recuperar esa pelota", dijo Kawdje.

Kissy, que estaba sentada en el regazo de Jenny, intervino: "Yo no. No me gusta nadar y no creo que nuestras mamás y papás quieran que nos volvamos a mojar". Jenny levantó a Kissy de su regazo y la colocó en el patio, se levantó y entró en la casa. Encontró a su tía Jeanette discutiendo los preparativos de la boda con las otras mujeres.

Anunció: "Topaz, Michael, Kissy y Kawdje se hablan entre ellos. Hacen sonidos que no son ladridos. No sé lo que dicen, pero definitivamente hablan entre ellos".

Su tía le sonrió y dijo: "Sí, claro que lo hacen, querida". Essie y Sarah asintieron y Essie añadió: "Así es. De hecho, se comunican entre ellos."

Capítulo Dieciséis

Dos días después, la agente inmobiliaria de Sarah le informó que la casa que habían estado esperando que saliera al mercado ya estaba oficialmente a la venta. Sarah llamó de inmediato a Gordon y ambos quedaron en reunirse con la agente en su oficina a primera hora de la tarde para seguirla hasta la propiedad. Sarah llamó a sus amigos y les informó que, aunque la práctica de agilidad por la mañana seguía en pie, ella y Michael no asistirían a la práctica de Dock Dogs esa tarde porque ella y Gordon iban a ver una casa en el condado de Bucks que habían estado esperando ver. Jeanette se ofreció a llevar a Michael a su casa después de la práctica de agilidad.

"Gracias, Jeanette. Pasaremos a recogerlo a última hora de la tarde o a primera de la noche. Te llamaré después de ver la casa para decirte una hora específica".

Al terminar la práctica de agilidad, Michael estaba confundido pero no descontento cuando Sarah dejó claro que debía irse a casa con Topaz. Ella lo tocó una vez en la espalda, por lo que él intuyó que solo sería por ese día.

Cuando llegaron a la oficina de la agente inmobiliaria, ella abrió las estadísticas de la casa en su computadora. Había una cocina grande con espacio para comer y con su propia entrada, además de un lavadero y un baño adjunto. Un comedor se encontraba entre la cocina y una amplia sala de estar. Había una gran habitación principal con su baño privado, además de otras dos habitaciones grandes y una pequeña que podía utilizarse como estudio/oficina.

Había otro baño completo, además de un aseo. La casa estaba situada en 12 acres, en su mayoría boscosos.

Siguieron a la agente en su propio vehículo y recorrieron un largo camino pavimentado que estaba en buen estado. Ambos tuvieron una buena sensación cuando vislumbraron la línea del techo. La casa era una estructura de dos pisos, con el piso superior compuesto por dos grandes habitaciones sin terminar. Sarah y Gordon se alegraron al ver ventanas abuhardilladas además de ventanas laterales, y visualizaron la posibilidad de convertir esas habitaciones en dormitorios o una oficina.

La cocina tenía un suelo de baldosas de pizarra y el resto de la casa tenía un hermoso suelo de pino amarillo. Las ventanas del comedor y la sala de estar eran casi de suelo a techo y enmarcaban una vista espectacular y similar a la de Jeanette y Cole, con un largo y amplio paisaje hacia el lado sur de la casa. El único inconveniente era que el garaje era pequeño y no estaba unido a la casa, la zona del césped no era grande y las plantaciones eran poco destacables.

Gordon preguntó, "¿Es esta casa para ti?"

Sarah apoyó su mejilla contra el pecho de Gordon. "Esta es nuestra casa. La casa dijo 'Soy tuya' en cuanto entré. ¿Y tú?"

"También para mí."

La agente inmobiliaria sonrió mientras redactaba su oferta. Sarah llamó a Jeanette mientras Gordon llamaba a Evan con la noticia.

Cenaron en el único restaurante de la zona que servía paella, el plato favorito de Gordon. Hablaron sobre su boda y decidieron fijar una fecha.

Sarah sugirió casarse a principios de octubre. Gordon preguntó, "¿Por qué esperar hasta octubre?"

Sarah dijo, "Porque no sabemos si aceptarán la oferta que hicimos por la casa, y si la aceptan, firmamos para una fecha de cierre el 25 de agosto, lo cual es apenas poco más de 60 días. Además, los actuales propietarios tal vez no quieran desocupar tan pronto. También me gustaría tener al menos un par de semanas después de los eventos de agilidad canina para organizar todos los detalles de nuestra boda. Y otra cosa, como será en la casa de Jeanette y Cole, sé que a ella también le gustaría tener un poco más de tiempo. Yo propondría el 24 de septiembre, que sé que es sábado porque lo busqué antes."

Gordon gimió, "¿No podríamos simplemente fugarnos?"

Sarah sonrió. "No tendrás que preocuparte por los detalles. Básicamente, solo tienes que aparecer y decir 'Sí, quiero' cuando el pastor te lo diga. Espero que estés ocupado con PPAL y organizando la renovación del garaje y el despeje del terreno si aceptan nuestra oferta. Además, tendrás que vender tu casa adosada y traer a Pensilvania las cosas que quieras conservar."

La camarera les trajo el postre de flan. Un paquete muy pequeño, envuelto en papel dorado, estaba al lado del postre de Sarah. Ella miró a Gordon con curiosidad.

"¿Qué es esto?"

"Ábrelo y descúbrelo."

Sarah quitó el envoltorio, que reveló una pequeña caja de joyería que abrió rápidamente. Un impresionante anillo de compromiso de diamantes y zafiros brillaba como la luz de la luna sobre el agua. Sintió que se le llenaban los ojos de lágrimas mientras miraba a Gordon.

"¿No vas a llorar, verdad? ¿No te gusta? ¿No quieres un anillo de compromiso?"

"Estoy llorando porque estoy feliz. Es precioso. Es una expresión perfecta de nuestro amor."

"¿Puedo ponértelo en el dedo?"

Sarah le pasó la caja del anillo y extendió su mano. Él deslizó el anillo en el cuarto dedo de su mano izquierda. ¡Encajaba perfectamente!

"Ahora estamos oficialmente comprometidos para casarnos", dijo Gordon mientras presionaba su mano contra sus labios y la besaba.

Más tarde, cuando se detuvieron en la casa de Jeanette y Cole para recoger a Michael, todos admiraron el anillo y los felicitaron calurosamente por su compromiso oficial. Jenny rogó que la dejaran probarse el anillo y Sarah accedió. Michael sabía que algo especial había sucedido porque esa maravillosa energía luminosa y feliz que siempre envolvía a Sarah y Gordon era más fuerte y constante, y se extendió envolviendo a él y a todos los demás. Vio a todos mirando algo que parecía ser un pequeño y brillante collar que rodeaba uno de los dedos de Sarah, como el collar que rodeaba su cuello. Recordó lo importante que era para un perro llevar collar en México. Los perros callejeros de San Miguel que no llevaban collar no formaban parte de una familia. Recordó lo feliz y amado que se había sentido cuando Sarah había colocado el collar que todavía llevaba en su cuello. Compartió sus pensamientos con Topaz y decidieron que Gordon había puesto ese pequeño y brillante collar en el dedo de Sarah.

Topaz dijo, "Mi mamá tiene dos collares en uno de sus dedos y los lleva todo el tiempo. De vez en cuando se pone otros pequeños collares en otros dedos. ¡Incluso lleva collares alrededor del cuello a veces!»

Concluyeron que el collar que sus mamás y papás llevaban todo el tiempo en el mismo dedo debía ser importante, y significaba que eran miembros de la misma familia, igual que sus propios collares alrededor del cuello.

Gordon y Sarah describieron la casa sobre la que acababan de hacer una oferta de compra.

"Está a unas cinco millas de aquí. Es muy privada y no puedes ver a tus vecinos, pero supongo que esta es una zona segura", dijo Gordon.

"Lo es, aunque hemos tenido varios robos de coches en los últimos seis meses", respondió Cole.

"Una de las primeras cosas que planeo hacer, si aceptan nuestra oferta, es instalar un sistema de seguridad y construir un garaje que se una a la casa", dijo Gordon.

Después de unos minutos más de conversación, Sarah, Gordon y Michael se despidieron en medio de felicitaciones y se dirigieron a la casa de Essie y Evan para mostrarles el anillo de compromiso.

Una vez más, recibieron abrazos y felicitaciones. Aunque Essie y Evan sabían que Gordon planeaba darle un anillo de compromiso a Sarah, era la primera vez que lo veían, ya que él no había querido que nadie más lo viera antes que Sarah. Les pareció magnífico. Levantaron a Kissy y Kawdje y les mostraron el anillo.

Los perros entendieron de inmediato que algo especial había sucedido porque Sarah nunca había llevado nada tan brillante en su dedo antes y sus papás estaban haciendo tanto alboroto sobre ello. Le preguntaron a Michael sobre eso. Él explicó que creía que tenía el mismo significado que los collares que cada uno llevaba.

"Oh, entonces muestra de qué familia eres parte", dijo Kawdje.

"Entonces Sarah y Gordon son una familia y tú eres parte de su familia, Michael", razonó Kissy.

"Sí", dijo Michael con orgullo. "Solía vivir solo en las calles de México y ahora tengo una mamá y un papá y un hogar. Amé y confié en Gordon en cuanto lo olí."

"Quizá ahora todos viváis juntos en la misma casa", dijo Kissy.

Gordon llevó a Michael y Sarah a casa y se marchó poco después. Michael estaba tan decepcionado que apenas tuvo fuerzas para subir las escaleras y desplomarse en su cama. Pensó que el collar del dedo significaba que Gordon viviría con ellos siempre. Se quedó despierto preguntándose por qué Gordon no se había quedado, y luego se le ocurrió una idea. "Tal vez Gordon huele el tenue aroma de otro hombre en esta casa y no quiere vivir aquí por eso." Se quedó dormido pensando en eso y preguntándose cómo resolvería Gordon el problema del olor.

Capítulo Diecisiete

A primera hora del viernes por la mañana, el grupo, a excepción de Cole que estaba trabajando, se reunió en el lugar donde se celebraba el Campeonato de Agilidad Canina del Noreste. Gordon los acompañó y se encargó de cuidar a Jenny. Muchos participantes de fuera de la ciudad habían llegado al evento en autocaravanas. Habían desplegado los toldos de sus casas rodantes, montado corrales para perros y parecían cómodamente instalados para los próximos días. Era evidente que muchos competidores habían traído consigo a un grupo de apoyo.

Era un día nublado y, aunque no se preveía lluvia, se habían levantado carpas sobre los aros donde se llevarían a cabo las pruebas de agilidad canina. Los laterales de las carpas estaban enrollados, lo cual facilitaba la entrada y salida. Los amigos habían llevado una pequeña tienda de campaña para protegerse del sol o la lluvia, además de una valla portátil para contener a las mascotas. También trajeron jaulas plegables Pak-n-Fold, principalmente para proporcionar un lugar seguro y cómodo donde los perros pudieran descansar entre las pruebas y mantenerse alejados del césped, que a veces se sentía húmedo y frío. Todos llevaban una silla portátil. Apilaron una enorme cesta de comida y varios termos con café y té caliente bajo la tienda.

Todos los competidores novatos en un evento de la USDAA fueron medidos para verificar que la altura declarada era correcta. Kissy y Kawdje calificaron para la categoría de salto de 12 pulgadas y Michael y Topaz para la de 26 pulgadas.

Estaban asombrados de ver a tantos otros perros. Kawdje se relajó cuando se dio cuenta de que todos los demás perros estaban con correas, al igual que en los concursos de conformación canina.

"Esto debe ser una práctica de agilidad muy especial", dijo.

"Me pregunto si haremos las mismas cosas que siempre hacemos durante las prácticas en el césped de Michael", reflexionó Kissy.

"Yo haré lo que siempre hago: seguir las instrucciones de Sarah y hacerlo lo más rápido posible", anunció Michael.

"Es un buen plan", declaró Topaz.

Las mascotas se habían inscrito en todas las clases de principiantes disponibles para ese día.

Compitieron en Snooker y Gamblers por la mañana. Sarah y Jeanette experimentaron nervios previos a la actuación mientras hacían el "recorrido" para su primera clase, que era Gamblers. Afortunadamente, los nervios disminuyeron con la actividad física de competir y no afectaron negativamente a las actuaciones de Michael y Topaz, a pesar de que Topaz percibió la ansiedad de su mamá.

La conexión extraordinaria entre Jeanette y Topaz les sirvió de mucho durante la secuencia final, en la cual siempre se mantuvieron a al menos nueve pies de distancia la una de la otra.

Topaz and her mom won the Starters Gamblers Class.

Michael and Sarah placed second.

Essie and Evan's first class was Snooker. Both remained calm, due in no small part to having had the experience of competing in Conformation Dog Shows. Kawdje also remained composed from having contended with the hustle and bustle of those shows while blotting out the commotion around him and focusing on his performance. Kissy felt an unfamiliar quivering sensation in her gut prior to her first performance. She was reassured when her Dad stroked her back and she remembered that he would be with her all the time.

Kawdje competed just before Kissy, and when she heard loud clapping for his performance she thought, "Anything he can do, I can do faster." It spurred her on to her fastest performance ever. She exulted in the applause she received and thought, "Hooray for me! I love this!"

Kissy placed first in the Starters Snooker Class and Kawdje placed third. A little Rat Terrier named Zippy came second. When Kissy competed in her next class, which was Gamblers, she was overconfident and wanted to make independent decisions. She ignored her dad's signal and used a nearby hurdle for the third time so she didn't accrue any points for that jump and her action placed her further away from the high-point-value Dog Walk that Evan had wanted her to use. Getting her back into position to use the Dog Walk added extra seconds to their performance time.

Kawdje won Starters Gamblers and Zippy came second. In spite of her undisciplined behavior, Kissy placed third which was no small feat because it was a large class.

After each class, a brief ceremony took place in which winning teams were presented with a ribbon and trophy, the color of which designated their placement. Kissy, Kawdje and Topaz immediately understood the significance of receiving awards for their performances, from having had the experience of competing in Conformation Dog Shows. They took turns explaining the meaning of the awards to Michael.

Kissy loved the recognition and applause. It was like the elixir of life to her! Kawdje enjoyed winning but he just didn't have Kissy's passion for winning and inherent need for recognition. He mostly set his mind to figuring out the purpose of things. Topaz loved winning mainly because she sensed that it pleased her mom and because she shared the ceremony with her mom and she loved doing any activity that meant she would be with her mom. Michael was very gratified by the recognition of his agility prowess. Before Sarah came into his life, no one had recognized anything about him worth applauding for. Nonetheless, the gratification that he felt from the crowds' approval was insignificant compared to the pleasure that filled him when he sensed Sarah and Gordon's pride in his accomplishment.

The rest of the morning went smoothly. All the pets had fault-free performances that were well within the Standard Course Times. In the 26-inch category, Michael and Sarah won Snooker and Topaz and Jeanette placed third.

Everyone was more than ready to take time out for lunch. The couples collected their portable chairs, hastened to their tent, re-opened the chairs and collapsed onto them. Gordon and Jenny poured tea and coffee and opened the cooler.

Pet bowls were filled with food that disappeared like a magic vanishing act. Kissy and Michael crunched gingersnaps for dessert and Kawdje and Topaz ate rice pudding after which they were happy to lie in their Pak-n-Fold kennels for a well-earned nap.

"They'll need some sleep. It will be a long afternoon," said Essie. "We have the Jumpers, Pairs Relay and Standard Agility classes."

Jenny les dijo a los adultos que había hecho amigos con un par de niños que participarían en las Pruebas de Manejadores Juniors que se celebrarían el domingo, y que quería ser una Manejadora Junior. Jeanette le preguntó si quería actuar con Topaz en un evento futuro.

"No. Quiero formar equipo con Kissy. Ella tiene el tamaño perfecto para mí y le gusta sentarse en mi regazo".

"Tendremos que pedir permiso al tío Evan y a la tía Essie", dijo Jeanette.

Evan rodeó con su brazo los hombros de Jenny. "La próxima vez que todos practiquemos en casa de la tía Sarah, te enseñaré cómo manejar a Kissy. Puede ser complicada porque tiene un espíritu muy competitivo. Ataca el circuito y no le gusta que la retengan. Por eso, es más propensa a cometer un error eligiendo su propio camino si la dejas adelantarse. Probablemente será bueno para ella trabajar con más de un manejador".

Jenny rodeó la cintura de Evan con sus brazos y lo abrazó. "Gracias, tío Evan".

Mientras se relajaban tomando té helado y comiendo galletas, Jeanette sacó a colación el tema de PPAL.

"Pedí quinientos folletos y quinientos cuestionarios. Cole los recogerá de la imprenta esta tarde. Mañana podemos montar un pequeño puesto junto a nuestra carpa. Los cuestionarios tendrán que ser devueltos a nosotros después de ser rellenados. Cole y yo pensamos que es mejor no enviarlos por correo ni hacer que nuestras direcciones estén disponibles para extraños".

"¿Qué información pusiste en los folletos y qué preguntas hiciste en los cuestionarios?" preguntó Evan.

"Más o menos lo que habíamos discutido en la cena. Los cuestionarios preguntan: '¿Cuánto estarías dispuesto a gastar por un alojamiento seguro y cómodo para el viaje aéreo de tu mascota?; ¿te sentirías satisfecho si tu mascota estuviera alojada en un compartimento separado dentro de la cabina del avión?; ¿con qué frecuencia anticipas usar una aerolínea pet-friendly?; ¿viajarías internacionalmente con tu mascota si se ofrecieran alojamientos seguros y cómodos para ella?' y así sucesivamente.

Los folletos describen los alojamientos que imaginamos para las mascotas, además de información sobre los requisitos de documentación sanitaria de las mascotas, incluidas las vacunas, la identificación con foto de la mascota, y el tipo de registro y embarque para mascotas que queremos que PPAL proporcione".

Sarah intervino: "Pat y Ed se ofrecieron a quedarse con los folletos durante el fin de semana. Pat espera que, de alguna manera, PPAL despegue, sin intención de hacer un juego de palabras. Ella está decidida a ser la veterinaria a tiempo completo de la aerolínea".

Jeanette continuó: "Pat contribuyó mucho al contenido del folleto informativo. Se dedica mucho espacio a las vacunas requeridas para este tipo de viaje aéreo para mascotas, así como información sobre las jaulas aprobadas por la aerolínea en las que las mascotas deben viajar.

Hemos descrito el protocolo de vuelo propuesto de PPAL, por ejemplo, los pasajeros no podrán visitar a las mascotas mientras la señal del cinturón de seguridad esté encendida, ni entrar al área de mascotas cuando la señal de 'Ocupado' esté encendida, indicando que otro pasajero está allí y puede haber sacado a su mascota de la jaula. A Pat incluso se le ocurrió informar a los clientes potenciales que los tapetes absorbentes para mascotas estarán disponibles para comprar antes o durante el vuelo. También se incluye información sobre un área designada para pausas sanitarias y el protocolo a seguir".

Gordon preguntó con interés: "¿Cómo piensan evitar que el área de baño de mascotas se ensucie por los perros machos que levantan la pata para orinar?"

Sarah dijo, "Le hice esa misma pregunta a Pat. Ella dijo que el área para las pausas sanitarias debería tener filas de clips en la pared, colocados a distintas alturas, para que los tapetes absorbentes puedan asegurarse contra la pared y protegerla de ser ensuciada, además de otro tapete colocado en el suelo para cubrirlo".

Jenny intervino comentando que sería más caro viajar con un perro macho que con una hembra porque los machos necesitarían dos tapetes cada vez que usaran el área de pausa sanitaria, mientras que las hembras solo necesitarían uno.

Todos se rieron y Evan reflexionó que probablemente sería la única ocasión en la que un macho de cualquier especie incurriría en más gastos que una hembra. Gordon sonrió, pero sabiamente mantuvo la boca cerrada mientras las damas lanzaban miradas fulminantes a su hermano.

La tarde fue un torbellino de actividad para todos ellos.

En la categoría de Relevos por Parejas para principiantes, Kissy y Kawdje habían sido inscritos como pareja, al igual que Topaz y Michael en sus respectivas categorías de salto.

El Relevo por Parejas comenzó con la categoría de salto de 12 pulgadas. Kissy y Kawdje esperaban su turno cerca de la puerta de entrada, en brazos de sus padres. Vieron el bastón siendo llevado por los manejadores, y como estaban familiarizados con ese tipo de práctica, sabían qué esperar y se relajaron por completo.

A Kissy le encantaba la configuración del recorrido de relevos porque tenía una variedad de obstáculos y atacó el recorrido con confianza. Vio a su papá hacer la señal que significaba que debía tomar un salto largo, así que se preparó para su obstáculo menos favorito: el salto ascendente con espaldera. Ajustó su ritmo inconscientemente para colocar sus patas delanteras justo delante del obstáculo y luego balanceó sus patas traseras bajo ella, colocándolas donde habían estado las delanteras mientras se empujaba hacia arriba y hacia adelante con un gran esfuerzo.

Kissy superó el salto ascendente con margen de sobra y se sintió tan exultante y orgullosa de sí misma que momentáneamente olvidó seguir mirando a su papá y disminuyó su velocidad sin darse cuenta. Escuchó a su papá decir: "Derecha", y eso la devolvió a la concentración. Giró a la derecha, corrió a través del túnel de tubo y terminó el resto del recorrido con facilidad. Sabía en su corazón que lo había hecho muy bien. Su papá la levantó y le murmuró al oído: "Superaste el salto con espaldera con gran estilo. ¡La niña de papá es la mejor!".

Kissy lamió su cara y pensó: "Ahora sé cómo hacer un salto largo. Sé dónde colocar mis patas para dar un buen empuje. Recordaré hacer eso cada vez que salte. Estoy mejorando cada vez más, ¡y pronto siempre seré la mejor!".

Más tarde, cuando Evan y Essie revisaron la hoja de puntos de los resultados del Relevo por Parejas, vieron que Kissy y Kawdje habían quedado primeros en su categoría de altura.

"Estoy tan orgullosa como siempre lo estuve cuando Joy hacía algo excepcionalmente bien", dijo Essie.

"Yo también", coincidió Evan.

A pesar de su agitada agenda, Essie y Evan pudieron ver a sus amigos competir en la categoría de Relevos por Parejas de 26 pulgadas. Se sentaron junto a Gordon y Jenny en las sillas que Sarah y Jeanette acababan de desocupar. Essie tenía a Kawdje en su regazo mientras Jenny sostenía a Kissy y le susurraba al oído que era la mejor y la perrita más hermosa del mundo.

Kissy se movió hasta colocarse de espaldas, con la cabeza apoyada en el brazo de Jenny, y le mostró la barriga para que se la frotara. Jenny se rió y pasó la mano lentamente en un movimiento circular por la barriga de Kissy. Pronto, Kissy estaba profundamente dormida. Ese salto con espaldera había sido un trabajo arduo.

Mientras tanto, Essie alimentaba a Kawdje con pedacitos de una galleta de avena como premio especial por una actuación bien hecha.

Durante su actuación en Relevos por Parejas, Sarah notó que Michael parecía distraído y se dio cuenta rápidamente de que cada vez que estaba en paralelo o frente a Topaz, se debatía entre mirarla para recibir dirección y mirar hacia donde estaba Topaz. Se enfureció internamente porque no podía correr lo suficientemente rápido como para colocarse siempre entre Michael y su vista de Topaz.

Cuando Michael estaba corriendo por el túnel colapsable, Sarah se dio cuenta de que saldría enfrentando el área de pase del bastón, donde Topaz estaba. Su corazón latía con fuerza y tragó aire mientras corría tan rápido como podía mover las piernas, con el objetivo de estar unos pocos pies delante de él cuando emergiera, bloqueando así su vista de Topaz. ¡Lo logró! Afortunadamente, el siguiente obstáculo requería que Michael hiciera un giro de 90° a la derecha, lo que significaba que se alejaría del área donde Topaz y Jeanette estaban. Toda la experiencia fue estresante y Sarah rezó para que Michael se quedara quieto durante el interludio del pase del bastón.

A mitad de la actuación de Sarah y Michael, Jeanette notó que Michael no estaba dedicando toda su atención a Sarah y su rendimiento, y se dio cuenta de que la razón era Topaz. Ella siguió moviéndose para bloquear la vista de Michael hacia Topaz. A medida que se acercaban al final, Jeanette le ordenó a Topaz "quieta", luego se colocó delante y un poco alejada de ella y mantuvo el brazo extendido para recibir el bastón de Sarah.

Tan pronto como Sarah soltó el bastón, agarró el collar de Michael porque sabía que él había estado a punto de saltar entusiastamente hacia Topaz. Jeanette y Topaz se alejaron rápidamente del área de paso del bastón del manejador.

Topaz actuó impecablemente y no se distrajo con nada. Había sentido que su mamá no quería que saludara a Michael después de que terminara el recorrido y quería alejarse rápidamente y comenzar su propia actuación lo antes posible. Topaz respondió actuando más rápido que nunca.

Mientras corrían hacia la meta, pudo escuchar los aplausos y se sintió momentáneamente desanimada porque la práctica había terminado. Su momento favorito era siempre cuando ella y su mamá se concentraban la una en la otra.

El grupo se reunió bajo la carpa para una pausa de refrigerio y bebida antes de empacar su equipo y partir. Sarah y Jeanette expresaron su alivio de que Topaz y Michael no fueran emparejados en las dos siguientes clases de Relevos por Parejas de Nivel Principiante. Las dos mujeres esperaban que, para cuando pudieran estar juntos para un relevo en el Nivel Avanzado, Michael y Topaz fueran competidores más experimentados y estuvieran familiarizados con el protocolo de comportamiento durante la secuencia de pase del bastón.

Los perros y las personas se felicitaron por sus buenas actuaciones. Michael y Topaz obtuvieron el primer lugar en el Relevo por Parejas de Nivel Principiante para su categoría de altura, al igual que Kissy y Kawdje. Kissy ganó la Clase de Agilidad Estándar y Kawdje quedó en segundo lugar. Probablemente, el Rat Terrier Zippy había hecho la clase más rápido que Kawdje, pero había acumulado cinco fallos y eso lo colocó en el tercer lugar.

Michael ganó la Clase de Agilidad Estándar en su categoría de salto de 26 pulgadas. Topaz quedó en un muy cercano segundo lugar. Kawdje ganó la Clase de Saltos de Nivel Principiante para la categoría de salto de 12 pulgadas y Kissy quedó en tercer lugar. Topaz quedó en segundo lugar en Saltos para la categoría de 26 pulgadas y Michael quedó en tercer lugar. ¡Estas fueron excelentes actuaciones para principiantes!

Mientras discutían la primera ronda de la Carrera de Obstáculos del día siguiente, las mascotas bebían agua con avidez y luego, sin que se les persuadiera, se acostaron en sus jaulas para un breve descanso.

Los amigos decidieron que, si los horarios lo permitían, verían algunas de las semifinales del Gran Premio que se celebrarían mañana. Al igual que la Carrera de Obstáculos, era un evento sin título. También se corría bajo las reglas de Maestros y estaba abierto a todos los competidores, independientemente del título. La configuración del recorrido sería equivalente a la Clase de Agilidad Estándar. Los ganadores no recibirían dinero como en la Carrera de Obstáculos.

Cuando registraron a las mascotas en el Campeonato Regional del Noreste, decidieron que no se ganaría nada con inscribirlas también en el Gran Premio. Realizar la Carrera de Obstáculos les daría una idea del nivel de agilidad de sus perros y de su astucia como manejadores, con el incentivo de ganar dinero, además de la exposición a equipos de agilidad experimentados. El Gran Premio ofrecía la misma experiencia y exposición sin la posibilidad de ganar dinero. Decidieron esperar otro Torneo de Agilidad Canina antes de inscribirse en el Gran Premio.

Mientras se esforzaban por ponerse de pie y plegar sus sillas portátiles, Evan dijo: "Me siento oxidado. Kissy tendrá que tirar de mí durante las clases de mañana".

Capítulo Dieciocho

Era un día soleado pero ligeramente fresco cuando Pat y Ed, Sarah y Michael llegaron temprano el sábado por la mañana y montaron una mesa al lado de su carpa para exhibir los folletos y cuestionarios de PPAL. Jeanette, Cole, Jenny y Topaz llegaron unos cinco minutos después con folletos y una nevera llena de comida. Después de colocar un cartel de tamaño discreto sobre viajes aéreos para mascotas, con folletos y cuestionarios frente a él, llegaron Essie y Evan llevando a Kissy y Kawdje. Joy los acompañaba con una nevera llena de comida y bebidas. Gordon siguió al grupo con sillas plegables colgadas de sus hombros, codos y manos. El esposo de Joy, Sam, tenía partidos durante el fin de semana que le impedían asistir.

Joy observó a sus padres actuar con Kissy y Kawdje. Se sorprendió con la actuación de Kissy en la clase de Saltos. Su padre había dicho que a Kissy no le gustaba saltar, pero, hasta donde ella podía decir, Kissy parecía volar sobre los obstáculos sin esfuerzo. Notó que Kissy saltaba hacia adelante y apenas superaba los obstáculos, mientras que Kawdje saltaba hacia arriba dejando espacio de aire entre su cuerpo y el poste superior.

Joy regresó a su carpa y sugirió a Pat y Ed que se tomaran un descanso si querían. Ellos aceptaron la oferta y se dirigieron apresuradamente hacia el ring donde la categoría de 26 pulgadas de la clase de Saltos de Nivel Principiante estaba por comenzar. Essie y Evan siguieron a Joy hasta la carpa. Querían que Kissy y Kawdje tuvieran agua y un refrigerio.

Varios grupos de personas se detuvieron a leer los folletos y llenar los cuestionarios, lo que mantuvo ocupados a Essie, Evan y Joy durante los próximos minutos.

Pat, Ed, Sarah, Gordon, Jeanette, Cole, Jenny, Michael y Topaz caminaron hacia la carpa. Todos tenían amplias sonrisas en sus rostros, incluidos Michael y Topaz.

"¡Lo hicimos bien!" anunció Gordon.

"No sabemos en qué lugar quedamos en la Clase de Saltos, pero Michael y Topaz no acumularon ninguna falta y estuvieron bien dentro del Tiempo Estándar del Recorrido", agregó Sarah.

"Nosotros también lo hicimos", dijo Essie.

Después de que Michael y Topaz recibieron sus premios, Jeanette preguntó: "Pat, Joy y Ed, ¿os importaría quedaros con nuestras mascotas unos minutos mientras revisamos la Hoja de Puntuación de la Clase de Saltos?"

"Claro que sí", respondió Ed.

Para sorpresa de todos, Kissy había registrado el tiempo más rápido en la categoría de 12 pulgadas de la Clase de Saltos. Kawdje quedó en segundo lugar. Topaz quedó primera en la categoría de 26 pulgadas de altura y Michael quedó segundo.

Essie dijo: "Kawdje no está tan animado hoy. Kissy siempre está lista para competir con todo su corazón".

Sarah agregó: "Creo que Michael tiene la misma actitud. Estaba relajado, pero no estoy segura de que pudiera haber sido más rápido que Topaz. Ella tiene una habilidad maravillosa para saltar".

Evan anunció: "Ya casi es hora de la primera ronda de la Carrera de Obstáculos. Si lo hacemos bien, podríamos ser elegibles para competir en la segunda ronda el domingo. Una Carrera de Obstáculos consiste principalmente en saltos, además de un marco en forma de 'A' y postes de tejido. Tendremos la opción de usar el marco en 'A' y los postes de tejido una vez cada uno, o usar uno de esos obstáculos dos veces y no usar el otro. Será un recorrido rápido porque se realizará bajo las reglas de los Maestros. Recuerden, es un recorrido preestablecido, por lo que tendremos que tomar los saltos en el orden en que están dispuestos. Esta no es una clase donde cuenta la estrategia. El equipo con el tiempo más rápido y menos faltas gana. Los competidores que queden entre los cuatro o cinco primeros lugares ganarán dinero".

Sarah dijo: "Qué pena que nuestras mascotas no sepan eso. Quizás correrían más rápido si lo supieran".

"Tal vez no", dijo Jeanette. "Ya llevan vidas felices. Más dinero no les compraría nada que no tengan ya. Vamos a competir contra equipos más experimentados, ya que está abierto a todos los perros sin importar su nivel. Asegurémonos de no transmitirles ningún nerviosismo que podamos sentir a nuestras mascotas".

"¿Estás nerviosa?", preguntó Cole mientras daba un abrazo alentador a su esposa.

"Un poco", respondió Jeanette. "Una Carrera de Obstáculos se siente como algo más grande comparado con las Clases de Nivel Principiante. No quiero menospreciar las Clases de Nivel Principiante. Es solo que sentí que todos estábamos en el mismo nivel".

"Yo también estoy un poco tensa", admitió Sarah.

"Yo también", agregó Essie.

Todos miraron a Evan. "Me siento seguro. Estoy emparejado con Kissy, la Cometa".

"Voy a vomitar", replicó Essie.

"No te culpo", dijo Evan con una sonrisa. "Tienes a Kawdje, el Estirado".

"Bueno, yo tengo a Topaz, que es una auténtica joya", se jactó Jeanette.

"Yo les gano a todos porque mi compañera es la tocaya del Arcángel Miguel", dijo Sarah mientras acariciaba la brillante oreja izquierda de Michael.

"No puedo creer lo que estoy escuchando", murmuró Joy a Pat y Ed. "Niños", reprendió Pat. "Es hora de que hagan un recorrido previo al desempeño. Joy, Ed y yo nos quedaremos con las mascotas mientras ustedes hacen eso. Gordon, Cole y Jenny, ¿van a ir con los niños o se quedarán aquí con los adultos?"

Cole respondió: "Instalaré nuestras sillas plegables junto al ring. Jenny puede ayudarme".

El teléfono móvil de Gordon sonó y se disculpó para atender la llamada mientras Sarah, seguida de Jeanette, Essie y Evan, caminaban hacia el ring de la Carrera de Obstáculos.

Más tarde, mientras se reunían para ver el inicio de la Carrera de Obstáculos, Gordon abrazó a Sarah y le susurró al oído: "Nuestra agente inmobiliaria llamó. Nuestra oferta ha sido aceptada y los vendedores solicitaron adelantar la fecha de la firma al 15 de agosto".

Sarah rodeó la cintura de Gordon con sus brazos y se besaron. Michael se puso de pie sobre sus patas traseras para ser incluido en el cariño. Cuando le susurraron, entendió la palabra "hogar" y percibió que no se referían a la casa donde vivían él y Sarah. Sabía que algo maravilloso e importante había sucedido. La energía feliz y reconfortante que fluía entre Sarah y Gordon también lo envolvía a él.

Más tarde, cuando Michael observó a Kawdje correr en la Carrera de Obstáculos, pensó que era rápido y subía el marco en 'A' como un perro grande y fuerte. Michael sabía que Kawdje estaba muy enfocado en su desempeño y corría lo más rápido posible. Quería ladrar para animarlo, pero la mano de Sarah descansaba al lado de su hocico y sabía que ella quería que se mantuviera en silencio. Cuando Kawdje y su mamá dejaron el ring, Michael vio entrar al ring un perro pequeño, de pelo corto, con un gran aire de seguridad en sí mismo. El perro tuvo una actuación impresionante y Michael pensó que quizás había sido más rápido que Kawdje.

A continuación, Kissy entró al ring con un delicado trote. Michael pudo notar que estaba emocionada y que le costaba mucho esfuerzo permanecer quieta mientras esperaba el sonido del silbato de inicio. Aunque era pequeña, atravesó el recorrido con una rapidez increíble. Observó con satisfacción cómo superaba el obstáculo de Salto Extendido y luego se dirigía a toda velocidad hacia el A-Frame. Cuando estaba descendiendo de ese obstáculo, saltó antes de tocar el último punto de contacto. En su prisa por terminar, no había visto a su papá señalando la última parte de la tabla descendente, justo antes de que tocara el suelo.

Michael no sabía por qué era necesario pisar esa parte. Solo sabía que Sarah siempre le hacía llegar hasta la base del A-Frame antes de dejar ese obstáculo, y que cada vez que comenzaba a trepar el A-Frame, ella siempre le hacía tocar el primer escalón en lugar de permitirle saltar a mitad de la tabla ascendente. Observó a Kissy superar varios obstáculos más y luego atravesar los Postes de Tejer a toda velocidad antes de salir del ring.

Más tarde, cuando él y Sarah, junto con Topaz y Jeanette, esperaban cerca de la puerta de entrada para su turno, Michael divisó a un perro que parecía una gran bola de pelo blanco y rizado con patas. Le preguntó al "pelo-con-patas" cuál era su nombre y escuchó que respondía "Mop". Michael y Topaz oyeron a Sarah y Jeanette conversar con la mamá de Mop, quien les informó que su nombre completo era Campeón Mama's Swish N' Mop of Keystone's Corner, pero que lo llamaban Mop y era un Komondor.

Michael le preguntó a Mop cómo lograba correr y saltar con todo ese pelo moviéndose y pesándole. "No es fácil, pero disfruto más este tipo de evento que los shows donde tengo que quedarme quieto y caminar delante de un juez. Mi mamá y yo acabamos de empezar a asistir a los eventos de Agilidad Canina. A veces mi papá también viene, pero él no participa conmigo en el ring. No puedo cortarme el pelo porque tienen planes de inscribirme en el Show de Perros de Westminster. Estuve en ese show el año pasado y quedé segundo en mi raza".

Mop entonces le preguntó a Michael: "¿Alguna vez has estado en ese otro tipo de evento donde tienes que parecer el ejemplo perfecto de tu raza?"

"Eh, no. A mi mamá no le interesan otros shows de perros aparte de la Agilidad Canina".

"¿Cuál es tu raza y cómo te llamas?", preguntó Mop a Michael.

"Mi nombre es Michael Archangelo".

Topaz rápidamente intervino: "Hola, Mop. Me llamo Topaz y soy un Braco Alemán de Pelo Corto".

"Oh, te gusta cazar", dijo Mop.

"No, Mop. No me gusta cazar. Soy una gran decepción para mi papá porque no persigo ni cazo a otras criaturas. Por otro lado, a mi mamá no le importa y me quiere igual. Tenemos un vínculo especial. Normalmente puedo percibir lo que está pensando o sintiendo".

Mop observó: "Probablemente canalizaste ese instinto de caza hacia un vínculo intuitivo con tu mamá".

Topaz se sorprendió por su percepción.

"Nunca había pensado en eso, Mop. Gracias por tu observación tan perspicaz."

Mop se volvió hacia Michael y dijo:

"No creo que me hayas dicho tu raza."

Michael pensó rápidamente y respondió:

"Soy un perro Calle de San Miguel de Allende, en México."

Topaz escondió una sonrisa porque sabía que "Calle" significaba "calle" en el idioma nativo de Michael. Michael acababa de decirle a Mop que era un perro callejero.

Mop dijo:

"Eso suena como una raza rara."

Michael replicó:

"No en San Miguel, no lo es."

Era el turno de Topaz de entrar al ring y mientras se dirigía hacia la puerta de entrada, deseó suerte a Michael y a Mop.

"¡Rápido en el recorrido, Topaz!" —dijo Mop.

"¡Eso, eso!" —agregó Michael.

Topaz pensó que Mop era un buen compañero. "Es una lástima que tenga que lidiar con todo ese pelo pesado mientras corre en el recorrido", reflexionó.

Topaz entonces dejó de lado todos sus pensamientos y se sintonizó con su mamá. Escuchó a su mamá decir "Rápido", y supo que le estaban pidiendo que se desempeñara tan rápido como pudiera. Observó a su mamá señalar el primer obstáculo y Topaz se concentró en el recorrido frente a ella.

Mientras Mop y Michael esperaban sus turnos, Mop preguntó por qué las orejas de Michael eran de dos colores diferentes.

"No quiero ser grosero, y si prefieres no decirme, Michael, solo dímelo y no me sentiré ofendido."

Michael explicó:

"Mi mamá rocía pintura en mi oreja izquierda y en su mano izquierda antes de cada práctica. De alguna manera, eso le ayuda a saber en qué dirección decirme que gire o hacia dónde correr."

La mamá de Mop se acercó y le quitó la correa y el collar. Mientras se dirigían hacia la puerta de entrada, Michael ladró:

"¡Salta alto y toca el cielo, Mop!"

Michael observó la actuación de Mop. Su abundante pelo se movía, balanceaba y agitaba con cada movimiento que hacía. Michael esperaba que no se enredara en ningún obstáculo.

Sarah también observaba la actuación de Mop. Pensó que parecía una enorme peluca desordenada teniendo una conversación enfática consigo misma.

Michael todavía se encontraba en un estado de ánimo alegre y elevado cuando comenzó su actuación. Las susurrantes palabras de Sarah y Gordon sobre "casa" seguían en su mente. Esperaba que pronto los tres estuvieran viviendo juntos. Escuchó a Sarah decir suavemente su nombre, y puso su mente en el recorrido.

Terminaron muy bien dentro del SCT y no acumularon faltas.

Gordon estaba esperando cerca de la salida. Abrazó a Sarah, luego se agachó y apoyó su mejilla junto al hocico de Michael.

"¿Notaste lo bien que se comportó Michael en la pista? Estuvo muy atento a mí. Creo que estamos desarrollando ese vínculo especial que tienen Jeanette y Topaz".

Gordon dijo: "Creo que está diferente desde que hablamos sobre la aceptación de nuestra oferta por la casa que estamos comprando. ¿Crees que entiende que pronto viviremos todos juntos?"

Sarah dijo pensativamente: "Entiende la palabra 'hogar'. También sé que no quiere que te vayas cuando vuelves a casa de Essie y Evan en coche. Sospecho que sabe que algo está pasando".

Cuando comprobaron la hoja de puntos, Sarah hizo un pequeño bailecito después de ver que Michael quedó en primer lugar. Topaz fue tercero.

Evan siguió el consejo de Jenny y fue más enfático al dirigir a Kissy hacia las zonas de contacto y al seguir sus indicaciones. Parecía más tranquila de lo habitual. A pesar de su energía disminuida, quedó en primer lugar en la Clase de Agilidad Estándar. Kawdje fue segundo.

El Relevo de Pares de Principiantes fue el último evento de la tarde. Michael, Topaz, Kissy y Kawdje habían sido inscritos en el grupo de registro junto con otros que necesitaban un compañero de relevo. Kawdje fue emparejado con Zippy, el Terrier Rat, y Kissy con un Terrier Boston llamado Sam. Topaz se asoció con un gran Collie Border llamado

Brew. Michael, y una perra mestiza que parecía una combinación de Dóberman y Pastor, llamada Hattie, fueron emparejados.

Essie y Evan conversaron brevemente con el otro manejador con el que estarían emparejados para decidir un método para pasar el testigo.

Zippy fue el primero y Kawdje quedó impresionado con la energía, velocidad y entusiasmo que mostró. Lo motivó a dar su mejor actuación, ya que quería superar a Zippy.

Kissy recorrió el circuito antes que su compañero. Lo dio todo mientras tenía cuidado de observar y esperar las instrucciones de su papá. Tuvo una actuación rápida y sin fallos, pero Sam fue otra historia.

Estaba nervioso y muy inseguro.

Ver la rápida y perfecta actuación de Kissy lo intimidó. Su desempeño fue vacilante. Pasó de largo un obstáculo y tuvo que ser redirigido a él. Derribó el poste superior de una de las vallas. El buen humor de Evan desapareció al ver la actuación de Sam. Esperaba que el desempeño de Kissy hubiera sido suficiente para que la pareja obtuviera una puntuación clasificatoria.

Michael fue extraordinario y la manejadora de Hattie, una mujer de Connecticut, elogió efusivamente su actuación. Dijo generosamente que, si ganaban el Relevo de Pares, sería gracias a la actuación de Sarah y Michael. Sarah respondió diciendo que Hattie y su manejadora eran un gran equipo y que había sido un placer estar emparejados con ellas.

Topaz y Jeanette estuvieron excepcionales, pero Brew y su manejador eran una pareja rígida. Jeanette apretó los labios y se recordó a sí misma que estaban en el Nivel de Principiantes y no debía ser crítica. Brew parecía detenerse frente a cada obstáculo como si intentara recordar cómo debía usarlo. Este comportamiento era un reflejo de su manejador, un joven que se aproximaba al recorrido con una expresión de desconcierto, como si se preguntara dónde estaba, cómo había llegado allí y qué debía hacer a continuación. Jeanette rezó para que Brew y Horace lograran terminar dentro del SCT. Trató de recordar cuáles eran los límites de faltas para el Nivel de Principiantes. Sabía que se permitían más faltas que en los Niveles Avanzado y Maestro antes de ser eliminados. Brew y Horace se pasaron 30 segundos del SCT. No habían acumulado ninguna otra falta. Jeanette esperaba que, a pesar de la falta por el tiempo, ella y Topaz, junto a Horace y Brew, obtuvieran una actuación clasificatoria.

Después, Jeanette le pidió a Sarah que revisara la calificación de Topaz y Brew en la hoja de puntos.

"No tengo el valor de mirar y ver por mí misma."

Sarah se acercó unos minutos después y la abrazó. "Tú y Topaz, Horace y Brew tuvieron una puntuación clasificatoria. No te diré qué tan abajo están en la lista de posiciones porque lo único que importa es que el Relevo de Pares fue una actuación clasificatoria."

"¿Cómo les fue a ti y a Michael y sus compañeros?" le preguntó a Sarah.

"Quedamos en primer lugar. Hattie tuvo una actuación maravillosa."

Jeanette felicitó a Sarah y dijo: "Vi a Hattie y, en verdad, tuvo una muy buena actuación, pero Michael fue fenomenal. Corrió el circuito como si lo hubieran disparado de un cañón. Flotó sobre los obstáculos. Creo que dio su mejor actuación hasta ahora. Sigue mejorando cada vez más, y parece que has conquistado tu dilema de izquierda/derecha. Creo que tú y Michael demostraron una conexión especial en el Relevo de Pares. Ambos están mejorando a un ritmo impresionante. Estoy prediciendo que formarás parte del Equipo USA en la próxima Federación Internacional de Deportes Cinológicos."

Sarah se sonrojó ante el elogio, pero se estremeció al pensar en competir internacionalmente.

Mientras empacaban para irse, Cole anunció que habían tomado muchos de sus folletos, pero que aún tenían disponibles para mañana.

"Todos con quienes hablé dijeron que pagarían tanto por las condiciones de viaje aéreo seguras y cómodas que proponemos para las mascotas como pagarían por ellos mismos. Algunos incluso dijeron que estarían dispuestos a pagar el doble para que su mascota estuviera dentro de la cabina que por su propio asiento."

Evan sugirió que, como el horario de mañana era ligero, les beneficiaría ver algunas Clases de Maestros y ver con qué tendrían que lidiar en niveles más avanzados, ya que esos recorridos serían más complicados de negociar que los de Nivel de Principiantes.

Después de que se calmó la charla, Gordon y Sarah anunciaron que su oferta por la casa que habían visto había sido aceptada. Fueron abrazados y felicitados.

Pat dijo: "¡Vamos a cenar fuera y celebrar!"

Jenny respondió: "Entonces no podríamos incluir a los perros. Tía Jeanette y tío Cole, ¿podríamos tener a todos en nuestra casa para que las mascotas pudieran estar con nosotros? Podríamos pedir pizza para que la entreguen."

Jeanette la abrazó y Cole anunció: "¡Gran idea! La pizza corre por nuestra cuenta. Vamos todos en caravana a nuestra casa."

Era un grupo bullicioso y feliz el que dejó los terrenos del evento.

Capítulo Diecinueve

El domingo por la mañana, mientras todos desempacaban las neveras y se preparaban para otro día competitivo en los terrenos del evento, Gordon le contó a Sarah que había recibido una oferta por su casa en la ciudad con una fecha de cierre solicitada para el 29 de agosto. Se besaron y abrazaron, y Michael los empujó, exigiendo ser incluido en los cariños.

"Gordon, llamaré a nuestra agente inmobiliaria ahora mismo y le diré que ponga mi casa a la venta de inmediato. Espero que los posibles compradores no se desanimen por el equipo de agilidad para perros que está esparcido por el césped."

Pat había acompañado a su madre y a Michael en el trayecto hacia los terrenos del torneo porque Ed tenía que trabajar en informes legales. "Ustedes dos son como un par de adolescentes", se quejó.

Su madre respondió: "Ven y únete a nosotros para un abrazo de cuatro." "¡Humpf!" fue todo lo que dijo Pat, pero caminó hacia ellos y se metió entre Michael y su madre.

Joy y Pat se quedaron con los folletos mientras los demás veían algunas presentaciones de los Niveles Avanzado y Maestro. Las mascotas descansaban en sus jaulas.

Mientras Sarah observaba la presentación de un Collie Border en la categoría de salto de 22 pulgadas en el Nivel Maestro, se volvió hacia Gordon. "El montaje del curso de Maestro parece complicado en comparación con el Nivel de Principiantes. No estoy segura de que alguna vez pueda manejar a Michael en un recorrido complicado que tenga un tiempo estándar rápido mientras intento seguir su ritmo y recordar mi izquierda de mi derecha y su izquierda de su derecha. Algunas personas me han preguntado por qué la oreja izquierda de Michael está pintada de naranja. La mayoría pensó que se había lesionado. Deberías ver las miradas raras que me dan cuando ven mi mano naranja."

"Ambos estarán geniales", dijo Gordon animadamente.

Gamblers de Principiantes comenzó con la categoría de altura de 26 pulgadas. Michael seguía eufórico porque escuchaba continuamente a Sarah y Gordon decir la palabra "hogar". Estaba seguro de que los tres vivirían juntos pronto. Amaba y confiaba en Gordon tanto como amaba y confiaba en Sarah. Pensó: "Si los tres viviéramos juntos, sería aún más fantástico que sacar la cabeza por la ventana del coche en un paseo rápido."

Michael se desempeñó de manera excelente en Gamblers, en parte porque se sentía feliz y despreocupado. Lo mismo ocurrió con Topaz, quien estaba extasiada porque su papá estaba presente y mostraba afecto y aprobación hacia ella.

Topaz y Jeanette ganaron en Gamblers. Michael y Sarah quedaron muy cerca en segundo lugar.

Cole abrazó a su esposa y luego se arrodilló, rodeando el cuello de Topaz con sus brazos. "Puede que no valgas nada como perro de caza, pero vales oro como perro de agilidad."

Mientras tanto, la actuación de Kissy fue sobresaliente, pero también lo fueron las de Kawdje y Zippy. Los tres empataron en acumulación de puntos. Kissy ganó, ya que su tiempo de recorrido fue medio segundo más rápido que el de Kawdje. Kawdje quedó en segundo lugar y Zippy en tercero.

Después de las bebidas y los aperitivos, las mascotas se echaron una siesta en sus jaulas. Pronto llegó la hora de la Ronda 2 de la Steeplechase. La categoría de salto de 26 pulgadas fue la primera en el programa, seguida por las categorías de 22 pulgadas, 16 pulgadas y 12 pulgadas.

Essie y Evan instaron a Pat a ver a su madre participar en la Steeplechase y animaron a Joy a acompañarla, mientras ellos se quedaban con los folletos de PPAL. Cuando todos regresaron, Sarah tuvo que beber casi una botella entera de agua antes de poder hablar. Essie se ocupó de verter agua en los cuencos para que Topaz y Michael bebieran.

"Bueno, no nos dejes a Essie y a mí en suspenso. ¿Quién ganó y cómo quedaron Michael y Topaz?"

Jenny soltó, "Michael ganó. Fue tan rápido; fue increíble. Venció a un perro de aspecto afilado, eh, oh, ¿qué raza era, tío Cole?"

"Un Rhodesian Ridgeback", respondió él.

"Sí, era tan grande como Michael y quedó segundo. Topaz quedó en tercer lugar", dijo Jenny mientras acariciaba a Topaz, quien estaba parada cerca de ella.

Evan preguntó sobre el número de perros que compitieron en la categoría de altura de Michael y Topaz, y Gordon dijo que creía que había sido alrededor de treinta.

Pronto llegó el momento para que Essie y Kawdje, y Evan y Kissy participaran en la Steeplechase. Pat se ofreció a quedarse con los folletos y cuidar de Michael y Topaz, que estaban tomando siestas bien merecidas en sus jaulas, mientras los demás veían desde el borde de la pista. Sarah prometió regresar tan pronto como Kissy y Kawdje terminaran de actuar.

Mientras Kissy y Kawdje esperaban para actuar, Olé, un Pinscher Miniatura, se pavoneó hacia ellos con la cabeza en alto.

"Soy Olé y siempre gano esta Steeplechase", anunció.

"¿Por qué te llamas Olé?" preguntó Kissy.

"Porque mis papás dicen que valgo la pena como para aplaudirme."

"Tal vez no los escuchaste bien. Tal vez dijeron que eras algo para burlarse de ti", replicó Kissy.

Otros perros que estaban cerca se rieron.

Olé miró a Kissy con desprecio, lo cual era difícil de hacer porque ambos eran más o menos del mismo tamaño. Le ladró diciendo que era una perra.

Kissy afirmó con calma que, oficialmente, definitivamente lo era. Una vez más, todos los perros que estaban lo suficientemente cerca para escuchar la conversación se rieron.

Kawdje advirtió a Olé que él y Kissy eran compañeros y no permitiría que le hablara de manera despectiva.

"Come mi polvo", dijo Olé mientras les daba la espalda.

"Qué cretino es", declaró un pequeño Chin Japonés. "He estado emparejado con él en un Relevo y es rápido, pero como no tuvimos el mejor tiempo, me culpó a mí."

"¿Cuál es tu nombre?" preguntó Kissy.

"Soy Chrysee."

"Rima con el mío, que es Kissy."

"Kissy, ¿no sería divertido si corriéramos juntas en un Relevo de Pares? Kissy y Chrysee — suena bien, ¿verdad?"

Essie y Evan notaron que Kissy y Kawdje se llevaban bien con el pequeño Chin Japonés blanco y negro, y se presentaron ante la manejadora. Descubrieron que Chrysee no estaba calificada para ser un perro de exhibición porque el cuero de su nariz era de un color carne profundo, lo cual se consideraba una falta.

"¿Por qué eso es una falta?" preguntó Evan.

La mujer, que se había presentado como Nancy Feldman, respondió que los Chin Japoneses blancos y negros debían tener el cuero de la nariz negro, mientras que un Chin con marcas de limón o rojo debía tener el cuero de la nariz rojo o de un color carne profundo.

"A pesar del color inadecuado de su nariz, creo que es hermosa", dijo Essie. "Quizás podríamos emparejar a nuestras mascotas para un Relevo de Pares. Todavía estamos en el Nivel de Principiantes, pero esperamos comenzar a trabajar hacia la titulación de Perro de Agilidad Avanzado muy pronto."

"Chrysee obtendrá su título de Agilidad Avanzada este fin de semana; sin embargo, es posible que sus mascotas alcancen su nivel antes de que termine el verano, ya que mi esposo, Chrysee y yo vamos a pasar el verano en la cabaña de nuestra hija en Ontario, Canadá, y no competiremos. Intercambiemos información de contacto."

Olé y su dueño entraron al ring. Kissy le rogó a su papá que la levantara, así que Evan la posó en su hombro y Essie sostuvo a Kawdje en sus brazos. Nancy Feldman sintió que Chrysee le daba golpecitos en la pierna, así que la levantó para que ella también pudiera ver la acción en el ring.

Las tres mascotas se sintieron desanimadas al ver que Olé era veloz y seguro, y que estaba recorriendo el circuito con facilidad. Cuando su actuación estaba a punto de terminar y se disponía a usar los postes de eslalon, comenzó con el segundo poste en lugar del primero y tuvo que empezar de nuevo, acumulando faltas y sumando tiempo no deseado.

Kissy ladró de alegría.

Chrysee murmuró: "No podría haberle pasado a un perro que lo mereciera más."

Kawdje se mantuvo en silencio, pero sus ojos brillaban de felicidad. Chrysee y su dueña entraron al ring después. Kissy y Kawdje aún estaban en brazos de sus papás, por lo que la vieron actuar. Era obvio que era rápida y saltaba bien, superando todos los obstáculos. No tuvo ningún problema, al menos según podían decir.

Evan llevó a Kissy a la puerta de entrada y la bajó antes de entrar al ring. Estaba emocionada pero no nerviosa, y se sentía más segura desde que había aprendido a saltar el obstáculo de salto ancho. Todavía no le gustaba tener que saltar tantos obstáculos durante una clase y prefería la variedad de obstáculos de la Clase de Agilidad Estándar, pero se sentía fuerte. Superó todos los obstáculos. Los postes de eslalon eran sus favoritos y, como siempre, se movió entre ellos con un ritmo rápido y serpenteante. Su papá la recogió en brazos después de salir del ring.

Caminó hasta que tuvieron un buen punto de vista para ver a Essie y Kawdje actuar. Kawdje tuvo una gran actuación y, aunque nunca podría moverse tan rápido como Kissy entre los postes, no falló ninguno. Tenía una habilidad natural para saltar y el curso de Steeplechase favorecía eso. Evan bajó a Kissy y, mientras caminaban hacia la puerta de salida para encontrarse con Essie y Kawdje, se cruzaron con Olé y su dueño.

Kissy dijo dulcemente al pasar: "Olé, Olé, fallaste un polé" (que ella pronunció como "pōlāy").

Evan se quedó asombrado cuando el Pinscher Miniatura, a quien reconoció por haber actuado hace un rato, se volvió y gruñó a Kissy sin motivo alguno. La levantó y la sostuvo en sus brazos de manera protectora. Ella se acurrucó contra el hombro de su papá. No podía esperar para contarle a Kawdje cómo se había vengado de Olé.

Cuando Essie y Evan llegaron a su carpa, Jeanette dijo: "Felicidades por dos excelentes actuaciones. Vimos la categoría de 12 pulgadas de la Steeplechase hasta que Kawdje terminó y luego todos volvimos aquí a preparar el almuerzo. ¿Cuáles son los resultados finales en su categoría?"

El orgullo de Essie era evidente mientras chillaba, "¡Kawdje es Número Uno! ¡Ganó!"

Kawdje se sorprendió cuando todos se amontonaron a su alrededor. Fue acariciado y pasó de una persona a otra. Decidió que debía haber ganado el evento que tenía todos esos maravillosos saltos.

Joy preguntó con cautela, "¿En qué lugar quedó Kissy? Pensé que tuvo una gran actuación."

Evan levantó a Kissy sobre su cabeza y anunció, "Kissy fue Número Dos. La pequeña cometa quedó en segundo lugar a pesar de no ser una saltadora natural. Es inteligente y ha desarrollado un método para saltar todo tipo de obstáculos."

Kissy se deleitó con la atención que se le brindaba. Sabía que también lo había hecho bien. Todo el trabajo duro y el esfuerzo que había hecho para superar todos esos saltos valían la pena por la atención que ahora recibía.

Se sirvió pastel de carne caliente y habas para mascotas y personas. Kawdje se relamió y se puso a ello, ya que las habas eran una de sus comidas favoritas. Las mascotas rechazaron la ensalada de frutas, pero comieron galletas de jengibre o de avena de postre.

La Clase de Snooker del Nivel de Principiantes comenzó alrededor de la 1 p.m. Essie, Evan, Sarah y Jeanette realizaron una caminata previa al desempeño. Los postes de eslalon habían sido dados el valor más alto de siete puntos. Essie y Jeanette sabían bien que Kawdje y Topaz no eran especialmente rápidos en los postes de eslalon, pero el balancín había sido dado un valor de seis puntos y estaba más alejado, por lo que usarlo después de cada obstáculo "Rojo" consumiría más tiempo y acumularía menos que los puntos máximos en el período de apertura. Sabían que el equipo con más puntos acumulados ganaba. El tiempo era el desempate.

Kissy estuvo magnífica en la secuencia de apertura. Los postes de eslalon eran su especialidad, y utilizarlos después de cada uno de los tres saltos rojos en el período de apertura levantó su ánimo y le dio un comienzo increíblemente rápido. Le encantaba la secuencia de cierre de Snooker por la variedad de obstáculos y, para su suprema alegría, ninguno de ellos era un obstáculo de salto. A pesar de su euforia, se disciplinó para mantener siempre a su papá a la vista y dejar que él la guiara.

La actuación de Kawdje fue sin faltas y fiable, pero no tan destacada como la de Kissy. Los postes de eslalon eran su obstáculo menos favorito, y tener que atravesarlos cuatro veces en una sola clase fue casi más de lo que podía soportar. Cuando él y su mamá salieron del ring, vio que su papá y Kissy estaban esperando para saludarlos.

Evan le dijo a Essie, "Bueno, Kissy la Cometa estuvo a la altura de su apodo en Snooker y Kawdje el Meticuloso también."

Essie lo fulminó con la mirada. "Su apodo es Kawdje el Cuidadoso, y me gustaría recordarte que lento, pero seguro, gana la carrera."

Michael y Topaz tuvieron actuaciones sin faltas y bien ejecutadas. Michael usó todos los obstáculos con facilidad, y como todavía estaba en un estado emocional alto, su desempeño parecía sin esfuerzo. Los postes de eslalon seguían siendo el obstáculo menos favorito de Topaz, pero había desarrollado un método rítmico para utilizarlos y ahora se sentía segura. Michael ganó la Clase de Snooker del Nivel de Principiantes en su categoría de altura. Topaz quedó en segundo lugar. Kissy la Cometa ganó en la categoría de altura de salto de 12 pulgadas. Kawdje el Meticuloso fue tercero.

Todos tomaron un descanso antes de empacar. Los cuencos de las mascotas se llenaron de agua. Sarah lanzó galletas de jengibre al aire, que Michael atrapaba con destreza y apenas se molestaba en masticar antes de tragar. Jenny le dio trocitos de galletas de jengibre a Kissy a mano. Essie había traído una gran cantidad de sus galletas de avena caseras para compartir con Topaz, a quien le gustaban tanto como a Kawdje. Jeanette desmenuzó algunas en el cuenco de comida de Topaz y desaparecieron en dos lamidas. Essie alimentó con esmero a Kawdje, un pequeño trozo a la vez. Él los masticaba bien antes de tragarlos.

Todos coincidieron en que los Campeonatos Regionales del Noreste habían sido un gran evento. Las mascotas habían obtenido una puntuación clasificatoria en cada clase en la que participaron, y cada una había ganado dinero por sus posiciones en la Steeplechase.

Joy declaró: "Ninguno de ustedes debería sentirse intimidado por competir contra equipos más experimentados. La competencia y habilidad de manejador y perro fue admirablemente demostrada en el deporte de la Agilidad Canina por todos ustedes."

Pat vertió té helado y refrescos en vasos desechables y los repartió.

"Brindemos por los héroes de la agilidad", sugirió.
"Por nuestros fantásticos Equipos de Agilidad", dijo Gordon.
"¡Chug-a-lug!", dijo Jenny.
Todos le sonrieron.
"¿Dónde escuchaste esa expresión?" le preguntó su tío Cole.
Jenny se encogió de hombros, "De algunos de los chicos en la escuela."

Evan dijo: "El dinero que ganamos por las posiciones en la Steeplechase compensará lo que hemos gastado en el equipo de agilidad canina que está aplanando el césped en la propiedad de Sarah."

"Hablando de mi propiedad", dijo Sarah, "mi casa se pondrá a la venta mañana. Preferiría asistir a eventos locales porque estaré ocupada empacando y tratando de mantener mi casa en condiciones de exhibición. Afortunadamente, el lugar que Gordon y yo llamaremos hogar tiene suficiente espacio para acomodar nuestro equipo de agilidad comunitario."

Essie mencionó que el próximo Campeonato Regional se celebraría en julio en el estado de Washington.

"Evan y yo no tenemos intención de conducir esa distancia para asistir al evento. Si hubiera un servicio de aerolínea apto para mascotas, consideraríamos volar allí, pero, como el resto de ustedes, no alojaríamos a Kissy y Kawdje en carga excepto en caso de una emergencia extrema."

Pat dijo: "Se llevaron la mayoría de los folletos de PPAL y muchas personas llenaron los cuestionarios. Tendremos que leer las respuestas. Tal vez haya ideas que no hemos considerado."

Joy dijo: "Quizá algunos de ellos contengan información sobre posibles patrocinadores financieros."

"Podemos tener esperanza", dijo Jeanette.

Gordon dijo: "¡Volviendo a bienes raíces! Mi casa adosada se vendió. La fecha de cierre es el 29 de agosto. Voy a volar de regreso a Arizona, arreglar la venta o donación de mis muebles porque no vale la pena el costo de transportarlos hasta aquí, empacar mis libros, ropa y otras pertenencias personales en mi SUV y conducir de vuelta. Por ahora, dejaré mi helicóptero en Arizona. Está seguro en el hangar de alquiler donde lo guardo."

"Será genial tenerte viviendo cerca de mí, hermano menor", dijo Evan.

"Eh, viejo. Te llevo unos cuantos centímetros", respondió Gordon, quien era más alto que su hermano mayor.

Mientras los demás charlaban, Gordon dijo en voz baja a Sarah: "Voy a sugerir algo que quiero que pienses antes de decir 'no' inmediatamente. Casémonos antes del 15 de agosto, la fecha de cierre de nuestra casa en Bucks County, y estemos juntos durante el viaje al oeste para el cierre de mi casa adosada. Después, podríamos conducir al Campeonato Regional del Suroeste en California y luego asistir a los Regionales del Centro Sur en Texas de camino de regreso a Pensilvania. Sería bueno para ti y para Michael experimentar competir en esos dos enormes eventos de Agilidad Canina. Podríamos posponer nuestra luna de miel hasta justo antes o después de los Juegos Cynosport Mundiales que se celebran en Arizona en noviembre y luego ir a una isla cálida y soleada o donde tú quieras."

Sarah inmediatamente dijo: "Gordon, yo..."

Él la interrumpió, «No digas que no sin darle un poco de pensamiento a mi sugerencia.»

Ella permaneció en silencio durante unos momentos, luego sonrió y dijo, "Sí."

Él la miró con una expresión de incredulidad durante unos segundos, luego gritó de alegría y se puso de pie. La levantó por la cintura, la alzó del suelo y la hizo girar una y otra vez.

Pat dejó de empacar y los miró. "Parecen un par de adolescentes. Me siento como la mamá, y es una sensación muy inquietante."

Cole preguntó, "¿Qué pasa? ¿Algo que quieran compartir?"

"Nos vamos a casar antes del 15 de agosto, la fecha de cierre de la casa que estamos comprando. Conduciremos hasta Arizona para el cierre de mi casa adosada y asistiremos a los Campeonatos Regionales de Agilidad en California y Texas. Tendremos una verdadera luna de miel en algún lugar romántico justo antes o después de los Juegos Cynosport Mundiales", dijo Gordon.

Sarah le dijo a Jeanette, "No te sientas obligada a hacer nuestra boda en tu casa. Los eventos se están acelerando a toda velocidad y no hay suficiente tiempo para preparar la hermosa ceremonia que estás planeando."

"Claro que sí hay tiempo, Sarah. Tenemos casi seis semanas. No hay problema."

Después de abrazos y felicitaciones, terminaron de empacar el equipo y desmontar la tienda, y decidieron, por consenso común, renunciar a las sesiones de práctica matutinas en la casa de Sarah durante la próxima semana.

Capítulo Veinte

Topaz se despertó abruptamente antes del amanecer. Escuchó algo que no eran los sonidos familiares hechos por ciervos y alimañas, como Michael se refería a los animales al aire libre.

Gruñó, pero sus padres no se despertaron. Medio adormilada, salió de su cama y se dirigió al pasillo y bajó las escaleras. Escuchó el sonido desconocido de nuevo y gruñó mientras avanzaba hacia la puerta del pasillo trasero. Escuchó a Jenny descender las escaleras silenciosamente.

"¿Quieres salir, Topaz?" susurró.

Topaz levantó una pata delantera y la puso en la puerta. Jenny levantó la mano para desactivar la alarma de la casa y descubrió que sus tíos habían olvidado activarla antes de irse a dormir la noche anterior. Abrió la puerta para dejar que Topaz saliera y se sorprendió al ver que el tío Cole no había cerrado ni bloqueado la puerta del garaje después de haber llegado a casa tarde la noche anterior. Decidió bajar manualmente la puerta del garaje en lugar de caminar por toda la casa hasta la puerta que conectaba el garaje con la casa a través del cuarto de lavandería, para presionar el botón que abría y cerraba la puerta del garaje automáticamente.

Caminó hacia la puerta abierta del garaje, se estiró lo más que pudo para alcanzar la manija de la puerta y se quedó congelada de shock al ver a un hombre extraño dentro del fabuloso Jaguar del tío Cole. Rápidamente salió del coche mientras le ordenaba, en voz baja, que no gritara ni hablara. Jenny se dio la vuelta y corrió tan rápido como pudo hacia la puerta del pasillo trasero.

El hombre la derribó por detrás y fue lanzada al suelo, cayendo de cara. El aire se le escapó de los pulmones. Solo pudo jadear y gemir. Sintió la rodilla del hombre en la parte baja de su cintura, presionándola contra el duro asfalto del camino de entrada. Él le agarró un mechón de cabello y su cabeza fue tirada hacia atrás hasta que pensó que su cuello se rompería. Su cara se estrelló contra el suelo. El dolor increíblemente fuerte y punzante que atravesó su cabeza era como nada que hubiera experimentado antes. Sintió náuseas. Ya no podía sentir el peso de la rodilla del hombre.

Topaz miró al extraño y la confusión la paralizó. Observó cómo arrojaba a Jenny al suelo. Topaz nunca había mordido, ni siquiera gruñido a una persona antes

Jenny era su amiga y Topaz reconocía que Jenny era, bueno, algo así como una cachorra, y necesitaba ser protegida y cuidada. Topaz corrió hacia ellos gruñendo y saltó sobre el hombre. Le mordió la parte posterior del cuello y comenzó a tirarlo lejos de Jenny. Él gritó e intentó girarse para ponerle las manos encima. El agarre de Topaz en su cuello se aflojó, pero mordió la parte trasera del cuello de su chaqueta y se aferró con la tenacidad de un bulldog. De repente, solo estaba sujetando la chaqueta. El extraño había abierto la chaqueta, arrancando los botones en su prisa por deshacerse de ella.

Se giró para enfrentarse a Topaz y, mientras sacaba una pistola de la cintura, ella se lanzó hacia él y lo derribó de espaldas. La parte posterior de su cabeza golpeó el pavimento y perdió el agarre de la pistola. Mientras él rodaba hacia un lado e intentaba levantarse, Topaz se posicionó detrás de él y sujetó su cuello entre las mandíbulas. No sabía de dónde venía este instinto. Solo sabía que tenía que sujetarle la garganta para derrotarlo. Lo escuchó gritar y, siempre que intentaba retorcerse o golpearla en la cabeza, o tirar de su collar o sus orejas, ella respondía apretando más fuerte sus mandíbulas en su cuello.

De repente, las luces exteriores brillaron en sus ojos y su mamá y su papá estaban a su lado. Su papá la persuadió para que soltara al hombre; sin embargo, permaneció lo suficientemente cerca como para morderlo de nuevo si era necesario. Su mamá sostenía a Jenny, que ahora estaba sentada. Cada vez que el extraño intentaba incorporarse, Topaz gruñía de la manera más amenazante y autoritaria que podía. Él permanecía acostado.

Un coche con luces intermitentes apareció. Dos policías bajaron y corrieron hacia el grupo. Su mamá la apartó del extraño y Topaz lo observó mientras lo esposaban, lo levantaban y lo metían en el coche de la policía. Los agentes hablaron con su mamá, su papá y Jenny. Luego, hablaron con ella mientras acariciaban su cabeza y recorrían sus largas orejas con las manos. Sabía que la estaban alabando por rescatar a Jenny.

Topaz se acercó a Jenny y lamió su rostro donde olía a sangre. Jenny rodeó su cuello con los brazos y dijo: "Me salvaste la vida, Topaz. Eres la mejor amiga que alguien podría tener. Siempre te querré."

Topaz sintió que su papá acariciaba su espalda y le hablaba. "Topaz, mi niña, tienes tus prioridades claras. Atacas a las criaturas dañinas como ese despreciable y peligroso ladrón de coches y dejas a los ciervos y las marmotas en paz porque no nos amenazan con daño físico. Fue un día afortunado para todos cuando llegaste a nuestras vidas. Estoy orgulloso de ti. No puedo esperar a contarle a todos sobre la valiente y lista mascota con la que comparto mi hogar."

Topaz levantó la cabeza y se apoyó en su papá, quien la rodeó con los brazos y acarició su garganta y pecho.

"Eres mi niña especial y te quiero", susurró en su oreja larga y sedosa.

Algo dentro de su pecho pareció expandirse y moverse hacia afuera para encontrarse con los primeros rayos de sol que se filtraban entre las ramas de los altos árboles y los calentaban a todos.

Más tarde esa mañana, Jeanette llamó a Sarah, luego a Essie y Evan, y les describió el incidente. Jenny había sido llevada al hospital para hacerse una tomografía computarizada de la cabeza para asegurarse de que no hubiera sufrido una fractura de cráneo ni sangrado subdural. Afortunadamente, todo estaba normal. Más tarde se enteraron de que el ladrón de coches había sido responsable de la serie de robos de automóviles en su área.

Esa tarde, la policía llamó e inquirió si Topaz tenía la vacuna antirrábica al día, ya que había perforado la piel del ladrón en su cuello. Cole tomó esa llamada y tranquilizó a la policía diciendo que todas las vacunas de Topaz estaban al día, lo cual era bueno porque él y su esposa estaban preocupados por la salud de ella, ya que podría haber sido contaminada por la sangre del ladrón.

Michael extrañaba las prácticas matutinas frecuentes y la compañía de sus amigos, especialmente de Topaz. Estaba feliz de que Gordon estuviera en casa todos los días, pero él y Sarah estaban demasiado ocupados empacando cosas en cajas y llevándolas al garaje como para salir a pasear con él. Varias veces, desconocidos entraron a su casa y caminaron por todas las habitaciones. Sarah lo hacía quedarse en la cocina con ella, pero podía escucharlos y sabía que habían recorrido toda la casa.

Una mañana, sus amigos llegaron a su casa y volvieron a la rutina de prácticas de agilidad. Tuvo una charla junto al balde de agua con Topaz, Kissy y Kawdje. Topaz describió su episodio con el extraño desagradable que había lastimado a Jenny. Michael quedó muy impresionado cuando Topaz describió cómo lo había sometido con el agarre en la garganta. Podía notar que Kissy y Kawdje también.

"Mi papá está orgulloso de mí ahora", dijo Topaz. "Ya no parece importarle que no persiga ciervos."

Michael les contó a los demás sobre el cambio de rutina en su casa y que Gordon y Sarah estaban felices por algo y decían la palabra "hogar" mucho.

"Siento que están hablando de vivir juntos en otro hogar que no es este."

Los otros tres parecían afligidos.

Topaz preguntó con voz temblorosa: "¿Eso significa que podríamos no volver a verte?"

"No lo creo. Tuve un viaje en coche fabuloso al lugar que visitaron y al que creo que se refieren cuando dicen 'hogar'. No está muy lejos de aquí."

Los demás parecieron aliviados.

Jeanette les contó a sus amigos que Cole planeaba tomarse el largo fin de semana del 4 de julio y también el siguiente para que pudieran conducir al estado de Nueva York e inscribir a Topaz en un par de eventos de Agilidad Canina. Evan y Essie dijeron que también les gustaría competir en esos eventos.

"Me gustaría poder ir", dijo Sarah con evidente pesar. "Pero siento que estoy atada a este lugar mientras mi casa necesita mantenerse en condiciones de exhibición."

Evan dijo: "Tu casa se venderá con o sin que estés aquí. ¿Por qué no la limpias a tu satisfacción y te vas cuando quieras asistir a un evento de Agilidad Canina? Tu agente inmobiliario puede encargarse de todo."

Gordon rodeó a Sarah con un brazo. "Secundo esa sugerencia. Incluso me ofrezco a quedarme aquí y vigilar el lugar si quieres llevar a Michael a ese evento de Agilidad en Nueva York; de lo contrario, estaría encantado de acompañarte."

Sarah le dio una sonrisa radiante y dijo: "¡Vamos a hacerlo!"

Las mascotas lograron la titulación de Perro de Agilidad durante la competencia que se celebró el fin de semana del 4 de julio en el área de Binghamton, Nueva York.

Topaz estaba encantada de que su papá estuviera presente en el evento. Cada vez que ella y su mamá salían del ring, su papá y Jenny la saludaban con los brazos extendidos y la abrazaban. Se sentía tan apoyada y apreciada que dominó todas sus clases, quedando en primer lugar en todo lo que participó. "Mi vida es absolutamente perfecta", pensó.

Fue un fin de semana fantástico para todos. Michael quedó segundo en todas sus clases excepto en el Relevo de Pares. Kawdje quedó primero en Saltos y segundo en todas las demás clases, con la excepción del Relevo de Pares, donde quedó tercero. Kissy quedó segunda en Saltos, primera en Snooker, Agilidad Estándar y Relevo de Pares, y tercera en Gamblers.

Mientras los manejadores empacaban su equipo, decidieron celebrar el Cuatro de Julio, que era el día siguiente, en casa de Essie y Evan. Todos llevarían un plato para compartir y terminarían la celebración viendo un espectáculo de fuegos artificiales local.

La semana después del 4 de julio fue ajetreada para todos ellos. Sarah no pudo encontrar un vestido de novia en ninguna de las tiendas locales que fuera adecuado para una viuda de cuarenta y tantos años. Joy sugirió que ella y su mamá, Sarah y Pat, Jeanette y Jenny viajaran a una tienda exclusiva, ubicada en el centro de Filadelfia, donde pensaba que Sarah podría encontrar el vestido perfecto. La dueña podría hacer conjuntos coordinados para Pat y Jenny, y la "pièce de résistance" después de las compras sería un sándwich de rosbif en Nick's. La idea de un viaje a Filadelfia fue recibida con entusiasmo.

Cuando llegaron a la tienda, los instintos de Joy resultaron ser perfectos. Raphaella, la propietaria, sacó un par de selecciones de un estante para Sarah. Después de probarse los vestidos, la opinión general fue que el vestido sin mangas de color melocotón, tan pálido que era casi blanco, era el ganador. El material era suave y fluido. La falda caía cerca del cuerpo, pero se abría debajo de las rodillas y el dobladillo ondulaba cuando Sarah caminaba. Raphaella sugirió que podría hacer una cola modificada de gasa que se adjuntaba con broches en la parte trasera de la cintura para que pudiera quitarse después de la ceremonia si así se deseaba, así como una chaqueta muy corta y ajustada hecha del mismo material.

"Podría llevarse si el día de la boda resulta inesperadamente fresco. Cuando te quites la chaqueta y la cola, el vestido será de largo hasta los tobillos, adecuado para muchas ocasiones."

"¿Y los trajes de la Dama de Honor y la Niña de las Flores?" preguntó Sarah.

Raphaella inmediatamente sacó del mismo estante un vestido color melocotón oscuro, de longitud bailarina y con un escote drapeado. La falda era de estilo similar a la del vestido de novia de Sarah y el vestido era sin mangas. Pat lucía maravillosa en él y solo eran necesarias unas pocas alteraciones.

Raphaella dijo que, aunque no llevaba ropa infantil, su costurera podía hacer fácilmente un vestido adecuado para Jenny. "Voy a tomar sus medidas y quizás podrían traerla en un par de semanas para una prueba. Para entonces ya habré terminado las alteraciones y los accesorios de los otros dos vestidos."

Mientras Raphaella realizaba las ventas, Sarah le preguntó si conocía alguna tienda donde se pudiera comprar o alquilar un traje de boda para hombre. Raphaella recomendó Carlo's Men's Wear for Special Occasions, ubicada a varias cuadras de distancia, y escribió las instrucciones para llegar.

Más tarde, mientras estaban sentadas en el Restaurante Nick's, devorando vorazmente sándwiches de rosbif, con el jugo de la carne escurriendo por sus barbillas y hacia sus platos, Sarah murmuró entre bocados que ese era su sándwich favorito.

"Definitivamente es el mío," logró decir Jenny entre tragos. "Volvamos aquí después de mi prueba dentro de dos semanas."

Jeanette preguntó: "¿Qué les parece si todas venimos para la prueba de Jenny y luego vamos a Nick's?"

"Claro que sí," dijo Essie. "Voy a pedir varios sándwiches de rosbif para llevar. Serviré dos para la cena de Evan y uno para mí. A Kissy y Kawdje tal vez les guste el rosbif, así que quizás pida cuatro para llevar. Siempre puedo devorarme dos de estos deliciosos sándwiches si las mascotas no quieren uno."

Capítulo Veintiuno

¡El ensayo de la boda fue un éxito! Para empezar, las mascotas estaban vestidas con sus trajes de boda. Michael se veía distinguido con un moño negro y un frac. Llevaba un falso delantero blanco en lugar de una camisa, y se abrochaba por dentro de la chaqueta para mantenerlo en su lugar. Cuando eligió el traje, Sarah decidió no torturarlo con un sombrero de copa. Michael parecía desconcertado mientras lo vestían con la ayuda de Gordon, pero, porque los amaba, toleró la ropa.

Topaz llevaba un tubo de spandex color melocotón oscuro con filas y filas de volantes. Cubría su torso entre sus patas delanteras y traseras. Una banda elástica de material melocotón, con una rosa de seda del mismo color, rodeaba su cuello. Todos pensaban que se veía estilizada. Topaz no podía verse a sí misma, pero se sentía ridícula. Al menos estaba agradecida de que su ropa no le picara.

Kawdje llevaba una faja negra y un moño a juego. Seguía rascándose el cuello y girando el moño, de modo que terminaba colocado en la parte trasera de su cuello en lugar de debajo de su barbilla.

Kissy lucía delicada y preciosa con una falda de volantes de gasa color melocotón pálido. También llevaba una rosa de seda del mismo color, pegada con cinta adhesiva a la parte superior de su cabeza.

Todos los asistentes a la boda estaban invitados a la fiesta de ensayo. El hermano de Sarah, John Sandell, y su esposa, Merrill, habían llegado de California varios días antes de la boda y se habían mantenido alejados haciendo turismo por la histórica Filadelfia y el área de los holandeses de Pensilvania en el condado de Lancaster. Su hijo y su esposa se habían quedado en California porque esperaban el nacimiento de su primer hijo en unas semanas.

La amiga de la infancia de Sarah, Judy, y su esposo, Clyde Hoskins, condujeron desde Virginia con su hija de diecinueve años, Katie, y su hijo de diecisiete años, Clyde Jr. Hicieron un recorrido por el área de los holandeses de Pensilvania con el hermano y la cuñada de Sarah porque Clyde nunca la había visto, pero quería hacerlo desde que vio la película "Witness". El pastor de Sarah, el reverendo Paul Tyler, y su esposa, Belle, también asistieron. Sarah le comentó al pastor que planeaba caminar por el pasillo de la boda con su perro y que quería eliminar la parte de la ceremonia que dice "¿Quién entrega a esta mujer en matrimonio a este hombre?" de sus votos matrimoniales. Él aceptó de inmediato su deseo.

La hermana de Gordon y Evan, Melanie, y su esposo, Joe Tate, habían conducido desde Oklahoma con su hija de dieciséis años, Jillian, y su hijo de dieciocho años, Marlon, y habían llegado esa mañana.

Había cuarenta y dos personas asistiendo al ensayo y a la boda, y ese recuento incluía a las mascotas.

Todos aplaudieron y vitorearon mientras las mascotas caminaban por el sendero de piedra que sería el pasillo en la boda del día siguiente. Se habían colocado sillas a ambos lados del camino de piedra. Grandes urnas de piedra estaban llenas de arreglos florales que transformaban el área en una glorieta de bodas. Dos de las urnas definían el área donde habría estado el altar de una iglesia.

Michael caminó tranquilamente al lado de Sarah hacia Gordon, Kevin y un hombre al que nunca había conocido antes. Sabía que toda esta reunión significaba algo especial, pero no podía entender de qué se trataba todo esto. Lo que fuera que estaba pasando lo incluía a él, y eso era tranquilizador.

El maestro de ceremonias que Evan había contratado había grabado un CD con la vieja canción "Because," interpretada por Mario Lanza, y otra con "True Love," interpretada por Bing Crosby y Grace Kelly, ambas para ser reproducidas como parte de la ceremonia de la boda. Era una tarde apacible, ni demasiado calurosa, ni demasiado fresca, ni demasiado húmeda. El clima para el día de la boda prometía ser igual de perfecto.

Sarah pensó: "El universo aprueba mi boda y me está regalando un clima maravilloso."

Los sándwiches de rosbif de Nick's se sirvieron estilo buffet, acompañados de mazorcas de maíz, ensalada mixta, varios vinos, cerveza y bebidas sin alcohol. Pastel de chocolate, helado y arroz con leche fueron los postres. El arroz con leche se ofreció principalmente para beneficio de las mascotas, pero también fue la elección de casi todos los demás.

Sarah y Gordon eran un enredo de brazos y piernas entrelazados mientras se despedían de manera prolongada. Gordon nunca había dormido en casa de Sarah porque se sentía incómodo quedándose en la casa que su difunto esposo había poseído y en la que había vivido. Aunque la personalidad y el estilo de Sarah llenaban su hogar, Gordon siempre sentía un eco de la presencia de Charles. Decidió desde el principio de su relación que cuando viviera con Sarah día y noche, sería en su propia casa. Michael se metió entre ellos para compartir el cariño.

A la mañana siguiente, Michael estaba ejercitándose en el equipo de agilidad y estaba descendiendo del A-Frame cuando el coche de Pat y Ed se detuvo. No se sorprendió porque habían visitado frecuentemente durante la semana pasada. Cada vez que venían, se llevaban un mueble o alguna otra alfombra. Corrió para saludarlos y los acompañó a la casa.

Michael miró con interés mientras Pat ayudaba a Sarah a ponerse un vestido largo. Fue arrullado hasta un ligero sueño por el sonido de sus charlas y risitas. Se despertó de repente cuando sintió que algo le subían por las patas delanteras. Se dio cuenta de que Sarah y Pat le estaban poniendo la misma ropa que había llevado la noche anterior. Decidió que eso significaba que lo estaban vistiendo para otra fiesta, así que se puso de pie para acomodarse a sus esfuerzos. La emoción lo inundó ante la idea de otra fiesta con buena comida. Esperaba que hubiera más rosbif y arroz con leche, y se le hacía agua la boca al pensarlo.

El viaje en coche estuvo bien, pero no genial, en opinión de Michael, porque las ventanas se mantuvieron cerradas, así que no pudo asomar la cabeza y sentir el viento despeinando su pelaje y aleteando sus orejas. Pat le dijo a Ed: "Si Michael se queja, por favor no abras las ventanas porque mamá y yo no queremos peinados despeinados por el viento."

Después de que el coche se detuvo y Ed abrió su puerta, Michael saltó fuera y se llenó de alegría al ver que habían regresado a la casa de Topaz, donde había tenido lugar la fiesta de la noche anterior. Su entusiasmo disminuyó un poco después de olfatear el aire y determinar que el rosbif no estaba en el menú de hoy.

Topaz trotó hacia él y tocó su nariz en señal de saludo.

"¿Nos van a dar de comer en esta fiesta también?" le preguntó Michael a Topaz.

"Sí, nos van a dar. No puedo entrar en la cocina porque está llena de extraños preparando comida. Mamá y papá parecen conocerlos, así que supongo que todo está bien. Las mismas personas que estaban aquí anoche están sentadas afuera."

Kissy y Kawdje llegaron corriendo hacia ellos, seguidos por Jenny, que llevaba un vestido largo que, según la opinión de Michael, se parecía al de Sarah. Michael olfateó la flor que estaba en la cabeza de Kissy y estaba a punto de decirle que su flor no tenía ningún olor cuando notó que Sarah estaba a su lado.

Ella deslizó una mano por debajo del cuello de su chaqueta y lo sostuvo suavemente. Michael vio cómo Jenny ponía una correa en el collar de Kissy. También vio a Pat parada frente a Sarah. Todos los demás estaban sentados y el lugar se había quedado en silencio. De repente, escuchó música y, para Michael, la marcha nupcial tradicional sonaba feliz y suave.

Jenny y Kissy caminaron entre las filas de personas sentadas, y Jenny escuchó cómo murmuraban lo adorables que se veían juntas. A Kissy le encantaba su atuendo. Su mamá la había levantado frente a un espejo para que pudiera ver su reflejo. Pensó que la flor en la parte superior de su cabeza la hacía verse más alta. Se deleitaba con la atención que estaba recibiendo.

Michael esperó pacientemente junto a Sarah hasta que Pat dejó de caminar y se quedó cerca de Kevin y del pastor que Michael recordaba de la noche anterior. Entonces vio a Gordon de pie cerca del pastor e intentó correr hacia él, pero Sarah lo retuvo y le dijo suavemente: "Quieto." Luego ordenó: "Junto," y caminaron con pasos lentos y medidos hacia Gordon. Su corazón no parecía lo suficientemente grande como para contener toda la felicidad que sentía.

Sarah escuchó fragmentos de los comentarios susurrados de los invitados a la boda. "Su acompañante es inusual pero digno."

"Puedes contar con un perro para caminar a tu lado sin importar las circunstancias."

Cuando estuvieron directamente frente al pastor, Michael sintió que Sarah soltaba su chaqueta y luego Pat lo tiró hacia ella hasta que se quedó a su lado.

Sarah se quedó quieta mientras la voz excepcional de Mario Lanza cantaba la grabación de "Porque vienes a mí sin más que amor... veo las rosas floreciendo a tus pies." Había rosas dispuestas en contenedores bajos colocados para formar un semicírculo alrededor del cortejo nupcial. Sarah vio a Gordon mirándola con tanto amor en sus ojos que parpadeó para contener las lágrimas.

De repente, se escuchó otra voz muy fuerte. Mantuvo una nota sostenida durante tanto tiempo que todos se maravillaron por la capacidad pulmonar y el control de la respiración.

Michael reconoció instantáneamente la voz de Topaz. Decidió contribuir también a la celebración verbal. Cuando Kawdje escuchó a Topaz y Michael cantando acompañando la voz del hombre, decidió unirse al coro porque se creía un poco trovador.

Kissy no tenía una voz musical, pero eso no la desanimó de unirse al coro canino. La voz de Topaz se elevó por encima de todas las demás, incluida la de Mario Lanza. Jeanette y Cole estaban mortificados e intentaron taparle la boca con las manos, pero Topaz se las sacudió y se pavoneó hacia el altar. Kawdje saltó de su asiento entre Essie y Evan y corrió hacia Kissy.

Gordon apretó los labios con fuerza para reprimir una sonrisa. Su rostro se nubló rápidamente de consternación cuando vio la cabeza inclinada de Sarah y sus hombros temblorosos. Pensó que estaba llorando y estaba a punto de abrazarla para consolarla cuando ella levantó la cara y él vio, con alivio, que estaba riendo.

El pastor levantó su libro de oraciones frente a su cara para ocultar su risa, pero era un engaño que no engañó a nadie.

Pronto, toda la fiesta de bodas y los invitados estaban aullando junto con los perros.

El joven que grababa la boda logró mantener la cámara estable a pesar de sus risas. "Tengo un ganador aquí", pensó, "pero tendré que obtener el permiso de Gordon y Sarah antes de poder enviar esto a internet." Cuando las risas se calmaron, la ceremonia continuó.

El pastor pronunció palabras que Michael no entendía, pero cuando vio a Gordon deslizar otro collar brillante en uno de los dedos de Sarah y luego a Sarah ponerle uno a Gordon, casi ladró de alegría. Recordó su conversación con Topaz, Kissy y Kawdje sobre el collar especial en el dedo que sus padres siempre llevaban y supo que Sarah y Gordon iban a vivir juntos como su mamá y papá.

Después de la ceremonia, se reprodujo la hermosa versión grabada de Bing Crosby y Grace Kelly de "True Love" mientras Sarah y Gordon firmaban el libro de bodas. Todos esperaban que Topaz liderara nuevamente el coro canino, por lo que, por consentimiento común no verbalizado, todos comenzaron a cantar junto con Bing y Grace. Como antes, la voz de Topaz se escuchó claramente por encima de todas las demás.

El resto del día fue inusualmente relajado y cordial para una fiesta de bodas. Todos admiraron mucho a las mascotas. Varios invitados le preguntaron a Jeanette y Cole si alguna vez habían considerado inscribir a Topaz en el Concurso de Perros Cantores que se celebra anualmente en la ciudad de Nueva York.

"Seguro que ganaría", declaró el hermano de Sarah.

Mientras tanto, las mascotas estaban ocupadas cenando cóctel de camarones, que Kawdje el Meticuloso se negó a probar, y Chicken Cordon Bleu, que todos comieron con gusto. Kawdje comió algunas judías verdes al vapor con mantequilla, pero Kissy las rechazó. Todos comieron el salmón salvaje sockeye pochado y frío, aunque Kawdje mordisqueó su porción sin mucho entusiasmo.

"Me gusta nadar, pero no me gusta comer nada que nade", gruñó.

Topaz y Michael devoraron todo lo que les ofrecieron, incluyendo el pastel de bodas y el crème brûlée. Kissy comió un poco del pastel y Kawdje lo olfateó y lo rechazó, pero ambos devoraron el crème brûlée.

"Este sí es el rey de los postres", declaró Kawdje, y los otros tres estuvieron de acuerdo.

El DJ/maestro de ceremonias tocó un popurrí de viejos éxitos y canciones recientes. Todos bailaron. Essie bailó mientras sostenía a Kawdje en sus brazos, y Evan hizo un paso doble junto a ellos, sosteniendo a Kissy. Sarah, Gordon y Michael hicieron un boogie en trío. Sam, Joy, Pat, Ed, Jeanette, Cole y Topaz formaron una conga, y otros invitados se unieron, se separaron y se reincorporaron a voluntad.

Topaz pasó mucho tiempo de pie cerca del DJ y su grabadora, cantando a todo pulmón una versión perruna de cualquier melodía que estuviera sonando. Kevin, siempre el joven caballero bien educado, hizo un foxtrot con Belle Tyler, la esposa del pastor, y luego muchos bailes con Katie Hoskins. Paul Tyler amaba el cha cha y dio una oportunidad a todas las damas para ser su pareja. Pat y Ed hicieron varios bailes de rock 'n roll a la vieja usanza. Eran tan buenos que todos los demás dejaron de bailar para verlos, formando un círculo alrededor de ellos y aplaudiendo al ritmo.

Sarah y Gordon habían regalado a cada asistente una cámara desechable, entre otras cosas, y todos se tomaron una foto con Sam y otra con los novios.

Durante un descanso en el baile, Sarah lanzó su ramo de novia. Katie Hoskins se molestó mucho cuando Jillian Tate saltó delante de ella y lo atrapó.

Poco después, Sarah y Gordon se escabulleron arriba en la casa de Jeanette y Cole y se cambiaron sus trajes de boda. Llevaban ropa menos llamativa mientras caminaban hacia el SUV de Gordon. Se sorprendieron al ver el estado del vehículo. Estaba adornado con cintas y latas vacías atadas al parachoques trasero, y tenía "Recién Casados" escrito en todas las ventanas. Pasaron los siguientes quince minutos quitando las inscripciones y los adornos. Justo antes de subir al SUV, Gordon atrajo a Sarah hacia él y le dio lo que Jenny, con una sonrisa, llamó "el beso de todos los besos". Cuando se separaron, murmuró: "Señora Gordon Kilmer, nos vamos a pasar la noche en la suite nupcial del Hotel DuPont en Wilmington."

La fiesta de bodas seguía en pleno apogeo cuando los recién casados se marcharon.

Los invitados a la boda aplaudieron, vitorearon y gritaron sus buenos deseos a Sarah y Gordon mientras Michael, en un estado de incredulidad y angustia, veía cómo Sarah y Gordon se alejaban sin él. Pat y Ed lo sujetaban firmemente, y por más que se esforzara, no pudo liberarse.

"¿Por qué me dejaron?" se preguntó una y otra vez. Había planeado que los tres vivieran juntos para siempre. Cuando se dio cuenta de que se habían ido para siempre, colapsó. Cada parte de él dolía y gemía con cada respiración.

Capítulo Veintidós

Pat y Ed estaban en un dilema. Michael se negaba a levantarse y no podían levantarlo por sí solos. Kevin estaba cerca y se dio cuenta de la situación. Se arrodilló junto a Michael e intentó persuadirlo para que se pusiera de pie, pero fue en vano.

"Tiene un terrible caso de ansiedad por separación," dijo. "Sé que papá y Sarah arreglaron para que se quedara en su casa esta noche, pero me pregunto si se sentiría más seguro si durmiera en la casa de Sarah y en su propia cama de perro."

"Tenemos su cama de perro en nuestro coche," dijo Ed.

"Ed, tal vez deberíamos quedarnos a dormir en casa de mamá esta noche. Michael se ve tan desolado que estoy dispuesto a intentar cualquier cosa que pueda animarlo."

"¡Por Dios!" exclamó Ed. "¿Cómo vamos a lidiar cuando se lo dejen para irse de luna de miel por dos semanas a alguna isla encantada?"

"No lo sé. Ahora mismo tenemos que resolver este problema. Hagamos lo que Kevin sugiere y durmamos en la casa de mamá esta noche."

Para entonces, Topaz, Kissy y Kawdje se habían reunido alrededor de Michael.

Trataron de consolarlo, pero él estaba inconsolable.

Seguía gimiendo una y otra vez: "Me dejaron."

Michael sintió las largas y sedosas orejas de Topaz rozar su cabeza y su cálida lengua lamer su hocico. Sintió las patas de Kissy y Kawdje en su cuello. A pesar de sus gestos de consuelo, una poderosa ola de depresión lo atravesó como un río sucio que depositaba barro y escombros en cada parte de su cuerpo a su paso. ¡Sarah y Gordon lo habían dejado! No quería vivir.

Poco a poco, los invitados a la boda se dieron cuenta de que algo andaba mal y se reunieron alrededor de Michael. Pat, Ed y Kevin explicaron a todos que Michael estaba en un estado de colapso emocional porque Sarah y Gordon se habían ido sin él.

Pat les contó a los invitados de fuera de la ciudad, que no conocían el trasfondo de Michael, que él había sido un perro callejero que su mamá había rescatado en México.

"¿Quién sabe qué pruebas y tribulaciones experimentó antes de que mi mamá lo trajera a casa con ella? Está muy apegado emocionalmente a mi mamá y a Gordon. Tal vez piense que lo han dejado para siempre."

Michael escuchó muchas voces amables murmurando palabras de ánimo. Sin embargo, su preocupación y compasión no hicieron nada por aliviar su desolación y soledad. Topaz, Kissy, Kawdje, Jenny, Kevin, Pat, Ed y todos lo rodeaban, pero se sentía tan solo como cuando solía acostarse en las pilas de arena en San Miguel, y se sentía mucho más abandonado ahora que entonces.

Jeanette se ofreció a que Michael durmiera en su casa en compañía de Topaz. Essie y Evan se ofrecieron a llevárselo a casa y que durmiera cerca de Kissy y Kawdje. La decisión mayoritaria fue que Pat y Ed, Kevin, Essie y Evan, Jenny y Topaz, Kissy y Kawdje dormirían en la casa de Sarah para hacerle compañía a Michael.

Jeanette explicó que ella y Cole no podían dejar su casa hasta que los proveedores de catering hubieran terminado de limpiar y se hubieran ido. Además, Cole tenía que levantarse muy temprano para hacer sus rondas de pacientes. Sabían que Jenny estaría segura con sus amigos y feliz de tener la compañía de Topaz, y Topaz se sentiría reconfortada al tener a Jenny con ella en ausencia de su mamá y papá.

Kevin, Sam y Ed levantaron a Michael y lo metieron en el asiento trasero del coche de Pat y Ed.

Jeanette apresuradamente empacó una bolsa con lo necesario para Jenny y la ayudó a cambiarse del vestido de Niña de las Flores a shorts y una camiseta.

Kevin, Essie y Evan condujeron a casa con Kissy y Kawdje para cambiarse a ropa cómoda y recoger las camas de las mascotas.

Sam y Joy llevaron a Jenny y Topaz a la casa de Sarah. Los otros invitados a la boda se despidieron de Jeanette y Cole y entre sí, y luego se alejaron en sus coches.

Cole observó mientras todos se iban: "Bueno, el colapso emocional de Michael puso fin abrupto a la fiesta de bodas."

A la mañana siguiente, Sarah y Gordon se sorprendieron al ver tantos vehículos estacionados frente a su casa.

"Debe ser que la fiesta de la boda se trasladó de la casa de Jeanette a la mía," dijo Sarah.

Abrió la puerta de la cocina, olió café y vio a Jeanette sirviendo jugo en vasos y a Jenny llenando los cuencos de los perros. Kevin estaba tomando una taza de café y Ed estaba friendo huevos mientras Pat ponía la mesa del comedor porque la mesa de la cocina no era lo suficientemente grande para acomodar a todos los presentes. Essie y Evan estaban haciendo tostadas y untándolas con mantequilla. Kissy y Kawdje corrieron hacia Sarah y Gordon moviendo sus colas para saludarlos.

"Este es un maravilloso comité de bienvenida," dijo Gordon, tratando de ocultar su desconcierto y sorpresa.

Todos rieron y los abrazaron. Jeanette sirvió café para cada uno de ellos y sugirió que se sentaran mientras todos se turnaban para explicar por qué estaban allí.

Desde el profundo pozo de su miseria, Michael creyó escuchar la voz de Gordon, pero lo desestimó como un sueño. No tenía la energía para enfrentar otra decepción aplastante en una posición de pie, así que decidió quedarse en su cama para siempre. Topaz estaba estirada cerca de él, y eso lo alegraba. Esperaba que pudiera estar con él hasta el final. Levantó una oreja porque estaba seguro de haber escuchado la voz de Sarah. "¡Sí!"

Saltó de su cama y saltó sobre Topaz en su prisa por salir del dormitorio. Corrió escaleras abajo y estalló en la cocina. Se subió a las piernas de Sarah y Gordon. Estaban sentados uno al lado del otro en la mesa de la cocina, y él era lo suficientemente grande como para cubrir ambos regazos mientras se extendía sobre ellos.

No había un ojo seco en la cocina mientras todos observaban el intercambio de saludos cariñosos entre los tres. Michael dio el saludo más entusiasta que cualquier mascota haya dado jamás a Sarah y Gordon. Sarah y Gordon lo abrazaron, acariciaron, besaron y frotaron mientras le murmuraban palabras de amor y consuelo.

Gordon dijo, "Está bien, amigo, esta noche te llevamos con nosotros al motel."

Sarah habló con evidente determinación en su voz: "Gordon, no podemos irnos de luna de miel en diciembre a un lugar cálido y soleado y dejar a Michael. Podría echarse tanto de menos que podría llegar al punto de morir. A donde quiera que vayamos, debemos llevarlo con nosotros."

"No hay discusión de mi parte, chica dorada."

Acababan de terminar de desayunar cuando sonó el teléfono. Sarah contestó y reconoció la voz de su agente inmobiliaria, quien le preguntó si sería posible hacer una inspección de la casa la tarde del 19 de agosto, ya que la liquidación estaba programada para las 9 a.m. del 20 de agosto. Sarah le aseguró que estaba bien.

Después de colgar, Sarah anunció: "Vamos a cerrar el trato de nuestra casa en el condado de Bucks mañana por la mañana y para el mediodía será nuestra. Están todos invitados a venir a verla. Gordon y yo compramos muebles de dormitorio y cocina, que están programados para ser entregados mañana por la tarde. Esta es la última vez que estaremos juntos en esta casa porque las personas que compraron los muebles que Pat y Ed no quisieron vendrán esta tarde para llevárselos."

Essie dijo: "Evan, Kevin y yo traeremos la cena a tu nueva casa mañana. ¡No podemos esperar para verla!"

Gordon colocó un brazo alrededor de los hombros de su hijo y dijo: "Sarah y yo compramos un juego de dormitorio para una de las habitaciones de invitados, para que puedas quedarte con nosotros hasta que tengas que volar de regreso a Purdue."

Kevin sonrió a su padre. "Solo me quieres cerca para que te ayude a mover muebles, además de pintar y lo que sea." Sin embargo, en privado, estaba encantado de que su padre y Sarah quisieran que fuera parte de su vida de casados.

Sarah sintió lo aliviado que estaba Kevin al recibir la invitación para quedarse con ellos, así que sugirió que almorzaran juntos en un parque estatal que estaba cerca. Luego, extendió la invitación a todos. "El parque permite mascotas con correa. Sé que es una invitación improvisada, pero me dará la oportunidad de usar los restos de comida en mi refrigerador para hacer sándwiches. Puedo comprar lo que más necesitemos."

Jeanette anunció que no necesitaba comprarse nada porque su refrigerador estaba lleno con los restos de la fiesta de bodas.

"Voy a conducir a casa ahora mismo y empezar a empacar comida en neveras. Tal vez Cole esté en casa para cuando llegue y pueda unirse a nosotros. ¿Está bien si dejo a Jenny y Topaz aquí?"

Evan dijo: "Jenny y Kissy pueden practicar Agilidad de Manejo Junior y yo supervisaré."

Jenny bailó a través de la cocina y abrazó a Evan por la cintura. "Gracias, tío Evan."

Al día siguiente, durante el cierre de la casa de Sarah y Gordon en el juzgado local, Kevin llevó a Michael a un pequeño parque cercano porque hacía demasiado calor para dejarlo en el coche. Se echaron a dormir bajo la sombra de un enorme roble hasta que el sonido del teléfono celular de Kevin lo sobresaltó. Era su padre diciéndole que los recogiera porque el cierre había terminado.

Los cuatro hicieron un recorrido por toda la casa. Michael caminaba pegado al costado de Sarah. Había permanecido a una distancia de caricias desde su reunión post-boda con ella y Gordon. Recordaba haber estado aquí brevemente antes, aunque se había quedado en el coche. Nunca olvidaba un olor. Estaba seguro de que este era el lugar al que Sarah y Gordon se referían cuando decían "hogar".

No había muebles en la casa y Michael no sabía qué pensar de eso. Se preguntaba si dormiría en su cama blanda y cómoda como hizo la noche anterior en el motel. Quería salir a explorar, pero no tanto como quería quedarse cerca de Sarah y Gordon. Finalmente, Sarah y Gordon salieron y él y Kevin los siguieron.

"¡Guau!" exclamó Kevin cuando vio la vista panorámica hacia el sur. Michael reflejó el sentimiento con un ladrido de agradecimiento.

Gordon dijo, "Hay un arroyo que atraviesa la parte baja de la propiedad. Quizás deberíamos agrandar una parte para hacer un estanque. Vamos a explorar."

Mientras caminaban por un área boscosa, encontraron evidencia de una antigua casa de manantial.

"Podemos hacer un estanque aquí. Hay un manantial para alimentarlo," dijo Gordon.

Michael se hinchó de orgullo al pensar en toda la propiedad que tendría que patrullar y mantener a salvo para Sarah y Gordon.

Mientras caminaban de regreso a la casa, un camión de entrega de muebles dobló la curva del camino de entrada. Las siguientes dos horas se dedicaron a arreglar los muebles.

"Necesitamos pintar toda la casa, renovar los suelos y remodelar la cocina, pero esto tendrá que ser suficiente por ahora," dijo Sarah.

"¿De verdad crees que necesitamos una nueva cocina?" preguntó Gordon. "¡Definitivamente! Necesito una cocina actualizada tanto como tú necesitas un nuevo garaje."

Kevin escondió una sonrisa al escuchar a su padre decir, "Está bien, chica dorada. Una nueva cocina está en la lista de tareas pendientes," y Sarah responder, "Está en la parte superior de la lista."

Acababan de terminar de arreglar los muebles de la sala de estar cuando Jeanette, Cole, Jenny y Topaz llegaron trayendo más sobras de la comida de la boda. Mientras Jeanette, Cole y Jenny recorrían la casa, Michael le dio a Topaz un recorrido por los terrenos.

Escucharon el ladrido agudo y autoritario de Kissy y corrieron de vuelta a la casa.

Essie y Evan, Joy y Sam llevaban comida y vino a la cocina.

Kissy y Kawdje corrieron hacia Topaz y Michael.

"¡Este lugar es enorme!" observó Kawdje.

"Espera a ver el arroyo y la casa de manantial," dijo Michael. Mientras caminaban hacia el bosque, Pat y Ed llegaron. Pat le preguntó a su madre si no le preocupaba perder a las mascotas.

Sarah respondió, "Esta es la primera vez desde la mañana después de la boda que Michael se ha alejado de mi lado. Se ha pegado a Gordon y a mí como una hoja de papel atrapamoscas. Sé que no se alejará mucho y, como los cuatro siempre se mantienen juntos, eso significa que todos se quedarán cerca. De todos modos, en cuanto la comida esté sobre la mesa, aparecerán como por arte de magia."

Todos habían traído un regalo para la casa. Essie y Evan les regalaron un enorme portador de leña y un set para la chimenea. El regalo de Kevin fue una cuerda de leña seca que sería entregada a finales de septiembre. Jeanette y Cole habían dividido algunos de sus rosales premiados y tenían una docena de ejemplares en macetas listos para ser replantados, además de tijeras, guantes de jardinería y fertilizante para rosas. Pat y Ed regalaron un juego de sábanas y una falda de cama a juego para la suite de dormitorio de Sarah y Gordon. Pat recordó que su madre las había admirado cuando habían ido de compras juntas unas semanas atrás. El regalo de Jenny fue un pequeño plato con forma de cabeza de perro que tenía cierto parecido con Michael.

"Está destinado a colocarse cerca del fregadero de la cocina y es para poner el reloj y los anillos, o una pulsera, mientras lavas los platos o enjuagas vegetales. Eso es lo que siempre hacen mi mamá y la tía Jeanette."

Sarah la abrazó y dijo que era uno de los regalos más especiales y útiles que había recibido.

Escucharon a las mascotas ladrar. Gordon miró por la puerta de la cocina y vio el camión de mudanzas detenerse. No tomó mucho tiempo descargar el equipo de agilidad y las pocas pertenencias que Sarah estaba mudando a su nuevo hogar.

Gordon abrió algunas botellas de vino y, después de que todos alzaron sus copas para todos los brindis que pudieron inventar, estaban muy felices.

La conversación se centró en los próximos eventos de agilidad canina.

Evan dijo: "Las mascotas solo necesitan una puntuación calificatoria en cada una de las clases de Nivel Avanzado para lograr el título de Perro de Agilidad Avanzado, luego pasaremos a lograr el título de Perro de Agilidad Maestro. Sería genial si todos nuestros mimados, preciosos, incomparables miembros de la familia de mascotas lograran el título de Perro de Agilidad Maestro antes de asistir al evento Cynosport Mundial en Arizona este noviembre."

Todos rieron mientras Evan se trababa con la aliteración de tantas palabras que comenzaban con la letra "p."

Jeanette anunció que ella, Jenny y Topaz iban a conducir hasta Chicago pasado mañana para ver a los padres de Jenny y empacar todo lo que Jenny necesitaría para pasar el invierno en Pensilvania. Topaz competiría en clases Avanzadas en un evento durante el camino y, después de su regreso, en clases de Maestros en otro evento en Ohio si había logrado su título de Perro de Agilidad Avanzado.

Evan dijo: "Hemos inscrito a Kissy y Kawdje en dos eventos de agilidad en Massachusetts. Si obtienen puntuaciones calificatorias en las clases de Nivel Avanzado en el evento del 28 de agosto, cambiaremos su registro en el evento del 3 al 6 de septiembre de Avanzado a clases de Nivel Maestro."

"¿Cuál es su agenda?" preguntó Cole a Gordon y Sarah.

"Conduciremos a Arizona para la liquidación de mi casa adosada el 29 de agosto, luego viajaremos a los Campeonatos Regionales del Suroeste que se llevan a cabo cerca de San Francisco del 2 al 5 de septiembre. Después de eso, Sarah y Michael competirán en los Campeonatos Regionales del Centro Sur en Texas."

Essie exclamó: "¡Vaya! ¡Nuestros horarios a toda velocidad deberían mantenernos ocupados por un buen rato!"

Capítulo Veintitrés

Michael observaba cómo Gordon empacaba maletas en el SUV junto con su jaula Pak-'n-Fold, su cama y su cuenco, y no estaba seguro de si se sentía feliz o decepcionado. Le encantaba viajar, pero también amaba esta casa en la que acababan de mudarse. "En el lado positivo," pensó, "no se van sin mí."

Fue un viaje feliz para los tres. Sarah empacó una nevera portátil con comida y la reabasteció durante el camino con compras en supermercados. Sarah y Gordon cenaban en restaurantes y siempre pedían algo extra para Michael, por lo que siempre tenían una bolsa con comida deliciosa para llevar al motel cada noche. De vez en cuando, pedían comida para llevar y la comían juntos en un parque o en la habitación del motel mientras veían una película.

Varias veces los tres hicieron senderismo. En una ocasión, se quedaron en un Bed and Breakfast frente al río en Missouri y alquilaron uno de los botes. Michael tuvo su primer paseo en bote. Después de volver a la orilla y asegurar el bote al muelle, Michael se dio un baño.

"Eso lo confirma. A Michael le encanta nadar, así que tenemos que poner un estanque en nuestra propiedad," dijo Gordon.

Al llegar a la casa adosada de Gordon, Michael entró y comprendió de inmediato que Gordon vivía allí. Su olor estaba por todas partes. A Michael no le gustó este lugar tanto como la casa que habían dejado y esperaba que no fueran a vivir aquí para siempre.

A la mañana siguiente, después del desayuno, Michael observó cómo Gordon colocaba la nevera portátil en el SUV. Sabía que no sería un viaje largo porque no habían empacado maletas. Después de un viaje no tan largo, Gordon estacionó y todos se bajaron y caminaron hacia un vehículo de aspecto extraño. Michael tuvo que saltar alto para subirse. Sabía que no era un coche, pero sí tenía asientos. Saltó a uno y Gordon lo amarró.

Michael detectó el tentador aroma de los burritos en la nevera portátil que Gordon sujetó al asiento frente a él. "A donde sea que vayamos los tres habrá comida deliciosa para comer, así que va a ser un gran día," pensó.

Michael reconoció la sensación familiar de estar flotando que había experimentado durante el viaje de San Miguel de Allende a la casa de Sarah. El aterrador pensamiento de que podrían volarlo de regreso a México y dejarlo en la calle se apoderó de él y se negó a soltarlo. Aulló con angustia.

Gordon dijo, "Siempre se toma todo con calma, excepto cuando tú y yo pasamos nuestra noche de bodas lejos de él. Ahora ambos estamos con él, así que ¿qué crees que lo está alterando?"

A Sarah se le ocurrió que este era el primer vuelo de Michael desde su viaje desde San Miguel, y compartió esto con Gordon. "Creo que Michael tiene miedo de que lo estén llevando de regreso a México. Empezó a aullar a los pocos segundos del despegue. Probablemente reconoce la sensación de estar en el aire y la asocia con el vuelo de México a Pensilvania. Tal vez piensa que todos los vuelos son hacia o desde México."

"Eso es un buen análisis, chica dorada. ¿Quién sabe cómo razona un perro? ¿Qué podemos hacer para tranquilizarlo?"

"¿Desequilibraría el helicóptero si me levantara y me sentara en el asiento frente a Michael para poder alcanzarlo y tocarlo? Tal vez eso lo consuele."

"Solo muévete despacio y coloca la nevera portátil adelante."

Michael se sintió mejor mientras Sarah acariciaba su cuello. No estaba seguro de lo que ella decía, pero sintió la preocupación amorosa que ella y Gordon tenían por él y se relajó lo suficiente como para pensar con claridad.

"No me llevarían de regreso a México y me dejarían en la calle porque me aman. Yo los amo y nunca los dejaría, así que ellos nunca me dejarían porque me quieren." Se aferró a ese pensamiento reconfortante, pero la desagradable sensación de náuseas en su estómago, provocada por la posibilidad de que, tal vez, solo tal vez, lo llevaran de regreso a San Miguel y lo abandonaran, no lo dejaba.

Después de una hora de vuelo, Gordon aterrizó el helicóptero cerca del sitio de la kiva que había estado explorando durante el último año. Michael saltó del Bell Jet Ranger y miró a su alrededor el desierto. Caminaba tan cerca de Sarah que la golpeaba varias veces.

Ella dijo: "Creo que el miedo de Michael de ser abandonado desaparecerá cuanto más tiempo viva con nosotros y más vuele con nosotros. La buena comida siempre lo tranquiliza. Comamos antes de que nos muestres tu sitio de la kiva."

Durante el vuelo de regreso, Michael se sentía relajado y sereno. Pensó: "No sé por qué no pudimos hacer el viaje en nuestro coche, pero esto está bien. Sarah y Gordon no me van a llevar a algún lugar y dejarme."

Un par de días después, Michael se sintió aliviado al ver a los hombres entrar en la casa de Gordon y llevarse todos los muebles. Esa misma rutina había sucedido cuando él y Sarah dejaron su casa y se mudaron al lugar donde ahora vivían con Gordon. Michael razonó que Gordon se estaba yendo de este hogar para siempre porque ahora su hogar era el lugar con mucha tierra, árboles y un arroyo al que se habían mudado justo antes de hacer este largo viaje.

Michael estaba feliz de estar en la carretera nuevamente. La mayor parte del tiempo podía sacar la cabeza por la ventana abierta y disfrutar del viento silbando entre sus dientes y haciendo vibrar su hocico. Sentía una felicidad tal que su cuerpo apenas podía contener el placer.

Al día siguiente, Michael no estaba preparado para asistir a una práctica de agilidad. No era la rutina habitual. Siempre asistía a las prácticas de agilidad con Topaz, Kissy y Kawdje y sus familias. Se preguntó si estarían en algún lugar entre la multitud. Los buscó mientras caminaba con Sarah y Gordon por el recinto del evento, y finalmente decidió que sus amigos no estaban en esta ocasión.

Cuando Sarah le roció la oreja, Michael entendió que iba a participar. Mientras esperaban para competir, notó a un perro de pelaje rizado y color marrón, de su mismo tamaño. Decidió que esto era un Pairs Relay, porque esa sería la única vez en que otro perro con su dueño estaría tan cerca de Sarah y él en la puerta de entrada. Entablaron una conversación y Michael se enteró de que el perro se llamaba Patrick y era de la raza Irish Water Spaniel raza.

"Mi papá dice que me llamaron así por un santo: San Patricio."

Michael respondió de la misma manera, contándole a Patrick que él se llamaba Michael Archangelo, en honor a su tocayo, el Arcángel Miguel. "Patrick, supongo que esto es un Pairs Relay y estamos en el mismo equipo. ¿Eres buen competidor?"

"¿Soy bueno? Michael, amigo, estás emparejado con el mejor de los mejores. ¿Y tú qué? ¿Puedes correr bien con tus cuatro patas o te tropiezas con ellas?"

Michael sonrió. Le gustaba este tipo audaz a pesar de su actitud fanfarrona. Al menos Patrick no lo había examinado y preguntado de qué raza era.

Respondió: "Tú y yo estamos nombrados en honor a un santo y a un arcángel. ¡Somos ganadores!"

Patrick dijo, "Me gusta tu actitud, Michael amigo."

Entraron al ring rezumando seguridad. Michael y Patrick ganaron el Advanced Pairs Relay en su categoría de salto en los Campeonatos Regionales del Suroeste.

Sarah y Gordon notaron que Michael se había adaptado a competir sin la presencia de sus tres amigos. No estaba tan jovial como de costumbre, pero parecía estar seguro y tranquilo.

"Si clasifica en cada una de sus clases en este evento, será un Perro de Agilidad Avanzado," dijo Gordon, y luego agregó: "Voy a enviar un correo electrónico a los oficiales del Campeonato Regional del Centro Sur para cambiar su registro a las clases de Nivel Maestro. Vamos a salir a comer después de su última clase mañana y retomamos la carretera."

La tarde del día siguiente, mientras viajaban hacia los Regionales del Centro Sur en Texas, Gordon siguió felicitando a Sarah por las excelentes actuaciones de ella y Michael. A pesar de haber muchos competidores en cada clase, Michael ganó Snooker, quedó segundo en Jumpers y Agilidad Estándar, tercero en Gamblers y había ganado el Pairs Relay con Patrick.

"A pesar de tu dificultad con la derecha e izquierda, fuiste extraordinaria, chica dorada. Escuché comentarios sobre la oreja naranja de Michael y algunas personas notaron que tu mano izquierda estaba naranja. De quienes lo notaron y comentaron, la opinión general fue que eso añadía al misticismo de Michael."

Sarah se inclinó y besó la mejilla de Gordon.

"Fue tu idea. Te debemos nuestra fama y éxito a ti, mi amor."

Capítulo Veinticuatro

Kissy y Kawdje viajaron en asientos elevadores separados a los torneos de agilidad en Massachusetts. Kawdje agradecía poder mirar fácilmente por la ventana mientras estaba cómodamente sentado, pero las ventanas estaban cerradas, así que no podía sacar la cabeza y disfrutar del viento llenando su boca y fosas nasales y haciendo que sus orejas aletearan. Era una de sus mayores alegrías en la vida.

Kissy estaba agradecida de que todas las ventanas estuvieran subidas y de que el aire acondicionado la mantuviera fresca. No le gustaba que su pelaje se despeinara y desordenara.

Cuando Kissy y Kawdje escucharon la gran variedad de ladridos, supieron que estaban en otra práctica de agilidad. Se sorprendieron gratamente al descubrir que aquí no hacía calor. No tenían idea de dónde era "aquí", pero ambos sabían que estaba lejos de casa. Estaban ansiosos por encontrar a Michael y Topaz e inmediatamente comenzaron a tirar de sus correas y a moverse de un lado a otro.

Essie y Evan se dieron cuenta de que las mascotas estaban buscando a Michael y Topaz. Mientras esperaban en la puerta de entrada su turno para actuar en el Advanced Pairs Relay, Kawdje anunció que no iba a competir.

Una Kissy sorprendida le preguntó: "¿Por qué no?"

"Echo de menos a Michael y Topaz y a sus padres. También extraño a Jenny, aunque le gustes más tú que yo. Esto no es tan divertido sin ellos. No tengo ganas de competir."

Kissy sabía que no podía realizar un Pairs Relay sin un compañero, por lo que se dispuso a convencer a Kawdje para que entrara en un mejor estado de ánimo.

"No puedo correr un Pairs Relay yo sola. Por favor, hazlo por mí."

"¡No!"

"Decepcionarás a mamá y papá si te niegas a competir."

"No me importa. Me voy a quedar aquí sentado sobre mi cola. Estoy acostumbrado a tener a Michael y Topaz cerca. Siempre me gustaba volver a la carpa después de competir, tomar un refrigerio y hablar con ellos. No me gusta este cambio de rutina."

La ambiciosa Kissy siempre quería competir y ganar tantos premios como pudiera. Se sintió frustrada y se puso a pensar en formas de sacar a Kawdje de su negativa obstinada a competir. Entonces se le ocurrió una idea.

"Kawdje, si no compites conmigo, voy a comer hierba y vomitar encima de ti hoy, mañana y todos los días hasta que vuelvas a competir. Incluso vomitaré en tu jaula."

Kawdje se estremeció. Sabía que Kissy tenía la capacidad de vomitar a voluntad si comía hierba.

"¡Está bien! ¡Está bien! Iré al ring contigo."

"Más te vale actuar lo suficientemente rápido para mí, o igual vomitaré sobre ti, y sabes que puedo hacerlo."

"¡Está bien! ¡Está bien!" dijo Kawdje.

Essie estaba encantada con la gran actuación de Kawdje. Corrió como si lo persiguiera un hombre del saco. ¡Poco sabía ella que, de alguna manera, así era!

Cole, Jeanette, Jenny y Topaz se estaban divirtiendo en un Bed and Breakfast que aceptaba mascotas en Ohio, ubicado cerca del Torneo de Agilidad Canina. John y Marie Colbert, los propietarios, estaban encantados con Topaz. Preguntaron a Cole y Jeanette si planeaban tener cachorros de ella en el futuro.

Cole respondió que no estaban seguros porque Topaz no se había desempeñado bien en los concursos de conformación.

Marie estaba desconcertada al escuchar que Topaz no había tenido buenos resultados en los concursos. "Es tan elegante y hermosa."

Jeanette explicó que los concursos de conformación habían aburrido a Topaz y su indiferencia había sido evidente para los jueces.

"Por eso estamos practicando la Agilidad Canina. A Topaz le encanta la actividad y es una gran atleta."

"Nos parece encantadora," dijo John Colbert. "Téngannos en cuenta si alguna vez tienen cachorros disponibles. Nuestros hijos ya son mayores y la mayoría de nuestra clientela viene de abril a octubre. Tenemos tiempo para criar un cachorro y disfrutar de la compañía de una mascota. Me gustaría que pudiéramos disponer de tiempo para asistir al Show de Agilidad Canina de hoy."

Jenny contó la historia de cómo Topaz la había rescatado de un ladrón de autos y John dijo, "¡Eso lo confirma! Quiero uno de sus cachorros."

Cole explicó que Topaz era inútil como perro de caza. "Prácticamente besa a los ciervos. Una vez incluso huyó de una cierva que estaba protegiendo a sus mellizos."

John y Marie rieron a carcajadas.

"Topaz tiene claras sus prioridades," declaró Marie. "Si una mamá ciervo me atacara, yo también correría. Estoy tan impresionada de que Topaz proteja a su familia. Por favor, asegúrense de tenernos en cuenta si alguna vez tiene cachorros."

Topaz había sido inscrita en las clases de Masters de Agilidad Estándar, Gamblers y Pairs Relay el día anterior y había logrado una puntuación calificatoria en cada clase, quedando en segundo lugar en Gamblers y en el Relay. La competencia había sido dura porque muchos de los perros inscritos en esas clases ya habían obtenido el título de Masters varios años antes y estaban compitiendo para ganar títulos como Campeón de Agilidad Canina y Maestro de Torneos, además de las designaciones metálicas de Bronce, Plata, Oro y Platino.

Hoy, mientras Jeanette realizaba una caminata de pre-actuación en la clase Masters de Snooker, notó que la disposición para la secuencia de apertura tenía cuatro obstáculos rojos en lugar de tres. Para esta clase, después de usar con éxito el segundo obstáculo rojo, el juez requería que se realizara una combinación de tres obstáculos "de color" como si fuera un solo obstáculo. Cada obstáculo sería puntuado individualmente; sin embargo, si ocurría una falta, no se otorgarían puntos por la combinación, ni siquiera por cualquier obstáculo de esa combinación que se hubiera usado correctamente.

Debido a la dirección en la que se tenía que tomar la combinación, cuando Topaz descendiera del A-Frame, la colocaría cerca del primer obstáculo rojo que ya había sido usado. Mientras Topaz se dirigiera hacia el tercer obstáculo rojo, tendría que girar a la derecha y pasar dos obstáculos que no debían ser utilizados. Jeanette sabía que tendría que mantenerse delante de Topaz para hacer que el camino hacia el tercer obstáculo rojo fuera explícitamente claro y para indicar la dirección en la que debía tomarse.

Después de usar el tercer obstáculo rojo, Topaz se enfrentaría a una combinación de dos obstáculos de color: el Dog Walk y el túnel colapsado, antes de poder tomar el cuarto y último obstáculo rojo; sin embargo, la segunda combinación no era tan complicada como la combinación de tres obstáculos. Debido a que el cuarto obstáculo rojo estaba situado cerca de los Weave Poles, Jeanette decidió que Topaz los usaría porque tenían el valor de puntos más alto. Después de eso, la secuencia de cierre de Snooker comenzaría usando el obstáculo de menor valor (que no fuera un obstáculo rojo) y avanzando en orden ascendente de valor.

Mientras Jeanette pensaba en el SCT (Tiempo Estándar de Curso), recordó que, para ganar el título de Maestra de Snooker, Topaz tendría que quedar en el 15% superior en tres de las cinco clases de Snooker de Masters. Topaz estaba enfrentándose a competidores difíciles, y parte de esa dura competencia era un perro Border Collie mestizo llamado Harry Houdini. Era un poco más grande que Topaz. Jeanette sabía que Harry había ganado las designaciones metálicas de Bronce, Plata y Oro por haber charlado con su manejador, Mark Lederman. Había notado pines en la camisa de Mark y había preguntado sobre su significado. Mark le había explicado que los había comprado para tener algo visible que llevar en los torneos en reconocimiento a la dedicación y habilidad de Harry, ya que la USDAA solo otorga un certificado en papel por cada designación metálica.

Jeanette recordó que una designación metálica de Bronce significaba que se habían obtenido quince actuaciones calificatorias adicionales al nivel de Campeón/Maestro de Torneo; la Plata significaba que se habían logrado veinticinco; el Oro requería treinta y cinco; y el Platino significaba la increíble cantidad de cincuenta actuaciones adicionales al nivel de Campeón/Maestro de Torneo.

Harry Houdini y Mark habían ganado tres Oros y dos Platas, además de bastantes Bronces. ¡Guau! Otro equipo con designaciones metálicas era Zelda, una hermosa Weimaraner, y su manejadora, Jessie Northrup.

Un total de veintiséis perros estaban inscritos en esta clase de Masters Snooker. Jeanette calculó que cuatro perros constituirían el 15%. Pensó: "Estoy apostando a que Harry Houdini y Zelda serán dos de esos cuatro perros, lo cual deja dos plazas para Topaz."

Suspiró internamente y decidió no preocuparse por quedar en el 15% superior en esta competencia.

Las mariposas revoloteaban salvajemente en el estómago de Jeanette mientras caminaba hacia el recorrido. Esperaba que Topaz, con su extraña habilidad para captar los pensamientos y sentimientos de su mamá, no se conectara hasta que ella se hubiera calmado.

"Esto se supone que es divertido. No es una situación de vida o muerte," pensó.

De inmediato se sintió tranquila al poner la competencia en la perspectiva adecuada.

Topaz caminó junto a su mamá hacia el ring. Había estado desconcertada por la actitud de su mamá unos minutos antes y se había preguntado si se sentía mal, pero ahora parecía estar bien. Topaz escuchó un silbato y luego su mamá señaló un obstáculo de salto, y salieron disparadas.

Tuvieron una actuación rápida y sin fallos, y lograron una puntuación calificatoria, pero Jeanette no estaba segura de cómo su desempeño se comparaba con los de los experimentados ganadores de Bronce, Plata y Oro. La boca de Jeanette se sentía seca mientras revisaba la Hoja de Puntuación. El alivio la inundó. La actuación de Topaz fue solo medio segundo más lenta que la de Harry Houdini. Ella quedó en segundo lugar. Zelda quedó en cuarto lugar.

La actuación de Topaz en la clase Masters Jumper esa tarde fue brillante; sin embargo, una vez más, Harry Houdini ganó y Topaz quedó en segundo lugar.

Más tarde, Jenny y Topaz compitieron en la Clase Elemental de Manejador Junior. Topaz estaba tan relajada por la simplicidad del recorrido que casi se quedó en trance por el aburrimiento. Tenía un minuto completo para realizar diez obstáculos dispuestos de manera que el camino del recorrido fuera obvio. Trató de mantenerse interesada por el bien de Jenny, pero Topaz se sentía como si estuviera ayudando a entrenar a un cachorro. Afortunadamente, todo salió bien y Jenny obtuvo su Certificado de Agilidad Elemental de Manejador Junior.

Aquella noche, John y Marie disfrutaron de la compañía de Topaz mientras Cole, Jeanette y Jenny cenaban en un restaurante cercano. Ordenaron una cena para llevar de costillas asadas para Topaz y compraron una tarta de queso en una panadería de camino de regreso al Bed & Breakfast. Todos disfrutaron del postre, incluyendo a Topaz, que lamió sus labios delicadamente después de devorar su porción. John y Marie la miraron con añoranza, y Marie dijo: "Desearía que fuera mía. Por favor, recuerden llamarnos si alguna vez espera cachorros."

Kissy y Kawdje disfrutaban de los viajes. Les encantaba la emoción de dormir en un motel diferente cada noche y detenerse para pasear y hacer picnics en parques. Estaban preparados para otro día completo de viaje, pero hoy resultó ser un paseo corto. Sus padres los llevaron a los terrenos de otro Show de Agilidad.

El evento se celebraba al aire libre. Kissy y Kawdje habían sido inscritos en sus primeras clases de Masters y su día comenzó con Jumpers.

Kissy se sentía exultante y no podía esperar para competir. Kawdje echaba de menos a Michael y Topaz, pero le encantaba viajar, y si tenía que competir en eventos de Agilidad Canina entre los días de viaje, pensó que era un buen intercambio.

Sus padres los sostenían mientras esperaban su turno para actuar. Kissy y Kawdje podían ver que el recorrido tenía muchos saltos, lo cual se debía a que el número de saltos y obstáculos utilizados en una clase de Masters Jumpers era mayor que en las clases Starter y Advanced. Vieron obstáculos extendidos y túneles. El ánimo de Kawdje se elevó porque disfrutaba saltando. El de Kissy cayó, porque no le gustaba saltar. Kawdje estaba encantado de ver que no había barras de weaving. Kissy estaba afligida por la falta de ellas.

Kawdje precedió a Essie en el ring con una evidente alegría. No era un recorrido fácil. Dos obstáculos extendidos tenían que ser utilizados de forma consecutiva con muy poca distancia entre ellos. A pesar del grado de dificultad, Kawdje tuvo una actuación rápida y sin fallos. Se sintió bien.

"La Agilidad Canina puede ser divertida," pensó, "¡incluso si Michael y Topaz no están conmigo!"

Kissy observó la admirable actuación de Kawdje mientras se sentaba en lo alto de los brazos de su papá. Su espíritu competitivo se levantó al desafío. Se propuso hacerlo tan bien como Kawdje y, preferiblemente, mejor.

Fue difícil para Kissy utilizar su velocidad en este recorrido para darle ventaja sobre Kawdje. Tantos saltos rompían su ritmo.

Pensó: "Voy a fingir que estoy volando cuando salte sobre el obstáculo extendido. Mantendré mis patas delanteras estiradas hacia adelante y mis patas traseras hacia atrás. No desperdiciaré energía saltando hacia arriba, solo saltaré hacia adelante. No intentaré correr tan rápido entre los saltos. Solo daré los pasos necesarios para prepararme para el próximo obstáculo." Empezó a encontrar un ritmo. Cada vez que se encontraba con un túnel, rompía a correr sin reservas a través de él y se alegraba de la ventaja que le daba el túnel.

Cuando superó el último salto, sintió un profundo alivio. Había aprendido a marcar el ritmo y trabajar con más fluidez en un recorrido de Jumpers.

"¡Lo haré mejor la próxima vez!" prometió.

Essie y Evan estaban extasiados porque Kissy y Kawdje no solo habían calificado en su primera clase de nivel Masters, sino que Kawdje había quedado en primer lugar en Jumpers, ganando a dos Maestros de Torneo, y Kissy había quedado en tercer lugar. Sus padres reconocieron el esfuerzo y la determinación de Kissy, y que parecía haber encontrado su ritmo a unos dos tercios del recorrido.

El estado de ánimo de Kawdje se mantuvo alegre durante todo el torneo. Hizo puntuaciones calificatorias en todas sus clases de Masters. Kissy utilizó la estrategia que había aprendido en la temida clase de Jumpers para sacar ventaja en el resto de sus clases. Quedó en primer lugar en Snooker, en parte gracias a las inteligentes elecciones de Evan, y en primer lugar en la clase de Agilidad Estándar de Masters. Kissy y Kawdje realizaron el Master Pairs Relay juntos y quedaron en segundo lugar frente a competidores más experimentados.

¡Fue un gran día para el dúo Double K!

Capítulo veinticinco

Fort Worth, Texas, donde se celebraban los Campeonatos Regionales del Sur, estaba inusualmente caluroso.

Por capricho, Sarah y Gordon habían inscrito a Michael en el Steeplechase y en el Gran Premio. Debido al calor, Sarah y Gordon estaban contentos de que Michael solo tuviera dos clases hoy, además de la Ronda 1 del Steeplechase.

Una vez que Sarah estuvo en el ring con Michael para la clase de Masters Gamblers, se olvidó del calor, ya que la intensidad y la emoción de actuar borraron todo lo demás. El nivel Masters de esta clase difería de los niveles Starters y Advanced en que tendría que permanecer al menos quince pies de distancia de Michael durante la secuencia "Gamble" en lugar de nueve pies.

Para esta clase, había cinco obstáculos designados como parte de la "Gamble" y un tiempo asignado de veinte segundos para realizarlos. Sarah confiaba en que Michael recordaría el nombre de cada obstáculo cuando se lo llamara.

"Es más listo que yo," pensó. "Él sabe cuál es su derecha y cuál es su izquierda." Cuando el silbato del juez sonó, señalando el final del período de apertura y el comienzo del "Gamble," Sarah apenas había logrado posicionarse en el área designada para los manejadores en esta parte de la clase. Michael acababa de salir del túnel de tubo y estaba frente al primer obstáculo que se debía utilizar en el "Gamble."

Como siempre, Sarah sostenía su mano izquierda pintada frente a ella, a la altura del pecho, para poder verla fácilmente y seguir orientándose hacia la izquierda de Michael. Mientras le pedía que girara a la izquierda y subiera el A-Frame, hizo un medio giro hacia su izquierda, manteniendo así su derecha e izquierda alineadas con las de Michael. Esta estrategia facilitó mucho dirigirlo.

Dieron una actuación estelar.

"Tu estrategia fue impecable," dijo Gordon mientras acercaba a Sarah y le plantaba un beso en la parte superior de la cabeza y luego otro en la cabeza de Michael.

Sarah y Michael se tomaron un merecido descanso. Después de haber comido sus bocadillos, los tres se dirigieron al Registro de Puntuación.

Estaban extasiados al ver que Michael había quedado en segundo lugar. Fue una gran victoria, que valió muchos puntos debido al gran tamaño de la clase.

Jetson y su manejadora, Maureen Hanks, habían ganado. Sarah había conversado brevemente con Maureen mientras esperaban para actuar. Maureen le había contado que Jetson era un perro mestizo de cuatro años, mezcla de Labrador negro, que había obtenido de un familiar cuando era un cachorro y que había ganado varias designaciones metálicas de oro y plata.

Sarah le contó esto a Gordon y agregó: "Probablemente Michael habría ganado si hubiera estado con un manejador más experimentado que yo."

"Dáte crédito, chica dorada. Tú y Michael solo lleváis unos meses en el circuito de Agilidad Canina y ya os estáis situando cerca de la cima."

Más tarde ese día, a pesar de estar cansados y no en su mejor forma debido al calor, Michael y Sarah quedaron en cuarto lugar en la Ronda 1 del Steeplechase, lo cual los hacía elegibles para competir en la Ronda 2, que se celebraría el domingo. ¡Quedar en cuarto lugar no estaba nada mal en una clase tan competitiva!

El sábado fue un día ligero para Sarah y Michael, ya que solo compitieron en el Clasificatorio del Gran Premio. Estaban frescos y descansados y se llevaron el primer puesto en la categoría de altura de salto de Michael. Sarah se alegró por la victoria de Michael sobre Jetson, pero le confesó a Gordon que ahora se sentía presionada para hacerlo bien en las Finales del Gran Premio del domingo.

El domingo, el tercer y último día del Campeonato Regional del Sur Central, el dúo querido, como Gordon había empezado a llamarlos, estaba inscrito en las rondas finales del Steeplechase y el Gran Premio. El Gran Premio era similar a una clase de Agilidad Estándar de nivel Masters y se puntuaba de la misma manera; sin embargo, el Tiempo Estándar del Recorrido era incluso más rápido que en el nivel Masters.

Gordon encontró un asiento en la grada justo antes de que comenzara la actuación de Sarah y Michael en la Ronda 2 del Steeplechase. Se veían tranquilos y seguros mientras caminaban con paso enérgico hacia el ring. Durante su magnífica actuación, Gordon escuchó comentarios favorables sobre el perro genial con la oreja naranja y la mujer bonita con la mano a juego.

Un hombre dijo: "Es un perro feo hasta que se mueve, y entonces se transforma en la criatura más hermosa que he visto."

Escuchó la voz de una niña pequeña que preguntó: "¿Qué significa metamorf... eh, qué significa esa palabra tan larga?"

El hombre respondió: "Cambio. Significa cambiar o transformarse de una cosa a otra."

Gordon no pudo resistirse a anunciar: "Esa es mi esposa y nuestra mascota, Michael Archangelo."

"¿Qué raza de perro es?" preguntó una mujer que estaba sentada junto a la niña y que parecía ser su madre.

"Es un perro Callé de San Miguel de Allende, en México," respondió Gordon.

Los espectadores sentados lo suficientemente cerca para escuchar su respuesta sonrieron con conocimiento. Texas limita con México y la mayoría de las personas en el área tenían algún conocimiento de español.

Un hombre comentó: "¡Así que por eso se llama Michael Archangelo!"

La niña necesitaba una explicación porque no podía establecer la conexión entre San Miguel y el Arcángel San Miguel.

Una mujer mayor en la multitud pronunció: "Seguramente está destinado a lograr grandeza con un nombre tan exaltado."

"¡Eso, eso!" dijo Gordon.

Los espectadores silbaron y aplaudieron ruidosamente después de su actuación.

Gordon dejó su asiento para buscar a Sarah y Michael. Michael lo vio antes que Sarah y galopó hacia él, tirando de Sarah mientras ella se aferraba a la correa con ambas manos.

Gordon la acercó para un abrazo y luego se arrodilló para abrazar a Michael. "A la multitud alrededor de mí le encantó vuestra actuación en equipo."

Claro, aquí tienes la traducción en Castellano Natural:

Revisaron la hoja de puntos y vieron que, hasta el momento, Michael había registrado el mejor tiempo. Sarah y Michael regresaron a su zona de descanso, bebieron agua y mordisquearon galletas de jengibre mientras Gordon compraba comida en un puesto de comida.

Gordon llegó con burritos y anunció: "He revisado la hoja de puntos y Jetson ha empatado con Michael en primer lugar. A menos que otro perro registre un tiempo más rápido, tendrán un desempate. Aplaza la comida. Ninguno de los dos debería competir con el estómago lleno. Revisaremos los resultados de nuevo en diez minutos."

Veinte minutos después, Maureen Hanks y Jetson, Sarah y Michael esperaban pacientemente mientras el último competidor salía del anillo de Steeplechase. Permanecían empatados en primer lugar. Gordon no había esperado con ellos cerca de la puerta de entrada porque quería ver el espectáculo desde las gradas.

Michael pensó que iba a realizar un Relevo en Pareja hasta que él y Sarah entraron al anillo sin Jetson y su mamá. Reconoció que era el mismo recorrido que había realizado no mucho antes y entendió que algo diferente estaba sucediendo porque nunca había hecho el mismo recorrido, uno tras otro. Sabía lo que significaba la palabra "rápido" y entendió que Sarah quería que corriera y saltara tan rápido como pudiera mover las patas.

Alrededor de tres cuartas partes del recorrido, Michael tiró la barra superior de un salto y escuchó el ruido al caer al suelo. Sarah lo instó a ir hacia el siguiente salto, así que continuó corriendo el recorrido lo más rápido que pudo.

Cuando Gordon vio que Michael tiraba la barra superior, pensó: "Ya está. Bueno, quedar en segundo lugar en un Steeplechase con tantos competidores es un logro asombroso para Sarah y Michael."

Escuchó a algunos espectadores sentados cerca quejarse, y alguien comentó: "Ahí se va la oportunidad de Michael Archangelo de ganar."

Otro dijo: "¡Qué gran nombre! ¡Debe haber una historia interesante conectada con un nombre así!"

Un hombre de voz ronca dijo: "Esto no ha terminado hasta que termine. El otro perro aún no ha competido."

Hubo una fuerte y prolongada ovación cuando Sarah y Michael salieron del anillo.

Jetson y Maureen Hanks comenzaron su actuación y Gordon decidió retrasar las felicitaciones y consolar a su querida pareja en favor de observar a estos dos competidores dignos. "Me gustaría ver la técnica de Maureen", pensó. "Tal vez tenga un método que pueda aconsejarle a Sarah."

Estaban realizando el recorrido de manera controlada, económica y con práctica. Vio a Maureen mirar su reloj y luego ordenar a Jetson que se moviera más rápido. De repente, Jetson se estaba preparando para tomar un salto equivocado. Maureen rápidamente le indicó que tomara el obstáculo de la izquierda. Él viró y utilizó el salto correcto, pero no lo limpió completamente y tiró la barra superior.

"¡Ajá!" pensó Gordon. "Todavía tenemos una oportunidad. Ambos han acumulado cinco faltas."

Jetson y Maureen terminaron con una ronda de aplausos después de lo cual se anunció inmediatamente al equipo ganador. La multitud aplaudió, pisoteó y silbó mientras el perro sencillo con una oreja de color naranja neón y la mujer pequeña y bonita con una mano igualmente brillante en color naranja caminaban hacia el centro del anillo para recibir su premio por el primer lugar por haber registrado el tiempo más rápido. Gordon escuchó a los espectadores a su alrededor gritar el nombre de Michael una y otra vez.

Michael entendió que había ganado el Steeplechase del Campeonato Regional del Sur Central contra un competidor mucho más experimentado. Estaba orgulloso de su logro y la confianza lo llenó. Recordó haber sentido la misma sensación cuando compitió con Patrick. Quería que esa fe inquebrantable en sí mismo estuviera siempre dentro de él.

Después de la ceremonia de premiación, Gordon prometió a Sarah que compraría una fantástica cena para llevar para los tres, de un restaurante muy caro.

"Podemos comerla en nuestro motel o en un parque," dijo él.

"¿Qué pasa si un chef de primera se niega a preparar una comida para llevar?" preguntó Sarah.

"Apuesto a que lo hará cuando le explique tu gran victoria en el torneo."

Sarah dijo, "Tengo que concentrarme en superar la final del Gran Premio en una hora más o menos. Sé que no debería sentirme presionada para ganarlo solo porque ganamos la Ronda I Clasificatoria, pero lo siento. Siento aún más presión ahora que Michael ha ganado el Steeplechase. Eso me recuerda, pronto habremos participado en suficientes torneos para llegar al número 10 y Michael ganará el título de Maestro de Torneos. ¡Hurra!"

La ronda final del Gran Premio sería otra clase enorme en la categoría de salto de Michael. Gordon y Sarah eran conscientes de que Michael había estado acumulando una gran cantidad de puntos porque había ganado o se había colocado bien sobre tantos otros competidores en sus clases.

"Tal vez esté en la lista de 'Los Diez Mejores' debido a su alta acumulación de puntos," especuló Gordon. "Si ambos lo hacen igual de bien el próximo año, podrían ofrecerte un lugar en el equipo de EE.UU. y representar a nuestro país en la Federación Internacional de Deportes Cinológicos dentro de dos años. Los puntos que Michael acumule este año no contarán para ser seleccionado, pero los que acumule el próximo año sí lo harán. Eso es bueno para nosotros porque él acaba de empezar este año y no tuvo la oportunidad de recolectar muchos puntos."

Sarah tragó saliva y dijo, "Tal vez tú y Michael deberían practicar juntos. Ustedes dos podrían competir juntos el próximo año. Serían un equipo fabuloso."

Gordon rió, "Tú y Michael ya son un equipo fabuloso. ¿Estás nerviosa por la posibilidad de que tú y Michael representen a nuestro país en el torneo internacional de Agilidad Canina?"

"Claro que sí," dijo Sarah.

Mientras se abrazaban, automáticamente se apartaron para permitir que Michael se metiera entre ellos y recibiera su parte de cariño.

Pasearon y se detuvieron a ver a los perros de 12 pulgadas de altura de salto competir en el Steeplechase. Aplaudieron entusiásticamente a una Papillon llamada Thumbelina que hizo una actuación sobresaliente.

Miraron hasta que el último competidor salió del anillo y escucharon el anuncio de que Thumbelina había ganado.

Gordon se quedó con Michael cerca del Anillo 1 mientras Sarah corría al Anillo 2 para hacer un recorrido previo por la configuración del curso del Gran Premio. Observó la colocación engañosa de dos obstáculos uno al lado del otro, uno de los cuales era un señuelo. Sabía que tendría que posicionarse cerca del señuelo para señalar a Michael hacia el obstáculo correcto cuando saliera del Túnel Rígido. Corrió de regreso al Anillo 1 y los encontró.

Sarah vio a Gordon encontrar un asiento en las gradas del Anillo 2 y luego susurró al oído de Michael justo antes de entrar al anillo: "Te amo sin importar cuál sea nuestra colocación, pero por favor, ¡hazlo RÁPIDO!"

Michael intuyó lo que Sarah había dicho porque el profundo y perdurable vínculo de amor que abre un nivel de comunicación que trasciende las palabras los conectaba. Michael ahora entendía lo que Topaz quería decir cuando había descrito la transferencia de pensamientos y sentimientos que ella y su mamá tenían. Presionó su cabeza contra Sarah y miró directamente a sus ojos. Sarah supo que Michael le estaba diciendo que entendía.

Pensó, "Nosotros tenemos esa misma conexión mística que Jeanette y Topaz tienen."

Entró al anillo con seguridad y Sarah vio la confianza que emanaba de él.

"Creo que me está diciendo que vamos a ganar," pensó.

Y lo hicieron. ¡Ganaron el Gran Premio Regional del Sur Central! Gordon llamó al muy recomendado restaurante francés, "Tullerías", y habló con el chef. Después de explicar las grandes victorias de Sarah y Michael en el Torneo Regional de Agilidad Canina, el Chef Laurence Lafitte colaboró completamente. Sugirió un aperitivo de Gambas a la Nueva Orleans, seguido de un Chateaubriand lo suficientemente grande para tres en lugar de para dos (como es la porción habitual), ensalada de rúcula y espinacas con su especial aderezo House Lafitte, puré de patatas Lafitte, una mezcla de verduras con judías verdes y calabacín en tiras sazonado con sus hierbas especiales, y panecillos franceses calientes recién horneados en el local.

"Tenemos muchos postres, monsieur. ¿Tiene algo particular en mente?" preguntó el chef con un pronunciado acento francés.

"El Crème Brûlée es el favorito de los tres."

"¡Ah! Un postre magnífico que siempre está disponible en las Tullerías. Deseo que los tres coman elegantemente, así que estoy dispuesto a suministrar nuestra porcelana y cubiertos si tiene la amabilidad de devolver esos artículos antes de partir de la ciudad. Una comida de tal calidad no debe comerse en platos de plástico usando utensilios desechables. Colocaré los alimentos calientes en un contenedor especial diseñado para mantenerlos calientes y los alimentos fríos en otro contenedor para mantenerlos frescos. ¿Cuándo le gustaría recoger su cena, monsieur?"

Gordon agradeció al Chef Lafitte y dijo que recogería la comida alrededor de las 17:30. Prometió devolver los contenedores y platos unas horas más tarde.

"Monsieur, le pido que traiga a su esposa y al 'magnífico chien' con el exaltado nombre celestial a la entrada trasera de mi restaurante cuando devuelva mis pertenencias. Sería un honor conocer a dos grandes campeones."

Comieron la comida de clase mundial en un bonito parque, en una mesa de picnic situada cerca de un pequeño lago. Las personas que disfrutaban de un paseo vespertino se sintieron atraídas por el pequeño banquete por los aromas tentadores de la buena comida que flotaban en el aire de la tarde.

Una mujer anciana le preguntó a Sarah si había preparado la comida ella misma. Gordon explicó las circunstancias y el origen de su festín. La mujer y su esposo felicitaron a Sarah y a Michael. Michael se estaba acostumbrando a recibir atención y, de hecho, le gustaba.

Mientras la pareja se alejaba, oyeron a la mujer decirle a su esposo: "Cariño, haz eso para mi cumpleaños, el próximo mes." Gordon y Sarah decidieron regresar a Pensilvania temprano a la mañana siguiente. Echaban de menos su hogar y estaban impacientes por comenzar a renovar la casa, hacerla suya y empezar su vida como un trío.

Capítulo veintiséis

Septiembre fue un mes muy ocupado. Essie logró mostrar a Kawdje en algunas Exposiciones de Conformación y se emocionó al recibir la aceptación para presentarlo en el Show de Perros de Westminster, que siempre se celebra en febrero. Los cuatro perros y sus padres compitieron en dos eventos de Agilidad Canina celebrados localmente.

El evento del 17 y 18 de septiembre se llevó a cabo al aire libre, y las condiciones climáticas durante el primer día de competición fueron pésimas. Una opresiva cubierta de nubes grises parecía que, en cualquier momento, se desplomaría envolviendo a todos y a todo. Hubo lluvias ligeras intermitentes y todos esperaban que se desatara un torrencial aguacero.

Las carpas proporcionaban refugio y mantenían secas las áreas de actuación y el equipo. Grandes alfombras antideslizantes cubrían el césped adyacente a cada puerta de entrada a los anillos para absorber la humedad de las patas y zapatos. A pesar de estas precauciones, personas y mascotas que caminaban desde áreas no protegidas y húmedas arrastraban la humedad. Afortunadamente, los obstáculos de contacto siempre estaban cubiertos con una superficie antideslizante, por lo que eso no representaba un problema de seguridad.

Kissy se emparejó con Chrysee en el relevo de la categoría de 12 pulgadas en los Masters. El placer que sentían por la compañía del otro era evidente. Quedaron en primer lugar por el margen más estrecho. Kawdje se emparejó con Marjie, un Terrier de Manchester que ya había avanzado bastante en obtener la Designación de Bronce. Quedaron en segundo lugar.

Mientras Kissy y Kawdje actuaban en el relevo, Michael y Topaz competían en la clase de Agilidad Estándar Masters. Michael quedó primero. Un perro llamado Hubert el Mejor quedó segundo. Topaz quedó tercera.

Durante la pausa del almuerzo, bajo una de las grandes carpas, Jeanette preguntó a los demás si sabían de qué raza era Hubert el Mejor. Gordon dijo que había estado de pie cerca de la esposa del manejador, y que habían intercambiado información sobre sus mascotas.

"Me dijo que Hubert el Mejor es un Malinois belga, y, en la compañía presente, me referiré a él como Hubert el Segundo Mejor porque Michael lo ha superado en todas las clases hasta ahora."

Todos rieron, y Cole dijo: "No te culpo por ser un papá orgulloso. Michael ha sido espectacular."

Cuando los perros fueron llevados a hacer sus necesidades antes de entrar a la primera de las clases de la tarde, estaba lloviendo de manera constante. A Kissy le desagradaba ser puesta en el césped mojado. En casa, se colocaban almohadillas absorbentes en el suelo del garaje para que las usara cuando llovía y durante las tormentas de nieve en invierno, cuando la nieve era muy profunda. Kissy no quería agacharse en el césped mojado y mojarlo aún más de lo que ya estaba. Rogó a su papá que la recogiera. Evan lo hizo, suponiendo que Kissy no necesitaba aliviarse. La llevó al refugio del pabellón que cubría el Ring 1, donde estaba a punto de comenzar la clase de Masters Gamblers para su categoría de salto.

Kissy decidió que el césped dentro del ring estaba lo suficientemente seco como para aliviarse allí, y pensó que sería mejor hacerlo rápido antes de realizar el recorrido. Una mujer alta, de complexión robusta, con el pelo rojo, que estaba cerca de la puerta de entrada, anunció en voz alta que Kissy había ensuciado el ring. El juez vio el acto, se acercó a Evan e informó tranquilamente que Kissy había sido eliminada. Evan pensó para sí mismo, mientras la sacaba del ring, que al menos no había mordido al juez como lo había hecho hace muchos meses durante una Exposición de Conformación.

El siguiente competidor era un Lhasa Apso que dejó claro que era macho cuando levantó la pata y ensució el ring en el mismo lugar que Kissy había usado. Nuevamente, la mujer pelirroja, que sostenía a un pequeño perro mestizo de Terrier que no había tenido buenos resultados en las clases de la mañana, anunció que otra infracción se había cometido en el ring. El Lhasa y su guía salieron del ring. Se llamó a un asistente y se vertió una solución sobre el área ensuciada.

La mujer que había anunciado en voz alta las infracciones de Kissy y del pequeño Lhasa macho entró al ring y dejó a su perro en el césped, a unos pocos metros del lugar ensuciado. Tan pronto como lo soltó, el perro corrió directamente al área, la olió, levantó la pata y añadió al "mezclado". Esta vez, ¡muchas voces anunciaron que el ring había sido ensuciado de nuevo!

De repente, un trueno estremecedor retumbó directamente sobre ellos, y en el Ring 2, donde se estaba desarrollando la clase de Masters Snooker para la categoría de altura de 22 pulgadas, una Collie Barbuda se desplomó sobre un obstáculo en pleno salto. Estaba tan asustada que verdaderamente ensució el ring. Se trajeron toallas de papel y una pala recogedora para rescatar la situación.

Los jueces y oficiales se reunieron y, después de varios minutos, un oficial anunció que la competición quedaba suspendida por el día y se reanudaría mañana, si las condiciones meteorológicas mejoraban. La decisión de eliminar a los perros que habían ensuciado el ring en la clase de Masters Gamblers para la categoría de salto de 12 pulgadas y en la clase de Masters Snooker para la categoría de 22 pulgadas fue rescindida. El oficial dijo que esas dos clases se reanudarían mañana y los competidores que ya habían terminado el recorrido tenían la opción de volver a participar en condiciones climáticas más favorables o aceptar el tiempo obtenido en la clase de hoy.

"Además", declaró el oficial, "la competición comenzará una hora antes y terminará una hora después mañana, a la espera de mejores condiciones meteorológicas que se esperan durante la noche. El tiempo adicional nos permitirá incluir las clases canceladas hoy".

Evan dejó escapar un enorme suspiro de alivio y atravesó el aguacero y el césped mojado llevando a Kissy, acompañado por una Essie igualmente aliviada que llevaba a Kawdje. Todos estaban contentos de regresar a casa.

El día siguiente fue inusualmente fresco, con sol intermitente, pero nadie se quejó. Kissy ganó en Gamblers y Kawdje quedó en tercer lugar, apenas una quinta parte de segundo detrás de Marjie, la Terrier de Manchester. Chrysee quedó en cuarto lugar muy cerca. La clase de Masters Snooker también fue ganada por Kissy. Kawdje fue medio segundo más lento y quedó en segundo lugar. Michael dominó en sus clases de Masters, ganando todas las clases excepto Gamblers, en la que Topaz ganó. Topaz quedó segunda en Snooker, y Hubert el Mejor quedó en tercer lugar.

El fin de semana siguiente, el clima de principios de otoño sonrió con cielos despejados en el día de apertura del evento Dexterous Dogs Agility. Las clases de la mañana comenzaron con el Masters Pairs Relay para la categoría de salto de 12 pulgadas. Kawdje se emparejó con Olé, el Pinscher Miniatura, y Kissy con Marjie, la Terrier de Manchester. Kissy le confesó a Marjie que quería ganar y que, definitivamente, quería ganar sobre Olé.

Marjie dijo que ya había sido emparejada con Olé antes. "Quedamos en primer lugar. Olé me dijo lo afortunada que era de estar emparejada con él y que ganamos gracias a su extraordinaria actuación. Lamento que Kawdje esté emparejado con él, porque culpará a Kawdje si no consiguen el primer puesto, y no lo conseguirán porque tú y yo ganaremos."

Kissy y Marjie marcharon hacia el ring con la determinación recorriendo sus cuerpos y llenando sus niveles de energía hasta un punto máximo. Kissy actuó primero. Le encantaban los relevos porque el diseño del recorrido era similar a una clase estándar de agilidad en la que se usaban todos los diferentes obstáculos, con la excepción de la mesa, que, para su deleite, nunca se incluía en una clase de relevos.

Como estaba actuando al aire libre y había una brisa, escuchaba el sonido del viento mientras agitaba sus pequeñas orejas. Fue rápida y soberbia, y deseó que su actuación pudiera continuar sin fin.

Tim Kreutzberg y Marjie formaban un equipo excepcional. Después de salir del ring, Tim revisó rápidamente la hoja de puntuación para conocer su posición, mientras Evan se mantenía cerca de la puerta de salida, sosteniendo a Kissy en sus brazos y observando la actuación de Kawdje y Olé. Vio a Tim caminar hacia él dándole el pulgar hacia arriba, señalando su primer puesto.

Olé corrió bien, pero en la opinión parcial de Evan, Kawdje realizó una actuación superior. Después de que los últimos competidores salieran del ring, para el deleite de Evan, Kissy y Marjie quedaron en primer lugar. Kawdje y Olé quedaron en segundo lugar. Chrysee y un Terrier mestizo llamado Bon Jon se situaron en el tercer puesto.

Kissy y Marjie estaban paradas una al lado de la otra mientras sus papás revisaban las posiciones finales. Ambas entendían la frase "Hemos ganado", y estaban tan felices que prácticamente se chocaron las patas.

El día fue excelente para el fabuloso cuarteto. Michael Archangelo quedó primero en todas sus clases, con la excepción de Jumpers, que ganó Topaz. Topaz quedó segunda en todas las demás clases. Hubert el Mejor quedó tercero en dos clases y muy por debajo en otras.

El segundo día del evento, el clima bendijo a todos con un cielo azul claro y una ligera brisa del noroeste. Las clases de la mañana fueron bien para todos.

Durante el descanso del almuerzo, Gordon y Sarah invitaron a todos a una fiesta de cumpleaños para Michael el 27 de octubre y dijeron que habían decidido hacerla con temática de Halloween porque la fiesta sería apenas cinco días antes de la Víspera de Todos los Santos.

"Todos vengan disfrazados", decretó Sarah.

Evan dijo: "Ese es tu cumpleaños, Gordon."

"Olvidé que sabrías que es mi cumpleaños, Evan. Sarah y yo no mencionamos que es mi día natal porque no quiero regalos obligatorios."

Jenny preguntó: "¿Cómo supiste qué día es el cumpleaños de Michael? Lo encontraste cuando ya era adulto, tía Sarah."

"Me gustaría celebrar los cumpleaños de mis dos chicos especiales el mismo día. Ambos son grandes, inteligentes, atléticos, les gustan los coches rápidos y la buena comida. Son tan parecidos que apuesto a que tienen la misma fecha de nacimiento."

Gordon se levantó e hizo una reverencia en broma y dijo: "Hay algo más que tenemos en común y que no mencionaste. Los dos te amamos."

Jenny estaba encantada con la idea de una fiesta de disfraces y rogó que se le permitiera invitar a un par de sus mejores amigos de la escuela. Su tía comenzó a regañarla por ser tan presuntuosa, pero

Gordon interrumpió a Jeanette y dijo que los niños y las fiestas van de la mano.

"¿Van a venir también las mascotas a la fiesta?" preguntó Jenny.

"¡Por supuesto!" respondió Sarah. "Las mascotas y las fiestas también van de la mano, además, es la fiesta de cumpleaños de Michael."

"Tía Essie y tío Evan, ¿podría pedir prestada a Kissy? Quiero que vayamos como Lilo y Stitch."

Essie se rió y preguntó: "¿Cómo transformarás a Kissy en Stitch, y cómo puedes hacer que te parezcas a Lilo?"

Jenny miró interrogativamente a su tía Jeanette, quien dijo: "Podemos buscar una peluca negra para ti en algunas tiendas de disfraces. Tal vez algunas tiendas de mascotas tengan disfraces para perros. Si la tía Essie y el tío Evan están de acuerdo, te ayudaré a encontrar un disfraz adecuado para Kissy."

Essie y Evan aseguraron a Jenny que Kissy podría ser su compañera para la fiesta.

Mientras se discutían los planes de la fiesta, las mascotas devoraron su almuerzo de comida seca para perros y pechugas de pollo rellenas de arroz sazonado que habían sido picadas para su comodidad. Kawdje no pudo terminar su porción porque había comido tantos trocitos de galletas de avena, un manjar que Essie le había dado de su mano después de que quedara en primer lugar en Jumpers esa mañana. Topaz y Michael se quedaron a su lado, esperando limpiar su cuenco.

"Deja de babear sobre mi cabeza, Michael," gruñó Kawdje mientras se alejaba de su cuenco. "No me importa mojarme con la lluvia, pero no con babas."

Los hocicos de Michael y Topaz se dividieron el cuenco y en menos de tres segundos, el cuenco de Kawdje estaba reluciente.

"¿Alguien tiene alguna historia emocionante que contar sobre nuestras actividades de esta mañana?" preguntó Topaz.

Kawdje relató su experiencia al ser emparejado con Olé en la clase de Masters Relay de ayer.

"Todos sabéis que Kissy y Marjie ganaron. Mi mamá y yo somos un buen equipo e hicimos un gran trabajo. A pesar de nuestra buena actuación, después de saber que no quedamos en primer lugar, Olé se burló y dijo que era su mala suerte haber sido emparejado con un perdedor. Al principio no iba a dignar su desaire con una respuesta, pero luego lo miré directamente a los ojos y dije: 'Igualmente'. Me alejé y lo dejé farfullando."

Todos rieron y coincidieron en que su comentario conciso fue la respuesta perfecta.

Kissy dijo: "Tuve la mala suerte de ser emparejada con Olé esta mañana. Tuvimos un diálogo desagradable antes de que comenzara la clase."

Los otros tres suplicaron, "Cuéntanos."

"Tuvo la desfachatez de decir que era mi día de suerte porque me habían emparejado con él. Le recordé que en todas las clases en las que hemos competido, yo he quedado por delante de él. Le dije que Marjie y yo quedamos en primer lugar en el Relevo de ayer, gracias a su mediocre desempeño que frenó la posición de Kawdje."

"¿Qué dijo él a eso?" preguntó Kawdje, que estaba complacido de que Kissy lo hubiera defendido.

"Dijo que si mis orejas aletearan tanto como mi boca, podrían usarme en un campo de maíz para espantar cuervos."

Los otros tres reprimieron la risa, pero temblaban por el esfuerzo.

No podían esperar a escuchar lo que la ingeniosa Kissy había respondido.

"Le dije a Olé que no me había dado cuenta de que era un pequeño perro de granja cuya única compañía eran los animales y que su falta de exposición a la sociedad explicaba su ausencia de etiqueta en la Agilidad Canina. Luego se puso realmente desagradable. Dijo que esperaba que cayera en el obstáculo del Pozo de los Deseos."

"¿Qué le dijiste a eso?" preguntó Topaz.

"Le dije que tal calamidad nos impediría quedar bien y que, si realmente quería que eso sucediera, no solo era lento sino también estúpido. Luego le dije: 'además, pequeño tonto, si no corres lo suficientemente rápido para mi gusto, voy a vomitarte encima.' Le dije que podía vomitar a voluntad si comía un poco de hierba y que él no valía la pena para animar, pero tal vez sí valía la pena para vomitar encima.

Tuvo la osadía de presumir que haría el recorrido más rápido que yo. Mientras competía, le grité: 'Olé, Olé, no pierdas el rumbo.' Casi me arrepentí de mi comentario porque vi que casi tropezaba, pero eso demostró que mi burla le molestó. Me abstuve de hacer más comentarios porque decidí que prefería hacerlo bien a fastidiar a Olé y perder mi oportunidad de ganar."

A estas alturas, los demás habían renunciado a tratar de reprimir la risa. Finalmente, Topaz preguntó: "¿Quién ganó el Relevo de tu altura de salto de Masters?" Kissy respondió que ella y Olé lo habían hecho.

"¿Qué dijo Olé después de enterarse de que tú y él quedasteis en primer lugar?" preguntó Michael.

"No le di la oportunidad de mover los bigotes. Le dije: 'Olé, Olé, salvé el día. No gracias a ti, ganamos el Relevo.' Luego me di la vuelta y caminé rápido delante de mi papá para apresurarlo."

Kissy habría exultado de autosatisfacción si hubiera sabido cuánto había llegado a odiar Olé su nombre. Ardía de frustración porque rimaba con tantas palabras. Se lamentaba de no haber sido llamado un nombre que fuera imposible de rimar con cualquier otra cosa.

Capítulo Veintisiete

El tiempo era más suave de lo normal para la fiesta de Halloween/cumpleaños de Gordon y Michael. Sarah y Gordon apagaron la calefacción y dejaron la puerta de la cocina y algunas ventanas abiertas. El aroma de sidra caliente hirviendo en una olla en la estufa llenaba la casa y se filtraba por las ventanas abiertas.

Sarah, Gordon y Michael iban vestidos como Daphne, Fred y Scooby Doo. Essie y Kawdje se disfrazaron de Dorothy y Toto. Evan estaba espléndido como Glinda, la bella y amable Bruja del Sur de la película El Mago de Oz.

Llevaba una peluca rubia sobre la cual una tiara brillaba y centelleaba con cada movimiento de su cabeza. Entró a la casa deslizándose en un vestido largo y rosa hecho de capas de tul vaporoso. Agitaba una varita brillante y hablaba con voz aguda. Largos guantes de satén rosa cubrían sus manos y la mayor parte de sus brazos. Essie le había pegado pestañas postizas y había aplicado generosamente rímel, sombra de ojos y rubor, pero ninguna cantidad de maquillaje podía ocultar la barba incipiente en su mentón y mejillas.

Jeanette, Cole, Jenny, Topaz y Kissy los siguieron dentro de la casa. Habían venido juntos porque Jenny necesitaba pasar por la casa de Essie y Evan para vestir a Kissy con su disfraz, que consistía en rociarla con pintura azul no tóxica que se podía lavar fácilmente de su pelaje. A Kawdje le habían rociado con pintura marrón oscura para que se pareciera más a Toto. Essie era una versión convincente de Dorothy con una peluca marrón trenzada en dos coletas. Llevaba un vestido de cuadros azules y blancos y un par de zapatos rojos con lentejuelas.

Jeanette llevaba un vestido y un peinado de estilo años 40. Topaz estaba vestida con una falda corta y amplia y una blusa de mangas abullonadas, ambas de la misma tela que el vestido de Jeanette. Iban disfrazadas de las Pointer Sisters. Cole, haciéndose pasar por su mánager, llevaba un traje de ocio de los años 70.

No habían empezado a beber la sidra cuando llegaron los amigos de Jenny, traídos por sus padres para la fiesta. Alyssa Benton iba vestida como una Barbie en Hawái porque quería coordinar su disfraz con Jenny, quien llevaba shorts y una blusa. Mark Wesley era un pirata. Le dijo a Jenny y a Alyssa que solo quería llevar un disfraz cómodo.

"Lo que querías era llevar un parche sobre un ojo", replicó Alyssa.

"¡Eso también!" admitió.

Pat y Ed llegaron con manzanas para el concurso de sacar manzanas con la boca. Estaban vestidos como concursantes del programa de televisión "Bailando con las Estrellas". Joy venía disfrazada de la Novia de Frankenstein y Sam era un gran y alto Frankenstein.

Joy abrazó a su tío Gordon y le deseó un feliz cumpleaños, luego preguntó: "¿Cuántos años tienes?"

"Más joven que tu papá", respondió Gordon.

Michael se acercó buscando su abrazo y Joy le preguntó a Michael mientras rodeaba su cuello con los brazos y apoyaba la cabeza sobre él: "Michael, ¿cuántos años tienes?"

Sarah se rió y dijo: "Estamos celebrando su segundo cumpleaños. No estoy segura de cuál es el equivalente en años de perro."

Kissy entró en la sala y se le erizaron los pelos cuando vio a Sam. Le ladró. Él se quitó la máscara completa de Frankenstein y pasó varios minutos convenciéndola de acercarse antes de que finalmente ella se aproximara cautelosamente. Sam la tomó en sus brazos y le dijo a Joy que pensaba que le gustaría tener uno de los cachorros de Kissy si alguna vez tuviera una camada.

"Pensaba que te gustaban los perros grandes", dijo una sorprendida Joy.

"Sí, me gustan, pero Kissy me gusta. ¡Es valiente! Tan diminuta como es, estaba lista para enfrentarse a mí hasta que finalmente me reconoció."

La mesa del bufé estaba cubierta con un mantel negro y repleta de platos tentadores. Había rollitos de col rellenos, albóndigas suecas, arroz y burritos que Sarah pensó que podrían gustar a los niños, sin mencionar a ella misma y a Michael. Había preparado un gran plato de dip de siete capas de frijoles refritos, y colocó un gran bol de chips de tortilla al lado. Había champán para el brindis y botellas de jugo carbonatado sin alcohol para que los niños bebieran durante los brindis de cumpleaños. Un enorme pastel de cumpleaños decorado como una calabaza, con "Feliz Cumpleaños Gordon y Michael" escrito en glaseado negro y una falsa araña negra encima, ocupaba el lugar central en la mesa del bufé.

La casa estaba decorada con telarañas y arañas falsas. Varias pequeñas linternas de calabaza sonreían desde la mesa del bufé, además de una enorme que fruncía el ceño sobre la encimera de la cocina, y más de ellas iluminaban tenuemente las entradas de la puerta delantera y de la cocina. Una bruja, montada en su escoba, estaba suspendida del techo de la cocina y parecía que se lanzaba hacia la encimera.

Cuando comenzaron las festividades, Mark ganó el concurso de sacar manzanas con la boca. Sarah le otorgó un certificado de cine por 20 dólares. Mark dijo en voz baja a Jenny que le gustaría llevarla al cine el próximo sábado por la noche. Jenny simplemente sonrió de manera misteriosa (o al menos esperaba que fuera una sonrisa misteriosa. Había estado practicando frente a su espejo toda la semana).

A continuación, vino un concurso de talentos. Essie hizo un número de claqué y cantó "Somewhere Over the Rainbow", mientras un ladrador Kawdje/Toto la rodeaba y Evan agitaba su varita y ocasionalmente se unía a la canción. Cuando Essie terminó, Evan agitó su varita y anunció en su mejor voz aguda: "Ahora os convierto a cada uno de ustedes en la versión más maravillosa que jamás podrían aspirar a ser, y todos vuestros deseos se cumplirán durante el próximo año."

Todos aplaudieron y vitorearon.

Pat y Ed pusieron un CD y bailaron un elegante foxtrot al ritmo de "Blue Skies". Se balanceaban, inclinaban y realizaban pasos rápidos. Todos quedaron atónitos por su pericia, y hubo varios segundos de silencio tras terminar su actuación antes de que comenzaran los entusiastas y agradecidos aplausos.

Jeanette puso un CD de la canción "The Boogie Woogie Bugle Boy of Company B" de las Pointer Sisters. Eligió esa canción por la conexión con Topaz siendo una Pointer de pelo corto. Ella y Topaz habían practicado bailando al ritmo de la canción. Jeanette hacía mímica mientras ella y Topaz se movían en patrones intrincados. De vez en cuando, Topaz soltaba una nota alta. Kawdje se unió en esos momentos, así como Michael y Kissy, que se negaban a quedarse fuera del coro, por lo que las cuatro mascotas acompañaron a las Pointer Sisters. Jeanette y Topaz hicieron una reverencia en la posición de yoga del perro boca abajo al final de su actuación.

Todos silbaron y pisotearon el suelo y los aplausos fueron tan fuertes como una pequeña audiencia podía hacerlo.

Gordon tomó el centro del escenario y preguntó si había más concursantes. Nadie respondió, así que Gordon declaró que el ganador sería elegido según el volumen de los aplausos. Hubo un empate entre tres.

Gordon anunció: "Essie, Evan, Kawdje, Kissy, Jeanette y Topaz planean competir en los Juegos Mundiales de Cynosport en Scottsdale, Arizona, en tres semanas, así que el premio será un paseo en mi helicóptero, además de un almuerzo gourmet preparado por un chef de clase mundial, y se realizará cerca de mi sitio de kiva en el desierto".

Todos aplaudieron.

Continuó: "Pat y Ed, aquí tienen una tarjeta de regalo para el Restaurante Italiano Ralph's en el centro de South Philly. Les recomiendo los mejillones en salsa roja".

Mark susurró a Jenny: "Tu familia y amigos son realmente geniales. ¿Vas a ir a los Juegos Mundiales de Cynosport?"

"Sí", respondió ella. "Voy a competir con Kissy en la clase de Jóvenes Guías".

Jenny, Mark, Alyssa y las mascotas se dirigieron hacia afuera. Ya era de noche, pero recientemente habían instalado iluminación exterior y se había despejado un camino serpenteante que llegaba hasta el arroyo, situado cuesta abajo desde la casa. Todos bajaron corriendo por el camino, con las mascotas moviéndose rápidamente entre, alrededor y a través de las piernas.

Jenny se sorprendió al ver lo hinchado y tumultuoso que estaba el arroyo desde la última vez que lo había visto hace tres semanas.

"Es increíble cómo la semana de lluvia continua que tuvimos hace un tiempo convirtió este arroyo de un riachuelo poco profundo y burbujeante en un arroyo de corriente rápida", comentó.

Michael se paró cerca del borde del banco y agachó la cabeza para beber agua. Topaz acercó la cabeza a Michael y también bebió. Kissy y Kawdje hicieron lo mismo.

Kissy tuvo que agacharse tanto para beber agua que accidentalmente se zambulló de cabeza en el arroyo. La rápida y tumultuosa corriente de agua fría la hizo dar volteretas y perdió toda noción de arriba y abajo. Tragó agua muy fría y sintió que se ahogaba.

Un pensamiento cruzó su mente. "No quiero dejar a mi papá, mamá y a Kawdje, y aún no he terminado de correr. Tengo muchos más eventos de Agilidad por ganar". De repente, sintió aire y tosió, luchando por respirar. Hizo un gran esfuerzo por nadar y mantener la cabeza fuera del agua.

Nadie vio a Kissy caer al arroyo, pero todos la vieron chapoteando cerca de la orilla en un intento frenético por salir del agua. Jenny rápidamente se arrodilló y se inclinó para agarrarla, pero el agua que corría arrastró a Kissy lejos de la orilla y la llevó río abajo.

Jenny sabía que Topaz era una nadadora fuerte y confiada, que nadaba casi todos los días en su propio estanque, solo por el placer de hacerlo. Jenny le ordenó "Ve por Kissy", pero Topaz ya había saltado al arroyo. Era demasiado poco profundo para nadar, así que medio saltó, medio corrió lo más rápido que pudo de manera tambaleante y torpe porque el fondo rocoso y desigual y la corriente la mantenían desequilibrada.

Michael también saltó y, al ser más fuerte, avanzó más en su intento de alcanzar a Kissy, que estaba luchando y en evidente pánico. Kawdje sabía muy bien que Kissy no sabía nadar, así que también saltó y enseguida quedó fuera de su profundidad. Nadó con la corriente y fue el primero en llegar a Kissy.

Se posicionó río abajo de ella. La corriente empujó su cuerpo junto a él. Intentó nadar hacia la orilla, pero la corriente era fuerte y ambos estaban siendo arrastrados río abajo.

Cuando Michael los alcanzó, entendió lo que Kawdje intentaba hacer. Se posicionó río abajo de Kawdje y se agachó, de modo que

Kawdje quedó presionado contra su costado por la fuerza del agua y Kissy seguía presionada contra el costado de Kawdje por la corriente.

Kissy entró en pánico mientras el agua salpicaba sobre su hocico. Abrió las mandíbulas para ladrar, pero el agua se precipitó hacia adentro. Sus patas delanteras se agitaban en un intento vano de nadar.

Kawdje mantuvo la calma e intentó nadar hacia la orilla, pero con la corriente empujando a una luchadora Kissy contra él, no pudo moverse. Agradecía profundamente que Michael los estuviera manteniendo a él y a Kissy de ser arrastrados río abajo.

Alyssa corrió de vuelta por el camino hacia la casa. Sus piernas se sentían pesadas, como si estuviera avanzando a través de melaza. Irrumpió por la puerta abierta hacia la cocina.

"Kissy cayó al arroyo y los demás están tratando de ayudarla", jadeó.

Todos corrieron afuera. Sarah y Gordon tomaron un par de linternas de un cajón de la cocina. Alumbraron el camino mientras todos se apresuraban hacia el arroyo.

Capítulo Veintiocho

Kissy se dio cuenta de que Topaz estaba a su lado. Sintió las mandíbulas de Topaz cerrarse alrededor de su cuello. En unas pocas zancadas, Topaz llegó al borde del arroyo y dejó a una Kissy asustada y agotada sobre tierra firme; luego, Topaz se zambulló de inmediato de nuevo en el arroyo para ayudar a Michael a llevar a Kawdje hacia la orilla.

Topaz solo podía imaginar lo frío que debía sentirse Kawdje. El agua le llegaba justo al vientre y la enfriaba hasta los huesos. Sabía que Michael también debía sentir un frío desesperante, ya que estaba parcialmente sumergido en posición de cuclillas para evitar que Kawdje fuera arrastrado río abajo. Si se pusiera de pie, Kawdje sería arrastrado entre sus piernas y la corriente se lo llevaría.

Intentó rodear el cuello de Kawdje con sus mandíbulas, pero su cuello era más grueso que el de Kissy. Luego intentó agarrar el collar con los dientes, pero no estaba lo suficientemente suelto como para poder sujetarlo bien.

Consideró colocarse detrás de Kawdje y empujarlo hacia el borde de la orilla mientras Michael permanecía a su lado para evitar que fuera arrastrado río abajo.

Vio, con profundo alivio, que Jenny y su amigo, quienes habían estado tropezando a lo largo de la orilla del arroyo tratando de alcanzarlos, habían llegado hasta Kissy. Topaz sabía que ellos la habían visto, a ella, a Kawdje y a Michael, porque Jenny le llamó.

Jenny levantó a Kissy en sus brazos.

Mark dijo: "Jenny, quédate con Kissy. Escucho a todos corriendo por el camino. Llámalos para que puedan encontrarnos. Yo ayudaré a las otras tres mascotas". Se adentró en el agua y chapoteó hacia Topaz.

Mark se alegró de que la luna brindara suficiente luz para ver a los tres perros. Topaz alternaba entre estar al lado de Kawdje e intentar agarrar su collar con los dientes y colocarse detrás de él mientras intentaba empujarlo hacia adelante y hacia la orilla. Mark comprendió que Michael estaba evitando que Kawdje fuera arrastrado río abajo al mantenerse firme en la corriente, aunque "agachado" sería más preciso. Mark podía ver que Kawdje no había entrado en pánico y estaba intentando nadar transversalmente a la corriente hacia la orilla, pero no lograba avanzar mucho. "El pequeño debe estar congelado", pensó. "Mis pies ya se sienten como cubos de hielo".

Levantó a Kawdje en sus brazos y lo sostuvo firmemente contra su pecho mientras avanzaba hacia Kissy y Jenny.

Kissy no había podido relajarse en los brazos de Jenny porque sabía que Kawdje seguía en ese terrible y peligroso arroyo en el que ella casi se había ahogado. Se sentía demasiado débil para ladrar dándole ánimo y estaba demasiado exhausta para agradecerle a Topaz por salvarla. Ni siquiera tenía la fuerza para besar a Jenny.

Para entonces, todos los asistentes a la fiesta se apresuraban hacia ellos y Mark tropezó, casi cayendo hacia atrás cuando el haz de una linterna lo cegó momentáneamente. Sintió a Michael presionado contra su pierna derecha y siguió a Topaz mientras ella chapoteaba frente a él hacia la orilla. Unos brazos se extendieron para sacarlo a tierra firme.

Kissy experimentó un resurgir de fuerzas cuando vio a Mark siendo ayudado a salir del arroyo mientras sostenía a Kawdje en sus brazos.

"Querido, maravilloso y leal Kawdje, quien intentó salvarme sin pensar en su propia seguridad", pensó. Luego vio a Topaz y Michael, quienes habían ayudado a salvarlos a ambos. Sabía que estaba increíblemente bendecida y tenía mucha suerte de tener amigos tan fieles y cariñosos.

Logró aullar débilmente: "Gracias". "¡Los amo a todos!" pensó.

Justo antes de que Essie levantara a Kawdje de los brazos de Mark, sintió la lengua fría del pequeño lamer su mejilla y Mark supo que había sido bien y verdaderamente agradecido. Un anhelo lo recorrió de tener un amigo fiel y leal que lo aceptara tal como era y que no discutiera.

"Apuesto a que Jenny sería fiel y leal, pero ella discutiría. Una mascota no lo haría", pensó.

Después de que secaron a Mark y a las mascotas con toallas, todos se desplomaron en sillas y se acomodaron en los sofás mientras disfrutaban del bufé. Gordon y Michael apagaron las velas de su pastel mientras todos cantaban "Feliz Cumpleaños". Jenny y sus amigos se retiraron al estudio y se tumbaron en la alfombra oriental con las mascotas acurrucadas entre y alrededor de ellos. Jenny agradeció a Alyssa y a Mark por su ayuda en el rescate y luego encendió un programa de televisión que querían ver.

Llegaron los padres de Mark para llevarlo a casa, y Sarah y Gordon insistieron en que se sentaran a disfrutar de pastel y café mientras escuchaban la historia sobre su maravilloso hijo, quien había rescatado a una de las mascotas que había caído en el arroyo de la propiedad.

Apenas se habían acomodado para escuchar los detalles de la historia cuando se escuchó a los padres de Alyssa en la puerta, pidiendo permiso para entrar. Cuando ellos también se sentaron, sorbiendo café y mordisqueando pastel, la historia del rescate se desarrolló con todos contribuyendo detalles e impresiones.

Jenny, Mark y Alyssa seguían recluidos en el estudio con las mascotas. Durante una pausa en la conversación de la fiesta, los adultos escucharon la voz de Mark diciendo: "Si todos intentaran ayudar a los demás como estos perros se ayudaron entre sí, el mundo sería un lugar pacífico y feliz".

"Amén", dijo Pat suavemente.

Jeanette sonrió a ambos padres y dijo: "Sus hijos son maravillosos. Mi esposo y yo estamos muy contentos de que nuestra sobrina tenga tan buenos amigos".

Los padres de Mark dijeron: "Tenemos que ver a estos altruistas y maravillosos perros de agilidad que son tan leales entre ellos."

Los padres de Alyssa y los de Mark entraron al estudio y sus corazones se desbordaron de ternura al ver al grupo de niños y mascotas cómodamente entrelazados mientras veían la televisión.

Cuando se estaban yendo, Alyssa abrazó a Jenny y dijo que había sido la mejor fiesta a la que había ido, y añadió: "Nunca había cantado 'Feliz Cumpleaños' a un perro antes. Fue genial".

Mark secundó el sentimiento, incluyendo el abrazo.

Essie, Evan, Jeanette y Cole se quedaron después de la fiesta para discutir cómo dividir a las cuatro mascotas en un Equipo de Tres Perros para los próximos Juegos Mundiales de Cynosport.

Gordon dijo: "Antes de discutir los Juegos Mundiales de Cynosport, quiero decirles que Sarah y yo hemos recibido nuestro video de boda, y el joven que lo filmó nos ha pedido permiso para subirlo a internet a través de un video de YouTube. Queremos que todos lo vean porque ustedes salen en el video y serán reconocibles para cualquiera que lo vea; por lo tanto, deberían tener la opción de decidir si debe publicarse o no. Pueden tomarlo prestado y verlo cuando les sea conveniente".

Sarah añadió: "Ahora que hemos resuelto el asunto del video, hablemos de los Juegos Mundiales de Cynosport. Tenemos la opción de que tres de nuestras mascotas formen un equipo y la mascota restante se empareje con otros dos perros que hemos conocido en el circuito de Agilidad o dejar que los oficiales de Cynosport completen el equipo. Otra opción es tener dos de nuestras mascotas en un equipo y dos en otro, dejar que los oficiales de Cynosport proporcionen el tercer miembro de cada equipo, o llamar a algunas de las personas con las que hemos intercambiado información de contacto para traer al tercer miembro para cada uno de los dos equipos. ¿Cómo quieren hacerlo?"

Jeanette dijo: "Yo voto que tres de nuestras mascotas formen un equipo. Topaz y yo deberíamos quedar fuera porque ella entrará en su temporada fértil muy pronto y se le prohibirá competir a menos que su ciclo termine antes de que comiencen los Juegos de Cynosport".

Essie dijo: "Prefiero que tres de las mascotas formen un equipo y la única forma justa de hacerlo es por sorteo. Que la decisión se tome al azar. Si Topaz entra en temporada demasiado tarde para competir en los Juegos, lidiamos con esa circunstancia si surge".

Evan y Sarah estuvieron de acuerdo. Gordon dijo que prepararía tres papeles con una "X" y el cuarto con una "O". Mientras Gordon estaba en el estudio, se decidió que Evan tendría la primera elección porque era el único manejador masculino.

Cole estaba sentado al lado de Jeanette con su brazo alrededor de sus hombros. "No puedo estar fuera de mi consultorio por más de unos días y Jenny debería perder la menor cantidad de clases posible, así que ella y yo llegaremos el día antes de que comiencen los Juegos y volaremos de regreso inmediatamente después de la clausura. Me alivia saber que van a cruzar el país en caravana juntos y que se quedarán en los mismos moteles y comerán juntos. Es tranquilizador saber que Jeanette y Topaz estarán constantemente en compañía de amigos".

"No te preocupes, Cole, cuidaremos bien de tus damas", dijo Evan.

Sarah añadió: "Tú y Topaz pueden viajar en nuestro SUV a los Juegos".

"No es una buena idea, Sarah. Topaz podría seguir fértil durante el viaje y tendrá que estar separada de Michael y Kawdje".

"Michael estará desolado de no ver a Topaz por un par de semanas".

Gordon volvió al salón sosteniendo cuatro papeles doblados.

"¿Quién elige primero?"

Evan levantó un dedo.

"Está bien, hermano, ¡elige!"

Evan hizo su selección y la desplegó. Sonrió, pero permaneció en silencio.

"Elegiré yo siguiente, ya que soy la más cercana a ti", dijo Essie. Su rostro permaneció impasible al mirar la marca en su papel.

"¿Quién sigue?" preguntó, mirando a Sarah y Jeanette.

"Cerrémonos los ojos y elijamos la pieza que toquemos", sugirió Jeanette a Sarah mientras se acercaban a la mano extendida de Gordon.

"De acuerdo", asintió Sarah.

Abrieron sus papeles simultáneamente.

Cole preguntó: "¿Cuál de los cuatro fabulosos Equipos de Agilidad Canina ha sido dejado fuera?".

Capítulo Veintinueve

Para gran alivio de todos, Topaz entró en su temporada fértil dos días después de la fiesta de Halloween/cumpleaños. Terminó su ciclo justo antes de comenzar el viaje a través del país hacia Arizona. Para asegurarse de que no ocurrieran contratiempos, Jeanette la mantuvo separada de Michael y Kawdje durante los cinco días de viaje hacia Arizona.

El grupo llegó a Scottsdale, Arizona, en la tarde del día anterior a la inauguración de los Juegos Mundiales de Cynosport, y todos se registraron en sus habitaciones. Como conocía la zona, Gordon llevó a Jeanette y Topaz al aeropuerto para recoger a Cole y Jenny.

Hubo abrazos para todos cuando Cole y Jenny saludaron al grupo. Jenny tuvo que besar a cada una de las mascotas. Esa noche, el grupo paseó por los hermosos jardines alrededor del resort con las mascotas con correa. Por primera vez en tres semanas, Topaz se mezcló con Michael, Kissy y Kawdje. Las colas se movían con entusiasmo y saltaron de emoción por estar juntos de nuevo.

Cole comentó: "Michael y Kawdje no están haciendo avances hacia Topaz, así que definitivamente ha terminado su temporada fértil".

Todos se retiraron temprano. Jeanette se tumbó en la cama para descansar antes de ducharse y se quedó dormida de inmediato mientras Cole veía la televisión. Jenny y Topaz estaban en una habitación contigua. Cole escuchó a Jenny tocar la puerta que separaba sus habitaciones y la llamó para que entrara.

"Topaz quiere salir, tío Cole. ¿Puedo llevarla a dar un paseo?"

"Es de noche. Sé que los jardines están bien iluminados, pero no quiero que camines sola afuera. Iré contigo. Me vendrá bien el ejercicio".

Se encontraron con Gordon, Sarah y Michael disfrutando de un paseo nocturno y se detuvieron a charlar sobre las actividades de mañana.

"Gordon, mañana por la mañana, reunámonos para desayunar alrededor de las 6:45. Después de comer, te seguiremos hasta los Juegos de Cynosport, ya que eres el único de nosotros que conoce esta zona. ¿Nos dará eso suficiente tiempo para llegar cuando abra?"

"Claro, Cole. Está a menos de 15 minutos en coche desde aquí".

Cole preguntó: "¿Qué tan caluroso estará mañana?".

"La máxima diurna estará en los setenta y tantos grados, generalmente entre las 3 y las 5 p.m. Incluso a esa temperatura, el sol es potente, así que todos deberían llevar protector solar, además de una visera o sombrero."

Jenny señaló grupos de flores altas y azules destacadas por una farola alta.

"¿Qué son esas flores tan bonitas? Nunca las había visto antes". Los demás miraron hacia la zona que Jenny señalaba. Sarah dijo: "Se llaman agapantos. ¿No son preciosos?" Jenny tiró de su tío Cole para acercarse más a las flores y verlas mejor, y mientras él la seguía, se detuvo abruptamente cuando la correa de Topaz se tensó por completo.

Sarah y Gordon también caminaron hacia el grupo de flores de agapanto, y Gordon se detuvo de repente cuando la correa de Michael se tensó. Mientras ellos admiraban las flores, Topaz y Michael estaban aprendiendo sobre los pájaros y las abejas.

Jenny se sintió avergonzada, Gordon estaba divertido, Sarah estaba atónita, Cole estaba consternado y Michael y Topaz estaban delirantemente felices.

Gordon dijo esperanzado: "Tal vez sea demasiado tarde en el ciclo de Topaz para que se quede embarazada".

Cole se dio un golpe en la palma de la mano contra la frente y se la arrastró por la cabeza hasta la nuca, que comenzó a masajear. Al instante, tuvo un dolor de cabeza. "Sí, claro, y los osos vuelan", murmuró.

Jenny dijo: "Será divertido tener cachorros en la casa. Ayudaré a cuidarlos. Serán cachorros muy especiales porque Topaz y Michael son los mejores perros que cualquiera podría tener".

"Esa es la actitud, Jenny", dijo Sarah. "Gordon y yo queremos uno de los cachorros. Después de todo, será tanto de Michael como de Topaz".

Gordon dijo: "Apuesto a que Pat y Ed también querrán uno. Cole, ayudaremos con los gastos de criar a los cachorros. También son nuestros".

"El gasto no es lo que me preocupa. Tengo que enfrentarme a Jeanette con la noticia del apareamiento y luego, eventualmente, encontrarles buenos hogares".

"Topaz y Michael se quieren, tío Cole. Me alegra que vayan a tener cachorros. Mi amigo Mark sigue diciendo que si las personas fueran tan amables como los perros, el mundo sería un lugar mejor".

"Dile eso a tu tía Jeanette cuando le des la noticia".

Sarah sofocó una sonrisa y dijo: "Deberíamos decirle todos juntos. Así, su enojo se esparcirá sobre todos nosotros y una sola persona no se llevará toda la tormenta".

"Buena idea", dijo Cole, sintiéndose profundamente aliviado.

"¿Tienes miedo de la tía Jeanette?" preguntó Jenny mientras miraba a su tío Cole con evidente preocupación y sorpresa.

"¡Por supuesto que no! ¿Por qué pensarías eso alguna vez?"

"¡Solo un pensamiento!"

Una temblorosa Topaz presionó su húmedo hocico contra la mejilla de su mamá para despertarla. Sabía que su mamá la había mantenido alejada de Michael durante las últimas semanas porque no quería que se apareara con él.

Jeanette se preguntó por qué Topaz estaba temblando y, a medida que el sueño se desvanecía, se dio cuenta de que Cole, Jenny, Sarah, Gordon y Michael estaban de pie cerca de la cama. Se incorporó rápidamente hasta quedar sentada y, de repente, lo supo. Topaz continuó acariciándola de una manera suplicante. Debido a su conexión mística, Jeanette comprendió que Topaz le estaba rogando que perdonara su acto de aparearse con Michael y que aceptara a los cachorros que pudiera tener.

Jeanette se deslizó de la cama, se arrodilló junto a Topaz y rodeó su cuello con los brazos, susurrándole al oído largo y sedoso: "Te amo pase lo que pase".

Topaz se sintió mareada de alivio ante la aceptación de su mamá de lo que había hecho. Movió el muñón de su cola con tanta fuerza que el resto de su cuerpo siguió el rápido movimiento de ida y vuelta. Llamó la cara de su mamá y emitió suaves sonidos de ladrido.

Todos los presentes comprendieron el intercambio sin palabras que había tenido lugar. Cole sintió cómo su dolor de cabeza se desvanecía. Jenny sonrió y sintió una extraña sensación en el pecho, y decidió que su corazón también estaba sonriendo. Sarah estaba encantada ante la perspectiva de tener uno, o tal vez dos, cachorros de Michael. Gordon sintió una profunda felicidad al saber que estos dos seres extraordinarios estaban haciendo un regalo de sí mismos a sus familias. Michael comprendió por completo cómo se sentía Topaz y también sabía que su mamá había aceptado a sus cachorros. Sintió una energía ligera y feliz que se extendía por toda la habitación y los conectaba a todos.

Él sabía que era amor.

Jeanette finalmente habló. "Seremos abuelos y tú serás tía, Jenny".

Todos rieron.

"Vamos a contarle la buena noticia a Evan y Essie", dijo Gordon, "y luego vamos a la cama. ¡Los concursos de mañana serán desafiantes!".

Capítulo Treinta

Los Juegos Mundiales de Cynosport eran enormes. Filas de gradas rodeaban cada ring de competencia. Muchas casas rodantes estaban estacionadas y parecían verdaderas casas sobre ruedas, que era justo lo que eran. Evan, Gordon y Cole montaron su tienda en los amplios terrenos, lejos de las áreas de competencia, y enrollaron los lados para que solo proporcionara sombra. Sarah, Jeanette y Essie montaron los kennels Pak 'n Fold para que las mascotas los usaran entre clases si querían dormir una siesta. Jenny abrió las sillas portátiles y las colocó bajo la sombra de la tienda.

Sarah le preguntó a Jeanette: "¿Cómo se llama tu equipo? Nos prometiste que nos dirías con quién estás en equipo tú y Topaz una vez que llegáramos a los Juegos de Cynosport. Te hemos contado que la USDAA llamó a nuestro equipo TheQuakers porque somos de Pensilvania".

Jeanette respondió: "Llamé a Mark Lederman. Él maneja a Harry Houdini, un Border Collie mixto grande. Harry ha obtenido designaciones de Metal Dorado, Plata y Bronce. Aunque lo contacté tan cerca de los Juegos de Cynosport, él tampoco se había registrado porque esperaba estar fuera del país e incapaz de competir; sin embargo, sus planes se cayeron en el último momento. Mark pensó que Topaz era una gran competidora cuando la vio actuar este verano pasado y expresó interés en cualquier cachorro que pudiera tener en el futuro. Enviamos por correo electrónico nuestros formularios de registro solicitando estar en el mismo equipo y pidiendo un tercer miembro. Recibí la aceptación y la notificación de que los compañeros de equipo de Topaz son Harry

Houdini y Patrick, un Irish Water Spaniel. Nuestro equipo se llama Magic Gems".

Sarah exclamó: "Patrick es un gran competidor. Formó equipo con Michael en un Relevo de Parejas y ganaron entre un gran número de competidores. ¿Vas a reunirte con Mark y el manejador de Patrick para discutir los métodos de pase del testigo para la clase de Relevo?"

"Sí. Estoy segura de que me encontraré con Mark en algún momento hoy. Me dijo que Ryan Donohue maneja a Patrick y que ha conocido a Ryan y a su esposa durante varios Shows de Agilidad Canina".

"¿Qué es lo primero?" preguntó Jenny.

Jeanette dijo que Topaz había sido inscrita en la Ola 2 de Dock Dogs a la 1:00 p.m.

"¿Qué es una ola, tía Jeanette?"

"Es un término que se usa para referirse a grupo. Hay tantos competidores que se dividen en grupos. Como se involucra agua, los grupos se denominan olas".

Essie dijo: "Jenny, he inscrito a Kawdje. Como no hay divisiones de tamaño en la competencia de Dock Dogs, los perros pequeños compiten injustamente contra los perros grandes. A Kawdje le encanta el agua tanto que lo he inscrito solo por su propia diversión y satisfacción, y también para llamar la atención sobre el hecho de que debería haber divisiones de tamaño. No ganará, pero eso no importa. Se divertirá".

Evan añadió: "Dock Dogs no es un deporte oficial de la USDAA, por lo que cualquier posición obtenida en cualquier competencia no cuenta para la obtención de títulos".

"Creo que debería ser un deporte olímpico para perros. ¿Los Campeonatos de Agilidad Canina son un deporte olímpico?" preguntó Jenny a Evan.

"No".

"Deberían serlo", declaró Jenny enfáticamente. Luego preguntó cuándo Michael y Kawdje estaban programados para competir, porque también quería verlos.

"Ellos forman parte de la Ola 2, así que actuarán cuando lo haga Topaz", dijo Sarah.

Gordon estudió el horario de Sarah. "Michael y Topaz compiten en Team Snooker a las 11 a.m. Deberían terminar con suficiente tiempo para recuperarse para la competencia de Dock Dogs a la 1 p.m. y estarán descansados de ese evento cuando compitan en el Ring 5 en Team Gamblers para su categoría de altura".

Essie dijo: "Kissy y Kawdje compiten en Team Gamblers a las 11 a.m. en el Ring 5 y en Team Snooker en el Ring 2 a las 3 p.m. Cambiamos de rings. Eso tiene sentido porque las configuraciones de Gamblers y Snooker se mantendrán iguales, excepto por cambiar las alturas de los saltos".

Sarah terminó de rociar la oreja de Michael y su mano. "Ahora Michael y yo estamos listos para actuar".

Jeanette sugirió a Cole: "Tú y yo, Jenny y Topaz deberíamos recorrer los terrenos. Tal vez pueda encontrar a Mark Lederman. Él podría saber si Ryan Donohue ha llegado. Quizá pueda presentarnos o al menos describírmelo. Sé que el Relevo de Tres Perros no es hasta el domingo, pero me sentiría más tranquila si conociera a Ryan y Patrick".

El grupo de cuatro se dirigió al Ring 3, donde se estaba llevando a cabo la competencia Time Gamble. Después de mirar durante varios minutos, Cole le preguntó a Jeanette si sabía qué estaban haciendo los competidores.

"Básicamente, sí. Cada competidor debe realizar la clase y terminar en el tiempo exacto que se estimó que tomaría".

Saltó al escuchar una voz masculina con acento irlandés preguntarle: "¿Serías Jeanette Bancroft?".

Se dio la vuelta y se enfrentó a una pareja con un Irish Water Spaniel de pelaje rizado y color marrón chocolate entre ellos. El hombre medía un poco menos de seis pies, tenía ojos muy azules y cabello negro y ondulado. Habría adivinado que era irlandés incluso antes de escucharlo hablar. La mujer era una rubia de ojos azules con abundantes pecas.

"Lo soy. ¿Eres Ryan Donohue?".

"Así es, y esta es mi esposa, Clodagh, y nuestra mascota, Patrick". Jeanette presentó a Cole, Jenny y Topaz.

Patrick tocó narices con Topaz y movió la cola con entusiasmo. Pensó que nunca había visto a una dama tan hermosa. Todo en ella era perfecto, desde el brillo de sus ojos marrones y sus largas y sedosas orejas hasta su brillante pelaje corto. Se acercó y Topaz inmediatamente retrocedió.

"Mi chico está enamorado de tu hermosa joya", dijo Ryan. "Supongo que nos llamamos las Gemas Mágicas por los nombres de Harry Houdini y Topaz".

Jeanette sonrió y dijo: "Patrick es un nombre obviamente irlandés y los irlandeses, como bien sabes, están asociados con las hadas y los duendes, y su creencia en seres mágicos y hechizos, así que creo que la parte mágica de nuestro equipo se debe igualmente a Patrick".

"Ah, eres una diplomática de nacimiento, sin duda", dijo Clodagh. "Mark Lederman te describió como una mujer eurasiática hermosa y bastante alta, con una Pointer Alemana de Pelo Corto igualmente hermosa. No fue lo suficientemente generoso en su descripción. Ambas son impresionantes, para usar la jerga yanqui".

Jeanette se sintió desconcertada, pero logró agradecer a Clodagh por el cumplido y dijo con sinceridad: "Ustedes son una pareja fabulosa. Perdón, debería decir trío e incluir a Patrick".

Cole preguntó cuánto tiempo llevaban en Estados Unidos y si este era ahora su país de origen.

Ryan explicó que él y Clodagh estaban en el negocio de importación/exportación. "Tenemos una casa en Estados Unidos y otra en Irlanda. Nuestra sede de negocios aquí está cerca de la ciudad de Nueva York, y como ambos somos de Dublín, ahí es donde nuestro negocio está ubicado en Irlanda".

"¿Con qué frecuencia tienen que viajar?" preguntó Cole.

"Más a menudo de lo que nos gustaría", respondió Ryan. "Debido a Patrick, rara vez viajamos juntos. Uno de los dos se queda en casa con él. No nos gusta la idea de que nuestro chico sea almacenado en la bodega con el equipaje. Oh, sabemos muy bien que lo mantendrían separado de las maletas, pero si las acomodaciones no son adecuadas para Clodagh y para mí, no son adecuadas para Patrick, según nosotros".

"Cole y yo y algunos de nuestros amigos investigamos la posibilidad de comenzar una aerolínea que atendiera específicamente a personas que viajan con mascotas. Queremos dedicar una parte de la cabina de pasajeros al alojamiento de mascotas. Investigamos la idea y decidimos que sería demasiado costoso para nosotros financiar el proyecto. Seguimos esperando encontrar un patrocinador con bolsillos profundos".

"¡Qué gran idea!" exclamó Clodagh.

Ryan dijo pensativo: "Lo que podríamos aportar financieramente no ayudaría mucho, pero tendré la idea en mente. Mantén una actitud positiva con respecto al proyecto. Nunca se sabe lo que podría suceder. Los milagros ocurren".

La conversación luego se dirigió a las cuestiones técnicas del pase del testigo durante el Relevo.

Jenny preguntó: "¿Inscribiste a Patrick en Dock Dogs?".

Clodagh dijo: "Por supuesto que sí. ¡El agua es su elemento! Es un Irish Water Spaniel".

Al escuchar su nombre, Patrick desvió la atención de Topaz hacia su mamá.

Topaz se sintió aliviada de que alguien más fuera el foco del interés de Patrick. Le había dejado saber que iba a ser madre y que el padre de sus cachorros era Michael Archangelo. Patrick no se había dado por advertido. Simplemente sugirió que tal vez podría ayudarla a tener algunos cachorros más.

"¿En qué Ola está?" preguntó Jenny.

Ryan dijo: "Está programado para la 1:00 p.m. con la Ola 2".

"Esa es cuando Topaz, Michael y Kawdje actúan", dijo Jenny.

"¿Y quiénes son Michael y Kawdje?" preguntó Clodagh.

Jeanette respondió: "Son grandes amigos de Topaz y somos amigos cercanos de sus familias. Todos comenzamos el entrenamiento de Agilidad Canina juntos, y fue por las mascotas y nuestro deseo de que se convirtieran en Perros de Agilidad que comenzó nuestra amistad. Ryan, creo que conoces a Sarah Kilmer y a Michael. Ella me dijo que Patrick y Michael corrieron un Relevo de Parejas en el Campeonato Regional del Centro Sur y que ganaron la clase. Cole y yo queremos presentarte al esposo de Sarah, Gordon, y a su hermano, Evan, y su cuñada, Essie. Sarah conoció a Gordon a través de su amistad con Essie y Evan, quienes manejan a Kawdje y Kissy, dos Spaniels Tibetanos. ¿Tienen tiempo para venir a nuestra tienda para las presentaciones?"

"Nos encantaría", respondió Clodagh.

Michael estaba sentado con la cabeza en el regazo de Gordon; su mente estaba en paz mientras disfrutaba del ritmo acariciante de la mano de su papá sobre su cabeza. Estaba contento de quedarse en ese momento para siempre. Fue sacudido de su reposo por un ladrido familiar. ¡Era Patrick! Se puso de pie y movió la cola en señal de saludo. Dejó de mover la cola cuando la celosía recorrió su cuerpo. ¡Patrick estaba parado cerca de Topaz!

Topaz percibió de inmediato el cambio de humor de Michael. En cierto modo, disfrutaba de su adoración, aunque a veces viniera acompañada de celos. Caminó hacia él y tocó su nariz con la de él.

Kissy descansaba en el regazo de Evan y, cuando Kawdje, que había estado sentado en el césped, percibió la tensión entre Michael y Patrick, saltó de inmediato al regazo de Essie.

"Entonces, Michael, chico, ¿estos pequeños están contigo?" preguntó Patrick.

"Topaz, Kissy y Kawdje son mis compañeros de equipo. Hemos entrenado juntos y nuestros padres son todos buenos amigos entre sí".

Patrick sintió una emoción que le era desconocida. No podía ponerle nombre porque la palabra "envidia" no formaba parte de su vocabulario. Se sentía incómodo y excluido. No había sentido que le faltara nada en su vida, pero al mirar a los cuatro amigos, anhelaba la compañía de otro perro en su vida. Tenía un vínculo cercano con sus padres, pero ahora quería otro compañero para correr por su patio y compartir un hueso.

Dijo: "Tienes suerte de tener amigos tan buenos, Michael".

Había algo en su voz y en su forma de ser que transmitía sus sentimientos subyacentes a los cuatro. Kissy y Kawdje saltaron de las posiciones seguras de los regazos de sus padres y, como si lo hubieran ensayado, los cuatro se dirigieron hacia Patrick moviendo sus colas. Kissy ladró un "hola", Kawdje hizo una postura de yoga del perro hacia abajo mientras movía la cola, luego levantó la cabeza tan alto como pudo. Patrick bajó la cabeza y tocó la nariz de Kawdje y luego la de Kissy. Michael puso su hocico junto al de Patrick y ambos ladraron suavemente. Topaz tocó brevemente la nariz de Patrick y luego se retiró de inmediato para quedarse ligeramente detrás de Michael. Patrick supo que había sido aceptado. ¡Se sentía genial!

Capítulo Treinta y Uno

Evan y Kissy, Essie y Kawdje se dirigieron tranquilamente al Ring 5 para Team Gamblers. Kawdje estaba tan relajado que se sentía somnoliento.

Kissy lo empujó y le ordenó que despertara. "¡Ponte alerta! Podríamos tener que competir pronto".

"¿Será un Relevo de Parejas?" murmuró. Mantuvo los ojos cerrados.

"No. Veo a un perro de nuestro tamaño con las orejas más grandes que he visto en comparación con el resto de su cuerpo. Sus orejas están erguidas y más altas que la parte superior de su cabeza. Su mamá la está llevando al ring sola".

Kawdje se puso de pie sobre sus patas traseras, plantó sus patas delanteras en las rodillas de su mamá, señalando que lo levantara. Kissy también había señalado a su papá para que la levantara. Ambos estiraron el cuello para ver al perro de orejas grandes.

Essie y Evan observaron al Papillon actuar.

"Es una fantástica Perra de Agilidad", dijo Evan. "Si tiene compañeros de equipo igualmente buenos, tenemos una competencia seria".

Kissy y Kawdje captaron la admiración y preocupación en la voz de su papá. Sabían, por la actitud de sus padres, que el perro de orejas grandes era un intérprete de primera categoría. Ese fue el impulso que Kawdje necesitaba para producir la adrenalina de la competencia. Kissy siempre fue competitiva y no necesitaba ningún estímulo para dar su mejor rendimiento.

Kawdje y Essie estaban programados para actuar justo antes de Kissy y Evan. Kawdje se sentía ágil y lleno de energía mientras caminaba con paso animado hacia el ring. Cuando llegó a la configuración de la "Secuencia Gamble", su mamá se quedó en un lugar mientras gritaba comandos y señalaba con los brazos y las manos la dirección que debía tomar y qué obstáculo usar. Él pensó que había actuado más rápido que nunca. Terminó mucho antes del Tiempo Estándar del Recorrido. Su mamá lo llevó por la puerta de salida y luego giró una y otra vez en un gesto de victoria hasta que se sintió mareado.

Essie se situó de manera que ella y Kawdje pudieran ver a Kissy y Evan actuar en la clase Gamblers.

Escuchó a alguien referirse a Kissy como un torbellino. Se medio giró y vio a otro manejador sosteniendo un Welsh Corgi. Sonrió y se presentó junto con Kawdje.

"Es mi esposo y nuestra Spaniel Tibetana. Nos referimos a ella como 'Kissy el Cometa'".

El joven se rió y dijo que era el apodo perfecto para ella. Owen Gylliam se presentó a sí mismo y a su mascota Merlin y dijo que era de Gran Bretaña. Después de terminar su actuación, Evan y Kissy se unieron a ellos. Essie presentó a Owen a Evan.

"Merlin es un Campeón de Agilidad en casa. No tenía idea de que la competencia aquí sería tan dura. Sus mascotas son intérpretes increíbles".

"Gracias, Owen. Lamento que Evan y yo nos hayamos perdido verlos a ti y a Merlin actuar, pero espero que en algún momento durante estos Juegos Mundiales los veamos juntos en el ring".

Como una idea adicional, añadió: "¿Estás aquí solo?".

"No exactamente. Uno de mis compañeros de equipo es un hombre de Japón que conocí en los Juegos Internacionales de Cinología a principios de este año. También hay otros británicos aquí. En realidad, soy galés, pero vivo en Inglaterra. También hay competidores españoles, alemanes y ucranianos aquí".

Owen explicó que, aunque no se acumularían puntos de competencia, él y otros competidores internacionales participaban en los Juegos Mundiales de Cynosport porque disfrutaban del clima de noviembre en Arizona y de la topografía del desierto. Los Juegos les daban la oportunidad de evaluar la competencia que podrían encontrar en el próximo evento internacional de Agilidad Canina patrocinado por la IFCS.

"¡Ajá! Estás aquí para espiar a los equipos americanos y canadienses", dijo Essie juguetonamente. "Me aseguraré de verte a ti y a tus amigos actuar para evaluar la competencia extranjera".

Evan dijo: "He leído que el deporte de la Agilidad Canina se fundó en Gran Bretaña".

"Así es", respondió Owen. "Pero Estados Unidos y otros países lo han tomado con mucha pasión".

"Vamos a revisar la hoja de puntos", sugirió Essie.

Thumbelina, la Papillon, que formaba parte del equipo The Storybook Tailers, llamado así porque los otros dos perros se llamaban Chrysee y Hansel, había registrado el tiempo más rápido. Kawdje estaba en segundo lugar, con Kissy en tercer lugar. Sin embargo, la clase Gamblers aún estaba abierta y otros competidores podrían cambiar esas posiciones.

Owen sonrió con tristeza y acarició a Merlin. "Tendremos que esforzarnos más, amigo. Ni siquiera estamos entre los seis mejores equipos".

Essie dijo: "Este es el primer día, y mucho puede suceder antes de que terminen los Juegos".

Mucho estaba sucediendo en el Ring 2. Sarah vio al gran Jetson, contra quien ella y Michael habían competido antes, y sabía que estaba en equipo con Zelda, la Weimaraner, y Hubert the Best. Sarah pensó: "Apuesto a que Hubert el Segundo Mejor", como ella se refería en privado a él, "probablemente es el eslabón débil de ese equipo".

Le habló suavemente a Michael: "Intentemos dar lo mejor de nosotros. Ganar, perder o empatar, te amo, mi regalo especial del universo".

Michael no conocía todas las palabras, pero su corazón, que estaba unido al de Sarah, tradujo el significado general.

Snooker era una clase que requería estrategia por parte del manejador. Sarah se sentía afortunada de que Michael no tuviera debilidades y hubiera mejorado enormemente en fuerza y agilidad durante los últimos meses. Pensó con orgullo: "Él impone respeto con su actitud de determinación, concentración y alegría".

Michael entró al ring con confianza junto a Sarah. El perro peludo con la oreja naranja y la pequeña y bonita mujer con la mano de color naranja brillante actuaron a la perfección. Fue un golpe de realidad para ambos cuando escucharon el fuerte aplauso.

Gordon los saludó cuando salieron del ring: "Bien hecho, mi dúo encantador. Al público le encantaron".

Vieron a Harry Houdini y Mark Lederman actuar con maestría y exhibir una maravillosa conexión entre ellos. Jetson y Maureen Hanks fueron los siguientes. Sarah se maravilló al pensar que, hace apenas dos meses, ella y Michael habían competido contra ellos. Parecía hace tanto tiempo. Miró hacia abajo a Michael, sentado entre Gordon y ella, y pensó: "Michael, eres mi amuleto de buena suerte. Mi vida es un cofre de tesoros desde que te conocí".

Michael empujó su muslo y Sarah pensó con asombro: "Sabe que estoy pensando en él".

Jetson y Maureen tuvieron una actuación sin fallos, pero para sorpresa de Sarah, apenas terminaron el recorrido antes de que se agotara el Tiempo Estándar del Recorrido.

"Está fuera de ritmo hoy", pensó.

Sarah vio a Topaz entrar al ring con confianza. Topaz se sentía feliz porque estaba segura de que tendría cachorros. Su mamá cuidaría de ella y de los cachorros y encontraría hogares maravillosos para ellos. Esperaba poder quedarse con uno de ellos, pero la idea de compartir a su mamá con uno de sus cachorros la inquietaba. "No voy a pensar en eso. Puede que nunca suceda. Voy a actuar con mi mamá. Solo estamos las dos en el ring y me encanta".

Jeanette estaba encantada de que terminaran varios segundos antes del SCT sin acumular fallos.

Oshi Yakamuri observó con admiración cómo la hermosa y elegante mujer eurasiática y su igualmente hermosa y elegante Pointer Alemana de Pelo Corto realizaban la clase de Snooker. Para él, era evidente que ambas tenían un vínculo que trascendía lo ordinario.

"Parece que tiene ascendencia japonesa", pensó. "Esperaré cerca de la salida y me presentaré cuando salga del ring".

Jeanette y Topaz salieron del ring con un aplauso entusiasta y fueron abrazadas y besadas por Cole y Jenny. Un caballero de mediana edad, de origen oriental, se acercó a ellos. Un perro de la raza Akita caminaba junto a él. El hombre sonrió, hizo una ligera reverencia y luego se presentó a sí mismo y a su mascota. Jeanette luego presentó a Cole, a Topaz y a sí misma.

Oshi Yakamuri felicitó a Jeanette por su excelente actuación. "Topaz es una atleta magnífica. ¿Existe alguna posibilidad de cachorros en su futuro? Si es así, sería un honor que me confiaras el cuidado de criar uno de sus descendientes. Mi hermosa Aiya tiene ahora cinco años. Puede que tenga otro año o dos al nivel de campeonato antes de que la retire".

Cole aclaró su garganta para hablar, pero Jeanette, temiendo que su esposo pudiera darle un giro negativo al apareamiento entre Topaz y Michael, rápidamente dijo: "Sr. Yakamuri, Topaz tuvo un apareamiento no planificado ayer con un perro que también está compitiendo aquí. Su nombre es Michael Archangelo y es un atleta magnífico, además de ser muy inteligente, cariñoso, leal e intuitivo, pero tiene un origen de raza mixta".

"Tal vez lo haya visto, señora Bancroft. ¿Podría describírmelo?».

Jenny intervino en la conversación. "Es un perro grande, gris y peludo, con una oreja de color naranja brillante".

Oshi Yakamuri sonrió: "Una explicación muy concisa. De hecho, lo recuerdo. No se podría olvidar una presencia tan imponente y una actuación tan sobresaliente. La oreja naranja le da un cierto 'je ne sais quoi'".

"¿Qué significa eso?" preguntó Jenny.

"Significa, literalmente, '¡no sé qué!'". "Figurativamente, significa cualidad única o inexplicable", respondió Jeanette.

"¿Cómo se escribe ese 'je ne lo que sea'? Quiero soltar esa frase a mis amigos. La meteré en una conversación, así, bien casual, para impresionarlos".

Jeanette puso un brazo alrededor de los hombros de su sobrina y la acercó. "Te lo escribiré más tarde".

Continuó: "Pensamos que Topaz ya había terminado su ciclo fértil cuando ocurrió el apareamiento no planificado, así que puede que no salga nada de eso, pero si llega a tener cachorros, puede que no estés interesado en adquirir uno con antecedentes de raza mixta".

"Sra. Bancroft, no pretendo ofender cuando digo que usted tiene un origen mixto y no veo más que una mezcla de las mejores cualidades de sus antecedentes caucásicos y asiáticos. Lo mismo es cierto para Michael Archangelo y también lo será para los cachorros de Topaz. Sería un honor si me considerara como un candidato adecuado y potencial para uno de los cachorros. Estoy dispuesto a pagar lo que usted decida cobrar".

Cole preguntó: "¿Cómo transportaría un cachorro a Japón, o vive aquí en este país? Mi motivo para preguntar es que mi esposa y yo, junto con algunos de nuestros amigos y familiares cercanos, estamos muy preocupados por las condiciones de viaje aéreo para las mascotas. Las alojan en la sección de carga. Queremos comenzar una aerolínea que atienda viajes aéreos cómodos para mascotas, pero nuestros planes están en suspenso porque no tenemos los recursos financieros".

"Comparto su preocupación y desagrado por las condiciones de viaje aéreo a las que se someten las mascotas. Creo que el rendimiento de Aiya se ha visto afectado negativamente por el largo vuelo que tuvo que soportar para participar en estos Juegos de Cynosport. Estoy muy interesado en su idea de iniciar una compañía aérea que proporcione el tipo de alojamiento para mascotas que nos satisfaría. No soy un hombre pobre, pero tampoco tengo una riqueza ilimitada. Desearía poder ayudarles a lograr su objetivo".

Jeanette dijo: "Sr. Yakamuri, por favor, déme la información necesaria para ponerme en contacto con usted si Topaz tiene cachorros".

Él escribió su información de contacto en una tarjeta de presentación y se la pasó a Cole, quien le dio una de sus tarjetas a cambio.

Jeanette dijo: "He olvidado revisar los resultados de mi equipo".

Todos caminaron hacia la Hoja de Puntos. Hasta ahora, los Magic Gems estaban en primer lugar en Team Snooker.

"¿Con qué equipo está Aiya?" preguntó Jeanette a Oshi.

"Nos llamamos The Internationals porque mis compañeros son de Gran Bretaña y Alemania y yo soy de Japón. No tenemos nuestros resultados porque uno de los miembros del equipo es un Welsh Corgi que compite en la categoría de salto de 12 pulgadas. Su clase no está programada para competir en Snooker hasta esta tarde; sin embargo, es probable que tu equipo haya ganado Team Snooker".

"Quizás no. Dos de los compañeros de equipo de Michael Archangelo también están en la categoría de 12 pulgadas y competirán cuando lo haga Merlin".

Oshi Yakamuri levantó las cejas inquisitivamente. "Había supuesto que Michael Archangelo, el padre de los futuros cachorros de Topaz, estaría en equipo con su dama canina".

Jeanette, Cole y Jenny se turnaron para explicar la situación. Oshi hizo una reverencia y dijo: "Un método de selección muy democrático".

Michael, Topaz y Kawdje estaban en fila para la Ola 2 de la competencia Dock Dogs. Kawdje miró a su alrededor con incertidumbre desde la seguridad de los brazos de su mamá. Definitivamente era el único perro pequeño en la fila.

"¿En qué me he metido?" pensó.

Kawdje observó al perro al frente de la fila subir las escaleras. Escuchó salpicaduras, seguidas de aplausos, después de lo cual el gran Labrador negro bajó las escaleras. La misma rutina se siguió con cada perro delante de él. Observó a un Michael muy mojado bajando las escaleras y vio que su oreja, que siempre se rociaba de un color diferente al resto de él antes de cada práctica, goteaba gotas de agua coloreada.

Michael dijo mientras pasaba: "Hay un muelle lo suficientemente largo como para tomar impulso antes de saltar. No habrá nadie más allí excepto tú, tu mamá y el juez".

Kawdje se relajó al saber que no compartiría la piscina con ningún extraño de cuatro patas y tamaño grande. Su mamá lo llevó en brazos por las escaleras, y agradeció que lo levantara porque no quería cansar sus patas antes de competir.

Corrió tan rápido como pudo por el largo muelle hacia la piscina. No frenó su velocidad ni siquiera cuando se acercó a la piscina. Saltó hacia arriba y hacia adelante con el mayor esfuerzo que jamás había hecho. Escuchó aplausos y miró hacia arriba para ver a personas sentadas en las gradas sobre las paredes que rodeaban la gran piscina de agua.

Un dispositivo electrónico midió cada salto desde el borde de la piscina hasta la base de la cola de cada perro, donde se une con la columna vertebral, cuando tocaba el agua. Kawdje saltó unos asombrosos 11 pies, 11 pulgadas: un salto monumental para un perro pequeño.

El juez felicitó a Kawdje y a Essie. "Desafortunadamente, no tenemos categorías de tamaño en Dock Dogs. Si Kawdje compitiera contra perros de su tamaño, su salto podría haber sido el ganador".

"Estoy haciendo esto para el disfrute de Kawdje y no para ganar puestos. Si no le molesta que pregunte, ¿cuál es la longitud del salto récord mundial?"

El juez respondió que era de unos 29 pies. Essie estaba asombrada. Fue directamente a su tienda para secar a Kawdje con una toalla. Encontró a Sarah volviendo a rociar la oreja izquierda de Michael, pero su pelaje estaba demasiado húmedo para que la pintura no tóxica y a base de agua se adhiriera. Jeanette, Cole, Jenny y una Topaz muy mojada llegaron al lugar. Los tres se pusieron a secarla con toallas.

"Tengo que correr al Ring 5 en quince minutos", se quejó Sarah. "No creo que pueda funcionar en el ring sin la oreja naranja de Michael como referencia para su lado izquierdo. ¿Qué voy a hacer?»

Jenny arrancó el lazo rojo brillante de su cabello. "Tía Sarah, usa esto en su oreja izquierda en lugar de la pintura".

"¡Qué gran idea, Jenny! Tienes una mente rápida, creativa y resolutiva. Ayúdame a atarlo en su oreja".

La oreja de Michael se sentía extraña. Nunca notó la pintura, pero los extremos del lazo revoloteaban molesta e incómodamente.

Gordon llegó con limonada y chips de tortilla. "Todos podrían usar líquidos y un bocadillo salado", anunció. Se quedó mirando a Michael cuando lo vio. "¿Qué le han hecho a Michael?" le preguntó a Sarah.

"Su pintura de la oreja se desprendió durante su salto en Dock Dogs y su pelaje no está lo suficientemente seco como para tomar la pintura naranja antes de que tengamos que actuar en Team Gamblers. Creo que se ve lindo".

"Parece un tonto y apuesto a que él también lo piensa", replicó Gordon.

"Necesito tener un punto de referencia para su lado izquierdo cuando estamos compitiendo", prácticamente lloró Sarah.

"Está bien, está bien, cariño. Estoy seguro de que Michael puede soportarlo por una clase. Apuesto a que los espectadores se divertirán al ver a un perro obviamente macho con un gran lazo rojo atado a una de sus orejas".

Mientras Michael esperaba cerca de la puerta de entrada para su turno de actuar, Jetson dijo con un ceceo: "Te ves tan lindo".

Patrick estaba lo suficientemente cerca para escuchar el comentario y añadió: "¿No es un chico encantador?".

Michael levantó un lado de su hocico para mostrar un gran colmillo blanco y le dijo a Jetson: "Mi lazo de oreja combina con tu bandana en el cuello".

Jetson dijo: "Muchos de nosotros usamos bandanas en el cuello. Es una moda".

Michael respondió brevemente: "Esta es la última moda y la estoy comenzando". Jetson se preguntó cómo podría hacerle saber a su mamá que quería un lazo en la oreja.

Mientras Gordon, Cole y Jenny estaban sentados juntos en una grada viendo actuar a Michael, escucharon comentarios murmurados a su alrededor sobre el lazo de Michael.

"Oye, ese es un perro macho intacto con un lazo atado en la oreja. ¿En qué está pensando su manejador?".

Jenny explicó la dificultad de Sarah con la derecha y la izquierda y que normalmente rociaba la oreja de Michael, pero que la pintura se había lavado durante la competencia de Dock Dogs. Otros espectadores sentados lo suficientemente cerca para escucharla dijeron que recordaban haber visto al perro con la oreja naranja competir esa mañana.

Sarah y Michael dieron una actuación sobresaliente. Jenny entendió que eran un gran equipo y tenían un vínculo especial, como su tía Jeanette y Topaz.

Topaz y su tía Jeanette eran igualmente deslumbrantes de ver.

"No sé a quién quiero que gane", pensó Jenny. "Lástima que Topaz no esté en el mismo equipo que Michael, Kissy y Kawdje".

Esa noche, en un parque cercano, los amigos discutieron las actividades del día mientras se sentaban en una mesa de picnic y comían comida que habían comprado en un restaurante italiano.

"Muevanse Jetson y Harry Houdini", dijo Gordon con evidente orgullo. "Michael Archangelo ha llegado. Él y Sarah ganaron Snooker en su categoría de altura y quedaron segundos en Gamblers".

Cole respondió rápidamente: "Topaz y Jeanette ganaron Gamblers y quedaron segundas en Snooker".

Essie dijo: "Kawdje y yo quedamos segundos en Snooker y en Gamblers. Somos un equipo consistente".

Evan levantó a Kissy y la acurrucó. "¿Notaron todos lo orgullosa y feliz que estaba Kissy cuando le entregaron una cinta de primer lugar y un certificado por ganar Snooker en su clase de altura?"

Jenny, sonriendo divertida ante la muestra de ego de los adultos, dijo: "Claro que sí, tío Evan. También noté que no estaba contenta por quedar en tercer lugar en Gamblers. Estoy segura de que entendió que Thumbelina, la Papillon, ganó y que Kawdje quedó en segundo lugar".

Gordon dijo: "En cuanto a equipos, The Quakers ganaron Snooker, The Hoosiers quedaron en segundo lugar y The Magic Gems en tercero".

Cole respondió: "Y en cuanto a equipos, The Magic Gems ganaron Gamblers, The Hoosiers quedaron en segundo lugar y The Quakers en tercero".

Sarah dijo: "Tenemos una competencia seria de parte de The Hoosiers. Esos tres Border Collies enérgicos en la categoría de 22 pulgadas nos están pisando los talones".

Capítulo Treinta y Dos

A la mañana siguiente, todos se levantaron al amanecer, se apresuraron con el desayuno y montaron su tienda a las 8:15 a.m.

Los primeros eventos en el calendario eran Team Jumpers, los Cuartos de Final del Grand Prix y las Semifinales del Steeplechase. Todos los perros habían ganado un pase directo para los Cuartos de Final del Grand Prix porque cada uno había tenido un rendimiento tan bueno en los Torneos Regionales del Grand Prix que solo tenían que competir en las Semifinales mañana para intentar calificar para competir en la Final. Solo Michael, quien ganó el Grand Prix Regional del Centro Sur y el Steeplechase, había ganado el derecho de evitar ambas Semifinales.

Team Jumpers comenzó con la categoría de salto de 26 pulgadas y, mientras Topaz, Michael y Patrick esperaban para competir, Topaz le preguntó a Patrick cuál era su clase favorita de Agilidad Canina. Michael rondaba cerca de Topaz con una actitud posesiva mientras Patrick respondía que le gustaba más el Relevo de Parejas.

"Me da la oportunidad de conocer a otros. Desearía tener la compañía que ustedes dos tienen el uno con el otro y con esos dos perros pequeños".

Patrick observó a Zelda actuar. Pensó que era casi tan atractiva como Topaz, casi, pero no del todo.

Mientras tanto, Kissy y Kawdje estaban compitiendo en la categoría de 12 pulgadas de las Semifinales del Steeplechase. Fueron llevados en alto en los brazos de sus padres mientras observaban al pequeño perro con las orejas desproporcionadamente grandes actuar. Corría sin fallar de un obstáculo a otro en perfecto ritmo con su mamá. Ahora sabían que su nombre era Thumbelina. La determinación de Kissy de competir más rápido que Thumbelina se elevó dentro de ella y sintió que la parte superior de su cabeza se calentaba.

Evan sabía que Kissy estaba emocionada cuando entraron al ring. Ella dio un par de ladridos cortos y agudos.

"Tranquilízate", le advirtió Evan.

Kissy se sintió llena de energía e invencible y abordó el recorrido como si fuera una montaña que tenía que escalar. ¡La conquistó! Escuchó fuertes aplausos mientras salía del ring con su papá.

Durante el almuerzo, bajo la sombra de su tienda, mientras los perros dormían, el grupo discutió los eventos de la mañana. Kissy y Kawdje quedaron entre el 15% superior de su categoría de altura de salto en las Semifinales del Steeplechase y eran elegibles para competir en la Final de mañana. Topaz ganó por poco Jumpers en la categoría de 26 pulgadas sobre Michael, quien quedó en segundo lugar. Patrick quedó en tercer lugar. Jetson quedó cuarto y Harry Houdini en quinto.

Gordon dijo: "Parece que los Magic Gems se adelantarán a los Quakers a menos que Kissy y Kawdje lo hagan bien en Jumpers. Por cierto, revisé la lista de Dock Dogs y, hasta ahora, Topaz y Michael están cerca de la cima. Podrían terminar siendo dos de los doce perros que competirán en el 'salto final' mañana por la tarde".

"Bueno, preparémonos para la competencia de la tarde", dijo Evan.

"Es demasiado calor para usar fajas", dijo Essie.

Jenny se rió entre dientes: "¿Qué significa exactamente 'gird', tío Evan?".

"Significa prepararse o vestirse para la acción. Uno se prepara para la batalla", respondió.

"Tío Evan, se llama Juegos Mundiales de Cynosport, no Batalla Mundial de Cynosport".

"Para Kissy, es una batalla. Ella está lista para conquistar", respondió él.

Jenny dijo: "Espero que tenga esa actitud cuando compitamos en la Clase de Junior Handler. Puede llevarnos a la victoria".

Todos se reunieron bajo la sombra de su tienda después de que Kissy y Kawdje habían competido en Team Jumpers y Topaz había actuado en las Semifinales del Steeplechase. Kissy y Kawdje dormían en sus kennels. Michael y Topaz estaban tendidos somnolientos uno al lado del otro en el césped entre Gordon y Cole.

Jeanette dijo: "Topaz calificó para las Finales de Steeplechase mañana, al igual que Patrick y Harry Houdini. También calificaron Jetson, Zelda y Hubert the Best".

Cole dijo: "Mi entendimiento es que el Steeplechase y el Grand Prix no cuentan para los logros del equipo".

"Correcto", dijo Jeanette. "Son eventos separados".

Evan regresó a la tienda después de verificar las posiciones finales de la categoría de 12 pulgadas en Jumpers.

"Kawdje ganó por poco en Jumpers sobre Thumbelina y Kissy quedó en tercer lugar, así que los Quakers y los Magic Gems todavía están compitiendo por ser el Equipo Número Uno en general".

"¿Qué pasa con los Hoosiers?" preguntó Jenny.

"Están dominando en la categoría de salto de 22 pulgadas, pero sus tiempos, ajustados por las diferencias de altura de salto, pueden no ser más rápidos, o incluso tan rápidos como los de nuestros equipos. Eso lo decidirán los oficiales", respondió Gordon.

Jeanette sugirió: "Vamos a revisar la lista de Dock Dogs. Para ahora, los oficiales habrán publicado los doce mejores perros elegibles para competir en el 'salto final' de mañana".

Se dirigieron al área de la piscina. Gordon escaneó la lista y vio que Michael y Topaz estaban incluidos entre los doce mejores, al igual que Patrick, Harry Houdini, Jetson y Zelda. El nombre de Kawdje no estaba en la lista, pero sabían que había hecho un salto heroico para un perro tan pequeño.

Jenny deseó en silencio que Topaz ganara.

"Amo a Michael Archangelo, pero Topaz es una chica como yo y me salvó la vida. Quiero que gane una chica", pensó.

El sábado, para alivio de todos, estuvo más fresco. El clima seco hacía que todos tuvieran sed. Gordon se aseguró de que siempre hubiera agua embotellada y Gatorade disponibles. A las mascotas se les ofrecía agua cada hora.

La Clase de Agilidad Estándar por Equipos para las alturas de salto de 12 y 16 pulgadas se llevaría a cabo por la mañana y las categorías de 22 y 26 pulgadas por la tarde. Las Semifinales del Grand Prix para las alturas de 22 y 26 pulgadas estaban programadas por la mañana y por la tarde para las categorías de 12 y 16 pulgadas. Las Finales de Steeplechase para todas las categorías de altura de salto estaban programadas para la última parte de la tarde.

El grupo revisó las listas de alineación para ayudarles a calcular los tiempos aproximados en que cada uno competiría. Topaz y Jeanette competirían temprano en la categoría de 26 pulgadas de las Semifinales del Grand Prix. Kissy y Kawdje competirían casi al final de su categoría de altura en la clase de Agilidad Estándar por Equipos. Por la tarde, Topaz y Michael competirían segundo y tercero al final en la categoría de 26 pulgadas de la clase de Agilidad Estándar. Kissy y Kawdje estaban programados para competir temprano en su categoría de altura en las Semifinales del Grand Prix, por lo que una vez más, los amigos podrían ver las actuaciones de los demás.

Cuando Topaz entró al ring para competir en las Semifinales del Grand Prix, estaba pensando en los cachorros y se sentía tan feliz ante la perspectiva de la maternidad que se preguntaba si podía contener más de esa sensación de luz y alegría sin flotar como un globo. Escuchó a su mamá decir: "Topaz, corre rápido" y, de repente, estaba en el momento presente y completamente consciente de su mamá.

Jenny, Cole, Gordon, Sarah, Michael, Evan y Essie con Kissy y Kawdje en sus brazos, todos aplaudieron ruidosamente la actuación impecable y elegante. Las mascotas no golpeaban sus patas juntas, pero ladraban. Gordon juzgó que la actuación de Topaz había sido más rápida que la de sus compañeros de equipo, aunque Harry Houdini y Patrick también habían dado grandes actuaciones.

Hubo tiempo suficiente para ver a varios otros competidores en la categoría de 26 pulgadas, así que fue así como vieron a Hubert the Best acumular 10 fallos y a Jetson perder tiempo y acumular fallos porque saltó el obstáculo equivocado.

Los amigos se dirigieron al ring donde se había instalado el curso de Agilidad Estándar y se acomodaron en las gradas para ver a Kissy y Kawdje actuar. Kissy siguió las indicaciones de Evan, pero no estaba claro quién estaba animando a quién durante la actuación. Era evidente que Kawdje esperaba la dirección de Essie.

Vieron la actuación de Merlin y, en su opinión, no fue tan rápido como Kissy y Kawdje.

El grupo se reunió en su tienda y disfrutó de un refrigerio y un descanso con fluidos de manera relajada. Todos estaban eufóricos porque Topaz había calificado para las Finales del Grand Prix. Tristemente, Hubert the Best y Jetson no lo habían logrado.

Evan caminó hacia la Hoja de Puntos y verificó las posiciones finales en la categoría de 12 pulgadas de la clase de Agilidad Estándar por Equipos. Silbó mientras volvía a la tienda para anunciar la buena noticia de que Kissy había ganado, Kawdje había quedado en segundo lugar y Thumbelina había llegado tercera. Los demás felicitaron a Evan y Essie. Evan rompió una galleta de jengibre en trozos pequeños y los alimentó a Kissy mientras Essie alimentaba con trozos de sus galletas caseras de avena a Kawdje. Topaz y Michael devoraron galletas de jengibre, casi sin molestarse en masticarlas antes de tragarlas. El grupo se apresuró hacia el ring donde estaban a punto de comenzar las Semifinales del Grand Prix para la categoría de 12 pulgadas.

Kissy se sentía genial mientras actuaba en las Semifinales del Grand Prix. Le encantaba un recorrido que tuviera una variedad de obstáculos. "¡Soy la mejor! ¡Soy la más rápida!", repetía una y otra vez en su mente. "¡Soy más rápida que esa perrita con las orejas grandes! ¡Lo sé!"

No era consciente de nada excepto de su papá y del siguiente obstáculo. Después de salir por la puerta de salida, su papá la levantó en sus brazos y ella quedó impactada por la realidad con el fuerte aplauso.

"Eres mi fabulosa Kissy el Cometa", le susurró Evan en el oído. Kawdje tuvo una actuación rápida y sin fallos, pero el grupo pensó que la actuación de Kissy había sido más rápida. El grupo se quedó todo el tiempo que pudo para ver si otro competidor superaba la actuación de Kissy. Un pequeño Rat Terrier tuvo una gran actuación, al igual que Thumbelina. Estaría reñido. Todos se detuvieron en su tienda para tomar agua embotellada y darle un trago a Kissy y Kawdje, luego se dirigieron al ring donde se estaba llevando a cabo la clase de Agilidad Estándar por Equipos para la categoría de altura de salto de 26 pulgadas de Michael y Topaz. Encontraron una grada lo suficientemente vacía para sentarse todos y luego guardaron espacios para Jeanette, Topaz, Sarah y Michael, quienes caminaron hacia la puerta de entrada del ring. Jenny cruzó los dedos mientras deseaba en silencio que Topaz ganara.

Topaz y Jeanette tuvieron un tiempo rápido y una actuación sin fallos.

Michael y Sarah entraron al ring cuando Topaz y Jeanette salían, así que Jenny y Cole permanecieron sentados para ver la actuación.

Michael estuvo extraordinario. Hizo que todo pareciera tan fácil que su actuación no pareciá ser tan rápida como realmente fue. Al no haber tenido que competir en las Semifinales del Grand Prix esa mañana, tenía la ventaja de estar fresco.

Cuando verificaron los resultados de las Semifinales del Grand Prix en la categoría de 12 pulgadas, Kissy y Kawdje fueron elegidos para competir en las Finales. En la categoría de 26 pulgadas de la Clase de Agilidad Estándar por Equipos, Michael ganó. Harry Houdini quedó segundo, Topaz fue tercera, Patrick quedó en cuarto lugar y Zelda quedó en quinto.

"Los Magic Gems y los Quakers siguen compitiendo por el primer lugar", comentó Gordon.

Essie dijo: "No olviden que también hay grandes equipos en las categorías de 16 y 22 pulgadas".

Tuvieron tiempo para descansar y charlar antes de las Finales del Steeplechase. Gordon dijo: "Recuerden que están compitiendo por dinero en el Steeplechase. Dicho esto, mantengan la calma y no se pongan nerviosos".

Sarah dijo en privado a Gordon: "Me siento nerviosa y presionada porque Michael ganó el Steeplechase Regional del Centro Sur más el Grand Prix en ese torneo. ¿Algún consejo sobre cómo estar tranquila?".

Gordon preguntó: "¿Te decepcionarías de Michael o lo amarías menos si no gana?".

"Por supuesto que no".

"Yo siento lo mismo contigo y con Michael. Ganar, perder o empatar, todos nos amamos. Eso es lo importante en nuestras vidas. Una victoria en el Steeplechase es solo uno de los postres agradables de la vida", dijo mientras la abrazaba. Como siempre, tuvieron que separarse para dejar que Michael entrara a recibir su parte de amor.

En las Finales del Steeplechase, la clase de salto de 12 pulgadas estaba programada para competir primero, seguida de las otras categorías en orden ascendente de altura. Kissy y Kawdje dieron grandes actuaciones, al igual que Thumbelina. El último competidor en la clase fue un Rat Terrier que fue fabuloso. Nadie recordaba haberlo visto en las clases de equipo. Para su asombro colectivo, el Rat Terrier, cuyo nombre era Dustin, ganó el Steeplechase. Kawdje quedó segundo. Kissy quedó en tercer lugar. ¿Quién era este chico nuevo?

La clase de 22 pulgadas consistía principalmente de Border Collies. Dos del equipo de The Hoosiers quedaron en primer y segundo lugar. Un hermoso Samoyedo quedó en tercer lugar.

Michael, Harry Houdini, Patrick, Topaz, Zelda, Jetson y Hubert the Best estuvieron entre los que compitieron en la categoría de 26 pulgadas de las Finales del Steeplechase. A pesar de su pobre actuación en las Semifinales del Grand Prix, Jetson tuvo una gran actuación. Hubert the Best acumuló fallos porque derribó un poste superior durante un salto. ¡Definitivamente no ganaría! Patrick tuvo una actuación rápida y sin fallos. Zelda, la Weimaraner, tuvo una carrera estupenda hasta que desplazó el poste superior del penúltimo salto. Harry Houdini exhibió seguridad, competencia y estilo durante su actuación. Tuvo una actuación sin fallos y Gordon dijo que pensaba que era un empate entre Harry y Patrick por el tiempo más rápido hasta el momento. Topaz tuvo una carrera sin fallos y su tiempo parecía ser tan rápido como el de Patrick y Harry Houdini.

Cuando Michael, con su brillante oreja naranja, y Sarah, con su igualmente brillante mano naranja, entraron al ring, todos se quedaron en silencio. Hasta ahora, la mayoría había juzgado que había un empate a tres bandas. Michael fue insuperable. Actuó con la misma facilidad y sin esfuerzo que había mostrado en la Clase de Agilidad Estándar por Equipos, la cual había ganado.

"Ha ganado", declaró Gordon.

Los demás expresaron la misma opinión.

De hecho, Michael ganó con una ventaja de dos segundos. Topaz quedó en segundo lugar con una ventaja extremadamente estrecha sobre Harry Houdini, quien había vencido a Patrick por un cuarto de segundo.

Gordon sugirió que usaran parte de sus ganancias para darse un gusto a sí mismos y a las mascotas con una comida en el mismo parque donde habían cenado la noche anterior. Los demás estuvieron de acuerdo en que era una gran idea.

"Conozco un buen restaurante", dijo Gordon. "Llamaré y pediré una comida fabulosa para llevar. Para cuando fotografiemos y grabemos la Ceremonia de Premios, empacemos nuestro equipo y conduzcamos hasta el restaurante, debería estar lista para recoger".

Kissy estaba obviamente encantada de ser el centro de atención mientras ella y Evan recibían una gran cinta azul y un certificado de primer lugar por su actuación individual en la Clase de Agilidad Estándar por Equipos. Kawdje siempre parecía imperturbable, ganara o no. No jugaba para el público y no parecía necesitar ninguna retroalimentación sobre su actuación: aceptó su segundo lugar sin mostrar emoción, aparte de mover la cola. Thumbelina parecía tan feliz con su tercer lugar como Kissy con su primer lugar.

Michael se veía tan regio como un perro peludo podía verse mientras se sentaba entre Topaz y Harry Houdini y recibía su cinta azul y certificado de primer lugar por su victoria individual en la Clase de Agilidad Estándar por Equipos para la categoría de salto de 26 pulgadas. Michael estaba contento de que su posición central separara a Topaz, que ganó el segundo lugar, de Harry Houdini, que quedó en tercer lugar.

Los teléfonos celulares y las cámaras de video grabaron durante la presentación de los Premios Steeplechase en cada categoría de altura de salto. Michael, Topaz y Harry Houdini permanecieron donde estaban porque los premios de la categoría de 26 pulgadas se presentaron primero. Sarah, Jeanette y Mark Lederman aceptaron los cheques por el primer lugar de Michael, el segundo lugar de Topaz y el tercer lugar de Harry.

Gordon y Cole filmaron todos los Premios Steeplechase. Sabían que el equipo The Hoosiers estaba compuesto por los tres Border Collies cuyos nombres eran John, Jake y Jordan, pero no estaban seguros de cuáles dos estaban en la plataforma por sus primeros y segundos lugares. El hermoso Samoyedo blanco que quedó en tercer lugar se llamaba Rush.

Bogey, un perro pastor de Shetland, o Sheltie como se refería a la raza, se llevó el primer lugar en la categoría de 16 pulgadas. No parecía importarle en absoluto recibir una cinta azul y un trofeo dorado, pero su manejador estaba extático por recibir un cheque considerable. Gracie, una "All American" que parecía ser una mezcla de Beagle y les recordaba a Gordon, Cole y Jenny a Kissy en actitud, aunque no en apariencia, estaba obviamente feliz de estar en la plataforma por su segundo lugar. Julie, una mezcla de Cocker Spaniel negro, quedó en tercer lugar.

Gordon y Cole sonrieron mientras filmaban la categoría de 12 pulgadas y Jenny se rió. Era evidente que Kissy sabía que no había ganado el Steeplechase y no estaba contenta con su tercer lugar. Ladró a Dustin, quien estaba sentado entre ella y Kawdje. El manejador de Dustin agarró el gran cheque que recibió y sonrió ampliamente.

Más tarde esa noche, los amigos compartieron un suntuoso surtido de mariscos, además de un plato de pollo para las mascotas, en caso de que no quisieran pescado, camarones o vieiras. El quisquilloso Kawdje comió pollo y algo de arroz. Los otros tres perros comieron todo lo que se les ofreció, excepto Kissy, que no comió brócoli, mientras que Kawdje lo adoraba. Todos cenaron un postre de tarta de queso. Fue el final perfecto para otro día perfecto.

Todos esperaban con ansias las finales de mañana.

Capítulo Treinta y Tres

El domingo por la mañana, mientras los amigos desayunaban del bufé proporcionado por el resort en el área del comedor, discutieron la agenda del último día. El Relevo de Tres Perros se llevaría a cabo por la mañana, al igual que la Clase Preliminar de Junior Handler. Las Finales del Grand Prix, las Finales de Dock Dogs y las Finales de Junior Handlers estaban programadas para la tarde. Jeanette, Essie y Evan habían consultado con los oficiales del evento, el primer día de los Juegos Mundiales de Cynosport, para asegurarse de que no habría conflictos de horarios.

Jenny y Kissy compitieron en el Nivel Intermedio y tuvieron una excelente actuación sin fallos que garantizó su avance a las Finales de esa tarde.

Después de la actuación de Jenny y Kissy, el grupo corrió hacia el ring del Relevo de Tres Perros y encontró asientos en las gradas para ver las actuaciones. Las mascotas no se habían dado cuenta de que no estaban todas en el mismo equipo porque cada una había actuado individualmente, hasta ahora. Mientras observaban, vieron que siempre había tres perros y tres manejadores en el ring y un perro y un manejador actuaban mientras los otros dos equipos esperaban su turno. Nunca antes habían sido parte de un Relevo de Tres Perros. Solo habían competido en clases de Relevo de Parejas; sin embargo, podían notar que esta era una clase de Relevo a pesar de haber tres equipos.

Jeanette y Topaz dejaron a los demás y se dirigieron hacia la puerta de entrada para prepararse para su próxima actuación.

Michael se quedó sorprendido y desconsolado cuando Topaz y su mamá entraron al ring con Patrick y Harry Houdini y sus papás. No podía entender por qué no estaba en el ring con su amada. Le ladró a Topaz y la vio buscándolo con la mirada.

Sarah se ofreció a llevar a Michael a dar un paseo para que no molestara la actuación de Topaz ni molestara a otros espectadores, pero Gordon insistió en que Sarah viera la actuación de los Magic Gems. Le pasó la cámara digital porque Cole estaba grabando la actuación en video. Michael caminó a regañadientes con Gordon. Arrastraba las patas. Saber que Topaz estaba en un Relevo con Patrick y Harry Houdini lo desconcertaba y se sentía abatido. Varios minutos después, él y Gordon saludaron a Topaz y Jeanette en la puerta de salida.

"¿Cómo les fue, Jeanette? Me llevé a Michael a dar un paseo porque comenzó a ladrar cuando vio a Topaz en el ring, y Sarah y yo vimos que la distrajo".

"Topaz tuvo una ronda sin fallos. Harry tuvo una excelente actuación, pero Patrick resbaló y casi se cae. Perdió algo de tiempo. A pesar del tropezón de Patrick, creo que lo hicimos bien".

Se reunieron con su grupo y observaron a otros equipos en la categoría de 26 pulgadas actuar. Cole estimó que, hasta el momento, ninguno había sido tan rápido como los Magic Gems.

Observaron las actuaciones de la categoría de 22 pulgadas, y los Hoosiers parecían ser los líderes en esa clase de altura de salto; sin embargo, uno de los Border Collies no despejó completamente un obstáculo extendido. Gordon estaba cronometrando las actuaciones con su cronómetro y, aunque no era tan preciso como el cronómetro electrónico que usaban los oficiales del evento, pensó que otro equipo en esa categoría de altura, con una actuación ligeramente más lenta, podría ganar porque no habían acumulado fallos.

La categoría de altura de salto de 16 pulgadas fue una sorpresa para los amigos. Había varios equipos muy fuertes. Las Estrellas de Cine eran una mezcla de Cocker Spaniel negro llamada Julie y dos perros pastor de Shetland llamados Bogey y Pitt. Tuvieron una gran carrera de Relevo. Otro equipo compuesto por Gracie, una mezcla de raza conocida como "All American," además de Robin, un Cocker Spaniel inglés y Chris, un Poodle negro, se llamaba Los Comediantes. Parecían estar teniendo una muy buena actuación, pero el grupo no pudo ver todo porque tuvieron que apresurarse al Ring 1, donde el Relevo de altura de 12 pulgadas estaba en progreso.

Kissy y Kawdje fueron el primer equipo programado en la clase de altura de salto de 12 pulgadas y, como Michael estaría actuando con ellos, una parte del recorrido se preparó para la categoría de altura de Michael mientras que la otra parte del recorrido se preparó para la categoría de 12 pulgadas. Los Internacionales los seguirían en la misma configuración porque Merlin estaba en la categoría de 12 pulgadas y sus dos compañeros de equipo estaban en la categoría de 26 pulgadas.

Kissy, Kawdje y Michael se sorprendieron al encontrarse entrando al ring juntos. Se dieron cuenta, por haber visto a Topaz, Patrick y Harry Houdini actuar juntos antes, que esto era un Relevo y que eran un equipo.

Kissy declaró: "Quiero ganar".

"Yo también", dijo Michael.

Miraron a Kawdje, quien dijo: "Por supuesto, quiero ganar". Luego le preguntó a Kissy: "¿Vas a comer hierba y vomitar sobre mí si no corro lo suficientemente rápido para complacerte?".

Michael lució confundido y preguntó: "¿Qué?".

Kawdje explicó que no había querido actuar en un Relevo de Parejas con Kissy cuando estaban en una práctica de Agilidad por sí solos porque extrañaba a Michael y Topaz.

"Kissy puede vomitar a voluntad si come hierba. Amenazó con vomitar sobre mí si no quería competir con ella o no actuaba lo suficientemente rápido para complacerla. Creo que di una de mis mejores actuaciones en ese Relevo".

Michael preguntó: "¿Correrías aún más rápido si yo amenazara con vomitar sobre ti? Probablemente te ahogaría si lo hiciera".

Kawdje preguntó alarmado: "¿Estás bromeando, verdad?".

Michael dijo en tono burlón: "Tal vez".

Gordon, Jeanette, Cole y Jenny escucharon cumplidos a su alrededor mientras observaban la fantástica actuación del equipo. Varios espectadores comentaron sobre la brillante oreja naranja de Michael y otros dijeron que habían visto actuar al perro con la oreja naranja antes y que siempre era rápido y fabuloso. Cuando Kissy estaba actuando, escucharon a alguien en una grada detrás y arriba de ellos decir: "No pensé que fuera posible que un perro tan pequeño fuera tan rápido".

Jenny se dio la vuelta y anunció orgullosamente que ella competiría esa tarde en las Finales de Junior Handler con Kissy y que el apodo de la perra era Kissy el Cometa.

"Ese es un apodo adecuado para ella", respondió la mujer.

Kawdje los sorprendió a todos con su actuación agresiva. Los espectadores aplaudieron con entusiasmo mientras los Quakers salían del ring.

Varios minutos después, Essie y Evan, Kissy y Kawdje, Sarah y Michael se unieron al grupo en los asientos de las gradas. Mientras se acomodaban, se perdieron ver la actuación de Oshi y Aiya. Él estaba pasando el relevo a Hans Leibkin, quien tuvo un comienzo rápido y fluido con Rudolph, el Schnauzer Gigante. Rudolph era un perro apuesto e impresionante que dio una actuación fuerte. Owen Gylliam y Merlin corrieron la misma parte del recorrido que Kissy y Kawdje porque estaba configurado para la categoría de salto de 12 pulgadas. Aunque los Internacionales dieron una actuación realmente buena, Gordon dijo que no pensaba que fueran tan rápidos como los Quakers. Cole y Jeanette estuvieron de acuerdo.

"Los Quakers", dijo Jenny como si hiciera una pregunta, "Oh, sí, casi lo olvidaba. Ese es el equipo de Kissy".

Essie pensó de inmediato: "No, ese es el equipo de Kawdje".

Sarah y Gordon estaban pensando: "Te refieres al equipo de Michael". Después de bocadillos y líquidos y una pausa para ir al baño para las mascotas, el grupo se dirigió al área de las Finales Junior.

Jeanette y Cole abrazaron a su sobrina, diciéndole que había dado una actuación tan excelente y segura esa mañana que no debería estar nerviosa ahora.

Jenny los abrazó y declaró: "No estoy nada nerviosa. Kissy es la mejor y trabajamos bien juntas".

De hecho, trabajaron muy bien juntas. Jenny había absorbido tantas sutilezas del manejo observando a su tía Jeanette y a sus tías y tíos honorarios que compensaba su limitada experiencia, y fue ayudada por el entusiasmo inquebrantable de Kissy. Tuvieron el tiempo más rápido en la división de altura de 12 pulgadas sin ningún otro concursante cerca.

Evan dijo: "Espero que Jenny continúe con el manejo de Agilidad Canina. Tiene un talento natural".

Essie comentó: "Me pregunto si debería ser entrenada en el manejo de exhibiciones de perros de conformación. Apuesto a que podría ser una manejadora de perros reconocida para cuando esté en sus veintes".

Vieron toda la Final de Destacados de Junior Handlers y aplaudieron hasta que les dolieron las manos durante la ceremonia de premiación. Jenny fue la manejadora más joven en el podio. Le dieron una placa y una camiseta con el logo de Junior Handler de los Juegos Mundiales de Cynosport, además de una cinta que adjuntó al collar de Kissy. Jenny sonreía radiante mientras le tomaban una foto sosteniendo a Kissy. Kissy parecía igualmente orgullosa de su logro.

Todos en el grupo grabaron el evento en sus teléfonos celulares. Cuando Jenny y Kissy se reunieron con los adultos y los abrazos y besos de felicitación terminaron, el grupo entero caminó rápidamente hacia la Hoja de Acumulación de Puntos para verificar los resultados del Relevo de Tres Perros.

Sarah dijo: "No puedo mirar. Alguien más que revise los resultados". Jeanette, Essie y Evan caminaron valientemente hacia la Hoja de Puntos mientras Sarah, Gordon, Cole y Jenny sostenían a las mascotas. Sarah supo que los Quakers debían haberlo hecho bien porque Essie y Evan estaban saltando y abrazándose como un par de niños. Evan se volvió hacia Sarah e hizo un gesto de "pulgar arriba". Luego él y Essie se giraron hacia Jeanette y la abrazaron. Cole pensó que los Magic Gems debían haberlo hecho bien porque su esposa estaba sonriendo.

Jenny gritó impacientemente: "Vamos, díganos quién ganó. No puedo soportar más la suspense".

Evan exclamó: "¡Los Quakers ganaron!".

Essie añadió: "¿Recuerdan ese equipo tan simpático llamado Las Estrellas de Cine en la categoría de 16 pulgadas? Bueno, quedaron en segundo lugar".

Jeanette dijo: "Los Magic Gems quedaron terceros. Los Comediantes quedaron en cuarto lugar".

"¿Cómo les fue a los Hoosiers?" preguntó Cole.

"Quedaron en sexto lugar, detrás de los Storybook Tailers, que quedaron quintos. Ese es el equipo de Thumbelina", respondió Jeanette.

"¡Tres hurras por nuestros equipos!" dijo Jenny. "¿Podemos comer algo antes de las Finales del Grand Prix? Tengo hambre".

Essie dijo: "Estoy totalmente a favor de un descanso en nuestra tienda y tomar un poco de agua o Gatorade".

Mientras se relajaban y bebían líquidos, Jeanette de repente se golpeó la palma de la mano contra la frente.

"Sarah, tenemos las Finales de Dock Dogs ahora mismo", gritó.

La boca de Sarah se quedó abierta y miró su reloj. "Tenemos suficiente tiempo para llegar si nos vamos de inmediato".

Evan dijo: "Essie y yo no podremos verlos actuar porque tenemos que competir en las Finales del Grand Prix en diez minutos. La categoría de 26 pulgadas actúa al final, así que tendrán tiempo suficiente para competir en ambos eventos".

El grupo se dividió mientras Sarah, Gordon, Michael, Jeanette, Cole, Jenny y Topaz caminaban rápidamente hacia la configuración de Dock Dogs.

"Tía Sarah, todavía llevo mi lazo rojo de la suerte. Se lo prestaré a Michael para las Finales del Grand Prix".

Sarah gimió: "Había olvidado que su pintura de oreja se va a lavar. Gracias a Dios que estás aquí, Jenny. ¿Qué haríamos sin ti?".

Había doce competidores para el salto final, y la Ceremonia de Premiación estaba programada para llevarse a cabo inmediatamente después. Michael actuó antes que Topaz y mientras él y Sarah bajaban las escaleras, Sarah dijo que sabía que Michael no ganaría, pero que eso no importaba porque él disfrutaba el deporte.

"Michael saltó 24 pies, 10 pulgadas, lo cual fue fantástico para él. Buena suerte a ti y a Topaz".

Solo quedaba un competidor por actuar después de Topaz. Jeanette buscó a Sarah, Cole y Michael entre el grupo de manejadores que sostenían a sus perros mojados mientras esperaban expectantes a que se anunciaran los resultados. Cuando el último competidor se unió al grupo, el juez anunció que Topaz había quedado en primer lugar con un salto de 27 pies, 9 pulgadas. Sarah le dio un rápido abrazo a Jeanette justo antes de que ella y Topaz subieran a la plataforma de premios.

Colgaron una medalla alrededor del cuello de Topaz. Todos silbaron, vitorearon y aplaudieron en voz alta. Topaz sabía que había ganado y se sentía contenta porque sabía que su mamá estaba feliz.

El juez luego anunció que Patrick quedó en segundo lugar con un salto de 26 pies, 6 pulgadas. Mientras Patrick y Ryan Donohue se paraban junto a Jeanette y Topaz, los dos perros se tocaron las narices. Michael miraba con ojos celosos. Harry Houdini quedó en tercer lugar con un salto de 25 pies, 8 pulgadas. Jeanette acababa de terminar de estrechar la mano de Ryan cuando Mark y Harry se colocaron a su otro lado y ella estrechó la mano de Mark. Harry Houdini se inclinó hacia Topaz y mientras se tocaban las narices, Michael se lanzó hacia adelante. Quería desesperadamente estar junto a Topaz. Sarah lo sujetó firmemente. Entendía que Michael no quería que Topaz estuviera cerca de Patrick y Harry.

El juez anunció que quería hacer una mención especial de un Border Collie llamado Brew, que hizo un salto asombroso de 22 pies, lo cual era notable porque solo medía 19 pulgadas a la cruz. Continuó diciendo que durante esta competencia, tuvieron al competidor más pequeño que jamás haya participado y que medía solo 10 pulgadas a la cruz.

"Considerando su tamaño, un Spaniel Tibetano llamado Kawdje hizo un salto igualmente prodigioso que midió 11 pies, 11 pulgadas. Debido a que no hay divisiones de tamaño en Dock Dogs, los perros pequeños están en desventaja al competir en este deporte. Quizás, en el futuro, a medida que este deporte gane popularidad, esa disparidad será abordada y se instituirán divisiones de tamaño. Gracias a todos por su participación y cooperación. Espero verlos aquí el próximo año".

Jenny gritó: "¡Tres hurras por los ganadores, Kawdje y Brew!".

Capítulo Treinta y Cuatro

Jeanette, Cole, Jenny, Topaz, Sarah y Michael corrieron hacia el Ring 1 para ver las Finales del Grand Prix. Kawdje y Essie estaban saliendo del ring cuando llegaron. Los aplausos eran ruidosos, por lo que los recién llegados asumieron que la actuación de Kawdje había ganado la admiración de los espectadores. Gordon se puso de pie y los saludó hacia su asiento en la grada, donde había guardado asientos en el pasillo para que pudieran salir discretamente con las mascotas cuando les tocara actuar. Michael y Topaz estaban empapados, pero Sarah y Jeanette razonaron que probablemente se sentían cómodos con el clima templado y decidieron ver la actuación de Kissy y secar a las mascotas más tarde. Jenny, en silencio, sacó su lazo rojo de su riñonera y se lo pasó a Sarah, quien le sonrió agradecida.

Kissy sabía que no había sido la mejor en el Steeplechase. Ese pequeño perro que nunca había conocido antes había ganado y Kawdje había quedado antes que ella también.

"¡Esta clase de práctica es mía!" se prometió a sí misma.

Después de usar los primeros obstáculos, Kissy se dio cuenta de que el recorrido no tenía muchos saltos. Su estado de ánimo pasó de una determinación sombría a placer. Atravesó el recorrido sin esfuerzo y vio a su papá señalar la mesa. Tembló en la pose de descanso, observando la mano de su papá en la posición de "espera". Cuando dijo "baja", salió disparada de la mesa. Saltó a través del aro y la puerta de salida estaba frente a ella.

Cole dijo: "Incluso yo puedo ver que Kissy quiere ganar y da todo lo que tiene en su actuación".

Todos, excepto Gordon, que se quedó para seguir filmando y guardar sus asientos, se fueron y caminaron hacia el área de la puerta de salida para felicitar a Essie, Evan, Kissy y Kawdje.

Sarah dijo: "Lamento habernos perdido la actuación de Kawdje. Tendremos que ver el video de Gordon cuando lleguemos a casa. Vimos a Kissy y estuvo fabulosa".

Evan dijo: "Solo quedan dos competidores más, así que Essie y yo nos quedaremos hasta que se tabulen todos los resultados. Nos veremos en nuestra tienda en diez minutos".

Después de que Sarah y Jeanette secaron a Michael y Topaz, Sarah ató el lazo rojo de Jenny a la oreja izquierda de Michael. Todos ocultaron sonrisas. Michael era tan obviamente macho que el lazo rojo se veía ridículo en él.

Evan y Essie entraron en la tienda con enormes sonrisas en sus caras. Incluso Kissy y Kawdje parecían estar sonriendo.

Essie anunció: "Kissy ganó y Kawdje quedó en segundo lugar. Thumbelina quedó tercera y Owen Gylliam está muy orgulloso de que Merlin, su Welsh Corgi, quedó cuarto".

Jenny agarró a Kissy y bailó con ella. Todos los demás acariciaron a Kawdje.

Evan dijo: "Lástima que el Grand Prix no otorgue dinero. Nos habríamos llevado todo".

Dos horas después, se reunieron para la Ceremonia de Premiación del Relevo de Tres Perros. Michael, Kissy y Kawdje fueron fotografiados en la plataforma de premios con Sarah, Evan y Essie parados justo detrás de ellos. Kissy sabía que eran los mejores porque estaban posicionados en el centro y más alto que los equipos de perros a ambos lados de ella. No reconoció a los Comediantes, que quedaron en segundo lugar en el Relevo de Tres Perros, pero conocía a Topaz y Patrick y reconoció al gran perro llamado Harry Houdini cuando estaba actuando en el ring con Topaz y Patrick. Los Magic Gems quedaron en tercer lugar.

Un oficial del evento anunció que los Premios del Grand Prix serían los siguientes. Apenas habían dejado la plataforma cuando el papá de Kissy la llevó de vuelta al mismo lugar. Esta vez estaba sola en la plataforma central alta, excepto por su papá, que estaba detrás de ella. A su papá le dieron un trofeo de oro y una gran cinta azul, que colocó en el collar que ella siempre llevaba entre actuaciones. La cinta era casi tan grande como ella. Su papá colocó el trofeo a su lado y era casi tan alto como ella. Se volvió hacia Kawdje, que ahora estaba sentado a un lado de ella. Él tenía un trofeo de plata y una gran cinta roja. Thumbelina estaba al otro lado de ella y tenía una cinta amarilla y un trofeo marrón.

Kissy sabía que era la mejor. No podía recordar haber estado tan feliz, excepto por aquel día hace mucho tiempo cuando conoció a su mamá y a su papá y corrió una y otra vez alrededor del enorme árbol.

"Ellos me eligieron porque puedo correr rápido y ahora todos saben que soy la mejor y la más rápida. ¡Hurra por mí!", pensó.

Se sintió decepcionada cuando tuvieron que abandonar la plataforma de premios, pero tanta gente dijo su nombre, tocó sus patas y acarició su cabeza que quedó apaciguada. Miró hacia Kawdje, que estaba siendo sostenido en los brazos de su mamá, y vio que él también estaba recibiendo mucha atención, y no le guardó rencor.

Observó a otros perros que no reconocía caminar hacia la plataforma y recibir trofeos y cintas. Su papá aplaudió para esos perros y ella se movió y balanceó en sus brazos cuando él hizo eso. Luego vio a Michael y a su mamá caminar hacia la plataforma central. Sarah había quitado el lazo de su oreja. Kissy deseó que su papá le hubiera atado un lazo a una de sus orejas. Sabía que Michael había sido el mejor, como ella, porque estaba de pie en el centro y a su mamá le dieron un trofeo de oro y una cinta azul. Harry Houdini caminó hacia la plataforma y se paró a un lado de Michael. Después de que su papá recibió una cinta roja y un trofeo de plata, Topaz y su mamá caminaron hacia la plataforma y se pararon al otro lado de Michael. Topaz tenía el mismo trofeo marrón que le habían dado a Thumbelina.

Kissy descansaba somnolienta en el hombro de su papá. Se sentía demasiado cansada para interesarse en algo que no la involucrara directamente a ella. De repente, un grito estalló a su alrededor y se despertó alerta. Su papá la llevó de nuevo a la plataforma. Su mamá y Kawdje y Michael y su mamá estaban de pie a su lado.

"¡Yupi! He ganado algo más", pensó.

Gordon estaba muy orgulloso de Sarah y Michael y aplaudió hasta que le dolieron las manos. Escuchó comentarios sobre el equipo de los

Quakers, que había ganado el primer lugar porque habían acumulado la mayor cantidad de puntos en general.

"¡Mira esos dos perritos lindos junto con ese gran perro peludo que ganó el Grand Prix y el Steeplechase!", dijo una mujer.

Alguien más dijo: "Ese perrito rubio ganó el Grand Prix en la categoría de menor altura y el pequeño de color ámbar quedó en segundo lugar en el Grand Prix y el Steeplechase".

Una mujer preguntó: "¿Alguien sabe el nombre de ese gran perro peludo con la oreja naranja?"

Varias voces dijeron: "Michael Archangelo".

La misma mujer dijo: "Con un nombre así, debe tener bendiciones especiales desde arriba. No es de extrañar que haya dominado estos Juegos. Me pregunto cómo llegó a tener un nombre tan fantástico".

Gordon tomó fotos mientras hablaba en dirección a la voz de la mujer: "Mi esposa lo rescató de las calles de San Miguel de Allende en México y lo trajo a casa con ella a Pensilvania. Lo llamó Michael porque era de San Miguel y agregó Arcángel porque pensó que era un ángel disfrazado. Le dio un nombre ilustre para compensar su falta de pedigrí".

La multitud alrededor de Gordon rió con aprecio. La mujer que había preguntado por el nombre de Michael dijo: "¡Qué maravilloso que un perro callejero no deseado y abandonado ahora sea miembro del Equipo Número Uno en estos Juegos Mundiales de Cynosport! Es una historia de 'de harapos a riquezas'. ¿Hay alguna historia interesante sobre los dos perritos que también forman parte del equipo ganador?"

Gordon respondió: "Son parte de la familia de mi hermano y mi cuñada y son Spaniels Tibetanos con pedigríes ilustres. Llevan una vida idílica y siempre han sido mimados".

Un hombre que estaba cerca dijo: "Un perro mestizo de orígenes humildes emparejado con perros de raza pura que nunca han conocido el hambre, solo en Estados Unidos".

Los tres Border Collies llamados John, Jake y Jordan del equipo The Hoosiers, que había quedado en segundo lugar en la clasificación general, caminaron hacia la plataforma con sus manejadores. Alguien en la multitud comentó que parecían trillizos. Alguien más dijo que tal vez lo eran.

Los Magic Gems quedaron en tercer lugar en la clasificación general. Topaz, Harry Houdini y Patrick tomaron su turno en la plataforma y recibieron los aplausos de una multitud adoradora. Cole se sintió gratificado al escuchar cumplidos sobre Topaz.

"Es tan elegante y hermosa".

"Es preciosa".

De repente se preguntó si se referían a Topaz o a Jeanette. A la mañana siguiente, todos condujeron al aeropuerto. Después de una rápida ronda de abrazos y besos de despedida, Cole y Jenny entraron en la terminal del aeropuerto y los autos se dirigieron en caravana al Restaurante Belle Époque de Arno.

Gordon había hablado con el chef la noche anterior, explicando que sus amigos, familiares y mascotas habían ganado premios en un concurso de talentos de una fiesta de Halloween que él y su esposa habían organizado. El premio era un paseo en helicóptero al desierto y un fantástico almuerzo gourmet para disfrutar en su lugar de aterrizaje elegido. El chef había sido muy cooperativo y había sugerido varios alimentos que viajarían bien y no perderían sabor ni se pondrían insípidos.

Después de que se instalaron en el Bell Jet Ranger 427 de Gordon y los rotores comenzaron a girar, Michael explicó a sus tres amigos que volar era más ruidoso que conducir y que no se les permitiría sacar la cabeza por las ventanas, pero que todo estaría bien. Estaba complacido de ser el pasajero con experiencia. Las mascotas estaban aseguradas con cinturones en sus asientos individuales, por lo que moverse no era una opción. Kissy y Kawdje estaban aburridos porque no eran lo suficientemente grandes como para ver por las ventanas.

Topaz estaba asombrada de estar tan alta sobre el suelo y evitaba mirar por la ventana junto a la que estaba sentada. Las mascotas se alegraron cuando terminó el viaje y caminaron nuevamente sobre tierra firme.

Gordon volvió a mostrar orgulloso su descubrimiento a los demás. Todos apreciaron el esfuerzo meticuloso realizado por las antiguas tribus que cortaron piedras y las ajustaron tan firmemente que su trabajo permaneció en pie muchos siglos después como un monumento a su habilidad e ingenio.

Topaz se sintió atraída hacia un área que tenía el olor a huesos. El olor no era en absoluto como el de los huesos que su mamá a veces le permitía roer. De repente, se encontró cara a cara con Kawdje. Él también había percibido el extraño, aunque curiosamente familiar, olor. Le preguntó su opinión sobre el peculiar olor. Él dijo que pensaba que eran huesos, aunque no olían como ningún otro que hubiera conocido. Ambos cavaron un poco la tierra, pero el suelo estaba tan seco y compacto que desistieron.

Michael y Kissy siguieron a Topaz y Kawdje, quienes caminaban lentamente mientras olfateaban el área minuciosamente, como detectives examinando una escena del crimen.

Gordon y los demás dejaron de recorrer las ruinas y observaron a las mascotas con interés.

Gordon dijo: "Creo que las mascotas son detectives arqueológicos. Voy a marcar toda el área que están olfateando tan a fondo. Tengo estacas, cuerda y pintura en aerosol en el helicóptero. ¿Alguien está listo para un poco de ejercicio antes del almuerzo?"

Mientras acotaban el área que había interesado a las mascotas, todos tuvieron una reacción inmediata de piel de gallina cuando Topaz comenzó a aullar con un lamento prolongado. Kawdje se unió de inmediato. Michael y Kissy agregaron sus voces a la elegía.

Topaz, cuya extraordinaria percepción de los pensamientos y sentimientos de su mamá y de los animales y aves que vivían en su propiedad, adivinó que personas y mascotas habían vivido y muerto en ese lugar. No cantaba por la pérdida de sus vidas; estaba reconociendo su antigua existencia.

Gordon, Sarah, Essie, Evan y Jeanette se quedaron inmóviles. Finalmente, Gordon dijo: "Esto fue una comunidad antigua y creo que los huesos de esos seres están en la tierra directamente debajo de nuestras mascotas. Si alguna vez desean ayudarme a excavar este sitio, apreciaría la ayuda, y eso definitivamente incluye a las mascotas. Tienen poderes especiales para encontrar huesos antiguos, especialmente Topaz y Kawdje. ¿Quién sabe qué nos espera?"

Capítulo Treinta y Cinco

Varios días después de llegar a casa, Jeanette supo con certeza que Topaz estaba "en camino" porque se negó a comer cualquier cosa excepto galletas secas durante un día y medio. Después de eso, su apetito volvió con gusto y no mostró ningún síntoma de maternidad inminente, aparte de una cintura en expansión.

Pat confirmó el embarazo y estimó que los cachorros llegarían en algún momento durante la segunda o tercera semana de enero. Pat también dijo que ella y Ed querían uno. Prometió cuidar de Topaz durante toda su gestación y estar con ella durante el parto.

Una semana después de su regreso a casa, Sarah y Gordon cuidaron de Kissy mientras Essie, Evan y Kawdje asistían al Show Canino de Filadelfia. Kawdje ganó el premio de Mejor de Raza y el Grupo No Deportivo, pero perdió el Mejor en Show frente a un apuesto Setter Gordon.

A medida que noviembre llegaba a su fin, Jeanette y Cole organizaron la cena del Día de Acción de Gracias para todos. Vieron las grabaciones de los Juegos Cynosport tomadas por Gordon y Cole y expresaron su alivio de que el circuito de Agilidad Canina hubiera disminuido durante la temporada de invierno.

Sarah y Gordon querían mostrar las mejoras que habían hecho en su hogar desde la fiesta de Halloween y preguntaron si todos estaban de acuerdo en reunirse en su casa el día de Navidad. Essie y Evan dijeron que estaba bien para ellos porque planeaban organizar una casa abierta la víspera de Navidad y los invitaron a asistir. Joy, Sam y Ed trabajaban a tiempo completo, y Pat estaba ocupada estudiando, asistiendo a clases y trabajando en una situación clínica: su generación estaba feliz de no tener la carga de una reunión navideña. Jeanette se sintió aliviada de no tener que cocinar la cena de Navidad porque ella y Jenny planeaban volar a Chicago y pasar una celebración anticipada de Navidad con los padres de Jenny. Llegarían a casa en Pensilvania apenas dos días antes de Navidad. Sarah y Gordon se ofrecieron a cuidar de Topaz mientras Cole estuviera fuera durante el día o cuando estuviera de guardia.

El día de Nochebuena fue fresco, claro y frío. Una ligera capa de nieve decoraba los jardines, pero las carreteras estaban despejadas. La mesa del buffet de Essie estaba repleta de tentadora comida.

Essie había atado ramas de pino, abeto, abedul y acebo que crecían en la propiedad con grandes lazos de terciopelo rojo. Colgaban del buzón, de las puertas exteriores y de las puertas dentro de la casa. Toda la casa estaba impregnada con el aroma de las ramas frescas.

Todos llegaron cargados de regalos que colocaron bajo el árbol.

Mientras Essie y Evan se arrodillaban para clasificar los regalos, Evan comentó que pensaba que Kissy y Kawdje iban a recibir más regalos que ellos.

Levantó varios paquetes envueltos con esmero. "Aquí hay regalos de Jenny para Kissy y Kawdje, y más para ellos de parte de Jeanette y Cole". Le pasó una caja a Essie diciendo que era para Kawdje de parte de Michael.

Essie rió. "Evan, yo compré regalos para Michael y Topaz de nuestra parte y más regalos para ellos de parte de Kissy y Kawdje. También compré un regalo para Jenny de nuestra parte, además de uno de Kissy y otro de Kawdje. Espero que Jenny y las mascotas estén ocupados durante al menos una hora abriendo sus regalos."

Evan suspiró con anhelo, "Ojalá fuera un niño otra vez". Essie lo besó en la frente. "Todavía lo eres."

Las mascotas deambulaban de una habitación a otra entre los visitantes, buscando platos llenos de comida que estuvieran al alcance de sus lenguas. Jenny les dio a escondidas galletas navideñas que Kawdje, el Exquisito, rechazó, y algo de jamón que todos devoraron.

Kissy le dijo a Topaz y a Michael que ella y Kawdje iban a tener cachorros.

Michael le dijo a Kawdje que tenía suerte de vivir en la misma casa que Kissy. "Estarás con tus cachorros todos los días. Yo no estoy seguro de cuán seguido podré ver a Topaz y a nuestros cachorros."

Después de que los últimos amigos del vecindario se fueron de la Open House, Essie dijo: "Tengo un anuncio que hacer".

Parecía tan seria que el grupo, de forma inconsciente, contuvo la respiración esperando lo peor.

"Kissy espera cachorros en algún momento de la segunda o tercera semana de febrero. Evan y yo pensamos que Kissy y Kawdje son demasiado jóvenes para ser padres, pero no nos consultaron."

Todos soltaron el aire colectivamente con un sonido silbante. Todos comenzaron a reír y a hablar a la vez.

Sam dijo en voz alta sobre el alboroto: "Quiero uno de sus cachorros macho." Jenny saltó de su silla: "¡Yo quiero una cachorrita!"

Después de que la conversación se calmó, Essie dijo: "Los Spaniels Tibetanos suelen tener dos o tres cachorros por camada. Si Kissy tiene dos, uno será para Sam si hay un macho, y otro para Jenny si hay una hembra."

Sarah le preguntó a Jeanette si tenía interesados para los cachorros de Topaz y Michael.

"Gordon y yo queremos un cachorro. Tú y Cole queréis quedaros con uno. ¿Tienes a alguien más en tu lista?"

"La pareja irlandesa, Ryan y Clodagh Donohue, quiere una hembra y Oshi Yakamuri, el caballero japonés, tomará cualquiera de los dos géneros. Mark Lederman quiere un cachorro porque Harry Houdini ya está empezando a decaer en sus actuaciones. Llamé a John y Marie Colbert, los dueños del B&B donde nos quedamos cuando Topaz compitió en un evento de Agilidad en Ohio, y les expliqué sobre su cruce con Michael. Dijeron que confiaban en la elección de Topaz para el padre de sus cachorros y me aseguraron que definitivamente querían uno. Y luego está tu hija, Pat, que también quiere uno."

Sarah contó con los dedos y dijo: "Eso hace un total de siete cachorros que Topaz necesita dar a luz."

Jeanette agregó: "Tengo los nombres de personas que la vieron competir en eventos de Agilidad y pidieron futuros cachorros. Estoy segura de que pensaban que tendría cachorros de Braco Alemán de pelo corto de pura raza, pero los llamaré si tiene una docena."

A medida que la noche llegaba a su fin, Essie y Evan distribuyeron regalos de Navidad a sus amigos.

"Podéis abrirlos ahora o llevároslos a casa para abrirlos la mañana de Navidad," anunció Essie.

Todos decidieron abrir sus regalos por la mañana, excepto Jenny, quien inmediatamente comenzó a arrancar el papel de regalo de sus obsequios.

Kawdje le regaló un set de esmaltes de uñas. El regalo de Kissy fue un cinturón rosa lleno de brillantes. Michael le dio una camiseta con un corazón rojo hecho de lentejuelas cosidas en la parte delantera. El regalo de Sarah y Gordon fue un par de vaqueros con un corazón de lentejuelas rojas en un bolsillo trasero. Había un reloj inteligente de Joy y Sam, entradas al cine y varios libros de Pat y Ed. Recibió una tarjeta de regalo para gastar dinero en su tienda favorita de parte de Essie y Evan.

Jenny estaba encantada y fue besando y abrazando a todos para agradecerles.

Jeanette dijo que el regalo de Topaz para Jenny estaba en casa, bajo su árbol, al igual que los regalos de ella y el Tío Cole. Jenny suplicó que se permitiera a Kissy, Kawdje y Michael abrir los regalos que les había dado. A Kawdje le encantó su pequeño lobo de peluche suave que aullaba cada vez que lo mordía con fuerza. Kissy no estaba segura de si le gustaba la pequeña cosa brillante llamada tiara que Jenny colocó en su cabeza y aseguró con cintas bajo su barbilla. Sin embargo, a Kissy le encantaba la atención que recibía cuando la llevaba puesta. Michael rompió su regalo y casi se sintió intimidado por un hueso de cuero crudo gigantesco, pero después de unos segundos de contemplación, decidió que era lo suficientemente grande y fuerte como para conquistarlo. Jenny llevó el regalo de Topaz porque no quería que se sintiera excluida si los otros animales abrían sus regalos en casa de la Tía Essie y el Tío Evan. Topaz estaba feliz de sentir la manta más suave que había frotado jamás contra su hocico.

"Es para tu cama de perro, Topaz," le dijo Jenny. "Vamos a casa a probarla."

El día de Navidad estuvo nublado. Un viento cortante dispersaba ráfagas intermitentes por las carreteras y en los jardines. El clima sombrío no podía disminuir la felicidad en los corazones de todos. Después de que todos abrieron sus regalos, se sentaron en la mesa de cena de Sarah y Gordon, charlando, riendo y brindando por los logros de las mascotas, su amistad, el año que pasaba, el cercano Año Nuevo, los cachorros que estaban por nacer y todo lo que podían pensar para estar agradecidos.

El árbol de Navidad de Sarah y Gordon era un espectáculo para la vista. Estaba decorado con luces doradas y adornos de ángeles. No solo había adornos de ángeles tradicionales, sino también ángeles de perros y gatos, ángeles de ardillas y chipmunks, ángeles de zorros, ángeles de cerdos, ángeles de caballos y vacas y muchos otros ángeles de animales. La zona debajo del árbol estaba llena de regalos que habían sido abiertos y papel de regalo que aún no se había recogido y desechado.

Kawdje comenzó un juego agarrando un trozo de papel de regalo de Navidad hecho una bola con los dientes y corriendo por la casa desafiando a los demás a intentar quitárselo. Topaz no se sentía lo suficientemente ágil para aceptar el desafío e incorporarse a la persecución. Kawdje eludió fácilmente a Michael corriendo debajo de la cama de Kevin, pero Kissy corrió debajo de la cama en su persecución y todos escucharon su batalla de broma. Después de un minuto más o menos, Kissy salió disparada de debajo de la cama con el papel de regalo en la boca y Kawdje persiguiéndola. Ella corrió detrás del árbol de Navidad. Cuando los adornos y las luces se sacudieron, Essie se levantó de la mesa y ordenó a los dos que salieran de detrás del árbol.

Al sentarse de nuevo en la mesa, Essie dijo, "Son demasiado jóvenes para ser padres. Todavía no han crecido de verdad."

Gordon levantó su copa de vino para otro brindis, "Muchos de nosotros tampoco hemos crecido. ¡Por ser jóvenes de corazón para siempre!"

Jenny dijo, "¡Por supuesto—y los cachorros son incluso mejores que la tablet y el móvil que me dieron mis padres! Hagamos otro brindis por los futuros cachorros."

Todos levantaron sus copas de vino, excepto Jenny, que levantó su vaso de zumo de frutas espumoso y todos dijeron al unísono, "Por los cachorros."

Capítulo Treinta y Seis

En la madrugada del 10 de enero, un extraño dolor opresivo en la parte baja del abdomen despertó a Topaz. Justo cuando estaba a punto de ladrar para decirle a su mamá que la necesitaba, Jeanette se despertó con la certeza absoluta de que Topaz estaba de parto. Se levantó de la cama y se acercó a Topaz, que estaba acostada tranquilamente en su cama de perro. Jeanette apoyó la mano en el abdomen de Topaz durante varios minutos, sintiéndolo endurecerse durante una contracción y luego ablandarse. Decidió no decirle nada a Jenny, quien querría quedarse en casa para presenciar el evento.

Cole se despertó y Jeanette le dijo que Topaz estaba en las primeras etapas del parto.

"Tú y Topaz tenéis una conexión mística entre ustedes. Si dices que está de parto, te creo."

"Llamaré a Pat en media hora. No hay necesidad de despertarla aún," dijo Jeanette. "También llamaré a Sarah y Gordon, luego a Essie y Evan. Querrán saberlo."

Mientras escuchaba los sonidos que su papá y Jenny hacían al vestirse, desayunar y luego salir de la casa, Topaz yacía en su cama de perro soportando en silencio el dolor intermitente que aumentaba en intensidad cada vez que volvía. Su mamá le ofreció el desayuno, pero el dolor volvió y tuvo que concentrarse en él. Curiosamente, la comida no le interesaba en ese momento.

"Eso lo confirma," pensó Jeanette. "Topaz nunca rechaza la comida, así que definitivamente está de parto."

Pat llegó alrededor de las 9:00 de la mañana. Revisó a Topaz y estimó que pasaría otra hora o dos antes de que llegara el primer cachorro. Topaz entendió que Pat estaba allí para ayudarla. Sarah, Gordon y Michael llegaron una hora después. Jeanette sirvió café, té y rollos dulces para el desayuno. Essie y Evan habían dicho sabiamente que debían quedarse en casa y no estorbar. Solicitaron informes del progreso y prometieron notificar a Joy y Sam.

Michael acarició con el hocico a Topaz, que yacía jadeando en su cama. Quería saber qué podía hacer por ella. Ella le pidió que se quedara cerca y le hiciera compañía. De hecho, Topaz tenía mucha compañía. Jeanette, Pat, Sarah, Gordon y Michael estaban todos presentes para darle apoyo moral. Pronto nació un cachorro.

Pat anunció, "Es un macho."

Pasó el cachorro a Jeanette, quien lo limpió con una toalla y luego lo acercó a Topaz, que lo olfateó y lo lamió por todas partes. Durante las siguientes dos horas, Topaz dio a luz a siete cachorros más.

Jeanette dijo, "Tenemos suerte de que haya tenido cuatro machos y cuatro hembras. Tenemos hogares para siete de ellos y creo que el octavo cachorro también tiene una maravillosa familia esperándolo."

Después de colocar acolchado nuevo en la cama de Topaz, los cachorros mamaron vigorosamente. Michael, que había estado sentado tranquilamente cerca de la puerta del dormitorio, se levantó, se acercó a Topaz y luego inclinó la cabeza para olfatear a sus cachorros. ¡Se sentía tan feliz y orgulloso de ser papá!

Topaz gruñó, "Fuera de aquí, Michael. No quiero que te acerques a nuestros cachorros hasta que puedan caminar."

Michael retrocedió apresuradamente. Se sentía conmocionado y herido. Topaz nunca, nunca le había gruñido antes. Le preguntó, mientras caminaba lentamente hacia la puerta del dormitorio, "¿Por qué no me dejas quedarme cerca de ti y de nuestros cachorros?"

"Porque ahora solo me necesitan a mí. Cuanta menos gente haya a su alrededor, menos posibilidades habrá de que les ocurra algo malo."

Topaz de repente comprendió con absoluta claridad por qué la mamá ciervo la había atacado cuando se acercó a sus cervatillos.

Pat explicó a los espectadores perplejos que este era un comportamiento normal y que le sorprendía que Topaz hubiera dejado que Michael permaneciera con ella durante todo el proceso de parto. Sarah y Gordon preguntaron si Topaz les permitiría visitar a los cachorros. Pat admitió que no lo sabía y sugirió que, si Topaz se oponía a que alguien se acercara a sus cachorros, habría que respetar su objeción.

Jeanette acarició la cabeza de Topaz y cuando tomó a un cachorro, Topaz no mostró ninguna protesta.

Pat le dijo a Jeanette: "Ella confía completamente en ti y no le importará que manejes a sus cachorros."

Sarah, Gordon y Michael se sentaron en la cocina de Jeanette. Sarah llamó a Essie y Evan para informarles que habían nacido ocho cachorros y que los géneros estaban equitativamente divididos. También describió el comportamiento de Topaz hacia Michael después del parto.

Essie preguntó si ella y Evan podían visitar al día siguiente para ver a los cachorros. Sarah respondió que eran bienvenidos a intentarlo, pero que si Topaz se oponía a que alguien se acercara a sus cachorros, Pat había dicho que su objeción debía ser respetada.

Sarah, Gordon y Michael se marcharon porque estaba claro que Topaz no quería que Michael estuviera cerca. Pat se quedó una hora más y dijo antes de irse: "Si tienes alguna preocupación sobre Topaz o alguno de los cachorros, llámame de inmediato."

Jenny llegó a casa antes que Cole. Estaba extasiada porque Topaz había dado a luz a ocho cachorros y quería verlos de inmediato. Jeanette habló del comportamiento de Topaz hacia Michael y advirtió a Jenny que no se acercara a los cachorros a menos que estuviera con ella. Topaz mostró orgullosa a sus cachorros, pero parecía ansiosa cada vez que Jenny sostenía a uno de ellos.

Ahora que los cachorros estaban secos, Jeanette notó que el pelaje sobre sus hombros era más largo que en el resto de sus cuerpos. Parecían tener más el color de Topaz que el de Michael, pero sus orejas no eran tan largas como las de ella.

Al día siguiente, Jeanette notificó a todos en la lista de espera para un cachorro sobre el nacimiento y les informó que no quería separarlos de Topaz hasta que tuvieran tres meses, ya que consideraba que ocho semanas de edad era demasiado joven para que un cachorro se separara de su madre. Oshi Yakamuri dijo que de alguna manera haría los arreglos necesarios para que su cachorro fuera llevado a Japón en la cabina de un avión y no en la bodega de carga.

Pat comenzó a darle suplementos diarios de calcio a Topaz poco después del nacimiento de los cachorros. Describió los síntomas que Topaz presentaría si su nivel de calcio en sangre bajaba por debajo de lo normal.

"Si su cabeza o cualquier parte de su cuerpo parece tambalearse o temblar, o si sientes temblores en sus músculos, o si su ritmo cardíaco aumenta, llámame de inmediato y vendré a darle calcio por vía intravenosa. Topaz es una chica grande y saludable, pero su cuerpo está proporcionando alimento a ocho cachorros que crecen rápidamente."

Diez días después, los cachorros tenían los ojos abiertos y se retorcían y se propulsaban sobre sus barrigas a corta distancia. Sus patas aún no eran lo suficientemente fuertes para sostenerlos erguidos, pero Jeanette sabía que en otra semana serían capaces de tambalearse por sí mismos. Se había preparado para esa eventualidad comprando una cubierta de linóleo para el suelo y colocándola sobre el suelo de ladrillo del invernadero, además de montar una valla portátil y plegable alrededor del perímetro del linóleo. Esto transformaba el área en un parque de juegos muy grande. El Pak 'n Fold de Topaz estaba instalado dentro de la zona del parque y acolchado con muchas toallas. En una esquina del parque había almohadillas para empezar a entrenarles temprano con el aseo. Quería que los cachorros de Topaz estuvieran entrenados para no hacer sus necesidades en la casa antes de irse a sus nuevos hogares, para que dejaran una maravillosa primera impresión.

"Las primeras impresiones son duraderas", pensó.

Jeanette inspeccionó la disposición y quedó satisfecha con el resultado. Se apresuró a ir a la cocina a preparar el postre de trifle que planeaba servir esa noche cuando Pat y Ed, Sarah y Gordon, Essie y Evan vinieran de visita para ver a los cachorros. Sería la primera vez que Sarah y Gordon veían a los cachorros desde su nacimiento. Para Essie, Evan y Ed sería la primera vez que los verían.

Cuando el grupo llegó esa noche, Topaz captó su aroma tan pronto como entraron en la casa. Sabía que Michael, Kissy y Kawdje no estaban con ellos, así que se relajó.

Sarah, Gordon, Ed, Essie y Evan entraron lentamente en la habitación. Topaz movió su pequeño muñón de cola. Todos podían ver que estaba muy orgullosa de sus cachorros.

Pat tomó a la pequeña hembra que había elegido.

"Esta es la nuestra", dijo mientras se la mostraba a Ed.

"¿Cómo puedes distinguirla de las demás?" preguntó Ed.

"Su cola es completamente blanca".

Sarah dijo: "Todos tienen más pelo en la parte superior de la espalda". Jenny añadió: "Apuesto a que crecerá como si fueran alas de ángel".

Gordon comentó que todos los cachorros tenían un pelaje más parecido al de Topaz que al de Michael. "Es más largo que el pelo corto y pegado de Topaz, pero la textura no es tan áspera como la de Michael. Quizás se deba a que todavía tienen el suave pelaje de cachorro".

Jeanette dijo: "Si tienen un patrón de crecimiento de pelo más largo que se localiza en la parte superior de la espalda, podría parecer que tienen alas de ángel, como sugirió Jenny. Podrían llamarse 'Pointers Angelicales'".

Evan intervino: "Los Pointers son una raza de caza, aunque Topaz es la excepción. 'Pointers Angelicales' implica que cualquier cosa que uno de estos perros señale será un ángel. Ningún cazador podría disparar a un ángel. Por supuesto, si estos cachorros salen como Topaz, ninguno de ellos querrá cazar de todas formas. ¿Por qué no llamarlos simplemente 'Perros Ángeles'?"

A los demás les pareció una gran idea y Jenny dijo: "Todos los perros son ángeles. Solo que la mayoría de la gente no lo sabe".

La semana siguiente, Jeanette y Pat trasladaron a los cachorros al gran parque que habían instalado en el invernadero.

A Topaz le gustó la nueva disposición porque confinaba a sus cachorros y los mantenía fuera de peligro ahora que estaban en esa etapa en la que querían explorar. Topaz podía saltar fácilmente la valla portátil y acceder a sus cachorros siempre que quisiera.

Se sentía bien y fuerte a pesar de amamantar a ocho cachorros grandes, sanos y que crecían rápidamente, pero se sintió aliviada cuando su mamá comenzó a darles un suplemento diario de cereal de arroz cocido. Ella lo probó antes de permitir que sus cachorros lo lamieran.

Jeanette, Cole, Pat y Jenny se rieron a carcajadas ante el intento de los cachorros de lamer el cereal. Metían sus narices en el tazón y luego resoplaban, estornudaban y sacudían sus cabezas. Algunos incluso caminaban sobre el cereal y lo comían accidentalmente al lamer sus patas para limpiarlas. Eso le dio una idea a Jeanette y Pat: metieron sus dedos en el cereal y se los ofrecieron a los cachorros para que los lamieran. Continuaron alimentándolos de esa manera mientras lentamente bajaban sus dedos hacia el tazón hasta que los cachorros terminaron lamiéndolo directamente del bol.

Pat dijo: "La próxima semana, pulverizaremos comida seca para cachorros en la licuadora y la mezclaremos con leche y jarabe blanco. Luego añadiremos parte de esa mezcla, a la que llamo 'papilla para cachorros', al cereal de arroz. Disminuiremos el cereal hasta que solo coman la 'papilla para cachorros'."

A las tres semanas y media, los cachorros estaban correteando por todo su enorme parque. Milagrosamente, aprendieron a usar las almohadillas para orinar. Jeanette siempre les daba muchas alabanzas y cariño a los cachorros que veía usándolas. Esto animaba a los demás a acercarse en busca de su parte de cariño y, después de algunos episodios, algunos cachorros incluso se apresuraban a agacharse sobre la almohadilla para usarla cuando la veían.

Finalmente, Pat anunció que creía que era momento de que Michael fuera presentado a sus crías. Sarah y Michael llegaron en menos de una hora. Sarah entró con prisa por la puerta y se disculpó por no haber esperado hasta la tarde para que Gordon pudiera acompañarla.

"Él está en una entrevista con el Departamento de Antropología de la Universidad de Delaware. Ya ha sido entrevistado por el Museo de Arqueología y Antropología de la Universidad de Pensilvania y por los Departamentos de Arqueología y Antropología de la Universidad de Kutztown. Está negociando un acuerdo para ser conferenciante invitado y estar conectado con el museo de la U de P. Hasta ahora, hay un gran interés en que proporcione trabajo de campo para sus estudiantes en sus sitios en Arizona. Gordon está emocionado por extender su trabajo y estar en el personal de universidades en Arizona y Pensilvania. Esta noche les contará más sobre esto cuando venga a ver a los cachorros. Espero que no les importe verme dos veces en un día. Sé lo ocupados que están. Además, si Topaz acepta que Michael esté cerca de sus cachorros esta mañana, me gustaría que él nos acompañe esta noche."

Jeanette la abrazó y dijo lo feliz que estaba por Gordon y que los había echado mucho de menos las últimas semanas.

Luego confió: "Creo que Topaz empieza a sentirse recluida, y yo también. Apuesto a que estará muy feliz de ver a Michael."

Capítulo Treinta y Siete

Michael caminó cautelosamente hacia el invernadero convertido en área de juegos para cachorros. Jeanette retiró una parte del parque portátil. Los cachorros se apresuraron hacia la apertura y todos intentaron pasar al mismo tiempo. Se empujaban y se arrastraban unos sobre otros, rodaban y luego se ponían de pie. Algunos se detuvieron repentinamente y olisquearon el aire, y los que venían detrás tropezaron con la línea delantera de cachorros. Los cachorros se dirigieron hacia Michael, curiosos, y lo olisquearon.

Michael bajó cuidadosamente la cabeza y los olió también.

Topaz se acercó a Michael hasta quedar a unos tres pies de él. Estaba muy contenta de verlo de nuevo. Michael tenía miedo de mover sus patas, ya que los cachorros revoloteaban a su alrededor en un desorden total. Estaban intrigados por el olor desconocido de Michael. Él les lamió la cara. Topaz, acostumbrada a moverse cuidadosamente entre los cachorros, se acercó a Michael. Se tocaron las narices y frotaron sus hocicos. Michael pensó que Topaz era incluso más hermosa de lo que recordaba.

Sarah le preguntó a Jeanette si ya había elegido un cachorro para ella y para Cole.

Jeanette dijo que los quería a todos y no podía seleccionar uno sobre los demás. "Estoy observando si Topaz tiene algún favorito, pero hasta ahora no detecto ninguna preferencia."

Sarah preguntó, "¿Puedo hacer una selección para Gordon, Michael y para mí?"

"Claro, Sarah, aunque todos son tan adorables que no sé cómo podrías elegir a uno sobre los demás."

"La pequeña hembra que está sentada entre las patas de Michael y lamiéndole el hocico lo ha elegido a él."

Pat dijo, "Mamá, será mejor que le pongas un collar para que puedas reconocerla de ahora en adelante."

"La reconoceré," respondió Sarah. "Tiene una mancha de color hígado cruzando los hombros, por lo que tendrá alas de color marrón oscuro, y sus patas son sólidamente color hígado."

Topaz intuyó que Michael y Sarah se quedarían con la pequeña hembra que estaba lamiendo el hocico de su papá y que Michael estaba enamorado de ella. Estaba satisfecha de que dos de sus cachorros eventualmente se fueran de su lado—uno para vivir con Pat y Ed, y el otro para vivir con su papá, Sarah y Gordon. Sentía un poco de tristeza, pero al mismo tiempo, se reconfortaba sabiendo que los vería con frecuencia después de que se fueran a vivir a sus nuevos hogares.

Topaz nunca había vuelto a ver a su propia madre desde que llegó a vivir allí, pero no la había echado de menos ni pensado en ella hasta ese momento. Envió un ferviente deseo a la luna, esa luna a la que tan a menudo le cantaba, deseando que cada uno de sus cachorros tuviera un hogar feliz con un papá y una mamá tan maravillosos como los suyos.

Esa noche, Sarah y Michael regresaron con Gordon. Pat trajo a Ed para visitar y crear un vínculo con el cachorro que habían elegido. Essie, Evan, Kissy, Kawdje, Joy y Sam también hicieron una visita para admirar a los ocho Cachorros Ángel. El pequeño cachorro que había elegido a Michael más temprano ese día volvió a reclamarlo acurrucándose entre sus patas y lamiéndolas.

Los cachorros perseguían a Kawdje y a Kissy, quienes fácilmente los esquivaban y lograban mantenerse fuera de su alcance. Kissy se cansó rápidamente y se puso irritable, por lo que Essie la rescató levantándola en su regazo. Kissy se había vuelto demasiado rechoncha para hacer el salto por sí misma. El grupo comenzó a hacer apuestas sobre cuántos cachorros tendría Kissy y cuándo.

Essie se volvió hacia Evan, "Tengo que mostrar a Kawdje en el Show Canino de Westminster, que se celebra cerca del Día de San Valentín.

Probablemente, Kissy ya habrá dado a luz a sus cachorros para entonces. ¿Podrás manejar a Kissy y a los recién nacidos sin mí?"

"Pat y Joy prometieron ayudar. Nos las arreglaremos sin ti si es necesario."

Topaz se acercó a Kissy, que aún estaba sentada en el regazo de Essie, y le preguntó cómo se sentía.

Kissy gimió, "Apenas puedo caminar, y mucho menos correr. Estoy tan enorme y torpe que no puedo saltar al sofá. Mi mamá tuvo que levantarme en su regazo. Tus cachorros son lindos, Topaz, pero sinceramente, espero no tener ocho. Uno sería suficiente para mí, dos serían más que suficientes, y tres ya serían multitud."

Topaz dijo suavemente, "Te sentirás mejor después de que nazcan tus cachorros. No puedes imaginar cuánto los amarás. Significarán tanto para ti que darías tu vida por protegerlos."

Kissy se alarmó y dijo, "¡Qué pensamiento tan terrible! No quiero morir por ninguna razón que no sea la vejez."

"Quiero decir que los amarás mucho más de lo que jamás pensaste que podrías amar a alguien o algo. No te preocupes. Tus papás te cuidarán a ti y a los cachorros, te mantendrán segura y cómoda. Tal vez Pat también te cuide."

"Me pregunto si los amaré tanto como amo a mi mamá y a mi papá y a Kawdje, o tanto como me encanta ganar en las prácticas de Agilidad. ¿Tú amas a tus cachorros tanto como amas a tu mamá? Siempre has dicho que tú y tu mamá tienen una conexión especial."

"Amo a mis cachorros de una manera diferente. Quiero nutrirlos y protegerlos. Se irán de mi lado después de que crezcan un poco más fuertes. Estoy feliz de que uno de mis cachorros vaya a vivir con Pat y otro con Michael. Podré verlos con frecuencia. Siempre los amaré, pero después de que se vayan, no creo que sienta la misma conexión que siento con mi mamá. Si nos quedamos con uno de mis cachorros, espero que mi mamá no tenga esa conexión especial con nadie más aparte de mí."

Topaz alternaba su atención entre sus cachorros y Kissy. Dos cachorros estaban tirando y desatando los cordones de los zapatos de Sam. Mientras Michael protegía al cachorro que dormía entre sus patas, otro trataba de treparle por la espalda. Kawdje descansaba cerca de Michael y lograba mantener su cola justo fuera del alcance del cachorro que la atacaba. Pat sostenía en su regazo al cachorro que había elegido. Joy tenía otro en su regazo. Gordon estaba sentado en el suelo con las piernas extendidas y la espalda apoyada contra el sofá.

Dos cachorros seguían tratando, sin éxito, de saltar por encima de sus piernas.

Dijo, "Aquí tenemos a dos futuros campeones de Steeplechase de Agilidad Canina. Le darán una seria competencia a Michael en un par de años."

"Esta es la primera vez que me permiten ver a mis cachorros desde que nacieron. Inmediatamente después de su nacimiento, Topaz me ordenó que me mantuviera alejado hasta que pudieran caminar lo suficientemente bien como para apartarse de mi camino. Me sentí muy herido de que no confiara en mí para ser cuidadoso y gentil con ellos."

Kawdje se sorprendió y le preguntó a Michael si pensaba que Kissy lo mantendría alejado de sus cachorros después de su nacimiento.

"No lo sé, Kawdje. Deberías preguntarle a ella. No entiendo el comportamiento de Topaz."

Durante el camino a casa, Kawdje le preguntó a Kissy si iba a mantenerlo alejado de sus cachorros durante las primeras semanas después de su nacimiento, de la misma manera en que Topaz había hecho con Michael.

Kissy se asombró por la pregunta. "¿Por qué haría yo eso? Espero que me ayudes a mantenerlos limpios y calientes. Es una pena que no puedas amamantarlos, pero supongo que eso tendré que hacerlo yo sola."

Kawdje le contó a Kissy que Michael se había sentido herido porque Topaz no lo había dejado acercarse a los cachorros hasta esa noche. Kissy confesó que pensaba que era porque Michael no compartía el mismo hogar ni los mismos padres que Topaz. Kawdje se relajó. Sabía que Kissy podía ser difícil a veces y no quería pensar en una situación con sus cachorros que pudiera mantenerlo alejado de ellos.

Capítulo Treinta y Ocho

Kissy comenzó el trabajo de parto en las primeras horas de la mañana del 8 de febrero y despertó a Essie y Evan con sus ladridos. Essie inmediatamente llamó a Pat, quien llegó a las 5:00 a.m. Evan le dio a Pat una taza de café recién hecho. Pat preguntó si ya habían contactado a Joy. Evan dijo que no lo habían hecho y que estaban esperando para asegurarse de que Kissy estuviera realmente en trabajo de parto. Entraron en el dormitorio donde Essie estaba sentada junto a la caja de parto de Kissy. Cada vez que Essie intentaba salir de la habitación, Kissy intentaba seguirla. Aunque Evan era el compañero de Kissy en los eventos de Agilidad Canina, para este evento ella quería a su mamá a su lado.

Pat revisó a Kissy. "Está en labor activa, pero tomará un tiempo antes de que nazcan los cachorros porque es su primer embarazo."

Joy llegó a las 6:30 a.m. Essie pidió a Evan y Joy que prepararan el desayuno para todos mientras ella y Pat se quedaban con Kissy. Como no había nacido ningún cachorro para las 7 a.m., Pat discutió la posibilidad de que Kissy pudiera necesitar una cesárea o, al menos, una ecografía para asegurarse de que no hubiera problemas. Kawdje corría de un lado a otro entre la habitación para ver a Kissy y la cocina para que le dieran de comer tocino y trozos de huevo frito. Kissy rechazó todas las ofertas de comida, pero bebió un poco de leche. Kissy siempre tenía muy buen apetito, y su negativa a comer aterrorizó a Essie, quien no pudo desayunar debido a su ansiedad. Pat tranquilizó a Essie, diciendo que Kissy estaba concentrada únicamente en dar a luz a sus cachorros y que comería abundantemente después.

A las 7:30 a.m., Kissy se puso en posición de cuclillas, empujó con fuerza, gimió, y un gran cachorro macho, con pelaje claro y patas oscuras, nació.

"¡Vaya!" exclamó Pat. "No me extraña que haya tardado tanto en dar a luz al primer cachorro. Es enorme para una perrita como Kissy."

Kissy lamió a su cachorro y Essie ayudó a secarlo. Diez minutos después, nació una gran cachorra con pelaje blanco. A las 8:00 a.m., otra cachorra, con pelaje oscuro y patas claras, llegó al mundo.

A medida que nacía cada cachorro, Kawdje los revisaba y luego tocaba la nariz de Kissy.

Le preguntaba con preocupación, "¿Cómo estás, Kissy?"

Ella lo miraba con cansancio y respondía bruscamente, "¿No lo puedes notar? ¡Estoy sufriendo!"

"¿Qué puedo hacer para ayudarte?" le preguntó.

"Solo vete de aquí. Puedo oler el huevo frito en tu aliento y desearía poder comer algo, pero no creo que pudiera mantenerlo. Ojalá tú pudieras dar a luz a algunos de nuestros cachorros para que pudiéramos dividirnos la tarea."

"¡Qué barbaridad! ¡Menudo pensamiento!" se dijo a sí mismo Kawdje mientras se retiraba rápidamente a la cocina y volvía a descansar cómodamente en el regazo de su papá, mientras Joy le daba tocino.

A las 9:00 a.m., justo cuando Pat comenzaba a preocuparse de que Kissy pudiera haber encontrado un problema, ya que había palpado su abdomen y sentía otro cachorro por nacer, Kissy dio a luz a otro cachorro macho con pelaje oscuro y cuatro patas blancas.

"Eso es el último cachorro," dijo Pat, "y es el más grande. ¡Vaya momento ha tenido Kissy! Ha dado a luz a cuatro cachorros de gran tamaño y ella normalmente pesa catorce libras."

Essie limpió y secó al último cachorro mientras Pat centraba su atención en Kissy.

Después de que los cachorros estuvieron limpios, cálidos y secos, Kissy bebió un tazón de leche.

Pat entró en la cocina y vio que Sam había llegado y estaba tomando café.

"Justo a tiempo para ver a los cachorros por primera vez", le dijo mientras sacaba liverwurst del refrigerador y lo cortaba en trozos pequeños. Todos siguieron a Pat hacia el dormitorio. Se agruparon alrededor de Kissy, elogiándola y admirando a sus cachorros. Kissy sonreía con aprecio por la atención que le prodigaban a ella y a sus cachorros. Agradecida, devoró el liverwurst que Pat le dio en la mano. Cuando Sam vio al cachorro más grande, con pelaje oscuro y cuatro patas blancas, lo reclamó para sí.

"El grandote es mío. Voy a llamarlo 'Sneakers' porque esas cuatro patas blancas hacen que parezca que lleva zapatillas."

Essie dijo, "Ese cachorro será tu regalo de cumpleaños de parte de Evan y mío. Para cuando Sneakers sea lo suficientemente grande para dejar la casa, en tres meses, será tu cumpleaños."

"Sneakers será el mejor regalo de cumpleaños que haya recibido". Kawdje asomó la cabeza en la caja de parto para ver a sus cachorros. Kissy confiaba en cualquiera que caminara sobre dos piernas porque sus papás la habían condicionado a esperar que todos los humanos fueran amables y dignos de confianza, pero no sentía lo mismo por su propia especie. Confiaba en Kawdje, pero recordaba que Topaz había ahuyentado a Michael cuando sus cachorros eran dependientes e indefensos y solo la necesitaban a ella. Sabía que Topaz no quería a Michael cerca hasta que los cachorros pudieran caminar lo suficientemente bien como para apartarse del peligro, o al menos poder ladrar lo suficientemente fuerte como para que los escucharan si estaban en problemas. Ahora Kissy entendía la preocupación de Topaz porque sentía lo mismo por sus propios cachorros. Gruñó a Kawdje, diciéndole que se fuera de la habitación y que se mantuviera alejado de los cachorros hasta que ella le dijera lo contrario. Una vez más, Kawdje se apresuró a retirarse a la cocina.

Essie estaba sentada en la barra de la cocina tomando café y hablando por teléfono. Acababa de colgar después de contarle a Sarah sobre los cachorros y ahora invitaba a Jeanette, Cole y Jenny a que vinieran a visitarlos cuando quisieran, pero que dejaran a Topaz en casa durante las próximas semanas. También le había pedido a Sarah que mantuviera a Michael alejado por un tiempo.

"Jeanette, Kissy tiene dos cachorras y una de ellas es para Jenny."

Después de que Essie y Pat se revitalizaron desayunando, Essie mostró a todos lo que planeaba usar en el Westminster Dog Show. Era un conjunto de dos piezas de color azul con pantalones palazzo de pierna ancha y una chaqueta de tres botones adornada con un sutil patrón de lentejuelas. Explicó que los pantalones anchos palazzo ocultarían el movimiento de sus piernas y proporcionarían un fondo azul sólido mientras caminaba con Kawdje, de modo que el juez pudiera ver mejor su movimiento y su línea superior.

Todos admiraron su atuendo y coincidieron en que su razonamiento era válido.

"Kawdje y yo tenemos que irnos en tres días. Odio dejar a Kissy y a los cachorros, pero Kawdje debería tener su oportunidad en Westminster."

"No te preocupes, Essie, vendré todos los días a revisar a Kissy y a los cachorros", la tranquilizó Pat.

"Mamá, Sam y yo también estaremos aquí. Cocinaré la cena para papá." Essie entregó un sobre a Pat.

"Este es un regalo por estar con Kissy durante el parto y por todos los chequeos, vacunas y cuidado veterinario que brindarás."

"Essie, sabes que no aceptaré dinero de ti ni de Evan. Son como mi familia. Estoy feliz de ayudarles."

"No es dinero. Abre el sobre."

Pat hizo lo que le dijo y una sonrisa iluminó su rostro. "Entradas para dos de las dos mayores obras de teatro de Broadway que vienen a Filadelfia en marzo y abril," exclamó. "Mirando los números de los asientos, supongo que son de los mejores del teatro. ¡Qué regalo fabuloso! Me has pagado de más por mis servicios", dijo mientras los abrazaba.

Kawdje se sentía solo en la cocina, así que caminó hacia el dormitorio y se quedó en la puerta mirando hacia adentro. Kissy lo vio y gruñó de advertencia. Todos rieron mientras Kawdje volvía corriendo a la cocina.

"Espero que esté feliz de estar fuera de casa por unos días," dijo Evan.

Capítulo Treinta y Nueve

El ánimo de Kawdje mejoró al ver a sus papás meter maletas, su jaula Pak 'n Fold y su cuenco de agua en la furgoneta. Eso significaba que iba a viajar y pasar la noche en algún lugar, y estaba encantado de dejar a Kissy en casa.

Estaba cansado de escabullirse frente al dormitorio donde Kissy y los cachorros se quedaban, para poder llegar al otro dormitorio donde ahora dormía. Cada vez que Kissy salía al exterior para hacer sus necesidades o para comer rápidamente en la cocina, apenas reconocía su existencia. No podía pensar en nada que hubiera hecho para merecer tal trato. ¡Al fin y al cabo, ellos también eran sus cachorros!

Después de conducir varias horas, su mamá aparcó, lo sacó del vehículo y lo metió en su jaula. Lo llevó rodando hasta el vestíbulo de un hotel y vio a otros perros que también estaban confinados en sus jaulas.

Pasó una noche relajante en la habitación del hotel con su mamá. Ella compartió su cena de pollo con él. Le acarició la espalda y le rascó las orejas mientras él yacía a su lado en la cama, mientras ella veía la televisión. Fue un alivio estar lejos de Kissy.

A la mañana siguiente, él y su mamá entraron en un edificio enorme, y Kawdje supo que se trataba de otra exposición de conformación canina, ya que no vio ningún obstáculo de agilidad instalado.

Pensó: "Esto no será tan emocionante como una práctica de Agility, pero es mucho mejor que estar en casa con esa tirana de Kissy."

Tan pronto como Essie comenzó a mostrar a Kawdje, supo que él estaba "en su elemento". Para cualquiera que lo viera, parecía estar concentrado y disfrutando, y de hecho lo estaba. El alivio de no tener que intentar ser invisible para evitar la ira de Kissy era liberador. Ganó el premio a Mejor de Raza entre otros treinta y cinco competidores.

Essie abrió su teléfono móvil y llamó a Evan para darle la buena noticia.

Evan la felicitó y dijo que alertaría a sus amigos para que vieran la exposición y que Joy y Sam estarían con él para verla.

"¿Cómo están Kissy y los cachorros?"

"Kissy te echa de menos, pero ella y los cachorros están bien. Pat le está dando un suplemento de calcio y planea comenzar a darles cereal de arroz cocido cuando tengan dos semanas, al igual que hizo con los cachorros de Topaz. Me pregunto si Kissy te reconocerá a ti y a Kawdje en la televisión."

"Déjame saber cómo reacciona. Hablaré contigo esta noche y de nuevo mañana. Voy a poner mi teléfono en el oído de Kawdje. Dile algo a él."

Al día siguiente, el clima estaba frío, pero no lo suficiente como para que Essie no pudiera llevar a Kawdje a dar un largo paseo. Kawdje absorbió la atención indivisa de su mamá. Ella casi lo había ignorado desde el nacimiento de los cachorros. Él había estado tan feliz de tener cachorros y esperaba que fuera divertido y lleno de juegos, pero hasta ahora había sido una experiencia desastrosa. Esperaba que él y su mamá se quedaran otro día lejos de casa. Se sentiría más tranquilo lejos de Kissy la Tirana. Sabía por experiencia que ganar significaba quedarse más tiempo en una exposición canina.

"Haré todo lo posible por ganar," prometió.

Regresaron a la habitación del hotel y Essie pidió servicio de habitaciones, haciendo selecciones que pudiera compartir con Kawdje. Después del almuerzo, ambos tomaron una siesta. A media tarde, Essie se vistió, se cepilló el cabello, luego cepilló a Kawdje, empacó su equipo de aseo, su kit de maquillaje, la jaula Pak 'n Fold de Kawdje, su silla plegable portátil y llamó a un botones del hotel para que la ayudara a transportar todos los objetos al vestíbulo y cargarlos en un taxi. El taxista sabía que la exposición Westminster Dog Show se celebraba en el Madison Square Garden y Kawdje no era su primer pasajero canino. El conductor les deseó suerte con calidez cuando ella bajó del taxi.

No estaba tan abarrotado como el día anterior. Essie notó que Kawdje seguía exuberante y supuso que aún estaba feliz de estar lejos de Kissy.

Essie llamó a Evan y él respondió en el primer timbre. Ella le informó que estaban listos para salir al ring.

"Joy y Sam llegarán en una hora y traerán la cena. Pat y Ed se unirán también. Todos veremos a ti y a Kawdje en nuestra habitación, justo al lado de Kissy y los cachorros."

Kawdje quería ganar, no solo para quedarse lejos de casa un día más y evitar a Kissy, sino también para tener a su mamá para él solo un poco más de tiempo. Cuando fue su turno de caminar por el ring y ser examinado por el juez, brilló como un foco de mil vatios. Miró al juez con la expresión más encantadora y adorable que pudo. Movía la cola mientras caminaba alrededor del ring. Los aplausos del público lo inspiraban a mover la cola aún más rápido. Su turno terminó demasiado pronto y luego él y su mamá esperaron en la fila mientras el juez evaluaba a otros perros.

Mientras tanto, Evan, Joy, Sam, Pat, Ed y Kissy veían a Kawdje actuar como un talentoso y experimentado actor. Escucharon al presentador hablar sobre la raza Spaniel Tibetano y dar una historia sobre Kawdje.

"Kawdje es un Perro Maestro de Agilidad. Participó en los Juegos Mundiales de Cynosport que se celebran anualmente en Arizona y fue miembro del equipo que ganó el primer lugar en esos juegos. Se convirtió en padre por primera vez de cuatro cachorros nacidos el 8 de febrero y la madre de esos cachorros es una Spaniel Tibetana llamada Kissy, que reside en el mismo hogar que Kawdje. Kissy también es una Perra Maestra de Agilidad y fue miembro del equipo ganador en los Juegos Mundiales de Cynosport. Kawdje está siendo presentado por la propietaria/handler, Essie Kilmer. Su esposo maneja a Kissy en los eventos de Agilidad Canina.

Algo más de interés es que el tercer perro del equipo ganador de los Juegos Mundiales de Cynosport, cuyo nombre es Michael Archangelo, es un perro grande que fue rescatado de las calles de México y traído a este país por la madre de la veterinaria de Kissy. Al parecer, está permitido tener perros de dos categorías de altura de salto diferentes en el mismo equipo. Michael se convirtió en padre por primera vez de ocho cachorros el mes pasado. Se apareó con una Braco Alemán llamada Topaz, quien también es una Perra Maestra de Agilidad y es propiedad de otro amigo cercano. ¡Qué historia tan conmovedora!

Essie Kilmer dice que su esposo Evan, su hija Joy y su yerno, Sam Albright, así como la veterinaria de Kissy, Pat Palliser, y su esposo Ed, están viendo este programa desde su hogar."

El segundo presentador preguntó si el yerno, Sam Albright, era el famoso jugador de baloncesto con ese nombre. El primer presentador respondió que efectivamente lo era.

Joy, Sam, Ed y Pat se dieron palmadas de celebración después de la mención de sus nombres.

Evan preguntó: "Kissy, ¿escuchaste al hombre en la televisión hablar sobre ti?"

Kissy revisó a sus cachorros y, como estaban durmiendo, salió cuidadosamente de la caja y saltó al regazo de su papá. "¡Hey, chica! Esta es la primera vez que has dejado a tus cachorros desde que los diste a luz, excepto para comer o ir al baño."

Durante una pausa comercial, Ed y Sam asaltaron la cocina para traer más aperitivos de vuelta al dormitorio. Evan llevó a Kissy afuera para que hiciera sus necesidades mientras Joy cortaba parte del asado que habían cenado en trozos pequeños para ella. Todos se apresuraron de vuelta al dormitorio para seguir viendo la exposición canina, justo cuando el juez comenzaba a seleccionar sus opciones del Grupo No Deportivo.

Ella señaló a un adorable Bulldog Francés, un Caniche Francés Estándar de color plateado, un Terrier Tibetano, un Bichón Frisé, un Shiba Inu y Kawdje. Pat, Ed, Sam y Joy saltaron en sus sillas, aplaudiendo y vitoreando. Evan inclinó la cabeza hacia adelante, con el corazón latiendo con fuerza. ¡Su chico había conseguido el primer puesto! ¡Increíble!

Observaron, en silencio y con atención, cómo cada competidor seguía las instrucciones del juez. El público aplaudió con entusiasmo cuando el juez llamó al Caniche Estándar, luego al Terrier Tibetano, al Bichón Frisé, al Shiba Inu, a Kawdje y, por último, al Bulldog Francés.

Indicó a los manejadores que llevaran a los perros alrededor del ring al mismo tiempo.

El primer locutor dijo:

La juez los ha colocado según el tamaño y la velocidad a la que cada uno puede recorrer el ring, con el perro más rápido al frente y el más lento al final. Esta colocación podría no ser su elección final.

Evan estaba tan tenso que no quería mirar, pero no podía apartar la vista. La juez señaló hacia el Bulldog Francés y Kawdje. ¿Quién había ganado? Fue Essie quien corrió alegremente al lugar del primer puesto. ¡Kawdje ganó el Grupo No Deportivo! La multitud aplaudió con entusiasmo.

El locutor comentó que se acababa de hacer historia, ya que era la primera vez que un Spaniel Tibetano ganaba el Grupo No Deportivo y que el American Kennel Club solo había reconocido la raza desde 1986.

Evan se quedó sin palabras mientras Kawdje avanzaba alegremente hasta la cabeza de la fila. Detrás de él se colocó el Bulldog Francés, en tercer lugar quedó el Terrier Tibetano y en cuarto el Caniche Estándar.

Pat, Ed, Sam y Joy se rieron, aplaudieron y se abrazaron unos a otros.

El alboroto despertó a Kissy. Se sentía confundida porque había estado profundamente dormida y más relajada que desde el nacimiento de sus cachorros. Estaba físicamente agotada por proporcionar el alimento exclusivo a sus cuatro grandes cachorros.

Su papá le susurró suavemente mientras le acariciaba las orejas y alisaba el pelaje de su espalda:

Tú también eres una ganadora, mi chica. Eres una mamá tan dedicada y diligente. Estoy tan orgulloso de ti como de Kawdje. Tenemos suerte de que ambos seáis parte de nuestra familia.

Kissy lamió la mano de su papá. Sentía tanto amor por él. Lo quería tanto como quería a sus cachorros, pero se bajó de su regazo y volvió a su caja porque sus cachorros la necesitaban más que su papá.

Sonó el teléfono. Evan atendió la llamada en la cocina porque los demás seguían ruidosos y emocionados por la gran victoria de Kawdje.

Era Sarah y Gordon. Lo felicitaron y dijeron que agradecían que Essie mencionara a Michael y el deporte de la Agilidad Canina en la nota que había entregado a los oficiales del Westminster Dog Show. Evan escuchó el clic que indicaba una llamada entrante y dijo que pensaba que Jeanette y Cole probablemente intentaban llamarlo. Terminaron la llamada y Evan presionó el botón para atender la siguiente.

Efectivamente, eran Jeanette y Cole, que estaban muy felices y emocionados por la victoria de Kawdje y la mención de Topaz. Jeanette pasó el teléfono a Jenny y ella también ofreció sus felicitaciones.

Quince minutos después, Essie llamó y se turnó para hablar con todos. Dijo que estaba radiante por todas las felicitaciones y buenos deseos que le habían otorgado a ella y a Kawdje, y que los criadores le habían dado tarjetas de presentación solicitando los servicios de Kawdje como semental, además de muchas solicitudes de cachorros. Comentó que estaba demasiado agotada para ver el resto del programa y esperaba que Evan lo estuviera grabando porque ella y Kawdje regresarían a su habitación de hotel para descansar bien por la noche. Dijo que debería haber comprado otro conjunto para vestir. Joy sugirió que comprara un pañuelo para llevar con la chaqueta porque haría que el conjunto se viera diferente. El equipo en casa se despidió de Essie y continuaron viendo los perros de pastoreo por televisión. La victoria fue para el Viejo Pastor Inglés. Era tarde cuando Joy y Sam, Pat y Ed se despidieron, prometiendo reunirse en casa de Evan mañana por la noche para ver la segunda mitad del espectáculo.

Capítulo Cuarenta

Antes de pedir el servicio de habitaciones para ella y Kawdje, Essie llamó a Evan.

Más tarde ese día, cuando Essie y Kawdje estaban una vez más en el Madison Square Garden, se sorprendió al ver a Ryan y Clodagh Donohue y se apresuró a hablar con ellos.

No sabía que Patrick era un perro de exhibición de conformación.

Essie, no sabíamos que tu Kawdje era el Campeón Starlite Kawdje de Darling Acres hasta ayer por la tarde. Estuvimos sentados durante el espectáculo y no tuvimos oportunidad de hablar contigo. ¡Felicidades por tu impresionante victoria de grupo! respondió Clodagh.

Ryan la presentó al manejador de Patrick y ambos la felicitaron. Luego Ryan dijo:

Voy a solicitar cambiar la información que escribimos para los locutores. Quiero que sepan sobre nuestra conexión de Agilidad Canina con Topaz, Michael, Kawdje y Kissy y sus familias.

Dijo por encima del hombro mientras se giraba para irse:

Por cierto, Essie, mis felicitaciones por convertirte en abuela de cuatro cachorros.

Apuesto a que ya tienes compradores para ellos ahora que Kawdje es famoso dijo Clodagh.

La oferta no puede satisfacer la demanda. Mi yerno ha elegido uno como regalo de cumpleaños. Jeanette y la sobrina de Cole Bancroft, Jenny, a quien conociste en los Juegos Mundiales de Cynosport, quiere una cachorra. Uno de los compañeros de equipo de Sam quiere un cachorro macho. Evan y yo estamos debatiendo si deberíamos quedarnos con uno. Tengo una lista de personas que quieren un cachorro y otra lista de aquellos que quieren el servicio de semental de Kawdje.

Mientras tanto, Patrick y Kawdje llevaban su propia conversación. Patrick preguntó dónde estaban Topaz, Michael y Kissy. Kawdje explicó que Topaz y Michael tenían cachorros y que él y Kissy acababan de tener cachorros. Le contó que Kissy estaba siendo muy desagradable y no le dejaba acercarse a sus propios cachorros.

Michael me advirtió que esto sucedería porque Topaz se comportó de la misma manera con él. Me dijo que estuvo presente durante el nacimiento de sus cachorros y que, cuando terminó el parto, ella le gruñó y, más o menos, le dijo que se largara. No se le permitió ver a sus cachorros hasta hace aproximadamente una semana. Fue maravilloso con ellos, muy suave. No sé por qué Topaz mantuvo a Michael alejado y no puedo entender por qué Kissy me está alejando de mis cachorros. Francamente, Patrick, me alegra estar lejos de ella. Me hace sentir incómodo y no bienvenido en mi propia casa.

Bueno, chico, parece que has tenido un mal rato dijo Patrick con simpatía.

Ryan se reincorporó al grupo justo cuando Essie preguntó si Patrick había ganado Mejor de Raza. Ryan se rió:

¡Sagrada Trinidad! Clodagh y yo olvidamos que acabas de llegar y no sabías que había ganado Mejor de Raza. ¿No es maravilloso?

Essie les felicitó, luego dijo:

Jeanette me dijo que queréis una de las cachorras de Topaz y Michael. ¿Será un problema eventualmente debido a la posibilidad de que Patrick y la pequeña dama se apareen?

Ryan y yo estamos entusiasmados con la posibilidad de involucrarnos en ayudar a hacer de los Perros Ángel una raza distinta. Jeanette y Sarah necesitarán traer algunos perros no relacionados y esperamos que Patrick sea incluido en el programa de cría.

Esa noche, mientras Evan, Joy, Sam, Pat y Ed se reunían cerca de Kissy, en el dormitorio, para ver la última mitad del Westminster Dog Show, el locutor dijo que esa noche se mostrarían los Grupos de Trabajo, Deportivo y Terrier, seguidos por Mejor de Show.

Mientras veían el Grupo de Trabajo, Evan exclamó:

He visto a ese perro en un evento de Agilidad Canina.

El locutor dijo:

Este es el Komondor Número 13. Es el Campeón Swish 'n Mop de Keystone Corners y se llama Mop. También es un perro de Agilidad.

Mop fue seleccionado por el juez junto con un Gran Pirineo, un Mastín, un Schnauzer Gigante, un Gran Danés y un Terranova. Observaron a cada perro pasear por el ring y luego quedarse estático mientras el juez pasaba lentamente junto a cada uno mirando la cabeza y las expresiones faciales. Por fin, el juez señaló al Gran Pirineo para el primer lugar, luego al Terranova, seguido por el Gran Danés y luego Mop.

A continuación fue el Grupo Terrier, que siempre tenía muchos competidores.

Se redujo a un apuesto Airedale, un alegre Sealyham, un Fox Terrier de pelo liso, un Border Terrier y un Terrier Irlandés. Mientras los perros permanecían en pose "apilada" y la juez hacía su última observación, señaló al Terrier Irlandés cuyo pelaje rojo lo hacía destacar.

Durante un anuncio, Evan sacó a Kissy al exterior para que pudiera hacer su pausa, mientras los demás rellenaban los cuencos de aperitivos y refrescaban las bebidas. El último grupo antes del Mejor de la Exposición fue el Grupo Deportivo. Evan les dijo a los demás que estuvieran atentos a Patrick, un Spaniel de Agua Irlandés, que había sido uno de los compañeros de equipo de Topaz en los Juegos Mundiales de Cynosport. Observaron cómo uno tras otro, magníficos perros se presentaban ante el juez y la multitud. Finalmente, fue el turno de Patrick.

El locutor dijo, "El Spaniel de Agua Irlandés Número 9 es el Campeón Boru's Patrick de Kildare's Keep. Patrick es un Perro Maestro de Agilidad y formó parte del equipo que quedó tercero en la clasificación general en los Juegos Mundiales de Cynosport celebrados el pasado noviembre."

Luego, el locutor continuó relatando la conexión de Patrick con Kawdje, Kissy y Michael.

El segundo locutor comentó, "Es maravilloso que las personas y las mascotas en el mundo canino se hagan amigos entre sí y sus círculos de amistad se amplíen, abarcando nuevas situaciones y más amigos."

Mientras Sam observaba cómo el juez elegía a Patrick y a otros seis perros, comentó, "Ese es un corte final grande."

"Estoy apoyando a Patrick," dijo Evan. "¿No sería algo increíble si él y Kawdje fueran rivales por el Mejor de la Exposición?"

Miraron con atención mientras el juez echaba un último vistazo a cada perro y luego indicaba a los manejadores que dieran una vuelta juntos alrededor del ring. Mientras volvían a su punto de partida, el juez señaló a Patrick.

El locutor dijo, "Una vez más, se está haciendo historia en este Westminster Dog Show con la victoria del Grupo Deportivo por parte de un Spaniel de Agua Irlandés. El Campeón Boru's Patrick de Kildare's Keep nació y se crió en Irlanda."

El otro locutor añadió, "Irlanda está bien representada en este Westminster Dog Show. El Terrier Irlandés, Campeón Erin's Heart of Kilkenny, conocido como Kenny, ganó el Grupo Terrier. No nació en Irlanda, pero su padre y su madre sí lo fueron."

Durante la pausa comercial, Evan le dio a Kissy su aperitivo de la noche. Mientras todos se volvían a sentar para ver el Mejor de la Exposición, Kissy vio que todos sus cachorros estaban dormidos y decidió sentarse en el regazo de su papá. Se acercó con paso suave hacia Evan y se quedó mirándole, deseando que la levantara. Evan automáticamente extendió la mano y, sin apartar los ojos de la pantalla, la tomó y la acomodó cómodamente en su regazo.

Uno de los locutores presentó a los finalistas. "Tenemos al Viejo Pastor Inglés llamado Busy Betty del Grupo de Pastoreo; el Gran Pirineo llamado Awesome del Grupo de Trabajo; Lacey, la Saluki del Grupo de Sabuesos; Kawdje, el Spaniel Tibetano del Grupo No Deportivo; Kenny, el Terrier Irlandés del Grupo Terrier; Patrick, el Spaniel de Agua Irlandés del Grupo Deportivo, y Peewee, el Chihuahua del Grupo de Juguete."

Mientras los perros y sus manejadores hacían su aparición en el ring, Kawdje se sentía genial. El brillante foco que lo envolvía a él y a su mamá no lo intimidaba en absoluto. Era tan brillante que no podía ver a los espectadores, pero escuchaba el rugido de los aplausos y se sentía agradecido de que muchas personas lo apreciaran, incluso si Kissy no lo hacía.

Joy dijo, "Mamá sí compró un pañuelo para que su conjunto pareciera diferente. Creo que se ve elegante."

Pat estuvo de acuerdo y añadió, "Kawdje se ve feliz e interesado. Todavía está 'en acción'."

Principalmente observaron en silencio cómo cada uno de los siete ganadores de Grupo recorría el ring y luego se quedaba en pose "apilada" para el juez. Los espectadores aplaudían con fuerza en señal de aprobación para cada competidor. Vieron al juez caminar hacia una mesa, recoger la enorme cinta del ganador y señalar a Lacey, la Saluki. La multitud se volvió loca.

Evan soltó un largo suspiro que había estado reteniendo inconscientemente. "Lacey es una buena elección. Es elegante y hermosa."

Pat dijo, "Cualquiera de ellos habría sido una buena elección."

Joy dijo, "Temía que mamá se desmayara si Kawdje ganaba. Estoy orgullosa de ambos. Fueron fantásticos."

Sam mantuvo firmemente que pensaba que Kawdje debería haber ganado y Ed estuvo de acuerdo.

Patrick admitió a Kawdje que estaba decepcionado por haber perdido ante Lacey y le preguntó a Kawdje si le molestaba no haber ganado.

Kawdje respondió, "No realmente. Ganar no me habría mantenido lejos de casa por más tiempo. Todavía tendré que enfrentarme a Kissy la Tirana mañana."

Capítulo Cuarenta y Uno

Varios días después del Westminster Dog Show, Essie y Evan recibieron una llamada telefónica de un hombre que se identificó como Aaron Breslin de ABCD Realty. Les informó que él y su socio, Cecil Diamond, eran copropietarios del equipo de baloncesto de Sam Albright y que él y su esposa, Mimi, habían visto el Westminster Dog Show y habían quedado encantados con Kawdje. La pareja adoró la historia de interés humano sobre Kawdje y Kissy, quienes habían formado equipo con un gran perro callejero mexicano, y cómo los tres perros se convirtieron en el equipo número uno en los Juegos Mundiales de Cynosport. Preguntó si él y su esposa podían ver a los cachorros porque querían mucho tener uno.

Evan respondió que él y Essie estarían encantados de recibirlos, pero agregó, "Kissy todavía es muy protectora con sus pequeños y ni siquiera deja que Kawdje se acerque a ellos; sin embargo, los cachorros ya han abierto los ojos y están comenzando a gatear, así que supongo que estará lista para presentarlos al mundo en otra semana."

Aaron sugirió el 25 de febrero alrededor de las 2 p.m., dependiendo de las condiciones climáticas. Evan acordó que estaría bien.

Essie y Evan llamaron inmediatamente a Jeanette para darle la buena noticia. Jeanette dijo que había recibido una llamada de Cecil Diamond de ABCD Realty diez minutos antes y estaba a punto de llamarlos. Cecil y su esposa también habían visto el Westminster Dog Show y estaban interesados en tener uno de los cachorros de Topaz.

"El querido Lebrel Irlandés de Cecil sucumbió a la vejez hace seis meses. Él y su esposa decidieron no tener otro Lebrel Irlandés debido a la corta expectativa de vida de esa raza. Dijo que su esposa, Arielle, estaba fascinada por el nombre de Michael Archangelo y pensó que debía tener protección divina. Eso, combinado con el hecho de que Cecil y su familia tenían un Braco Alemán de Pelo Corto cuando él crecía, los convenció de que estaban destinados a tener uno de los cachorros de Topaz y Michael."

"Él y Arielle prefieren una cachorra, pero están abiertos a tener un macho si no hay una hembra disponible. Siempre tuve la fuerte corazonada de que el octavo cachorro, que no tenía una familia esperando para reclamarlo con los brazos abiertos, también iba a tener un hogar maravilloso."

Essie, quien escuchaba la conversación desde el teléfono inalámbrico del dormitorio mientras acariciaba a Kissy y revisaba a los cachorros, dijo, "Aaron Breslin y Cecil Diamond deben tener bolsillos profundos si son copropietarios del equipo de baloncesto de Sam. Me pregunto si hay alguna posibilidad de que respalden nuestra aerolínea para personas y mascotas."

Evan habló desde el teléfono de la cocina, mientras Kawdje descansaba en su regazo. "Esperemos hasta estar seguros de que quieren nuestros cachorros antes de abordar el tema. Avisaré a Sarah para que le diga a Ed que desempolve los documentos que preparó para la propuesta de la Compañía PPAL. Gordon tiene un conjunto de planos del diseño de Kevin que modifica la cabina de una aeronave para acomodar un espacio designado para las mascotas. No hay daño en tener la información lista por si están interesados."

Jeanette estuvo de acuerdo y dijo, "Cecil y Arielle vendrán el domingo a ver a Topaz y a los cachorros. Le prometí a Cecil que Michael Archangelo estaría aquí con Sarah y Gordon. Describí a Michael como si tuviera algo de Lebrel Irlandés en su linaje y con el tamaño aproximado de un Braco Alemán de Pelo Corto."

Mientras se despedían, cada uno tenía el corazón lleno de esperanza de que tal vez su objetivo de proporcionar un viaje aéreo seguro y cómodo para las mascotas pudiera despegar.

Durante el trayecto a la casa de Jeanette y Cole el domingo por la tarde, Sarah dijo, "Espero que sean dignos de tener uno de los cachorros de Michael y Topaz. Puede que sean asquerosamente ricos, pero eso no garantiza que vayan a proporcionar un hogar amoroso."

Gordon respondió, "Veamos cómo reaccionan Michael y Topaz hacia ellos. Esa es la prueba crucial."

Vieron un Lexus SUV estacionado en el camino de entrada.

"Supongo que ya están aquí," observó Gordon.

Jenny estaba rodeada de cachorros, preparada para salir corriendo, cuando abrió la puerta. Gordon y Sarah empujaron a Michael hacia adentro antes de entrar rápidamente en medio de los cachorros y cerrar la puerta. Los cachorros tiraban de la toalla que Sarah usaba para limpiar las patas de Michael. Mientras Sarah y Gordon limpiaban sus zapatos lenta y cuidadosamente en la alfombra del pasillo trasero, los cachorros atacaban sus cordones. La pareja colgó sus chaquetas fuera del alcance de los cachorros traviesos. Entraron en la sala de estar eligiendo cuidadosamente su camino a través de la ola de cachorros que saltaba, resbalaba y jugueteaba alrededor, delante, detrás y entre ellos. Gordon tomó en brazos a su cachorra, diciéndole a Sarah que tenía la intención de sostenerla durante toda la visita para asegurarse de que los Diamond no intentaran seleccionarla para ellos.

Michael y Topaz se saludaron cariñosamente y se acomodaron uno al lado del otro en pose de descanso mientras sus cachorros se arrastraban a su alrededor y saltaban sobre ellos. Topaz le confió a Michael que agradecía sus visitas diarias y que estaba teniendo una sobredosis de cachorros, que ahora eran tan exuberantes y traviesos que resultaban molestos.

"Hasta la semana pasada, nunca pensé que podría dejarlos ir a otros hogares."

Arielle señaló a Topaz y Michael. "Parecen una pareja felizmente casada acariciándose con afecto."

Se acercó a ellos y se arrodilló. Les acarició la cabeza y dijo, "Michael, eres como una versión más pequeña y más peluda de mi querido Muldoon, que murió hace unos seis meses."

Cecil se unió a su esposa y acarició las largas y sedosas orejas de Topaz, diciéndole que le recordaba a Max, el maravilloso Braco Alemán de Pelo Corto con el que había crecido.

Arielle dijo, "Cariño, ¡tenemos que tener uno de estos cachorros!" Michael y Topaz percibieron que este hombre y esta mujer serían papá y mamá de uno de sus cachorros y lo aprobaron. Topaz lamió la mano del hombre y gruñó suavemente en su garganta mientras él apoyaba su cabeza sobre la de ella. Jeanette vio que Arielle y Cecil habían obtenido la aprobación de Michael y Topaz. Les preguntó si les gustaría elegir un cachorro y dijo que le pondría un collar al cachorro para identificarlo. Tomó en brazos al cachorro de Pat diciendo que se llamaba Pearl Angel Mary of Heaven Sent y que pertenecía a la hija de Sarah, Pat, quien era la veterinaria de los cachorros y de Topaz.

Arielle exclamó, "¡Qué nombre tan encantador!"

Jeanette decidió que esta era una buena oportunidad para contarle a Arielle y Cecil sobre su aspiración de introducir una nueva raza conocida como Perros Ángel y para explicar los requisitos oficiales de nombre y las obligaciones del acuerdo a las que cada familia debe adherirse legalmente.

Jeanette sugirió que se sentaran mientras ella y Sarah explicaban el acuerdo que debe ser firmado por cada persona que se lleva un cachorro para formar parte de su familia. Les dijo que ella y Sarah planeaban comenzar una nueva raza conocida como Perros Ángel y que debía cumplirse un programa de cría estricto, aprobado y dirigido por ella misma, Sarah y Pat. Debían mantenerse registros precisos de los apareamientos y la progenie. El nombre oficial de cada cachorro debía comenzar con el nombre de una gema, seguido de la palabra Ángel o Arcángel o una deidad, luego el nombre que identifica al Ángel/Arcángel/Deidad y el sufijo, Heaven Sent.

"¿Todavía quieren un cachorro a pesar de estos requisitos y restricciones?"

Arielle dijo, "Estoy aún más ansiosa por tener uno de estos preciosos cachorros."

Se volvió hacia su esposo y preguntó, "¿Y tú qué piensas?"

Cecil dijo, "Me encantaron Topaz y Michael en el momento en que los vi. Me sentiría orgulloso de participar en el establecimiento de esta nueva raza de Perros Ángel. ¿Cuándo podremos llevar a nuestro cachorro a casa con nosotros?"

Jeanette respondió que los cachorros debían tener tres meses antes de que se fueran a sus nuevos hogares.

Sarah dijo, "Cuando decidan un nombre, avisen a Jeanette y empezaremos a usar ese nombre para su cachorro."

Arielle dijo que le encantaba la pequeña cachorra que estaba masticando los cordones de sus zapatillas. Cecil se agachó y levantó a la cachorra, quien lo miró y ladró a modo de saludo.

Le dijo a su esposa, "Es una niña."

"Eso es perfecto. Podemos esperar tener cachorros en el futuro." Arielle añadió, "Vamos a llamarla Diamond Arcángel Gabrielle of Heaven Sent. Por razones obvias, el diamante es mi gema favorita y Gabrielle es porque es habladora. Además, Gabrielle suena bien con Arielle. Podemos ponerle de apodo Gabby."

"Me gusta, querida." Cecil besó a la cachorra, quien correspondió lamiéndole toda la cara.

Jeanette se excusó para preparar algunos refrigerios. Mientras estaba en la cocina, Jenny dijo que pensaba que el nuevo nombre de la cachorra era uno de los más bonitos que había escuchado. Arielle le preguntó a Jenny si iba a tener uno de los cachorros y Jenny le contó sobre los cachorros de Kissy y Kawdje y que había elegido uno de esos cachorros para ella. Mencionó que estaba trabajando para obtener su Certificado Senior de Manejo Junior en Agilidad.

Justo cuando decía eso, Jeanette trajo una bandeja con bebidas calientes y galletas al salón y orgullosamente dijo que su sobrina había ganado el primer lugar en el Nivel Intermedio de Manejo Junior en los Juegos Mundiales de Cynosport y que Jenny era la manejadora más joven en su nivel.

Arielle y Cecil quedaron impresionados y lo dijeron. Jenny sonrió de placer y contó sobre su viaje en avión con el tío Cole porque su tía Jeanette y Topaz tuvieron que conducir hasta Arizona para los Juegos.

"¿Por qué no volaron todos juntos?" preguntó Arielle.

"Porque Topaz habría tenido que viajar en la bodega con el equipaje," respondió Jenny.

Sarah intervino. "Las condiciones de viaje aéreo para las mascotas son pésimas. Mi esposo, Michael y yo también condujimos hasta

Arizona, al igual que los Kilmer, que hicieron el viaje por todo el país con sus mascotas, Kissy y Kawdje."

Sarah describió la experiencia de traer a Michael desde San Miguel de Allende a Pensilvania a través de un viaje en avión. Cecil hizo preguntas sobre las condiciones de viaje aéreo para las mascotas y Gordon lo puso al tanto de todo lo que sabía, mencionando que él, Cole, Evan, sus esposas e hijos habían intentado poner en marcha una aerolínea amigable para las mascotas.

"Tenemos una carta para nuestra nueva compañía aérea y planos para las modificaciones que podrían hacerse a los aviones para acomodar a las mascotas en la cabina principal de pasajeros y luego subir a las mascotas en jaulas mediante un elevador. No pudimos hacerlo financieramente y no conseguimos patrocinadores con bolsillos profundos."

"Interesante," dijo Cecil. "Quiero discutir las condiciones de viaje aéreo para las mascotas con mi socio. Tengo algunas ideas que voy a proponerle a Aaron antes de volver a contactarlos sobre su compañía aérea amigable para las mascotas."

Cuando los Diamond se estaban yendo, preguntaron con qué frecuencia se les permitiría visitar a Gabrielle. Jeanette sugirió que llamaran antes cada vez que quisieran venir y ella trataría de acomodarlos.

Antes de que el coche de Cecil y Arielle llegara al final de su camino de entrada, Jeanette ya estaba al teléfono contándole a Essie y a Evan todo sobre su visita.

"Asegúrate de sacar el tema sobre nuestra aerolínea amigable para las mascotas de manera casual con Aaron Breslin y su esposa cuando los veas. Jenny introdujo el tema cuando le contó a Arielle y Cecil sobre volar a Arizona con su tío Cole mientras yo tuve que conducir con Topaz para evitar que la pusieran en la bodega con el equipaje. Pude ver cómo los dos miraban a su pequeña cachorra e imaginaban que la encerraran en la bodega, sola y asustada. ¡Prácticamente se estremecieron!"

Antes de que Sarah, Gordon y Michael se marcharan, Sarah anunció que había elegido el nombre oficial para su cachorra. "Es Joaquinita Arcángel Michelle of Heaven Sent. Tiene manchas de pelaje de color marrón, o hígado, y la joaquinita es un mineral que varía en color desde amarillo miel hasta marrón. Es conocido como la 'Piedra del

Enamorado' porque estimula el amor en las relaciones. La llamaremos Michelle porque es la forma femenina de Michael."

Jeanette exclamó, "¡Qué nombre tan maravilloso! Me gustaría poder decidirme por un nombre, pero como Cole y yo no sabemos cuál cachorro nos quedaremos, no puedo."

Capítulo Cuarenta y Dos

A la tarde siguiente, Aaron y Mimi Breslin acariciaban a Kissy y hablaban dulcemente a los cachorros. Kawdje estaba merodeando fuera de la puerta del dormitorio, sin estar seguro de ser bienvenido.

Kissy no había parecido tan hostil con él últimamente y había estado pasando más tiempo lejos de los cachorros. Se metió en la habitación y miró con anhelo a sus cachorros que gateaban fuera de su caja. Se preguntaba por qué Kissy permitía que esos extraños jugaran con ellos, pero no le dejaba acercarse.

Decidió que ya había tenido suficiente de su mal trato.

Evan vio a Kawdje deslizarse dentro de la habitación. Se acercó a él, lo levantó, lo llevó hasta la caja de los cachorros y lo colocó sobre la alfombra junto a dos de los pequeños. Kawdje miró con temor hacia Kissy, que estaba disfrutando de la atención que recibía de la señora desconocida. Kawdje olfateó a los dos cachorros que tenía cerca. Ellos gateaban a su alrededor, lamiéndole el hocico y mirando dentro de su boca. Kawdje quedó encantado con ellos. Sintió un amor tan grande que brotó dentro de él y se extendió para incluir a todos en la habitación. Otro cachorro se tambaleó hacia él y luego otro, de modo que los cuatro cachorros estaban a su alrededor.

Essie dijo, "Esta es la primera vez desde el día en que nacieron que los cachorros se encuentran con su papá."

Ante las expresiones de pregunta de Aaron y Mimi, describió el comportamiento de Kissy hacia Kawdje inmediatamente después del nacimiento de los cachorros.

Aaron acarició a Kawdje. "Eres un tipo apuesto. Mi esposa y yo disfrutamos viéndote en la televisión."

Le dijo a Mimi, "Me gusta la cachorra que se parece a Kawdje," mientras la levantaba y anunciaba, "Es una niña."

Su corazón se derritió cuando la pequeña cachorra comenzó a lamer y chupar sus dedos.

"Es la indicada para nosotros. ¿Cómo la llamaremos?"

Mimi pensó unos momentos antes de decir, "Darling Acres Kissy's Caressa, y simplemente la llamaremos Caressa."

"Me gusta," dijo Aaron mientras acariciaba a Caressa.

"Aaron, quiero llevarme a Caressa con nosotros cuando viajemos a Belice. No quiero separarme de ella. Apenas puedo soportar alejarme de ella hoy, incluso sabiendo que es demasiado joven para dejar a Kissy y Kawdje."

Evan dijo rápidamente, "Siempre que vuelen a Belice, Caressa será transportada en la bodega junto con el equipaje. Crecerá demasiado como para caber cómodamente en un transportín que se pueda deslizar bajo un asiento en el área de la cabina. Cualquier mascota que no pueda caber en un transportín que se deslice bajo un asiento tiene que viajar en la bodega."

Aaron dijo, "Mi socio y yo estamos preparándonos para abrir un resort en Belice. Lo imaginamos como un resort familiar, y la familia incluye a las mascotas."

"Voy a discutir la inclusión de instalaciones para mascotas con él."

Evan dijo, "La mayoría de las personas que conozco conducen a sus destinos de vacaciones porque no quieren someter a sus mascotas a las condiciones actuales de viaje aéreo. ¿Hay alguna posibilidad de que tú y tu socio consideren la posibilidad de iniciar una aerolínea amigable para las mascotas? Mi yerno, Sam Albright, a quien conoces, está dispuesto a poner algo de dinero para respaldar el proyecto, al igual que yo y algunos de mis amigos. Tenemos un abogado en la familia que ha redactado una carta para PPAL, que significa People Pet Air Lines. Su esposa es Pat Palliser y es nuestra veterinaria y la hija de la esposa de mi hermano. Pat ha elaborado un documento detallando las normas y regulaciones de las condiciones de viaje aéreo para las mascotas de PPAL. Mi sobrino, Kevin, pronto se graduará de la Universidad de Purdue como ingeniero aeronáutico y ha diseñado una cabina de pasajeros de avión que tiene espacio para albergar mascotas."

Aaron dijo, "Parece que toda la familia está involucrada en PPAL. Mi primera idea es que podríamos comenzar rutas de vuelo entre algunas ciudades del noreste hacia nuestro resort familiar en Belice. Si despega, sin ánimo de hacer un juego de palabras, podríamos abrir más rutas. Me reuniré con Cecil esta noche. Estoy definitivamente interesado y prometo volver a contactarte sobre esto."

Kissy observó la interacción de Mimi con su cachorra y supo que volvería para llevársela pronto. Se sintió triste y alegre al mismo tiempo. Recordó cuánto había querido dejar el hogar donde había nacido y tener su propia gente y ser la reina de su propio hogar. Había dejado a su madre aquel día hace mucho tiempo y ni siquiera se había despedido. Siempre había sido feliz viviendo aquí con su mamá, su papá y Kawdje. Sabía desde el momento en que nacieron sus cachorros que ellos también se irían a vivir con otras familias y llevarían amor y alegría a sus nuevos hogares. Esperaba poder ver a todos sus cachorros de vez en cuando, solo para asegurarse de que fueran felices y escuchar sobre sus aventuras.

Después de que Aaron y Mimi Breslin se marcharan, Kawdje permaneció en el dormitorio con sus cachorros. Estaba delirante de alegría porque Kissy había vuelto a ser, bueno, Kissy. Ella caminó hacia él, cuidando de no pisar a los cachorros y se acurrucó a su lado. Su corazón se desbordaba de amor y satisfacción. ¿Qué más podía querer? ¡Su mundo era perfecto!

Varios días después, Aaron llamó a Evan para organizar una reunión en su oficina en el centro junto a Cecil, sobre PPAL. Querían que todos los que habían contribuido de alguna manera a la idea estuvieran presentes. Evan explicó que su sobrino, Kevin, estaba en la universidad y probablemente no podría asistir a la reunión, pero que se podría organizar una videoconferencia o podría reunirse con ellos en una fecha posterior.

Aaron dijo que estaría bien. Dijo que Cecil informaría a Cole y Jeanette sobre la reunión porque había conocido a la pareja cuando seleccionaron uno de sus cachorros. Evan prometió volver a contactar a Aaron, después de consultar con todos, con varias fechas posibles.

Evan colgó y corrió emocionado por la casa llamando a Essie. La encontró en la lavandería doblando toallas para los cachorros recién lavadas y secas, una tarea que hacía todos los días. Le relató su conversación con Aaron.

Essie dijo, "Tengo la corazonada de que nuestra aerolínea amigable para las mascotas será un éxito inmediato, y creo que animar a los clientes a llevar a sus mascotas de vacaciones al resort en Belice aumentará el negocio mil veces. Lo mejor de todo es que tú y yo ayudaremos a que su negocio prospere tomando unas relajantes vacaciones en su resort de Belice con Kissy y Kawdje."

Evan envolvió sus brazos alrededor de la aún esbelta cintura de su esposa, la atrajo hacia sí y dijo, "Claro que lo haremos."

Era un día frío de febrero cuando todos se reunieron en una lujosa sala de reuniones en el centro de Filadelfia para discutir PPAL. Ed distribuyó copias de la carta que había redactado el año anterior a todos. Pat tenía copias de sus propuestas de Reglas y Regulaciones para el transporte aéreo de mascotas, las cuales también repartió. Gordon trajo copias de los planos del diseño de Kevin para una cabina de avión que albergaba mascotas y personas, así como los cambios que se podrían hacer a las aeronaves existentes para instalar un elevador hidráulico que se utilizaría para transportar mascotas en jaulas directamente desde el nivel del suelo hasta la zona de la cabina.

Aaron y Cecil examinaron los documentos.

Finalmente, Cecil dijo, "Estoy impresionado. Haremos que nuestros abogados revisen esta carta. Trabajamos con una gran firma de ingeniería debido a los hoteles y resorts que compramos y renovamos, o que construimos desde cero, así que haremos que los ingenieros estudien los planos de Kevin. No tenemos veterinarios a nuestra disposición, pero queremos que nuestros asesores legales revisen las Reglas y Regulaciones para Mascotas. Tenemos gran confianza en el trabajo que todos ustedes han hecho; sin embargo, creemos firmemente en las segundas opiniones."

Aaron añadió, "Creo que PPAL es una gran idea y si Cecil y yo nos comprometemos con ella, queremos que sea un éxito. Sabemos que están preparados para hacer un compromiso financiero y, aunque su porcentaje de propiedad sería pequeño, queremos que participen activamente en la gestión y/o promoción de la aerolínea, porque creemos que su participación será crucial para su éxito."

La reunión duró varias horas. Aaron y Cecil quedaron impresionados por el conocimiento de Ed sobre las legalidades internacionales del transporte de mascotas y la comprensión de Pat sobre cómo mantener a las mascotas seguras durante el viaje y después de llegar a un destino, así como conocer los requisitos de vacunación para mascotas que ingresan a otros países. Escucharon a Sarah, Gordon y Pat discutir la logística de una mascota que ingresa al aeropuerto, es colocada en una jaula de PPAL y el proceso de embarque desde el punto de registro hasta la cabina de destino.

Pat explicó, "El objetivo es que las mascotas estén tan cómodas en cuanto a la temperatura como las personas, independientemente de las condiciones climáticas externas. Queremos que estén alojadas de manera segura dentro de la terminal del aeropuerto hasta que sean colocadas en la cabina del avión. No se espera que los auxiliares de vuelo atiendan a las mascotas, pero sí se espera que asistan a un miembro de la familia que necesite ayuda para atender a su mascota. Por ejemplo, si una mascota se marea durante el vuelo, se esperaría que el auxiliar de vuelo proporcione toallitas de limpieza para que el miembro de la familia limpie la jaula. No queremos que viajen en condiciones donde exista la posibilidad de perderse, como a veces pasa con nuestro equipaje."

Pat respiró hondo y continuó. "Creo que PPAL debería tener un Departamento de Consultoría Veterinaria del cual quiero ser la jefa."

Aaron sonrió. "Estoy de acuerdo. Debería haber un Departamento de Consultoría Veterinaria, y tienes mi voto para estar a cargo de ese departamento."

Cecil dijo, "Tienes mi voto también. Dado que ABCD Realty no tiene un Departamento de Consultoría Veterinaria, sugiero que tomes las Reglas y Regulaciones para Mascotas y las hagas revisar por otros veterinarios, como algunos de tus profesores de la Escuela de Medicina Veterinaria donde asististe. Las segundas opiniones son útiles, incluso si solo es para validar tu propia opinión."

Después de más discusión, Jeanette dijo, "Es gracias a mi sobrina, Jenny, que tenemos el nombre atractivo de PPAL para la aerolínea. ¿Podría ser reconocida o recompensada de alguna manera?"

Sarah sugirió, "Protagonizarla en un comercial con algunas de nuestras mascotas."

Todos se mostraron entusiastas con la idea, cada uno imaginando a su mascota en un comercial de PPAL.

Cuando la reunión llegó a su fin, Aaron y Cecil prometieron mantener a todos informados sobre el progreso y organizar para que Ed y Pat se reunieran pronto con el Departamento Legal de ABCD Realty.

Capítulo Cuarenta y Tres

Varios días después de la reunión con Aaron y Cecil, Gordon se conectó al sitio web de la USDAA y revisó las listas del Top Ten de Agilidad. Los competidores mejor clasificados, a nivel Masters, en cada división de altura de salto de cada clase, estaban listados para el año anterior.

Michael ocupó el quinto lugar en el Top Ten de Torneos porque había ganado el Grand Prix y Steeplechase del Campeonato Regional del Centro Sur. Obtuvo el séptimo lugar en la lista Top Ten de Relevos Masters, el décimo lugar en las listas del Top Ten de Jumpers Masters y de Agilidad Estándar Masters, y el noveno lugar en la lista de Snooker Masters. Fue un logro notable considerando el breve tiempo que llevaba en el circuito de Agilidad Canina.

Mientras Michael había competido a nivel Masters en los Campeonatos Regionales del Suroeste y del Centro Sur, Topaz lo había hecho en Ohio y Kissy y Kawdje en Massachusetts, donde sus excelentes clasificaciones no habían sido sobre tantos otros competidores como los de Michael, por lo que no habían acumulado tantos puntos.

Gordon llamó a Sarah para que viniera a ver lo famosa que ella y Michael eran. El nombre de Sarah estaba listado junto al de Michael porque el manejador era tan importante, si no más, que el perro.

El teléfono sonó y era Evan llamando para felicitar a Sarah. Mientras hablaban, Evan mencionó que dudaba que Kissy pudiera recuperarse de las exigencias físicas de dar a luz y amamantar a cuatro cachorros grandes a tiempo para competir al inicio de la temporada de Agilidad

Canina, y luego se preguntó en voz alta si Topaz estaría lista para competir cuando comenzara la temporada.

"La temporada de Agilidad Canina comienza en abril," dijo Evan. "Creo que llamaré a Jeanette."

Después de despedirse de Jeanette, quien estaba segura de que Topaz estaría lista para competir a finales de abril o principios de mayo, Evan notó que Kissy estaba sentada a sus pies. Su cabeza estaba tambaleándose. Llamó a Essie, quien vino corriendo porque escuchó la alarma en su voz.

"La cabeza de Kissy está tambaleándose. Toqué su cuello y siento temblores debajo de mis dedos. Creo que tiene una deficiencia grave de calcio."

Essie salió corriendo de la habitación, encontró el suplemento de calcio y rápidamente le dio un poco a Kissy.

"He estado dándole esto todos los días y aumentando la dosis según las instrucciones de Pat. Voy a llamar a Pat de inmediato." Marcó el número de Pat con dedos temblorosos. Después de cinco timbres, se activó el contestador automático y describió los síntomas de Kissy, añadiendo que si no tenía noticias de ella en quince minutos y la condición de Kissy no mejoraba en ese tiempo, la llevaría al hospital de emergencia veterinaria más cercano.

Quince minutos después, Essie le dio a Kissy otra dosis del suplemento de calcio y la envolvió en una manta cálida mientras Evan se ponía su chaqueta de invierno. Insistió en que Essie se quedara en casa con los cachorros y Kawdje mientras él llevaba a Kissy al hospital.

Una hora más tarde, Ed llamó y dijo que acababa de llegar a casa y había escuchado su mensaje.

"No puedo comunicarme con Pat tampoco. Está asistiendo a un seminario y debe haber apagado su teléfono móvil. Haré que se ponga en contacto contigo tan pronto como pueda transmitirle el mensaje."

"No te preocupes, Ed. Kissy está siendo atendida en la Clínica de Emergencia Veterinaria. Espero tener noticias de Evan en cualquier momento. Te mantendré informado sobre la situación."

Essie acababa de colgar el teléfono cuando volvió a sonar. Tomó el auricular de inmediato y se sintió aliviada al escuchar la voz de Evan. Él le dijo que el veterinario había tomado una muestra de sangre y luego le había administrado a Kissy calcio intravenoso en una bolsa de fluidos I.V.

"La muestra de sangre de Kissy mostró que su nivel de calcio estaba solo ligeramente por debajo de lo normal. El veterinario pensó que las dosis de calcio que le diste antes de que la trajera estaban absorbiéndose en su sistema, por lo que su calcio en suero no había registrado un nivel peligrosamente bajo. Dijo que los cachorros deben ser completamente destetados en los próximos días. Para entonces, tendrán casi seis semanas. Durante el período de destete, debemos darle a Kissy su suplemento de calcio tres veces al día y, si muestra algún signo de deficiencia, no debe amamantar a los cachorros nunca más."

Kissy se sentía mucho mejor a la mañana siguiente. Su corazón volvía a latir a un ritmo normal y sus músculos ya no se sentían dolorosamente tensos y rígidos. Subió las escaleras y siguió a Kawdje al dormitorio donde estaban sus cachorros. Ellos corrieron hacia Kawdje y se subieron encima de él cuando se acostó. Le olfatearon las orejas, le lamieron el hocico y miraron dentro de su garganta cuando él abrió las mandíbulas en un gran bostezo. Él les habló y ellos hicieron sonidos felices, diciéndole, en balbuceos de cachorros, que lo amaban.

Kissy apretó la mandíbula. Era tan injusto que los cachorros hicieran tanto alboroto por su padre. Sentía ganas de golpearle la cabeza con sus patas. Ella era quien los amamantaba. Ella era quien los limpiaba y los vigilaba para asegurarse de que no hicieran nada que pudiera lastimarlos. Ella les estaba enseñando diligentemente a usar las almohadillas para hacer sus necesidades que su mamá ponía entre su caja de dormir y el área del corral de juegos. Ella les enseñó a beber la fórmula espesa y los cereales que su mamá les daba y luego les limpiaba el hocico. Ella siempre estaba vigilándolos mientras Kawdje venía y se iba a su antojo.

"Apuesto a que lo aman más que a mí," pensó. "Yo hago todo el trabajo y él recibe todas las recompensas."

Cargó a través de la alfombra del dormitorio y gruñó frustrada hacia Kawdje. Lo acusó de no ayudar nunca a limpiar a sus cachorros, de no mantenerlos seguros ni enseñarles los buenos hábitos y modales que cada uno necesitaría para convertirse en un querido y respetado miembro de una familia.

Los cachorros alzaron sus ojos inocentes y se quedaron mirando a su madre, estupefactos.

Essie había estado colgando ropa recién lavada en el armario del dormitorio y se detuvo a observar esta disputa. Kawdje se levantó apresuradamente y huyó al pasillo. Essie sabía que los cachorros estaban atónitos por el estallido de ira de su madre. Toda su actividad juguetona había cesado abruptamente. Essie continuó observando mientras Kissy les lamía los hocicos e intentaba hacer que reanudaran sus juegos con ella, pero no se movieron. Essie se acercó a los cachorros y se sentó entre ellos. Se agruparon en el refugio de su regazo.

Essie se identificó con Kissy. Recordó las veces en que Joy parecía tener un vínculo más cercano con su padre que con ella. Essie recordó a Joy corriendo a los brazos de su padre después de haber llegado en autobús a casa tras su primer día de escuela, y lo no apreciada, celosa y excluida que se había sentido. Mientras Essie colocaba a los cachorros en el corral de juegos que ella y Evan habían sacado del ático hace un par de semanas, recordó con cariño haber colocado a Joy en ese corral de juegos tantos años atrás. Bajó las escaleras en busca de Kissy.

La encontró enfurruñada debajo de la mesa del comedor. Essie la sacó con dulzura, la levantó en sus brazos y pasó los siguientes quince minutos acurrucándola, diciéndole cuánto la amaba y que era la mejor mamá que cualquier cachorro podría tener. Kissy se calmó y escuchó somnolienta los cariños que su mamá le susurraba al oído. Se sintió algo apreciada y estaba más tranquila. Decidió reconciliarse con Kawdje mañana.

"Que se preocupe el resto del día," pensó.

Capítulo Cuarenta y Cuatro

En un hermoso y inusualmente cálido día de primavera, Topaz, Michael y sus cachorros estaban al aire libre. La valla portátil del invernadero había sido transportada afuera y colocada para confinar a los cachorros dentro de sus límites.

Topaz y Michael paseaban a unos treinta metros de distancia, y cuando Topaz consideró que estaban fuera del alcance del oído, dijo: "Estoy segura de que nuestros cachorros se irán pronto a sus nuevos hogares. Necesitamos decirles cómo comportarse para que sus familias estén contentas con ellos."

"¿Por qué? Nadie me dijo nunca cómo comportarme en un nuevo hogar, y no hice nada que desagradara a Sarah después de que me rescató."

"Michael, eras mayor y más sabio que nuestros cachorros cuando Sarah te acogió. Además, recuerda que no te fue bien en tu primer hogar. Quiero que nuestros pequeños causen una gran primera impresión. Mi mamá y yo les hemos estado enseñando a usar las almohadillas para hacer sus necesidades si no pueden salir al exterior. Sin embargo, hay otras reglas que necesitan saber para impresionar a sus nuevas familias."

"Um-m, de acuerdo, pero tú primero, Topaz."

Topaz caminó hacia la valla portátil y saltó dentro de sus límites. Instruyó a los cachorros a que prestaran atención porque tenía cosas importantes que decirles. Explicó que pronto cada uno de ellos iría a un nuevo hogar.

"Esa es la vida. Dejé a mi propia madre cuando era más joven que ustedes, por lo que no la recuerdo. Siempre he sido feliz aquí y tengo una conexión especial con mi mamá."

Tenía la atención total de sus cachorros, quienes la miraban con expresiones serias y confiadas.

"Estas son mis reglas para vivir:

Siempre reciban a los miembros de la familia con alegría cuando lleguen a casa.

Usen una almohadilla o periódico si no pueden esperar a salir al exterior para aliviarse.

Ladrad a una puerta para hacerle saber a alguien siempre que quieran salir o entrar.

Ladrad para alertar a la familia si un extraño viene a la puerta o intenta entrar a la casa.

Siempre protejan a su familia y su hogar.

Escuchad vuestro nombre y venid cuando os llamen.

No tiréis de la correa cuando os saquen a pasear.

Cavéis agujeros en la parte del césped más alejada de la casa y, preferiblemente, detrás de un arbusto que oculte el agujero.

Nunca mordáis a nadie a menos que sea absolutamente necesario para proteger a la familia.

Siempre amad a vuestra familia sin importar qué. Eso es lo que estamos aquí para hacer: amar a las personas. Ellas lo necesitan. Si os aman a cambio, eso

es crème brûlée."

Mary preguntó: "Mami, ¿qué es crème brûlée?"

"Es el postre más delicioso que alguien podría comer." Topaz vio que sus cachorros parecían confundidos, así que elaboró y explicó: "Si vuestras familias os aman a cambio, entonces la vida os está dando algo extra especial que es tan dulce y agradable como un postre como el crème brûlée."

Saltó sobre la valla portátil y caminó hacia Michael. Él sabía que era su turno de decirles a sus cachorros lo que necesitaban saber para vivir bien y disfrutar de la vida. No estaba seguro de qué decir, pero mientras caminaba hacia los cachorros y saltaba sobre la valla portátil, los pensamientos fluyeron en su mente y los compartió.

"Asoma la cabeza por la ventana de un coche cada vez que puedas y deja que el viento te silbe entre los dientes, haga aletear tus orejas y vibre tu hocico y tus bigotes.

No vomites dentro de la casa o del coche. Trata de salir antes de hacerlo.

Si tienes malestar estomacal, come hierba, eso ayudará a despejar las cosas de un extremo u otro.

No aulles si alguna vez estás en un avión.

Siempre pide ir en cada paseo en coche. Disfruta del paseo.

Aprende a nadar si tienes la oportunidad.

Protege tu hogar y propiedad de los bichos, y nunca huyas de los ciervos.

Siempre come postre.

"Recuerda esto: siempre puedes volver a casa con papá si no eres amado y tratado bien por tu familia."

Los cachorros se veían preocupados por el último comentario de su papá. Topaz saltó de nuevo dentro del círculo y dijo, "Estoy segura de que sus nuevas familias los amarán."

Uno de los cachorros machos preguntó, "¿Cómo podré volver con papá si mi familia no me ama?"

"Solo envía pensamientos de que quieres volver a casa, y entonces yo enviaré esos pensamientos a la mente de mi mamá. ¡No te preocupes! Tu papá y yo recibiremos tu mensaje."

Un sábado por la tarde, aproximadamente una semana después, todas las familias de los cachorros de Topaz y Michael llegaron a la casa de Jeanette y Cole para reclamar a cada nuevo miembro de la familia. Sarah, Gordon y Michael llegaron antes que los demás. Sarah ayudó a engrapar juntos el Acuerdo del Programa de Cría y la hoja de instrucciones sobre la alimentación, entrenamiento, cuidado veterinario y consejos oportunos para criar un cachorro sano que habían compuesto Pat y Jeanette. Cada familia tendría que firmar los documentos.

Cuando John y Marie Colbert llegaron, estaban tan felices de ver a Topaz que la besaron y abrazaron antes de saludar a Jeanette. Jeanette los presentó a Sarah, Gordon y Michael. A Michael le gustaron y lo mostró de inmediato con movimientos de cola y lamidos amistosos. Esto alivió mucho a Jeanette y Sarah, quienes sintieron que su sello de aprobación significaba mucho.

Jeanette les había dicho a John y Marie la semana anterior que todas las cachorras tenían dueños. La pareja se dejó caer entre los cachorros machos que se agolparon sobre ellos. Un macho de color más oscuro, que era ligeramente más grande que los otros tres, se paró en el regazo de John y lo lamió en los labios.

John acunó al cachorro contra su pecho. "He sido elegido. Este es nuestro chico."

Marie dijo, "Hemos estado pensando en un nombre desde tu llamada telefónica, cuando explicaste el protocolo sobre cómo debe ser nombrado cada Perro Ángel. Hemos decidido llamar a nuestro chico Malaquita Arcángel Rafael de Heaven Sent. El bisabuelo de John se llamaba Rafael. El primer regalo de John para mí fue un par de pendientes de malaquita verde. Una amiga mía, que está interesada en las enseñanzas de la Nueva Era, me dijo que Rafael está asociado con el color verde y que la malaquita ayuda a limpiar y activar todos los chakras y es una piedra de transformación. No estoy segura de entender exactamente lo que significa, pero suena bien."

John sacó un collar del bolsillo de su chaqueta. "Hemos traído un collar verde con el nombre de Rafael y nuestro número de teléfono bordado en él."

Jeanette y Sarah estaban encantadas con el nombre y también de que John y Marie hubieran traído un collar. Mientras Sarah y Pat explicaban el acuerdo a John y Marie, Jeanette fue a la puerta para recibir a Mark Lederman.

Después de las presentaciones, Mark también se sentó entre los cachorros machos. Michael y Topaz lo recordaban. Reconocieron el olor de Harry Houdini en él y se relajaron. Estaban seguros de que Harry sería un buen mentor y compañero para uno de sus cachorros.

Mark los acarició a ambos. "No se preocupen. Proporcionaré un buen hogar a uno de sus cachorros. Será bien cuidado y muy amado."

Le dijo a Jeanette, "No anticipo ninguna rivalidad entre el cachorro y Harry. Harry fue castrado a los ocho meses. Pasarán de dos a tres años antes de que mi cachorro esté listo para ser el perro alfa y, para entonces, Harry tendrá entre ocho y nueve años y estará listo para pasar el manto alfa."

Jeanette le preguntó si ya había elegido un nombre, y Mark respondió, "Mi esposa investigó minerales, cristales y piedras y llegó a la kyanita. El mineral es azul y nunca necesita limpieza o purificación porque no acumula ni retiene energía o vibraciones negativas. Ella eligió al Arcángel Jeremiel porque el nombre de su padre es Jeremy. Así que, el nombre de nuestro cachorro es Kyanite Arcángel Jeremiel de Heaven Sent. De manera mundana, lo llamaremos Jerry. Va bien con Harry."

A todos les encantó el nombre y así lo expresaron. Marie le dijo a Mark el nombre de su cachorro mientras él revisaba a los cachorros machos restantes para elegir el suyo. Uno de ellos tenía orejas de color hígado y una mancha del mismo color en las ancas y otra en el pecho. El resto de su pelaje era una mezcla de gris y blanco. Le recordó a Harry Houdini. Mark levantó y acunó al cachorro, que lo miró directamente a los ojos.

"Hola, Arcángel Jeremiel, tú, Harry y yo vamos a pasar muchas horas felices practicando agilidad canina. Con esas alas tuyas, espero que vueles sobre los saltos."

Sonó el timbre de la puerta y Jeanette, Cole y Jenny dejaron al grupo para atenderla.

Oshi Yakamuri dijo, mientras Cole tomaba su abrigo y lo colgaba, "Es un honor ser su invitado, Dr. y Sra. Bancroft. Tienen una casa muy hermosa."

"Por favor, llámame Cole, Sr. Yakamuri." "Y por favor llámame Jeanette."

"Gracias, Cole y Jeanette, y deben llamarme Oshi, por favor." "Ha conocido a nuestra sobrina, Jenny, en los Juegos Mundiales de Cynosport," dijo Jeanette.

"La recuerdo bien. Es agradable verte de nuevo, Jenny."

Cole dijo, "Oshi, ven al invernadero donde todos se están reuniendo y te presentaré a la gente y a los cachorros." Sarah y Gordon estrecharon la mano de Oshi y lo presentaron a Pat y Ed, John y Marie. Al ser presentado a Mark, ambos hombres dijeron recordar haberse visto en los Juegos Mundiales de Cynosport. Oshi luego saludó a Michael y Topaz.

315

John, Marie y Mark mostraron con orgullo sus cachorros y dieron una explicación de los nombres que habían elegido.

Oshi se sentó en el suelo y cruzó las piernas debajo de él. "Por favor, muéstrenme cuáles cachorros están disponibles para mi elección," dijo.

Gordon tomó a los dos cachorros restantes y los colocó frente a Oshi.

Jeanette dijo, "Por favor, no sientas que te están tocando los restos. Todos los cachorros son maravillosos y Topaz, Cole y yo nos quedaremos y amaremos al que no selecciones."

Oshi dijo, "Todos son cachorros excelentes. Puedo ver el parecido con alas que les da el patrón de crecimiento de su pelaje. Es algo muy inusual y muy llamativo."

El cachorro cerca de su rodilla izquierda se subió a su regazo y se dejó caer de espaldas, exponiendo su barriga para que le dieran un masaje en el vientre. El cachorro tenía un pelaje con manchas de gris, hígado y blanco.

Mientras Oshi acariciaba la barriga del cachorro, dijo, "He sido elegido por Jade Ángel Dios Ida-Ten de Heaven Sent."

Jeanette exclamó, "Recuerdo que mi abuela invocaba a ese Dios japonés siempre que quería victoria o éxito en algún emprendimiento o asunto."

"Ah," dijo Oshi. "Recuerdas algo de tu herencia oriental. Mi esposa y yo elegimos ese nombre, no solo por su significado, sino también porque decir 'Eso es un diez' es el máximo cumplido o la mejor calificación en esta cultura occidental. Acortaremos el nombre de este pequeño a 'Diez' para el uso diario."

Todos rompieron en un aplauso espontáneo. Este ruido sobresaltó a los cachorros y uno de ellos corrió hacia las almohadillas para hacer sus necesidades que estaban en el suelo cerca de la puerta del invernadero para ponerse en cuclillas. Dos más corrieron hacia la almohadilla e hicieron lo mismo.

Marie exclamó, "¡Qué maravilloso que ya estén entrenados para hacer sus necesidades!" Jeanette dijo, "Aún son demasiado jóvenes para dormir toda la noche y mantenerse secos. Sugiero retener líquidos una hora antes de acostarse, sacarlos al exterior, si el clima lo permite, para un último paseo, y luego levantarse muy temprano en la mañana para un descanso para ir al baño al aire libre. Colocad almohadillas para hacer sus necesidades frente a la puerta que usaréis con más frecuencia para dejarlos entrar y salir. Las usarán si no hay nadie disponible para dejarlos salir. En unos meses, no será necesario pasar por ese ritual porque habrán madurado lo suficiente físicamente para dormir toda la noche sin necesitar un descanso para ir al baño. También habrán aprendido a ladrar para haceros saber cuándo quieren salir y entrar."

Sonó el timbre de la puerta. Jeanette y Cole se disculparon y fueron a recibir a los Donohue. Habían traído a Patrick, pero lo habían dejado en su vehículo con las ventanas abiertas para que estuviera cómodo.

Después de haber sido presentados a las otras familias, Jeanette trajo a las cachorras al invernadero. Habían sido separadas en el estudio para no confundir el proceso de selección de los cachorros machos.

"Esta es vuestra pequeña dama," dijo Jeanette.

"O-o-oh, es hermosa. Realmente tiene alas," exclamó Clodagh mientras señalaba el área superior de la espalda de la cachorra.

Su cachorra ladró y movió la cola.

"Quiere jugar con nosotros," dijo Ryan. "Tiene espíritu. Le sienta bien el nombre que elegimos para ella."

Clodagh anunció, "Es Esmeralda Diosa Brigit de Heaven Sent. Esmeralda es, por supuesto, porque somos de la Isla Esmeralda. Brigit es una diosa guerrera irlandesa y galesa que es el equilibrio perfecto entre feminidad y poder. El nombre significa brillante y/o poderosa. Brigit es el equivalente femenino del Arcángel Miguel y hay un santuario erigido en su honor en la ciudad de Kildare. El nombre oficial de Patrick es Boru's Patrick of Kildare's Keep. Nos gustó la conexión. La llamaremos Brigit."

El grupo aplaudió y luego todos comenzaron a conversar a la vez, compartiendo los significados especiales de los nombres de sus cachorros.

Jeanette se escabulló sin ser notada para atender el timbre de la puerta, pero sugirió a Sarah, antes de hacerlo, que preparara a todos para la explicación de las reglas de su programa de cría y distribuyera los acuerdos que todos debían firmar.

Cecil y Arielle saludaron a su cachorra por su nombre cuando entraron al invernadero, y Gabrielle corrió hacia ellos.

Arielle levantó a Gabrielle y la sostuvo cerca. Se volvió hacia Jeanette y le preguntó: "¿Qué nombre le han puesto tú y Cole a vuestro cachorro?"

"Elegimos el nombre Sunstone dios del sol Hugh de Heaven Sent. El rango de colores del sunstone incluye gris, verde, amarillo, marrón, naranja, melocotón, rosa y rojo. Como la coloración de los cachorros incluye grises y marrones, pensamos que sería una elección apropiada. Elegimos el nombre del dios del sol Hugh, que es celta, porque tanto Cole como yo tenemos ascendencia celta. Hugh es un joven dios del sol que se supone es multi-talentoso y un experto en todo. Pensamos que sunstone y un dios del sol celta iban bien juntos. Cole dijo que el cachorro macho que se quedara con nosotros se llamaría Sonny. Y dado que es hijo de Topaz, ese apodo será muy adecuado."

Jeanette concluyó preguntando si todos habían traído un collar y una correa para su cachorro. Todos lo habían hecho.

"Pongámosles los collares y paseémoslos antes de almorzar. Recuerden que son muy jóvenes y necesitan paseos para hacer sus necesidades con frecuencia."

Clodagh y Ryan separaron a Brigit del resto de los cachorros y caminaron hacia su coche. Dejaron salir a Patrick con su correa y lo presentaron a Brigit. Él la olfateó y reconoció que era la cachorra de Topaz y Michael. La amó instantáneamente.

Durante el almuerzo, Jeanette y Sarah respondieron preguntas y aclararon puntos sobre el programa de cría y explicaron las obligaciones de los participantes de mantener registros precisos de todas las cruzas, que primero debían ser aprobadas por Sarah y Jeanette, así como de todas las cruzas de la progenie de los cachorros actuales, que también debían ser aprobadas por Sarah y Jeanette. Añadieron la estipulación de que cualquier futura familia de la progenie debía firmar el acuerdo de cría.

Topaz, Michael y los cachorros comieron en el invernadero. El linóleo seguía cubriendo el suelo de ladrillo, lo cual era afortunado porque los cachorros siempre dejaban caer comida cuando estaban comiendo.

Michael dijo en voz baja a Topaz, "Espero que los cachorros estén tan bien alimentados en sus nuevos hogares como lo han estado aquí."

Topaz no podía comer. Tenía un nudo en la garganta y cero apetito. Michael entendió que mientras él ganaría uno de sus cachorros a tiempo completo, Topaz perdería a todos excepto a uno.

"No estés triste. Verás a Michelle casi todos los días. Me gustó cada persona que conocí hoy. Pude notar que cada uno de ellos amaba al cachorro que habían elegido. Los verás de nuevo, y también lo hará Michelle y yo."

Topaz simplemente miró su comida.

Michael continuó su intento de animar a Topaz. "Piensa en lo ruidoso, desordenado y agitado que sería todo aquí en seis meses si aún los tuvieras a todos contigo. Nunca dormirías."

Topaz aún miraba su cuenco.

"No dejes que nuestros cachorros vean que estás triste. Queremos que piensen que irse de aquí es una experiencia positiva para ellos."

Topaz permaneció en silencio y Michael preguntó, "Si no vas a comer tu crème brûlée, ¿puedo tenerlo yo?"

Topaz levantó la cabeza y miró a Michael. "Estoy triste, ¡pero no TAN triste!" Y luego bajó la cabeza y se comió su postre en dos grandes lamidas. Luego se preguntó brevemente cómo reaccionaría Kissy cuando sus cachorros se fueran a vivir a otros hogares.

Capítulo Cuarenta y Cinco

En un día soleado, a principios del mes de mayo, Joy y Sam llegaron a la casa de Essie y Evan. Habían sido invitados a cenar para celebrar el cumpleaños de Sam y llevarse a casa su cachorro, regalo de cumpleaños. Evan abrió la puerta y abrazó a su hija mientras Sneakers salía corriendo y se paraba lo más alto que podía sobre sus patas traseras, apoyándose con las patas delanteras en las espinillas de Sam. Sam lo recogió en sus brazos.

A Sneakers le encantaba estar tan alto. Miró a su alrededor y parecía que podía ver todo el mundo. Había heredado el amor por las alturas de su padre y el deseo de ser más alto. Sam siguió a Joy y a Evan dentro de la casa, sosteniendo a Sneakers acurrucado junto a su mejilla.

Los flashes de las cámaras estallaron y las voces gritaron, "¡Feliz cumpleaños!" Jenny estaba de pie junto a Jeanette y Cole, sosteniendo a su cachorro blanco al que había llamado Candy. El compañero de equipo de Sam, Beau Benadar, y la esposa de Beau, Selma, también estaban allí. Selma acurrucaba a su cachorro macho. Sam vio a Aaron y Mimi Breslin.

Mimi dijo, mientras acariciaba a Caressa, "Mi cumpleaños es a finales de este mes y Caressa es el regalo de cumpleaños de Aaron para mí. ¡Este es el mejor regalo de cumpleaños que me ha dado!"

Kissy y Kawdje se sentían cómodos con Joy y Sam llevando a Sneakers a vivir con ellos y Jenny llevando a Candy con ella. Los amaban y sabían que verían a los cachorros con frecuencia. Estaban lo suficientemente familiarizados con Aaron y Mimi para confiar en que proporcionarían un hogar feliz para Caressa.

Dirigieron su atención a Beau y Selma Benadar, quienes sostenían a su gran cachorro macho con el pelaje claro y las patas oscuras. Repetían constantemente el nombre Hershey. Beau era un hombre realmente alto, casi tan alto como Sam. Tanto Kissy como Kawdje sintieron que era un amigo de Sam.

"Cualquier amigo de Sam debe estar bien," pronunció Kawdje.

Kissy no se convenció tan fácilmente. Caminó decididamente hacia Beau y Selma. Se paró sobre sus patas traseras y se apoyó colocando sus patas delanteras en las piernas de Selma. La miró inquisitivamente. Quería familiarizarse con la persona que iba a convertirse en la madre de su cachorro.

Selma pasó a Hershey a los brazos de Beau, luego se inclinó y levantó a Kissy en sus brazos. Ella sintió lo que Kissy estaba pensando. Apoyó su mejilla contra el hocico de Kissy y susurró, "No te preocupes, Kissy. Mi esposo y yo cuidaremos muy bien a tu chico. Espero que Hershey sea un gran competidor de Agilidad Canina como tú y Kawdje, porque él y yo vamos a convertirnos en un equipo de Agilidad."

Kissy mostró su aprobación besando a Selma.

Fue una noche llena de diversión. Kissy y Evan, Essie y Kawdje hicieron una demostración de agilidad usando los obstáculos que tenían en su césped. Los cachorros se tambalearon sobre la valla estirada y bajo los saltos. Essie y Evan dieron consejos sobre cómo entrenar a los cachorros para la agilidad, y también sobre cómo educarlos para hacer sus necesidades. Jenny demostró su destreza como manejadora de agilidad corriendo el pequeño circuito con Kissy.

Al caer el crepúsculo, todos entraron y se sirvieron una abundante cena buffet. Essie incluyó alimentos que les gustaban a Kissy y Kawdje y algunos que también disfrutaban los cachorros.

Essie sirvió crème brûlée de postre, además de arroz con leche porque pensaba que el crème brûlée era demasiado rico para los cachorros. Tenía un cuenco de trocitos de galletas de avena para Kawdje, que Evan le dio uno a uno con la mano. Sam tomó algunos y le ofreció uno a Sneakers, que lo comió con gusto y luego otro y otro hasta que la mano de Sam quedó vacía. Jenny ofreció uno a Candy, quien lo rechazó. Mimi le dio un trocito de galleta de avena a Caressa, que lo devoró. Essie aconsejó a Mimi que las usara como premios cuando entrenara a Caressa para los

Shows de Conformación Canina si a Caressa no le gustaban los premios de hígado seco, como le ocurría a Kawdje. Selma Benadar trató de tentar a Hershey con un trozo de galleta de avena, pero él no estaba interesado. Essie prometió darle a Mimi su receta de galletas de avena.

Mientras se servían los postres y las bebidas, Aaron les dijo a todos que él y Cecil planeaban abrir su resort en Belice dentro de seis meses y que PPAL haría su vuelo inaugural a Belice a tiempo para Navidad.

"Espero que todos estén abiertos a la idea de pasar la Navidad en Belice con sus mascotas. Será una prueba para la aerolínea y el resort. Queremos solucionar cualquier problema en nuestro servicio que surja. Nadie será cobrado por el alojamiento, pero se esperarán propinas para los empleados del resort."

¡Qué regalo de Navidad tan increíble! El grupo aplaudió y vitoreó. Los cachorros expresaron su aprobación ladrando.

Capítulo Cuarenta y Seis

Cuando la temporada de Agilidad Canina se reanudó, Jeanette y Sarah notaron un aumento de perros más pequeños compitiendo en la categoría de salto de 26 pulgadas y se preguntaron por qué no estaban en la división de 22 pulgadas. Revisaron la categoría de 22 pulgadas y encontraron competidores en esa división que habrían esperado ver en la categoría de 16 pulgadas.

Essie vio mascotas en la categoría de salto de 16 pulgadas que eran de un tamaño adecuado para encajar en la división de 12 pulgadas. Las amigas revisaron el sitio web de la USDAA y se enteraron de que la Federación Internacional de Deportes Cinológicos tenía divisiones de tamaño que diferían de la USDAA y que los puntos obtenidos en una división de altura no podían reasignarse a otra división de salto. Las divisiones de altura se publicaban en centímetros y el equivalente en pulgadas.

Las estudiaron y se sintieron aliviadas de que nada cambiara para ellas. Kissy y Kawdje estaban bien dentro de la división de altura de la IFCS para la División Toy, al igual que Topaz y Michael para la División Maxi. La mayor variación se producía en la División Maxi de la IFCS, que era el equivalente de la categoría de salto de 22 pulgadas de la USDAA. La División Maxi incluía a todos los perros que medían 50 cm a la cruz o más (19.69 pulgadas), ¡una diferencia de casi dos pulgadas y media!

Aunque la maternidad retrasó la entrada de Topaz y Kissy en el circuito de agilidad, ellas, Michael y Kawdje lograron el título de

Campeones de Agilidad y el estatus de Maestro de Torneos y estaban trabajando para alcanzar las Designaciones Metálicas de Bronce.

Essie inscribió a Kawdje en algunos Shows de Conformación Canina para que se mantuviera familiarizado y cómodo con esa rutina por si decidía inscribirlo en el Show de Westminster el año siguiente.

Los padres de Jenny fueron dados de alta del centro de cuidados prolongados a tiempo para asistir a la ceremonia de graduación de la escuela de Jenny y celebrar su duodécimo cumpleaños. Antes de su alta, Jeanette y Cole hablaron con Aaron y Cecil sobre la posibilidad de un trabajo para Don en el departamento de seguros de su incipiente compañía aérea. Después de revisar los antecedentes y la experiencia de Don, Aaron y Cecil le ofrecieron un puesto de "segundo al mando" en la división de seguros de PPAL, con la posibilidad de eventualmente convertirse en Jefe de Departamento. Don e Iris vendieron su casa en Chicago y compraron una cerca de Jeanette y Cole.

Los anuncios de PPAL se realizaron y se programaron para ser lanzados durante el verano y el otoño. Uno era de Cecil, Arielle y Gabby, y de Aaron, Mimi y Caressa. Otro presentaba a Sam con Sneakers y a Beau con Hershey con el pie de foto: "Grandes chicos y sus pequeñas mascotas: todas las tallas pueden viajar con comodidad volando con PPAL". Jenny y Candy aparecieron en un anuncio que se lanzaría justo antes de Navidad.

Para acumular tantos puntos como pudieran, además de lograr títulos, los amigos condujeron por todo el país compitiendo en los Campeonatos Regionales y en muchos eventos locales de Agilidad Canina.

En octubre, Jeanette inscribió a Topaz en el Concurso de Perros Cantores que se celebró en la ciudad de Nueva York. Interpretaron su versión de "The Boogie Woogie Bugle Boy of Company B" y realizaron su rutina de baile mientras cantaban. Topaz sostuvo una nota durante tanto tiempo que sorprendió a todos, incluso a sí misma. ¡Ganó!

Todas las familias de los cachorros de Topaz llamaron para felicitar a Jeanette, incluido Oshi Yakamuri, quien se encontraba en la ciudad de Nueva York en el momento del concurso y lo vio en las noticias. Le dijo a Jeanette que Ten había heredado la voz fuerte y melodiosa de Topaz y que habían volado en la cabina de pasajeros del jet corporativo de la empresa para el vuelo de regreso a Japón. Los otros pasajeros debieron guardar silencio sobre el incidente o asumieron que a Oshi se le había dado permiso.

Debido al ajetreado calendario de Agilidad Canina que habían seguido desde la temporada de primavera, Essie y Evan, Jeanette y Sarah decidieron no competir en los Juegos Mundiales de Cynosport que se celebraron en noviembre. Los honores logrados en los Juegos Mundiales de Cynosport no sumarían puntos a su total, además de que asistir a los Juegos requeriría pasar casi dos semanas conduciendo hacia y desde Arizona, ya que, por el momento, no había una aerolínea amigable con las mascotas que pudieran usar para acortar el tiempo de viaje.

Ed renunció a su bufete de abogados en junio para convertirse en jefe del Departamento Legal de PPAL. Inmediatamente después de graduarse de la Escuela de Medicina Veterinaria de la Universidad de Pensilvania en mayo, Pat fue contratada como jefa del Departamento Veterinario de PPAL y como veterinaria a tiempo completo de la aerolínea.

Debido a que Pat y Ed estaban fuera de casa todo el día cumpliendo con los deberes de sus emocionantes y exigentes trabajos, solicitaron permiso para llevar a Mary al trabajo con ellos. El permiso fue concedido sin problemas.

Aaron y Cecil decidieron que ABCD Realty sería una empresa pionera al permitir que las mascotas acompañaran a los empleados a su lugar de trabajo. Esta decisión se debió, en gran parte, al hecho de que ambos pensaban que sus esposas acaparaban el tiempo y la atención de sus mascotas mientras ellos estaban en el trabajo. Cada uno negoció con su esposa que su mascota lo acompañara al trabajo al menos dos veces por semana para dar ejemplo a sus empleados. La moral siempre había sido buena en ABCD Realty, pero se disparó a un nivel sin precedentes después de que las mascotas aparecieron en el lugar de trabajo. Pat estableció Reglas y Regulaciones para las mascotas en el lugar de trabajo.

Para el Día de Acción de Gracias, los anuncios de PPAL que publicitaban viajes amigables para las mascotas al resort amigable con mascotas de ABCD Realty en Belice se emitieron en televisión. El eslogan era: "Recibe el Año Nuevo con todos los miembros de tu familia." Algunos anuncios incluían a Kissy y Kawdje, sus cachorros y sus familias. Otros presentaban a Michael y Topaz, sus cachorros y sus familias. Un anuncio solo presentaba a Jenny y Candy.

PPAL comenzó a reservar vuelos a Belice y el resort amigable con mascotas Familias de ABCD Realty en Belice rápidamente se llenó para Año Nuevo. Poco después, los meses de enero, febrero y marzo también se reservaron por completo.

Capítulo Cuarenta y Siete

El vuelo inaugural de PPAL estaba programado para realizarse de Filadelfia a Ciudad de Belice. Las familias de los cachorros que eran de fuera de la ciudad llegaron un día antes y se alojaron en moteles amigables con las mascotas. El hotel amigable con mascotas de ABCD Realty en el centro de Filadelfia estaba en construcción y no estaba listo para ser ocupado. El 22 de diciembre, la mañana de la salida, amaneció brillante y con un frío intenso. Todos estaban agradecidos de que la tormenta de nieve de la semana anterior ahora se redujera a una capa discontinua en los céspedes y de que las carreteras estuvieran despejadas y secas.

Pat llegó temprano a la terminal del aeropuerto para supervisar y asegurarse de que el recorrido de las mascotas desde el lugar de acantonamiento antes de llegar al mostrador de boletos, el pesaje de la mascota en su jaula en el área del mostrador de boletos y la posterior entrega al elevador hidráulico, seguido del posicionamiento y aseguramiento de cada jaula en su destino en el área asignada de la cabina, se realizara sin problemas. Ed y Mary la acompañaron, al igual que Kevin, quien quería estar allí para remediar cualquier problema mecánico.

El primer problema de Pat ocurrió cuando Mary comenzó a ladrar y se negó a calmar su ruidosa objeción a ser enjaulada. Pat descubrió rápidamente la razón del alboroto de Mary. Debido a la desviación de su rutina diaria, su sistema gastrointestinal estaba alterado y ensució su jaula. No había almohadillas absorbentes ni toallas húmedas desechables a mano, así que Ed localizó una carretilla y la cargó con cajas de almohadillas y toallas y la llevó al área de registro en el mostrador de boletos.

Esa resultó ser una decisión acertada porque Jerry y Hershey ensuciaron cada uno su jaula. Jerry estaba alterado y asustado porque lo habían enjaulado por separado de Harry Houdini. Hershey había comido tocino, huevo y sémola para el desayuno, además de comida seca para perros. Vomitó mientras su jaula era llevada del área del mostrador de boletos al elevador hidráulico. Pat acompañó al asistente que lo transportaba y rápidamente lo limpió a él y a su jaula después de que se posicionara y asegurara.

"Nuestras azafatas deben ser entrenadas para atender a una mascota que requiera limpieza o que avisen al miembro de la familia de la mascota para que lo haga antes del despegue," pensó. "También necesito agregar a las Reglas y Regulaciones de PPAL para el viaje de mascotas la sugerencia de que las mascotas reciban una comida ligera y blanda, preferiblemente unas horas antes de la hora de registro, y una pausa para hacer sus necesidades justo antes de salir hacia el aeropuerto. No será una regla, solo una sugerencia."

Después de que todas las jaulas fueron aseguradas en el área de la cabina de mascotas, Michael vio que Michelle estaba situada directamente enfrente de él y se alegró de que ella tuviera la seguridad de saber que su papá estaba viajando con ella. Sonny y Brigit flanqueaban cada lado de ella. Sabía que Patrick estaba enjaulado a un lado de él y Topaz al otro.

Escuchó la voz de Harry Houdini tranquilizando a Jerry, quien había preguntado qué estaba sucediendo. Detectó un olor familiar pero esquivo y de repente recordó que pertenecía a Aiya. Le preguntó cómo le gustaba compartir su hogar con Ten y si alguna vez había viajado así antes.

Aiya respondió que había viajado como los pájaros, pero en una casa voladora mucho más pequeña que esta y que la habían mantenido en una jaula parecida a la que estaba ahora. También relató que en varios viajes la habían dejado sola en una habitación oscura durante mucho tiempo. Contó a Michael que durante su primer viaje había estado muy asustada, pero que en el siguiente ya sabía que su papá se reuniría con ella una vez que la sacaran de la casa que volaba como un pájaro.

Michael le contó a Aiya su primera y aterradora experiencia de ser llevado en avión desde México a su nuevo hogar. Aiya le preguntó si había estado en México para competir en juegos de Agilidad Canina y Michael explicó que había nacido allí. Quiso saber más, así que él le contó la historia de su vida en México. Sus cachorros escuchaban con atención, al igual que Patrick, Harry Houdini y los cachorros de Kissy y Kawdje. A medida que se desarrollaba su relato, estaban tan absortos que apenas notaron el despegue del avión.

Mary dijo: "Por eso nos dijiste que siempre podríamos regresar a casa contigo si nuestras familias no nos amaban y nos trataban bien."

Todos reconocieron el dolor en la voz de Michael cuando simplemente dijo: "Sí."

Harry Houdini habló a continuación y dijo que él también había viajado a veces en el edificio que volaba como un pájaro y que siempre había sido una experiencia desagradable hasta ahora, porque lo habían dejado afuera en clima frío con muchas maletas a su alrededor antes de ponerlo en una pequeña habitación oscura y dejarlo solo. "Es la primera vez que viajo en un lugar iluminado y con otros para hacerme compañía."

Jerry preguntó con evidente nerviosismo si alguna vez lo meterían en una habitación oscura y solitaria dentro de una casa que volaba como un pájaro.

Harry respondió que no lo sabía, pero que si alguna vez le sucedía, no debería estar nervioso porque su papá siempre vendría a buscarlo al final del viaje.

Kawdje estaba nervioso y decidió no decir nada que pudiera preocupar o inquietar a sus cachorros. Mantuvo sus pensamientos enfocados en ellos para evitar pensar en cómo este edificio volador iba a aterrizar en algún lugar sobre suelo firme.

Los cachorros habían estado absortos en la historia de la infancia de Michael y en la conversación general durante más de la mitad del vuelo cuando Pat y Arielle entraron en el área de mascotas y alteraron su concentración. Pat pensó que debería acompañar a los otros pasajeros durante su primera experiencia de la pausa para el baño en vuelo de sus mascotas y el tiempo de abrazos. Gabby estaba feliz de ver a su mamá, pero en secreto deseó que hubiera llegado un poco más tarde porque Kissy estaba en medio de su relato sobre Olé.

Sus familias se turnaron para visitarlos. Harry Houdini fue el último y tan pronto como estuvo seguro de nuevo en su jaula, Kissy retomó la historia sobre sus altercados con Olé y cómo lo había superado y vencido en todas las ocasiones. A los cachorros les encantó su historia de victoria, al igual que a sus padres.

Los demás estaban fascinados mientras Michael describía su gran victoria sobre Jetson en una práctica enorme de Agilidad Canina. Topaz, Michael, Kissy, Kawdje, Patrick, Harry y Aiya contaron a los cachorros sus aventuras en los Juegos Mundiales de Cynosport del año pasado. Los cachorros quedaron fascinados cuando se enteraron de que sus padres eran equipos ganadores. Michael describió la competencia de Dock Dogs y dijo con orgullo que Topaz había ganado.

Topaz les contó sobre la gran actuación de Kawdje en Dock Dogs.

Topaz describió su experiencia ganando un concurso de canto canino con su mamá. Ante la insistencia de todos, demostró su mejor nota larga y fuerte. Kawdje se unió, y también lo hicieron los demás.

Mientras las mascotas mantenían esta conversación, Aaron Breslin agradecía a todos por su cooperación y entusiasmo que ayudaron a hacer del primer vuelo de PPAL una experiencia inspiradora. Todos sonrieron ante su juego de palabras. Aplaudieron cuando se sentó. Para su sorpresa y diversión colectivas, escucharon a Topaz entonar una nota alta y asumieron que sus aplausos la habían inspirado a cantar. Escucharon a Kawdje ejercitar sus cuerdas vocales en compañía. Luego todos los perros se unieron al coro canino, pero ninguno pudo sostener una nota tan larga y fuerte como Topaz.

Mientras todos reían, Pat anotó unas notas para decirle a Kevin que la cabina de mascotas necesitaba aislamiento para amortiguar los sonidos provenientes de esa área.

Después de que Aaron se sentó, Cecil Diamond habló sobre las Reglas y Regulaciones para Mascotas en su resort en Belice llamado Familias.

Explicó: "No se permiten mascotas en las áreas de comedor interiores, pero se les permite estar con sus familias en las áreas de comedor al aire libre. Las mascotas deben estar siempre con correa, excepto dentro de los límites del área de piscina y ejercicio para mascotas o en su habitación de hotel. Las áreas de piscina y ejercicio para mascotas están disponibles, según el tamaño de la mascota, en los horarios publicados. Hay franjas horarias disponibles para acomodar a mascotas de diferente tamaño, pero de la misma familia, para que jueguen y hagan ejercicio juntas. Esto debe programarse con anticipación con la administración. Hay al menos dos vigilantes de piscina para mascotas de guardia en todo momento, de 6 a.m. a 10 p.m., en las áreas de piscina y ejercicio para mascotas.

Las bolsas biodegradables para la limpieza de mascotas y los contenedores de residuos están disponibles en todo el resort.

Las comodidades para mascotas incluyen lo siguiente:

Un servicio de transporte amigable para mascotas hacia y desde el aeropuerto y el resort, proporcionado por Familias.

Un salón de peluquería para mascotas en las instalaciones. Este servicio no está incluido en la tarifa del resort.

Paseadores de perros están disponibles por una tarifa razonable.

Servicios de guardería de mascotas y cuidado están disponibles por una tarifa razonable.

Ustedes son nuestros primeros clientes y su opinión será invaluable. Queremos corregir cualquier problema que encuentren. Familias está comprometido a brindar una experiencia de vacaciones fabulosa e inolvidable para personas y mascotas."

Después de un aterrizaje suave, todos desembarcaron de la aeronave en el soleado y cálido Belice. Ninguna de las mascotas había sufrido mareo y las pausas en vuelo habían transcurrido sin incidentes. Las lanzaderas transportaron a todos a Familias y a sus vacaciones de Navidad.

Capítulo Cuarenta y Ocho

Familias era un lugar encantador. Los recién llegados inmediatamente pensaron en el Jardín del Edén. Una abundancia de árboles y arbustos florecía en colores vivos. Arbustos bajos bordeaban los senderos y ocultaban luces alimentadas por energía solar.

El jazmín y la plumeria perfumaban suavemente el aire.

Una espectacular piscina de agua dulce consistía en tres piscinas conectadas por dos cuevas cuyas entradas estaban ocultas por cascadas. Una piscina de agua salada tenía un bar parcialmente sumergido donde los clientes podían sentarse en un taburete e ingerir bebidas, además de otro bar situado junto a la piscina.

Había tres áreas separadas, cercadas, con piscinas y zonas de ejercicio específicamente para perros. Una área tenía una piscina profunda para acomodar perros grandes. Otra tenía una piscina para chapotear destinada a perros pequeños. La tercera área de ejercicio tenía una piscina con un extremo profundo para bucear y un extremo poco profundo con un descenso gradual para acomodar razas de todos los tamaños. Todas estaban ajardinadas con arbustos y árboles lo suficientemente altos como para proporcionar sombra, y cada una tenía una sección dedicada a un conjunto de agilidad con una docena de obstáculos. Dispensadores de agua potable se habían instalado en cada una de las áreas de ejercicio/juego para que las mascotas saciaran su sed. Había bolsas para recoger excrementos disponibles en cada recinto.

El área de ejercicio para aves estaba cubierta con una malla fina para evitar escapes. Varias fuentes burbujeaban y goteaban agua en el recinto. Los árboles daban sombra en algunas áreas y otras partes eran abiertas y soleadas.

El recinto para gatos era igualmente pintoresco. Había árboles para trepar y tocones de diferentes alturas para saltar, además de pequeñas plataformas sujetas a algunas ramas de los árboles para que un gato pudiera dormir o vigilar el reino desde una percha alta. Se había proporcionado una escalera en espiral para los gatos que no quisieran gastar la energía requerida para arañar el tronco del árbol. Podían subir las escaleras y acceder a cualquiera de las grandes ramas. Al igual que en los recintos para perros, se colocaron dispensadores de agua potable en cada esquina. Las cajas de arena se colocaban discretamente.

Familias estaba situado en una propiedad frente al océano y poseía una espectacular playa privada de arena. Las mascotas con correa, acompañadas de la familia, podían acceder a la playa.

Luces blancas brillaban alrededor de los troncos de las palmeras y adornaban las ramas de otros tipos de árboles. Los árboles en macetas en el interior estaban decorados con adornos navideños y las luces se entretejían intrincadamente entre sus ramas. La decoración era una sutil mezcla de lo casual del mar del sur y lo vintage europeo. Una gran sala de reuniones más allá del área de recepción del vestíbulo tenía techos altos, grandes ventanas y puertas corredizas de vidrio que bañaban la habitación con luz solar.

Los pájaros trinaban y revoloteaban entre los árboles interiores. Obviamente, habían decidido residir allí por su propia voluntad, ya que ninguno estaba atado a perchas ni confinado en jaulas.

Cole y Jeanette, Sonny y Topaz caminaron por un largo pasillo, abierto a cada lado hacia los exuberantes jardines que rodeaban Familias. El alero del techo era suficiente para evitar que la lluvia mojara el pasillo durante una tormenta. Jeanette y Cole quedaron asombrados al ver la belleza de su habitación. Era casi hexagonal. Las grandes ventanas abatibles tenían mosquiteras interiores que se podían quitar o reemplazar según se deseara, y contraventanas interiores que se podían cerrar para mayor privacidad.

Todos habían alquilado camas para perros de Familias en lugar de traer las suyas propias. Jeanette había empacado una sábana grande, que ahora arreglaba sobre la colcha del hotel para protegerla, ya que Topaz y Sonny estaban acostumbrados a descansar en la cama de sus padres en casa.

Cole abrió el gran armario y suspiró aliviado al ver un televisor. Vacaciones para alejarse de todo estaban muy bien, siempre y cuando pudiera mantenerse al día con las situaciones mundiales de las que había viajado para alejarse.

Topaz se dejó caer en una de las camas para perros. Sentía que su estatus como mamá le daba el derecho incuestionable de decidir cuál de las dos camas sería la suya. A Sonny ni se le ocurrió discutir el punto.

Era tarde en la tarde cuando todos se reunieron al aire libre cerca de los recintos para mascotas. Dividieron a las mascotas en tres grupos. Kissy, Kawdje y sus cachorros fueron al recinto para perros de razas pequeñas. Michael, Topaz, Michelle, Sonny, Mary, Gabby y Raphael fueron a otro recinto de ejercicio. Harry, Jerry, Aiya, Ten, Patrick y Brigit se quedaron con el restante.

Kissy entró al recinto e inmediatamente comenzó a usar la instalación de agilidad. Estaba en su elemento mostrando sus habilidades de agilidad a los cachorros, que eran tan grandes o más grandes que ella. Kawdje la observaba mientras presumía frente a sus cachorros y se sintió inspirado a mostrar también su destreza en agilidad.

Candy era tan competitiva como su madre. Se deslizó dentro y fuera de los postes de eslalon. No era tan rápida como su madre... al menos no todavía. Sneakers siguió la rutina de su padre. Era un buen saltador y fácilmente superó el salto extendido. No era tan rápido como Candy porque sus patas no eran tan largas, pero, debido a eso, tenía el potencial de ser un ganador en exposiciones de conformación, al igual que su padre, Kawdje.

Hershey estaba bien proporcionado, pero era grande para la raza Spaniel Tibetano, lo que lo eliminaba de ser mostrado en Conformación. Era fuerte y un buen saltador, y él y Selma habían estado practicando en un Club de Agilidad Canina local durante los últimos meses. Tropezó torpemente a través de los postes de eslalon, pero fácilmente superó los saltos y obstáculos y subió el A-Frame con facilidad.

Caressa era la más pequeña y muy hermosa. Estaba siendo exhibida en exposiciones de Conformación y ya tenía una colección de cintas azules. Mimi no la había introducido en la Agilidad Canina, por lo que

Caressa observaba a los demás. Uno de los cuidadores de mascotas la animó a intentar un salto. Caressa logró superar el salto y se emocionó cuando todos aplaudieron su logro. "¡Vaya! ¡Soy genial!" pensó. Había heredado el amor de Kissy por la atención, lo cual le ayudaba a destacar en las exposiciones de Conformación.

Todos los cachorros de Topaz y Michael estaban familiarizados con la Agilidad Canina. Alternaban entre demostrar sus habilidades y observar a sus padres actuar.

Todos habían traído una media de Navidad para su mascota. Después de cierta discusión, todos decidieron que las mascotas debían abrir las medias en la privacidad de sus habitaciones individuales para evitar cualquier posibilidad de peleas. Nadie estaba seguro de cuán posesivos podrían ser los animales con el contenido de sus medias.

Todos habían pagado su propio billete de avión, y los esposos y esposas habían acordado que eso sería un regalo de Navidad suficiente para el otro. Sarah y Gordon regalaron el billete de avión a Kevin, al igual que Iris y Don Prescott hicieron con Jenny, pero también trajeron una media de Navidad llena de regalos que cualquier niña de doce años apreciaría. Jeanette y Cole regalaron a Jenny un suéter que ella había visto y calificado como "genial" cuando había ido de compras con su tía a principios de diciembre.

Cuando llegó la mañana de Navidad, todos descubrieron con alegría y sorpresa que había una media de Navidad esperando ser abierta para cada uno de ellos.

Fue un día de Navidad alegre. Todos optaron por cenar al aire libre para que las mascotas pudieran permanecer con ellos. Fue un gran buffet y, aunque no era la tradicional cena de pavo con salsa de arándanos a la que estaban acostumbrados, seguía siendo una comida muy especial, aún más porque tenían el privilegio de compartirla con amigos y familiares en un paraíso tan especial.

Capítulo Cuarenta y Nueve

A principios de febrero, Gordon navegaba por la página web de la USDAA y vio que se habían publicado las clasificaciones del Torneo Top Ten para cada categoría de altura. Escaneó la categoría de salto de 26 pulgadas y, cuando vio que Michael Archangelo ocupaba el primer lugar, se sintió casi tan orgulloso como el día en que sostuvo a Kevin en sus brazos por primera vez.

Corrió a buscar a Sarah en la cocina, donde estaba preparando la cena. "¡Michael es número uno en su categoría de altura en el Torneo Top Ten! ¡Aleluya!"

Se abrazaron y de inmediato sintieron a dos mascotas empujándolos para ser incluidas en las muestras de cariño. Todos caminaron hacia la sala y él y Sarah revisaron el resto de los resultados. John, un Border Collie, ocupaba el segundo lugar. Suspieron aliviados al ver que Topaz había quedado en tercer lugar. Vieron el nombre de Jake en el séptimo lugar y el de Jordan en el octavo. Ambos estaban listados como Border Collies.

Sarah dijo: "John, Jake y Jordan son los Hoosiers que compitieron en la categoría de 22 pulgadas en los Juegos Mundiales de Cynosport. Midieron demasiado alto en la cruz para calificar para la División Midi en el Campeonato Mundial de Agilidad Canina, así que compitieron todo el año pasado en la categoría de 26 pulgadas para calificar para la División Maxi. Recuerdo que John se desempeñó bien en los torneos, pero no pensé que lo hizo mejor que Topaz. Me sorprende que la haya superado por el segundo lugar."

Gordon pensó un momento antes de responder. "Debido a la maternidad, Topaz probablemente comenzó la temporada más tarde que John. No empezó con la Agilidad Canina hasta finales de mayo."

Sarah escaneó la lista y dijo: "Hubert the Best fue superado una vez más por al menos diez perros. No puedo encontrar su nombre."

Gordon dijo: "Jetson quedó cuarto, Harry Houdini en quinto lugar y Patrick en sexto. Ryan y Clodagh no lo inscribieron en tantos eventos de Agilidad Canina como los que asistimos nosotros."

Gordon se desplazó a la división de 16 pulgadas. Él y Sarah reconocieron algunos nombres por haber competido en los Juegos Mundiales de Cynosport. Bogey, que había sido parte del equipo The Film Stars en esos Juegos, encabezaba la lista. Gracie, del equipo The Comedians, quedó en tercer lugar.

"Ve a la división de 12 pulgadas", ordenó Sarah. "La suspense me está matando."

Dustin, el Rat Terrier que ganó la Steeplechase en los Juegos Mundiales de Cynosport en los que participamos, encabezaba la lista. Kawdje estaba en el segundo lugar.

"¡Oh, no!" se lamentó Sarah. "Thumbelina, la Papillon que formaba parte del equipo The Storybook Tailers en los Juegos Mundiales de Cynosport a los que asistimos, está en tercer lugar. Kissy quedó en cuarto, lo cual la elimina de competir con el equipo de EE.UU. en los Juegos Internacionales de Agilidad Canina. Evan y Essie deben estar sintiéndose mal, especialmente Evan. Kissy no participó en un evento de Agilidad Canina hasta casi finales de junio. Probablemente los demás ya habían acumulado cien puntos para entonces."

"Apuesto a que tienes razón", dijo Gordon. "A pesar de su comienzo tardío, solo diecisiete puntos separan su total del de Dustin."

Ambos permanecieron en silencio y luego Gordon dijo: "Tengo que llamar a Evan. Tal vez ya haya visto los resultados."

Evan colgó después de hablar con Gordon. No tenía ni la voluntad ni la energía para conectarse al sitio web de la USDAA y ver por sí mismo los resultados. Subió arrastrando los pies y se dejó caer en la cama.

"Tengo que recomponerme por el bien de Essie", pensó. "No sé si debería acompañarla a ella y a Kawdje a los Juegos Mundiales o quedarme en casa con Kissy. Estaba tan seguro de que Kissy podría recuperar el tiempo perdido. Incluso se desempeñó mejor después de ser madre."

Pensamientos sombríos rondaban su mente hasta que se quedó dormido. Se despertó con el sonido de Essie entrando con bolsas de la compra. Sintió dos cuerpos cálidos presionados contra él, uno a cada lado, y al mirar hacia abajo vio a Kissy y a Kawdje mirándolo con expresiones de preocupación.

"Son psíquicos", pensó. "No puedo ocultarles mis sentimientos. Saben que estoy molesto y deprimido." Se sentó y los acarició. "Vamos. Vamos a ayudar a mamá a guardar la compra."

Tan pronto como Evan entró en la cocina, Essie supo que algo andaba mal. Podía ver que intentaba poner cara de sonrisa, pero tenía la postura de un hombre que llevaba el peso del Monte Everest sobre sus hombros.

"¿Estás enfermo?" preguntó ansiosa.

"Kissy está en el cuarto lugar en la lista del Top Ten. Kawdje y tú representarán al equipo de EE.UU. en los Juegos Mundiales de Agilidad de la IFCS. Él está en el segundo lugar."

Evan se sintió débil; así que se sentó en un taburete de la cocina, plantó ambos codos sobre la encimera y apoyó la barbilla en sus puños. Era la única manera en que podía mantener la cabeza erguida. Essie se colocó detrás de él, se apoyó contra su espalda y rodeó sus brazos alrededor de él.

"¡Gracias a Dios que estás bien! Pensé que ibas a decirme que te habían diagnosticado una enfermedad incurable. Siento que tú y Kissy no competirán en los Juegos de Agilidad de la IFCS, pero al fin y al cabo, son solo juegos. Estamos sanos. Nuestras mascotas, nuestras familias y amigos están sanos. Tenemos agua potable segura y muchas comodidades que hacen nuestras vidas agradables. Sobre todo, tenemos mucho amor en nuestras vidas."

Evan giró el taburete para quedar frente a su esposa. La abrazó con fuerza.

"La mejor decisión que tomé en mi vida fue casarme contigo. Tienes razón, tenemos amor. No competir en los Juegos Mundiales de Agilidad de la IFCS es una decepción, pero no es un desastre. Te acompañaré a los juegos. Tal vez llevemos a Kissy o tal vez la dejemos con Joy y Sam mientras estamos fuera. Tenemos tiempo de sobra para decidir."

La tarde transcurrió lentamente. Ninguno de los dos tenía apetito. Kissy y Kawdje, que sentían la depresión de su papá, estaban ansiosos y desconcertados, y dejaron gran parte de su cena sin comer. Essie sugirió que no se lo contaran a Joy y Sam hasta que decidieran si llevarían o no a Kissy a los Campeonatos Mundiales de Agilidad.

"No creo que la dejen entrar en las instalaciones de los Juegos Mundiales de Agilidad de la IFCS," dijo Evan. "Creo que puedo estar allí como espectador, pero tendría que dejar a Kissy en un kennel en otro lugar."

"Tenemos que preguntarle a alguien en la Sede de la USDAA qué podemos y qué no podemos hacer," dijo Essie.

El teléfono sonó y Essie contestó. Era Jeanette, que sonaba tan desanimada como la propia Essie. Después de colgar, dejó salir a Kissy y Kawdje para que hicieran sus necesidades antes de acostarse.

Kissy y Kawdje discutieron el ambiente sombrío que había invadido su hogar.

"Me pregunto por qué papá está tan deprimido," dijo Kissy.

"Camina como si estuviera agotado," observó Kawdje y estaba a punto de añadir que pensaba que tal vez su papá estaba cansado, pero soltó un aullido en su lugar cuando pisó algo afilado.

Una de sus patas delanteras dolía terriblemente y evitaba apoyarla con cuidado. Kissy preguntó qué le pasaba al ver que cojeaba. Después de que Kawdje le explicó que creía que algo afilado le había cortado la pata, ella sugirió que volvieran adentro para que mamá pudiera revisarla.

"Voy a dar el día por terminado," dijo Evan.

"Me uniré a ti tan pronto como los perros regresen," respondió Essie.

Evan se sentía exhausto mientras subía las escaleras hacia el dormitorio. Apenas se había quitado los zapatos cuando escuchó a Essie dejar entrar a Kissy y Kawdje y luego llamarlo frenéticamente. Corrió de vuelta al piso de abajo.

Kawdje se apartaba cada vez que su mamá intentaba examinar su pata porque le dolía más, pero le permitió envolverla con una toalla.

"Está sangrando por la pata delantera derecha. Creo que tiene el cojín cortado. No me deja examinarlo."

Evan tampoco pudo ver bien la pata. Kawdje parecía estar en dolor y el sangrado continuaba.

"Lo llevaré a la clínica de emergencias para animales, Evan. Sosténlo mientras me pongo el abrigo."

Kawdje sabía que su mamá lo iba a llevar al veterinario. Le permitió envolverlo en una manta, llevarlo al garaje y ponerlo en su asiento elevador del coche. ¡Vaya cómo le dolía la pata!

"Te llamaré," gritó mientras retrocedía del garaje. Treinta minutos después, Essie llamó para decirle que iban a sedar a Kawdje para poder extraerle astillas de vidrio de la pata y que la herida requería sutura. Un par de horas después, Evan fue alertado por los ladridos de Kissy sobre su llegada.

"¿Cómo está?" preguntó Evan mientras Essie colocaba a un somnoliento Kawdje en sus brazos.

"Estará bien. El veterinario dijo que lo mantuviéramos lo más confinado posible durante los próximos cuatro o cinco días para darle oportunidad de sanar la pata. ¡Adiós Westminster! No puede presentarse en una semana. No estará en condiciones de caminar bien y le han afeitado la parte inferior de la pierna y la pata."

Evan preguntó: "¿Te molesta mucho?"

"No realmente. Ya no tenía más a dónde ir en cuanto al Show de Westminster se refiere. Casi ganó el año pasado, pero tal vez este año no hubiera ganado el Grupo."

Mientras subían las escaleras hacia el dormitorio cargando a Kissy y a Kawdje, Evan dijo: "Voy a alegrarme de meterme en la cama y apagar la luz de este horrible día."

A la mañana siguiente, ninguno de los dos quería levantarse, pero Kissy y Kawdje necesitaban salir. Para cuando estuvieron listos para volver a entrar, Essie y Evan ya estaban demasiado despiertos como para volver a la cama y taparse para mantener al mundo afuera. Essie les dio a las mascotas su desayuno. Evan encendió la computadora y, mientras sorbía café, pasó una hora revisando su portafolio y haciendo transacciones. Essie se duchó y se lavó el pelo. Para cuando volvió a aparecer en la cocina, sintió que podría manejar el desayuno.

Hizo tortitas, untadas con mantequilla y sirope de arce, la mejor comida reconfortante. Mientras hablaban sobre si llevar o no a Kissy a los Campeonatos Mundiales de Agilidad de la IFCS, se sobresaltaron por el fuerte timbre del teléfono de la cocina. Essie se atragantó con un sorbo de café. Evan gruñó mientras caminaba para levantar el auricular.

"Tengo que bajar el volumen del timbre. Es lo suficientemente fuerte como para despertar un volcán dormido." Mientras Evan hablaba por teléfono, Essie recogía los platos del desayuno. Acababa de terminar de cargar el lavavajillas cuando Evan la agarró y la abrazó tan fuerte que apenas podía respirar.

"¡Kissy y yo vamos a los Juegos Mundiales de Agilidad! ¡Nos vamos todos a Inglaterra!"

Kissy y Kawdje percibieron de inmediato el ánimo alegre y positivo que llenaba su hogar.

Después de que se acomodaron en el sofá del salón, con Kissy y Kawdje acurrucados en sus regazos, Evan explicó: "La manejadora de Thumbelina estará en su sexto mes de embarazo cuando los juegos se celebren en mayo, así que declinó la invitación para participar en los Juegos Mundiales de Agilidad. En resumen, ella está feliz y yo estoy feliz. Es una situación en la que todos ganan."

Evan llamó a Gordon para darle la buena noticia. Después de que Gordon terminó de felicitar a Evan, llamó a Sarah para que cogiera el teléfono en la cocina. Essie cogió el teléfono de la cocina y tuvieron una conversación a cuatro.

Sarah dijo: "Los Juegos Mundiales de Agilidad de la IFCS se van a celebrar del 6 al 8 de mayo en Birmingham, Inglaterra. Es donde se celebra el enorme y famoso Concurso de Conformación llamado Crufts. Supongo que los Juegos de Agilidad se celebrarán en el mismo edificio que Crufts. Debe haber muchos hoteles, moteles y B&B en la zona que acomoden tanto a mascotas como a personas."

Evan le preguntó a Gordon si planeaba asistir. Sarah contestó diciendo que no podía prescindir de él.

Gordon dijo: "Antes de que toméis cualquier decisión sobre participar en los Juegos Mundiales de Agilidad de la IFCS, tenemos que arreglar un transporte aéreo cómodo para las mascotas. Ninguno de nosotros quiere que las releguen a la bodega. Averiguaré si se puede destinar un avión de PPAL para llevar al Equipo USA a Inglaterra. Si eso no es posible, podemos mirar la posibilidad de contratar un servicio de jet privado, siempre que se nos permita llevar a los perros en la cabina."

Gordon sabía que Aaron y Cecil planeaban atraer a viajeros de negocios para que utilizaran PPAL y se dieran el lujo de disfrutar de la compañía de sus mascotas en un avión de PPAL y en uno de los hoteles que ABCD tuviera, amigables para mascotas, hacia y desde sus destinos de negocios. Recientemente habían comprado una flota de aviones con planes de tener vuelos de conexión de Nueva York a Los Ángeles y un objetivo futuro de tener rutas que conectaran todas las ciudades importantes.

La llamada de Gordon a Cecil resultó productiva. Cecil dijo que algunos de los aviones que habían comprado habían sido reconfigurados para acomodar a las mascotas viajando en la cabina y que uno de los aviones más pequeños podría usarse para llevar al Equipo USA a los Juegos Mundiales de Agilidad. Gordon y Cecil discutieron una tarifa aérea que cubriera los costos de vuelo sin generar beneficios para PPAL.

"Gordon, si hay asientos vacíos, tal vez envíe a un par de mis agentes inmobiliarios internacionales a buscar hoteles que podrían ser buenos para que los compre ABCD Realty. Nuestro hijo mayor está entusiasmado con la idea de tener una cadena mundial de hoteles, moteles y resorts amigables para mascotas llamados Families y Familias. Atender las necesidades de los miembros familiares con mascotas ha cambiado mi vida, y el cambio ha sido grandioso. Tengo el presentimiento de que solo va a mejorar."

Capítulo Cincuenta

Cuando Michael descendió del avión, supo que estaba lejos de casa. La calidad de la luz era diferente y una brisa llevaba el aroma de algunas plantas y árboles desconocidos.

"¿Crees que este será un tiempo maravilloso y relajante como el que tuvimos en Navidad?" le preguntó a Topaz.

"Lo dudo. Nuestros cachorros no están con nosotros, pero están otros con los que hemos competido en prácticas de Agilidad."

"Tienes razón, Topaz. Estamos aquí para competir, aunque siempre hemos viajado en coche a las prácticas de agilidad."

"Michael, me encanta competir en las prácticas de Agilidad porque estoy con mi mamá, pero ya echo de menos a Sonny. Cuando viajábamos tanto y competíamos en todas esas prácticas de agilidad, echaba de menos nuestras reuniones con algunos de nuestros cachorros y con Kissy, Kawdje y todos los padres."

"Entiendo lo que quieres decir, Topaz. No pude pasar tiempo en el desierto con Gordon cuando él fue a buscar huesos antiguos. Michelle le hizo compañía, pero me dijo que sabía que él nos echaba de menos a mamá y a mí, y que ella también. Me alegra estar con Sarah y Gordon en este viaje, pero desearía que Michelle estuviera aquí."

Habían estado caminando hacia un autobús durante su conversación y ahora subieron a él y, después de que Sarah extendió una toalla sobre el asiento, se sentaron juntos.

Kissy y Kawdje estaban en los brazos de Essie y Evan. Kissy sabía que habían viajado mucho para competir en otra práctica de Agilidad y decidió que debía ser una muy importante. Dustin también había venido en este viaje. Había sido más rápido que ella en algunas de las prácticas de agilidad el verano pasado. A veces, ella había ganado. Ocasionalmente, Kawdje había sido el mejor. Su determinación de ser la ganadora en esta práctica importante la hizo tensar su cuerpo. Kawdje lo notó.

"¿Qué pasa, Kissy? ¿Planeando tu estrategia para ganar antes de que empiece la práctica?"

"Me gusta ser la mejor y conseguir las cintas más grandes y escuchar los aplausos," dijo Kissy con honestidad.

"Echo de menos a nuestros cachorros," respondió Kawdje. "Los vemos a menudo cuando no estamos viajando de una práctica de agilidad a otra. Preferiría competir menos y simplemente disfrutar de la vida cotidiana."

Michael y Topaz dijeron que sentían lo mismo. Kissy se preocupó de que los demás no intentaran dar lo mejor de sí para ganar.

Ella dijo: "Recordad cuando todos competimos en esa gran práctica de agilidad y después volamos en un helicóptero hacia el desierto, donde cantamos sobre los viejos huesos de personas y perros que estaban enterrados profundamente en la tierra y luego comimos un almuerzo delicioso. Quizás hagamos algo emocionante como eso después de esta práctica de agilidad."

Los demás se animaron visiblemente. Los estómagos de Michael y Kawdje rugieron al escuchar la mención del almuerzo. Kissy sabía que había captado su interés y aprovechó la oportunidad para insinuar la idea de una aventura divertida como recompensa si ganaban.

Astutamente, preguntó: "¿Quién sabe qué tipo de maravillosa aventura y comida nos esperan si todos ganamos?"

"Parece que Kissy está dando un discurso motivacional," comentó Evan.

No tenía idea de lo cerca que estaba de la verdad.

El autobús se detuvo frente a una posada de tamaño moderado, lo suficientemente grande como para acomodar al equipo de Estados Unidos y sus familiares. Belva Tufts, la gerente del equipo, informó a todos que se reunieran en el vestíbulo después de instalarse en sus habitaciones.

"Debéis registraros en los Campeonatos Mundiales de Agilidad de la IFCS, y eso incluye una revisión oficial de salud y altura de cada perro. Una vez hecho esto, el resto del día será libre para que hagáis lo que queráis. Mañana comienza la Gran Ceremonia de Apertura."

Sarah le dijo a Belva que siempre rociaba la oreja izquierda de Michael y su mano izquierda con un color naranja para las competiciones. Ante la expresión de duda de Belva, explicó su dilema con la derecha y la izquierda.

"¿Los oficiales objetarán que Michael y yo compitamos de una manera tan colorida?"

Belva dijo que no lo creía, pero que debían aclararlo con los oficiales durante el registro.

Para cuando el equipo de Estados Unidos completó el registro, los perros y sus familias estaban listos para una comida y una buena noche de sueño. Sarah se sintió muy aliviada de que los oficiales no se opusieran a su solución de pintar con spray para su problema de distinguir la derecha de la izquierda.

Al día siguiente, en la Gran Ceremonia de Apertura, vieron a Oshi con Aiya. El dúo había competido en Japón el año anterior para ser elegibles para representar a Japón en los Juegos Mundiales de Agilidad Canina. Oshi les contó que su esposa, Susu, estaba tratando de instaurar un Concurso de Perros Cantores en Tokio como una forma de mostrar la melodiosa voz de Ten y que estaba entrenando a Ten en el deporte de Agilidad Canina.

"Ten es un atleta muy talentoso en agilidad. Quizás dentro de dos años, él y yo compitamos en los próximos Juegos Mundiales de Agilidad si mis piernas aguantan."

Gordon sonrió y dijo: "Quizás Michelle y yo también estemos en esos campeonatos."

El grupo observó cómo se llevaban las banderas de cada país participante al salón y se izaban en mástiles colocados contra la pared detrás de la plataforma en la que estaba el presidente de la IFCS. Dio un breve discurso elogiando el vínculo especial entre humanos y perros y los esfuerzos de todos los presentes y de todos los países que conforman la IFCS para promover eventos que requieren trabajo en equipo entre hombre y perro.

La agenda del día comenzó con la clase de Potencia y Velocidad para la División Maxi, trabajando hacia abajo con las divisiones de altura y finalizando con la División Toy. Esa clase consistía en dos partes, la primera era la sección de Potencia, que consistía en un conjunto de postes de eslalon y obstáculos de contacto. Cualquier competidor que acumulase faltas en la sección de Potencia quedaba eliminado de participar en la sección de Velocidad, que era un recorrido compuesto por saltos y túneles. Michael y Topaz comenzarían su día realizando ese evento.

Mientras la División Maxi competía en la clase de Potencia y Velocidad, la División Toy participaría en la clase de Agilidad Completa, que era comparable a una clase estándar de agilidad. Esta, al igual que todas las clases de los Campeonatos Mundiales de Agilidad, se realizaba bajo las reglas de los Maestros. Kissy y Kawdje comenzarían con la clase de Agilidad Completa.

El Biatlón era un evento de dos partes que consistía en una clase de Salto, que se llevaría a cabo en el primer día por la tarde, y una clase de Agilidad que se celebraría en el segundo día. El ganador en cada división de altura sería el competidor que acumulase más puntos combinados en las clases de Salto y Agilidad.

Michael, Sarah, Topaz y Jeanette vieron a los tres equipos de la División Maxi rusa realizar la clase de Potencia y Velocidad. Uno de ellos era un bello mestizo que tenía un pelaje de tono rojo profundo y se parecía a un Golden Retriever.

"Me pareció escuchar que su nombre era Mikhaila. Esa es la versión femenina rusa de Michael," dijo Sarah.

El tercer perro del equipo ruso cometió una falta en la sección de Potencia, lo que lo eliminó de realizar la sección de Velocidad. Él y su guía salieron inmediatamente del ring.

A continuación, se presentaron los tres equipos de Hungría. Darda, una preciosa Vizsla, y un Kuvosz llamado Oszkar tuvieron actuaciones destacadas.

"Yo sé que Oszkar significa guerrero saltarín. Es un saltador natural, así que le hace justicia a su nombre. Es más pequeño que el estándar de esa raza," comentó Jeanette.

Sarah dijo: "Su menor estatura no ha afectado para nada su rendimiento. Es fabuloso."

El contingente italiano se presentó a continuación. De esos tres perros, Antonio, que parecía ser una mezcla de Caniche Estándar con otra raza, tuvo la mejor actuación.

Del grupo británico de la División Maxi, Annabella, una elegante Pointer blanca y negra que se movía con rapidez y gracia, ofreció una actuación muy superior a la de los otros dos perros de su equipo.

"Ahora es nuestro turno," dijo Sarah a Jeanette.

Cuando Michael entró al ring, escuchó su nombre pronunciado en voz muy alta: "Michael Archangelo." Su mente se despejó de todo pensamiento excepto de Sarah y el siguiente obstáculo que debía utilizar. Su cuerpo actuó con reacciones en fracciones de segundo sin que tuviera que pensarlo. Nunca necesitó medir conscientemente la altura de un salto ni el esfuerzo necesario para superarlo: su cuerpo automáticamente hizo todos los ajustes precisos. Todo simplemente fluyó.

Cuando salieron del ring, el guía ruso que estaba en equipo con Mikhaila se acercó a ella y habló en un inglés con fuerte acento: "Observo muy cuidadosamente su actuación cuando escucho el maravilloso nombre de Michael Archangelo. Tenemos algo en común. Mi perra se llama Mikhaila. Tu Michael Archangelo no se ve tan bien hasta que actúa. Pero la oreja naranja le ayuda a verse bien. ¿Por qué oreja naranja?"

Entonces notó la mano izquierda de Sarah y la señaló.

Sarah le explicó su problema con la izquierda y la derecha.

El hombre se presentó como Gregori Lomonisov. Felicitó a Sarah por su "súper buena actuación." Sarah le agradeció y extendió sus propias felicitaciones y elogios por la excelente actuación de él y Mikhaila.

Gregori dijo que deseaba que su Mikhaila y Michael se aparearan. "Tendrían los cachorros más increíbles de todos."

Sarah le explicó la cruza de Michael y Topaz y los cachorros tan especiales que ella y la familia de Topaz planeaban que se convirtieran en una raza distintiva conocida como Perros Ángel.

Sarah luego sugirió a Gregori que observaran la actuación de Topaz y Jeanette para que pudiera ver a la madre de los cachorros de Michael.

Topaz y Jeanette actuaron como si fueran una sola, y su conexión casi sobrenatural fue evidente para todos los que las observaban.

Gregori dijo: "Topaz es la perra más hermosa que jamás haya visto. Se mueve como un cisne elegante. Si tienes una segunda cruza entre Michael y Topaz, por favor, permíteme tener un cachorro. Mi perro es tratado tan bien como mi esposa y mis dos hijos. Mikhaila es mi tercera hija. Me encantaría tener un cachorro de Michael y Topaz como si fuera mi hijo."

Sarah le dijo a Gregori mientras Jeanette y Topaz salían del ring: "La decisión de otra cruza entre Topaz y Michael depende de Jeanette. Te presentaré a ella y podéis discutir el asunto."

Capítulo Cincuenta y Uno

Evan observó a Essie y Kawdje en la clase de Agilidad Completa y se sintió aliviado al ver que Essie estaba relajada y Kawdje estaba enfocado y entusiasta. Había visto a Dustin, el Rat Terrier, realizar una actuación excelente justo antes de la actuación de Kawdje, y pensó que Kawdje podría ser el mejor saltador y Kissy la más rápida en un recorrido que no consistiera principalmente en saltos.

"Bueno, ya veremos," se dijo a sí mismo mientras él y Kissy entraban al ring. Empezó a sentirse mareado poco después de haber desayunado y ahora sentía un ominoso retortijón en el estómago. Sonó el silbato de salida. Sabía que Kissy reconocería un recorrido de Agilidad Estándar después de realizar los primeros obstáculos, que eran el A-Frame, la Valla de Salto y el Balancín que, aquí en Inglaterra, se llamaba "Teeter Totter." Sintió el entusiasmo de Kissy burbujeando mientras ella superaba la Valla de Salto. Casi había llegado al Balancín y la llamaba para que lo usara cuando experimentó un espasmo en el estómago. Contuvo un grito de dolor y deseó fervientemente poder mantener la compostura y terminar el recorrido. Sin darse cuenta, aceleró el ritmo de su actuación, que normalmente ya se ejecutaba a una velocidad increíblemente rápida.

Essie jadeó y le dijo a Breen Cronin, "Madre mía, están viajando a velocidad warp."

Breen dejó la mandíbula floja mientras observaba incrédulo la fantástica actuación de Kissy. Admitió para sí mismo que Kissy la Cometa era más rápida que su querido Dustin y que probablemente habría obtenido el puesto número uno en la lista de Los Diez Mejores en la categoría de salto de 12 pulgadas si no hubiera sido impedida de comenzar la temporada de Agilidad al principio debido a su recuperación física tras haber tenido cachorros en febrero del año pasado. Ahora ansiaba uno de esos cachorros.

"Voy a preguntar a Evan y Essie si Kissy y Kawdje van a aparearse de nuevo. Si es así, uno de esos cachorros tiene que ser mío," pensó.

Los miembros del equipo español, que estaban esperando para realizar su actuación, observaron con apreciación y consternación la actuación fenomenal.

"No tenemos ninguna posibilidad de ganar la Agilidad Completa," dijo uno de ellos a sus compañeros de equipo.

El corazón de Kissy latía con fuerza y jadeaba mientras su padre la urgía a seguir. No parecía poder actuar lo suficientemente rápido para complacerle. Sintió que él estaba agitado. Siguió presionándose para ir más rápido hasta que, de repente, todo parecía sin esfuerzo y experimentó más placer y facilidad en la actuación que nunca antes. Se sintió decepcionada al ver el obstáculo de la mesa y asumir la pose de descanso sobre ella, ya que eso señalaba el final. Tan pronto como salieron del ring, su padre la levantó, corrió hacia su madre y prácticamente se la lanzó antes de salir corriendo. Kissy estaba desconcertada, pero se sintió mejor cuando su madre y el hombre que era el padre de Dustin la acariciaron.

Essie se rió entre dientes y le susurró al oído, "Kissy, tu papá te impulsó a hacer la actuación de tu vida, y probablemente nunca sabrás por qué, pero debido a circunstancias inusuales, apuesto a que has ganado la Agilidad Completa."

Más tarde, cuando Evan, que ya se sentía mejor, Essie y Breen revisaron la Hoja de Acumulación de Puntos, Kissy había ganado con claridad. El segundo lugar fue para Seeka, un Affenpinscher de Bélgica. Dustin quedó en tercer lugar y Kawdje en cuarto.

"¿Crees que alguien más que estaba viendo a Kissy y a mí se dio cuenta de que tenía malestar intestinal?" preguntó Evan.

"No lo supe hasta que tiraste a Kissy en los brazos de tu esposa y dijiste que esperabas llegar al baño de hombres a tiempo. Dudo que alguien más lo sepa, aparte de Essie y de mí. Tal vez debería comer algo que me caiga mal para ver si eso saca una actuación fenomenal de Dustin," bromeó Breen.

La parte de Salto del Biatlón se celebraba hoy para todas las categorías de altura. Los amigos decidieron ver tantas actuaciones en todas las categorías como sus agendas lo permitieran. Mañana también intentarían ver todas las divisiones realizar la segunda parte del Biatlón, que sería el recorrido de Agilidad Estándar.

La Mini División estaba programada para actuar primero, seguida por la División de Juguete, la Midi y la Maxi, en ese orden.

Antes de posicionarse para observar la parte de Salto del Biatlón, Sarah y Jeanette revisaron la Hoja de Puntos para ver los resultados finales de la División Maxi en Poder y Velocidad. Michael fue primero. Jeanette le dio un abrazo de felicitación a Sarah. Darda, el Vizsla de Hungría, había vencido por poco a Annabella, el Pointer de Inglaterra, para el segundo lugar. Topaz quedó en cuarto lugar.

Los resultados de la División Maxi en Agilidad Completa también estaban disponibles. Esta vez, Annabella de Gran Bretaña quedó primera, Michael segundo, y Topaz tercera.

Evan y Essie revisaron los resultados de Poder y Velocidad para la División de Juguete. Kissy no había dejado a sus competidores atrás en este evento, ya que no estaba en su mejor momento cuando tenía que realizar un salto tras otro, que es lo que consistía la parte de Velocidad del recorrido. Siendo la competidora enfocada y decidida que era, logró llegar al cuarto lugar.

Dustin ganó y Kawdje quedó en un cerrado segundo lugar. Zsa Zsa, un Bichón Frisé de Hungría, fue tercera.

Essie, Evan y Breen estaban de buen ánimo cuando se unieron a Sarah, Gordon, Jeanette y Cole para ver las actuaciones de la División Mini en el Biatlón de Salto. Todos coincidieron en que Emi, una linda hembra del equipo japonés que parecía ser parte Beagle y quién sabe cuántas otras razas, fue fabulosa. De Gran Bretaña, un macho llamado Arrow tuvo una actuación muy buena. El mejor intérprete de Austria fue Zack, un Basset Griffon Vendeen Pequeño que, en apariencia, les recordaba a un pequeño Michael Archangelo. Zack era un saltador natural y realizó una actuación fabulosa.

Bogey de los Estados Unidos, quien tenía la posición número uno en la lista de los Diez Mejores del Torneo en la categoría de salto de 16 pulgadas, hizo una actuación impresionante. La actitud de Bogey les recordó a la de Kissy.

Dieron a los perros un breve descanso antes de que la División de Juguete comenzara el Biatlón de Salto. Para cuando regresaron, todos los equipos de la División Mini habían actuado. Escucharon un anuncio de que habría un desempate debido a un empate en el primer lugar entre Zack, el Basset Griffon Vendeen de Austria, y Bogey, el Sheltie de los Estados Unidos. Muchos otros competidores que no habían estado viendo el evento convergieron alrededor del ring de actuación cuando comenzó el desempate. Debido a que Zack había actuado antes que Bogey y tenía la ventaja de estar más descansado, estaba programado para ir primero. Hizo otra actuación rápida e impecable y terminó con aplausos de agradecimiento. Bogey y su manejadora, una joven llamada Shelley Hansen, también hicieron otra actuación fabulosa y los aplausos para ellos fueron igualmente entusiastas. Zack de Austria superó a Bogey para el primer lugar. Emi, la mezcla de razas de Japón, quedó tercera.

Kawdje había estado en alto en los brazos de su mamá durante las actuaciones de la División Mini. Observó cómo se ajustaban las alturas de los saltos. Sabía que pronto actuaría y entendió que el recorrido que iba a realizar era su favorito: un montaje de saltos y túneles.

Él y su mamá actuaron antes que Kissy y su papá. Había un salto con alas que debía realizarse después de utilizar una Valla de Salto Ascendente, con muy poca distancia entre los dos obstáculos para darle a un competidor tiempo para ajustar el paso o concentrarse y enfocar el impulso para despejarlo. ¡Lo logró! Sabía por los ruidosos aplausos que muchas personas, además de su mamá y papá, pensaban que era maravilloso.

La actuación de Dustin fue tan destacada y confiable como siempre. La actuación de Kissy fue excelente, pero Evan sabía que simplemente no era tan buena saltadora como Kawdje o Dustin.

Fue una clase muy competitiva. Gordon había estado cronometrando todos los equipos con su cronómetro, pero hubo tantas actuaciones excelentes que se necesitó un cronometraje electrónico para separar los puestos.

Los manejadores se agruparon alrededor de la Hoja de Puntos.

Essie le recordó a Evan, "Esta es solo la Primera Parte del Biatlón. Un primer puesto aquí no significa una victoria. Tenemos que realizar la parte de Agilidad mañana antes de que los resultados sean definitivos."

Kawdje superó a Tilly de los Países Bajos para el primer lugar. Stubby de Gran Bretaña fue tercero. Dustin quedó cuarto. Kissy llegó sexta.

Evan silbó y dijo: "Hay menos de tres segundos de diferencia entre el cuarto y el décimo lugar. Todavía puede ser la victoria de cualquiera. Esperemos que Kawdje, Kissy y Dustin estén en plena forma mañana. Nosotros también," agregó, recordando su malestar intestinal de esa mañana.

Para cuando Essie y Evan se abrieron paso entre la multitud, la División Midi del Biatlón de Salto ya estaba en marcha. Jeanette, Cole, Sarah y Gordon estaban ansiosos por escuchar los resultados de la División de Juguete y sonrieron al enterarse de que Kawdje estaba a la cabeza. Ellos también coincidieron en que aún podría ganar cualquiera al escuchar lo ajustados que estaban todos los resultados. Gordon le dijo a Essie y Evan que no se habían perdido mucho, ya que hasta ahora, ninguna de las actuaciones había sido electrizante.

Los primeros dos equipos británicos tuvieron buenas actuaciones. El tercer miembro del equipo era un perro macho joven que parecía haber calificado apenas para la edad mínima de participación de dieciocho meses. Aún se movía como un cachorro torpe. Parecía un Terrier de Fox de Pelo Liso, pero su estructura ósea era un poco pesada para esa raza. A estas alturas, Breen y Dustin se habían unido al grupo, junto con Belva Tufts, la gerente y asesora del equipo de Estados Unidos.

Belva dijo: "Tal vez sea el resultado de un cruce entre un Harrier y un Terrier de Fox."

Su nombre era The Artful Handful. Escucharon a su manejador, un hombre que parecía tener cerca de cincuenta años, llamarlo Artie.

Artie electrizó a los espectadores. A pesar de su torpeza juvenil, era evidente que tenía un gran potencial.

El grupo escuchó a alguien con acento británico decir: "Apuesto a que el vejestorio de mediana edad que lo maneja tendrá dificultades para seguirle el ritmo a Artie cuando se celebren los próximos Campeonatos Mundiales de Agilidad."

Los aplausos fueron entusiastas cuando Artie salió del recinto. El primer equipo de España entró al ring y Sarah se puso alerta cuando se anunció el nombre de un perro mestizo que parecía un cruce entre un Spaniel de Campo y un Galgo Italiano. Se llamaba Miguel. Era un perro de aspecto extraño, por decir lo menos, pero, al igual que Michael Archangelo, se transformó en algo hermoso mientras conquistaba el recorrido.

Los tres equipos de Estados Unidos en la División Midi del Biatlón de Salto lo hicieron muy bien.

Jeanette y Sarah no tuvieron tiempo de comprobar los resultados porque la División Maxi estaba programada para comenzar tan pronto como se hicieran los ajustes necesarios para acomodar a los perros más altos en los saltos y obstáculos. Belva revisó su agenda e informó que el equipo de Estados Unidos sería el tercer país en actuar en la División Maxi. Jeanette y Sarah decidieron posicionarse cerca de la entrada en preparación para su turno.

Mientras esperaban para actuar, Jeanette y Sarah vieron a los equipos de Georgia actuar, y el mejor de los tres fue un perro macho que tenía la apariencia de un Otterhound. Su nombre fue anunciado como Dzaglika, pero su manejadora lo llamaba Zag.

El equipo canadiense fue el siguiente en actuar. Matelot parecía un gran Briard y, aunque era un buen saltador, la colocación de los obstáculos le impidió ganar una verdadera velocidad. Su manejadora era una mujer que daba sus órdenes en francés. Luke Earthwalker, un Border Collie, fue el segundo competidor canadiense y tuvo una gran actuación. El último equipo canadiense consistía en una mujer joven y una Doberman Pinscher roja llamada Vixen. Vixen y su joven manejadora formaban un equipo impresionante y su actuación obtuvo aplausos prolongados.

Topaz y Jeanette entraron al ring. Cole sintió tanto amor y orgullo por ellas que las lágrimas llenaron sus ojos.

Topaz miró inquisitivamente a su mamá, quien le dijo en voz baja dos palabras: "rápido" y "saltos". Topaz sabía que este recorrido consistiría principalmente en saltos.

Los espectadores guardaron silencio mientras observaban a la hermosa mujer y al hermoso Braco Alemán moverse de manera rápida pero sin prisa. Las órdenes de la mujer se daban en voz baja y sus gestos eran casi imperceptibles, pero todos los presentes reconocieron una comunicación especial entre las dos que trascendía los gestos y las órdenes. Cuando salieron del ring, hubo un momento de silencio antes de que comenzaran los aplausos atronadores.

John, el Border Collie, y Breen tuvieron una actuación excelente, pero fue anticlimática después de la casi etérea demostración de trabajo en equipo perfecto de Topaz y Jeanette.

El nombre de Michael Archangelo fue anunciado, seguido del de su país. Essie, Evan, Gordon y Cole escucharon a algunas personas pronunciar su nombre en varios idiomas. El perro poco agraciado con la oreja naranja que llevaba el nombre de un arcángel les intrigaba. Gordon miró a algunas de las caras en la multitud y vio que sonreían y hablaban entre ellos de manera jocosa, señalando sus orejas.

Tan pronto como la pequeña mujer de cabello castaño dorado, ojos dorados y piel dorada comenzó a moverse como si acabara de recibir una inyección de adrenalina y el perro gris y peludo comenzó a actuar con la gracia de una gacela y la fuerza de un león de montaña, el silencio prevaleció mientras todos se absorbían en la extraordinaria actuación que se estaba llevando a cabo. Una vez más, hubo un momento de silencio antes de que comenzaran los enormes aplausos para Sarah y Michael.

Los dos salieron del ring y se unieron a Jeanette y Topaz, John y Josh, quienes los esperaban cerca de la puerta de salida. Todos se abrieron paso entre los espectadores para reunirse con el resto del grupo.

Después de tomarse un descanso, se agruparon alrededor de la hoja de Puntuación Acumulada para comprobar los resultados de la parte de Salto del Biatlón. Michael ganó. Topaz quedó en segundo lugar. Vixen, la dóberman de Canadá, quedó en tercer lugar.

Capítulo Cincuenta y Dos

Sábado, el tercer día del Campeonato Mundial de Agilidad, amaneció soleado y fresco. Aunque el evento se llevaba a cabo en interiores y el clima lluvioso no importaría, a todos les gustaba la opción de poder tomar un descanso al aire libre y pasear bajo el sol.

Essie, Evan, Jeanette y Sarah revisaron el programa. Debido a que tantos eventos se estaban llevando a cabo simultáneamente a lo largo del día, en los tres rings de agilidad, resultaba desconcertante ponerle orden.

Después de estudiar el programa durante varios minutos, Jeanette dijo: "En resumen, Topaz y Michael realizan Gamblers en el Ring Uno, seguido de Jumpers en el Ring Tres, y luego Snooker en el Ring Dos".

Evan dijo: "Exacto. Lo mejor es ignorar los horarios de las divisiones de altura de salto en las que no vas a competir".

La parte de Agilidad del Biatlón sería el último evento del día. La parte de Salto, que se celebró el segundo día, había sido una competencia muy reñida, especialmente en las Divisiones Toy y Maxi. Muchos de los principales contendientes eran excelentes saltadores. La expectativa para la segunda parte del Biatlón era alta, ya que hoy se llevaría a cabo un recorrido de Agilidad comparable a una clase de Agilidad Estándar, y algunos perros que no eran buenos saltadores naturales destacaban en este tipo de configuración.

Sarah y Jeanette, Essie y Evan estaban tan ocupados compitiendo en las clases de sus respectivas divisiones de altura que apenas se cruzaban. Ninguno tuvo tiempo de revisar las Hojas de Puntuación Acumulada para ver los resultados, excepto los propios.

Gordon y Cole averiguaron los resultados por medio de Belva Tufts, y le dijeron a Essie y Evan, mientras tomaban un descanso, que Topaz había ganado en Gamblers, Darda, el Vizsla de Hungría, quedó en segundo lugar y Michael en tercero.

Gordon dijo: "¡Lástima que no pudieran ver a Jeanette y Topaz competir en Gamblers! Juro que se comunican por telepatía".

Cole sonrió y dijo: "Michael y Sarah ganaron Jumping All 'Round y me enorgullece decir que Topaz y mi esposa quedaron en segundo lugar. Vixen de Canadá ocupó el tercer lugar".

"¿Cómo les fue a Topaz y Michael en la categoría Maxi de Snooker?" preguntó Evan.

Gordon respondió: "John, el Border Collie, ganó para Estados Unidos. Oszkar, de Hungría, ocupó el segundo lugar. Topaz quedó en tercer lugar y Michael en cuarto. En cualquier caso, fue casi un barrido para nuestro país. Obtuvimos el primer, tercer y cuarto lugar".

Essie no pudo contenerse por más tiempo y casi saltó de alegría al decir: "¡Kawdje ganó Jumpers!"

Todos se chocaron las manos para celebrarlo.

Essie continuó: "Dustin quedó en segundo lugar en Jumpers, así que fue una victoria uno-dos para Estados Unidos. Tilly, la animada pequeña Schipperke de los Países Bajos, quedó en tercer lugar y Stubby, el adorable Norwich Terrier de Gran Bretaña, fue cuarto. Kissy quedó en quinto lugar".

Evan exigió: "Pregúntame cómo le fue a Kissy la Cometa en Snooker".

Cole dijo: "Está bien. ¿Cómo le fue a Kissy la Cometa en Snooker?"
"¡Ganó!"

Essie intervino, "Kawdje quedó segundo".

Cordon y Cole los felicitaron y luego Cole preguntó: "¿Quién ganó Gamblers?"

"Fue una sorprendente victoria de Kenji, el Papillón de Japón," dijo Evan. "Kissy quedó en segundo lugar y Seeka, la Affenpinscher de Bélgica, fue tercera. Dustin quedó en cuarto lugar y Kawdje en quinto."

Evan les preguntó a Cole y Gordon si habían tenido tiempo de ver a los competidores de Estados Unidos en las Divisiones Mini y Midi.

"Essie y yo hemos estado ocupados con nuestras propias competiciones. No tuvimos tiempo de ver a nuestros tres equipos de Estados Unidos en la División Midi, pero sé que estaban agrupados en las posiciones cuarta, quinta y sexta."

Essie dijo que creía que el perro de aspecto extraño de España, llamado Miguel, había ganado la parte de Salto del Biatlón en la División Midi y que The Artful Handful de Gran Bretaña había quedado en segundo lugar.

Sarah y Michael, Jeanette y Topaz, Josh y John esperaban cerca de la puerta de entrada para su turno en el biatlón de Agilidad. Sabiendo que sus actuaciones estaban programadas para ser las terceras desde el final, habían elegido dar un paseo tranquilo al aire libre con las mascotas en lugar de ver a los otros equipos de la División Maxi.

Vieron a Belva acercarse. Cuando llegó cerca, Sarah preguntó: "¿Quién ha tenido la mejor actuación hasta ahora?"

"No he revisado la Hoja de Puntuación Acumulada, sin embargo, en mi opinión, Annabella, la Pointer de Gran Bretaña, y Vixen, la Dóberman de Canadá, tuvieron excelentes actuaciones."

El equipo ruso de Mikhaila y Gregori Lomonisov estaban entrando al ring, así que detuvieron su conversación para prestar toda su atención a esa actuación. Mikhaila tuvo una actuación excelente en el biatlón de Agilidad. Jeanette dijo que pensaba que Mikhaila había quedado sexta en la parte de Salto del Biatlón.

Sarah dijo, "Si gana la parte de Agilidad del Biatlón, eso aumentará su puntuación combinada, pero no lo suficiente como para que gane a menos que Michael, Topaz y otros en los primeros cinco puestos de la parte de Salto del Biatlón fallen en la configuración de Agilidad y no se recuperen."

John, el Border Collie, y Josh Barnes fueron el primer equipo estadounidense en realizar la parte de Agilidad del Biatlón. Tuvieron una actuación fabulosa. Belva comentó que era una lástima que no les hubiera ido bien en el biatlón de Salto porque, a pesar de la gran actuación que acababan de tener, no los pondría en ninguno de los tres primeros puestos.

Justo antes de que Jeanette y Topaz entraran al ring, Jeanette se inclinó y susurró, "Ya casi termina, mi hermosa gema. Vamos a darlo todo. Rápido. Ve muy rápido."

Topaz intuía lo que su madre le había dicho. Se sentía segura en el amor fuerte y constante que siempre se extendía hacia afuera desde su madre y la envolvía como una manta suave y cálida. Incluso cuando su madre a veces se alejaba corriendo hacia el obstáculo que quería que ella usara a continuación, Topaz sentía como si no hubiera distancia entre ellas. Estaba muy atenta a cada señal, por sutil que fuera, que su madre hacía, por lo que casi siempre sabía cuál era el siguiente obstáculo que debía superar. Le entristecía ver que su madre le indicaba que usara la mesa, ya que eso significaba el final de este momento tan especial juntas. Miró a los ojos de su madre mientras asumía la posición de descanso en la mesa. Ambas se dieron un parpadeo lento, que era su forma de decir en silencio: "Te quiero".

Cuando Topaz salió por la puerta de salida con la cabeza apoyada contra la pierna de su madre, fue sorprendida por un aplauso atronador. Cole se abrió paso entre los espectadores y abrazó a su esposa, luego se inclinó y abrazó a Topaz.

Michael y Sarah también tuvieron una actuación sobresaliente y, como siempre, él se transformó en algo hermoso cuando competía.

Los tres competidores de Hungría también tuvieron grandes actuaciones, especialmente Darda, el Vizsla. Sin embargo, ninguno superó la elegancia y la calidad etérea de Topaz, cuya rapidez se camuflaba con la facilidad y la pura belleza de cada movimiento, lo que hacía que su actuación pareciera una hermosa danza.

La hoja de acumulación de puntos mostraba que Topaz ganó la parte de Agilidad del Biatlón. Michael quedó en segundo lugar. Vixen de Canadá quedó tercera y, como también había sido tercera en la parte de Salto del Biatlón, definitivamente ocuparía el tercer lugar en el Biatlón. Topaz y Michael habían conseguido el mismo número de puntos en el evento de dos partes, cada uno quedando primero en una parte y segundo en la otra. El ganador se eligió por los tiempos combinados. Topaz ganó por 0,015 segundos. Michael quedó segundo y Vixen de Canadá fue tercera.

Sarah, Gordon, Jeanette y Cole no vieron la actuación de la División Midi en la parte de Agilidad del Biatlón, en favor de tomarse un merecido descanso.

Jeanette le dio a Topaz galletas de jengibre como premio por su sublime actuación. Añadió una galleta de mantequilla para mayor medida. Michael devoró una galleta de jengibre con avidez y baboseó por otra. Sarah le dio otra y luego se comió una ella misma. Gordon y Cole también se comieron galletas de mantequilla.

Más tarde, tras un paseo al aire libre con los perros, Sarah y Gordon, Jeanette y Cole encerraron a Michael y Topaz en sus jaulas y luego se dirigieron al Ring Dos para ver la parte de Agilidad del Biatlón de la División Toy. Llegaron demasiado tarde para ver a Essie y Kawdje. Dustin y Breen estaban actuando y dieron una actuación tremenda, sin fallos. Gordon, Cole, Jeanette y Sarah miraron a su alrededor y vieron que los manejadores de otras divisiones de salto se habían reunido para ver la parte de Agilidad del Biatlón de la División Toy, porque habían oído hablar de los resultados ajustados en el Biatlón de Salto. Iba a ser una carrera reñida por los tres primeros puestos.

Cuando Kissy y Evan entraron al ring, escucharon a varias personas decir "Kissy", precedido por "ah" o "aha".

Kissy temblaba mientras esperaba oír el silbato y, como estaba tan emocionada, soltó un ladrido corto y agudo, que era su forma de decir: "¡Vamos! ¡Apúrate!"

El silbato sonó. La acción comenzó. Su papá señaló y corrió hacia el primer salto. Ella lo superó fácilmente y después de usar varios obstáculos más, reconoció que este era uno de los circuitos que más le gustaban y se sintió aún más llena de energía.

Su papá corría hacia un salto con alas y ella lo alcanzó en ese obstáculo. Soltó otro ladrido corto y agudo ordenándole que se moviera más rápido.

Evan recibió el mensaje. Kissy no solo le estaba diciendo que aumentara la velocidad, sino que pensaba que podía ir aún más rápido.

Essie sonrió al escuchar a Kissy diciéndole a su papá que "se quitara el plomo de los zapatos". Dijo una oración silenciosa de gratitud por no estar emparejada con Kissy, todo debido a aquel vergonzoso incidente de hace más de dos años, cuando Kissy mordió al juez y le había dicho a Evan que estaba demasiado mortificada para manejarla en el ring de nuevo.

"El incumplimiento de etiqueta fue una bendición disfrazada. Si no hubiera sido por ese incidente, yo estaría ahí ahora tratando de seguirle el ritmo. Apostaría que mantendrá a Evan compitiendo hasta que ambos estén viejos, canosos y apenas puedan cojear," pensó.

Breen y Dustin también habían estado esperando cerca de la puerta de salida, y Breen dijo cuando Evan pasó por ella: "Kissy te dijo que aceleraras, ¿no?"

Evan jadeó, "Ella necesita a un hombre más joven."

Todos seguían aplaudiendo mientras Evan se alejaba lentamente del área de salida, llevando a Kissy en sus brazos.

Le dijo a Essie: "Kissy quiere su galleta de jengibre como recompensa, y estoy seguro de que Kawdje quiere galletas de avena, y yo necesito una bebida. El agua tendrá que bastar por ahora. Mañana, después de que terminen los juegos, me daré el gusto de una buena stout británica en el pub más cercano."

Cuando Evan se recuperó lo suficiente para acompañar a Essie a revisar la hoja de puntos, encontraron a Sarah, Jeanette y Belva en la multitud, agrupadas alrededor de la lista. Cole y Gordon estaban parados a un lado.

Gordon sonrió a su hermano y dijo: "Casi ganaste con esa actuación en el Biatlón de Agilidad, que fue la más rápida, pero Kawdje y Tilly, el Schipperke de los Países Bajos, están por delante de ella en puntos. Kawdje fue premiado con el primer lugar porque su actuación combinada fue aproximadamente un cuarto de segundo más rápida que la de Tilly, además de haber quedado primero en el Biatlón de Salto. Kissy subió al tercer lugar y Dustin quedó en cuarto, así que el equipo de EE. UU. quedó primero, tercero y cuarto en la División Toy del Biatlón."

Belva Tufts se unió a ellos. Felicitó a Essie y Evan y, riendo, dijo: "Evan, escuché a Kissy regañándote por ser tan lento en el ring."

Belva continuó informándoles que quería reunirse con todos los miembros del equipo esa noche porque había seleccionado a los tres equipos que representarían a los EE. UU. en la Competición por Equipos del País mañana.

Capítulo Cincuenta y Tres

Kissy, Topaz y Michael esperaban en la puerta de entrada para competir en el relevo de tres perros que era el último de los eventos por equipos del país.

Después de totalizar la cantidad de puntos que cada competidor había acumulado, Kissy se ubicó en primer lugar en la División Toy, seguida muy de cerca por Kawdje. Topaz quedó primera en la División Maxi, con Michael en un cercano segundo lugar. Las Divisiones Mini y Midi del equipo de EE. UU. no lo habían hecho tan bien.

Los tres competidores elegidos por cada país para formar su equipo nacional podían provenir de no más de dos divisiones de altura. La elección para el tercer competidor del equipo de EE. UU. fue entre Michael y Kawdje. Michael había acumulado más puntos.

Durante el evento de Agilidad Estándar del equipo nacional, la astuta y pequeña Kissy se dio cuenta rápidamente de que esto era algún tipo de desempate, ya que había tan pocos otros perros compitiendo. Lo más importante de todo es que ella aún seguía en la carrera. Sabía que Kawdje y Dustin no. Corrió con todo su corazón en el circuito de agilidad, y Evan hizo lo mismo.

Durante el evento de salto, Kissy aún no había competido junto a Michael y Topaz, así que no se dio cuenta de que formaba parte de un equipo. Atacó el circuito de saltos con determinación, pero no intentó apurar a su papá para que se moviera más rápido. No acumuló faltas y, aunque su actuación no fue tan espectacular como en la prueba de Agilidad, fue sobresaliente, de todos modos. No estaba del todo segura de lo que estaba sucediendo, pero sabía que ella y unos pocos más eran estrellas. "Todo el mundo sabe que soy la mejor y ¡lo soy! ¡Lo soy!" pensó.

Cuando vio a Topaz y Michael y sus mamás caminando hacia el mismo ring con su papá, quien la había estado llevando en brazos y ahora la dejó junto a ellos, se dio cuenta de que este evento era un relevo. Les preguntó si habían competido en las prácticas de Agilidad y Saltos.

Ellos dijeron que sí y Kissy comentó: "Somos un equipo, igual que Michael, Kawdje y yo en aquella gran práctica de agilidad."

"Sí," dijo Michael. "No estoy seguro de por qué Kawdje no forma parte del equipo y Topaz sí. Pero me alegra estar en el mismo equipo, Topaz," añadió apresuradamente.

"Me pregunto si Kawdje está en otro equipo con otros dos perros," dijo Topaz.

"No, él no está compitiendo hoy. Mi mamá y Kawdje nos han estado encontrando a mi papá y a mí cada vez que salimos del ring. También, una vez vi a Dustin y a su papá."

"Estoy muy feliz de estar en el mismo equipo con ambos," dijo Topaz.

Observaron los obstáculos. Michael y Kissy reconocieron inmediatamente dos circuitos separados: una mitad del ring tenía saltos ajustados para el tamaño de Kissy, y la otra mitad para la categoría de altura de Michael y Topaz. Topaz nunca había sido expuesta a este tipo de disposición de la pista, ya que había sido parte de un equipo en los Juegos Cynosport del Mundo junto con Harry Houdini y Patrick, ambos de su tamaño. Michael y Kissy le explicaron que Kissy competiría en la mitad del ring que tenía algunos de los obstáculos ajustados a su tamaño, y ella y Michael competirían en la otra mitad.

Sarah soltó la correa de Michael y le susurró al oído: "Haz tu mejor esfuerzo, mi especial amigo y compañero. Vamos a por el oro."

Michael sabía que había ganado premios por ser más rápido y mejor en las prácticas de Agilidad que la mayoría de los otros perros. Recordaba que él, Kissy y Kawdje habían sido el mejor equipo por encima de Topaz, Harry Houdini y Patrick. Se prometió a sí mismo tratar de hacerlo mejor que nunca para que Topaz pudiera estar en el mejor equipo hoy.

Michael se desempeñó con una velocidad y destreza increíbles. Sarah entendía perfectamente cómo se sentía Evan mientras ella se esforzaba al máximo para adelantarse a Michael y dirigir su recorrido a través del circuito. Él nunca la urgió verbalmente, pero ella sabía que él estaba dando todo lo que tenía en este Relevo.

Cuando Topaz vio a Michael competir, se resolvió a hacer su mejor esfuerzo de todos los tiempos porque Michael estaba dando lo mejor de sí, así que esto debía ser importante para él. Sabía con certeza que Kissy querría ganar. Topaz se deslizó a través de los postes de slalom con un ritmo rápido. Solía detestarlos, pero ahora parecían tan fáciles. Ni siquiera estaba jadeando cuando su mamá le pasó el testigo al papá de Kissy. Se sentó junto a Michael y ambos observaron a Kissy la Cometa atravesar el recorrido tan rápido que parecía que su cola tenía dificultad para seguir el ritmo del resto de ella.

Michael dijo: "Apuesto a que le gusta más competir en Agilidad que comer galletas de jengibre o crème brûlée. ¡Bueno, casi!"

Kissy compitió con alegría en su corazón. Rápidamente cambió su mente de calcular el salto y el empuje necesarios para los diversos obstáculos al flujo y reflujo de correr rápido entre ellos, y la rápida y precisa colocación de las patas en los obstáculos de contacto mientras mantenía a su papá a la vista y seguía el camino que él le indicaba a través del recorrido. Ella era una cometa, en curso, rápida, atravesando el circuito sin vacilar. Aún corría tan rápido al llegar a la meta que casi hizo una voltereta al intentar detenerse rápidamente. Si sus patas hubieran sido neumáticos, habrían chirriado.

Essie sostenía a Kawdje en sus brazos para que pudiera ver a Kissy, Michael y Topaz competir. Le recordó que cuando él había estado en el Westminster Dog Show disfrutando de su momento de fama, Kissy había estado en casa cuidando a sus cachorros.

"Ahora es el turno de Kissy para disfrutar del foco de atención."

Kawdje intuyó lo que su mamá decía e involuntariamente se estremeció al recordar lo desagradable que había sido Kissy con él después de que nacieron sus cachorros. Pensó que probablemente sería igual de mala con él si él hubiera sido elegido para competir con Topaz y Michael y ella no. Decidió que la paz y la tranquilidad eran un intercambio justo por renunciar al centro de atención de la fama.

La ceremonia de premios tuvo lugar en el Ring Uno.

Agilidad Estándar Individual
División Toy
Kissy de EE.UU. — Oro
Dustin de EE.UU. — Plata
Seeka de Bélgica — Bronce

División Mini
Emi de Japón — Oro
Bogey de EE.UU. — Plata
Arrow de Gran Bretaña — Bronce

División Midi
The Artful Handful de Gran Bretaña — Oro
Miguel de España — Plata
Van Zeeman de Países Bajos — Bronce

División Maxi
Annabella de Gran Bretaña — Oro
Michael Archangelo de EE.UU. — Plata
Topaz de EE.UU. — Bronce
Salto Completo Individual

División Toy
Kawdje de EE.UU. — Oro
Dustin de EE.UU. — Plata
Tilly de Países Bajos — Bronce

División Mini
Zack de Austria — Oro
Bogey de EE.UU. — Plata
Emi de Japón — Bronce

División Midi
Fodor de Hungría — Oro
Miguel de España — Plata
The Artful Handful de Gran Bretaña — Bronce

División Maxi
Michael Archangelo de EE.UU. — Oro
Topaz de EE.UU. — Plata
Oszkar de Hungría — Bronce

Snooker Individual
División Toy
Kissy de EE.UU. — Oro
Kawdje de EE.UU. — Plata
Zsa Zsa de Hungría — Bronce

División Mini
Emi de Japón — Oro
Bladerunner de Australia — Plata
Zack de Austria — Bronce

División Midi
Miguel de España — Oro
Sheena de EE.UU. — Plata
Van Zeeman de Países Bajos — Bronce

División Maxi
John de EE.UU. — Oro
Oszkar de Hungría — Plata
Topaz de EE.UU. — Bronce

Gamblers Individual
División Toy
Kenji de Japón — Oro
Kissy de EE.UU. — Plata
Seeka de Bélgica — Bronce

División Mini
Miguel de España — Oro
The Artful Handful de Gran Bretaña — Plata
Gamesman de Países Bajos — Bronce

División Maxi
Topaz de EE.UU. — Oro
Darda de Hungría — Plata
Michael Archangelo de EE.UU. — Bronce

Todo Alrededor Individual
División Toy
Kissy de EE.UU. — Oro
Kawdje de EE.UU. — Plata
Dustin de EE.UU. — Bronce

División Mini
Emi de Japón — Oro
Bogey de EE.UU. — Plata
Arrow de Gran Bretaña — Bronce

División Midi
Miguel de España — Oro
The Artful Handful de Gran Bretaña — Plata
Van Zeeman de Países Bajos — Bronce

División Maxi
Topaz de EE.UU. — Oro
Michael Archangelo de EE.UU. — Plata
Annabella de Gran Bretaña — Bronce

El Biatlón
División Toy
Kawdje de EE.UU. — Oro
Tilly de Países Bajos — Plata
Kissy de EE.UU. — Bronce

<u>División Mini</u>
Emi de Japón — Oro
Bogey de EE.UU. — Plata
Zack de Austria — Bronce

<u>División Midi</u>
The Artful Handful de Gran Bretaña — Oro
Miguel de España — Plata
Fodor de Hungría — Bronce

<u>División Maxi</u>
Topaz de EE.UU. — Oro
Michael Archangelo de EE.UU. — Plata
Vixen de Canadá — Bronce

Poder y Velocidad
<u>División Toy</u>
Dustin de EE.UU. — Oro
Kawdje de EE.UU. — Plata
Zsa Zsa de Hungría — Bronce

<u>División Mini</u>
Bogey de EE.UU. — Oro
Zack de Austria — Plata
Emi de Japón — Bronce

<u>División Midi</u>
Miguel de España — Oro
Fodor de Hungría — Plata
The Artful Handful de Gran Bretaña — Bronce

<u>División Maxi</u>
Michael Archangelo de EE.UU. — Oro
Darda de Hungría — Plata
Annabella de Gran Bretaña — Bronce

Competencia de Equipos por País con Agilidad Estándar, Salto Completo y Relevos de Tres Perros

Equipo EE.UU. — Oro, Representado por:
Kissy (División Toy)
Topaz (División Maxi)
Michael Archangelo (División Maxi)

Equipo Gran Bretaña — Plata, Representado por:
Bonny (División Midi)
The Artful Handful (División Midi)
Annabella (División Maxi)

Equipo Austria — Bronce, Representado por:
Schatzi (División Toy)
Otto (División Mini)
Zack (División Mini)

    Kissy temblaba de emoción y placer cada vez que subía a la plataforma de premios con su papá. Parte de ese placer desaparecía si no la colocaban en el centro y en la parte más alta de la plataforma, porque sabía que eso significaba que no había ganado el premio a ser la mejor. Sin embargo, estaba encantada con todas las copas y cintas que su papá seguía recogiendo para ella.

    Kissy disfrutaba del aplauso y el destello de las cámaras. Cuando ella, Michael y Topaz se sentaron juntos en la plataforma de premios entre dos equipos más, supo que eran el mejor equipo porque estaban en el centro. Michael estaba sentado entre ella y Topaz. Quería estar en el centro, así que caminó frente a Michael y se apretujó entre él y Topaz. Se sentó tan erguida como pudo, lo cual no era lo suficientemente alto para su gusto, así que se equilibró en una posición semi-erguida apoyándose sobre sus corvejones y usando la cola para mantenerse. Mantuvo las patas delanteras frente a su pecho, y el efecto general era el de un perro pidiendo una golosina. Oyó a su papá y a las mamás de Michael y Topaz reír, y mucho aplauso y vítores. Kissy se sintió aliviada cuando colocaron la gran copa de premio frente a ella. Apoyó sus patas delanteras sobre ella para mantenerse firme.

Michael dijo a Kissy, "¿Realmente te gusta la agilidad, verdad?" "Por supuesto. ¿Y a ti no?"

"Me gusta porque es un desafío y porque lo hago con Sarah, y somos un equipo" y luego añadió, "Extraño a Michelle."

Topaz dijo, "A mí también me encanta ser parte de un equipo con mi mamá, pero me gusta aún más estar en casa con ella, mi papá y Sonny. Ojalá Michelle y Sonny estuvieran aquí con nosotros."

Kissy de repente se dio cuenta de que no había pensado en sus cachorros durante todo el tiempo que había estado en esta gran práctica de agilidad. Se sintió un poco culpable por eso, pero luego recordó que ninguno de sus cachorros vivía con ella y Kawdje.

Ella dijo, "Todos mis cachorros fueron tomados de mí. Viven en otros hogares."

Topaz dijo con simpatía, "Lo siento mucho, Kissy." Michael agregó, "Yo también."

Kissy admitió solo para sí misma que no le importaba no tener a ninguno de sus cachorros alrededor de ella todos los días, todo el día, todo el tiempo.

"Kawdje y yo los vemos con frecuencia. Está bien."

El Campeonato Mundial de Agilidad cerró con la Ceremonia de Gran Final. La bandera de cada país participante fue llevada fuera del edificio.

Eran las 6:00 p.m. Después de un paseo rápido en un parque cercano, el grupo de amigos regresó a la posada, encerraron a las mascotas en sus habitaciones de motel y se dirigieron a un pub. Evan se dio el gusto de la jarra de cerveza que se había prometido a sí mismo. Los demás lo acompañaron. Comieron sándwiches sustanciosos de rosbif y los compararon con los de Nick's en Filadelfia.

Jeanette dijo, "Esto es un cambio completo de tema, pero ¿recuerdan que les dije antes de este viaje que quería ver algunos círculos en los cultivos? Tenemos dos días y medio antes de volar a casa. ¿Les apetece a todos ponerse en marcha temprano mañana por la mañana y buscar círculos en los cultivos? Las áreas alrededor de Avebury y Stonehenge son buenos lugares para buscarlos. Ambos están situados cerca de Swindon, una ciudad lo suficientemente grande como para tener algunos hoteles, posadas o B & B que aceptan mascotas. Podríamos quedarnos una noche en o cerca de Swindon y explorar el campo circundante mañana y la mayor parte del día siguiente."

Cole dijo que conocía una agencia de alquiler de coches cercana.

"No podríamos meter a los ocho de nosotros y a las cuatro mascotas, más los Pak 'n Fold, los transportines y nuestro equipaje en un solo vehículo, así que sugiero alquilar dos vehículos."

Gordon dijo, "Tengo mi teléfono satelital y todos trajeron sus móviles, así que podemos hablar entre nosotros, aunque estemos en dos coches."

Pidieron pastel de carne y riñones para poder llevar una comida caliente a las mascotas. Mientras esperaban la comida para llevar, discutieron sobre conducir por el lado equivocado de la carretera, las direcciones a Swindon y cómo se emparejarían en los vehículos.

Capítulo Cincuenta y Cuatro

Cole, Evan y Gordon tomaron un taxi hasta la agencia de alquiler de coches y eligieron un Land Rover y un pequeño hatchback.

Condujeron de vuelta a la posada y decidieron durante el desayuno cómo se dividirían. Acordaron que Essie y Evan, junto con Kissy y Kawdje, viajarían en el pequeño hatchback, mientras que los demás irían en el Land Rover.

Condujeron durante aproximadamente una hora, luego se detuvieron en Stratford Upon Avon para hacer la típica visita turística al lugar de nacimiento de Shakespeare. Debido a esa desviación, no llegaron a Swindon hasta el mediodía. El cielo estaba nublado y hacía el suficiente frescor como para dejar a las mascotas en los vehículos mientras almorzaban en un pub. Preguntaron a su camarera, Lucy, una mujer alegre con una sonrisa encantadora, si conocía algún alojamiento cercano que aceptara mascotas. La camarera se interesó por sus mascotas. Les contaron que tenían cuatro perros y que habían competido en los Juegos del Campeonato Mundial de Agilidad que acababan de celebrarse en Birmingham.

Lucy dijo, con su acento muy británico: "Sé de qué se trata. Annabella, esa hermosa Pointer, y Artie lo hicieron muy bien por nosotros. Nuestro equipo ganó la medalla de plata. Sé que los yanquis ganaron el oro en la competencia por equipos nacionales. ¿Cómo les fue a sus perros?" Cuando explicaron que ellos eran los yanquis que habían ganado la medalla de oro y que sus mascotas habían ganado muchas medallas individuales, Lucy preguntó dónde estaban las mascotas ahora.

Jeanette respondió que las habían dejado en sus coches de alquiler estacionados afuera del pub.

"Tengo que verlos," dijo Lucy. "Tuvimos la cobertura en la tele de los juegos de agilidad, y mamá y yo nos reímos mucho cuando esa pequeña rubia se metió entre esos dos perros grandes y se paró en sus patas traseras para hacerse más alta. En cuanto a los alojamientos que aceptan mascotas, mi hermano y mi cuñada tienen una pequeña granja a las afueras del pueblo. Han arreglado uno de los edificios para convertirlo en una casa que están planeando alquilar. Voy a llamar a Nigel y ver si quiere alquilárselo a ustedes. ¿Por cuánto tiempo lo necesitarían?"

Decidieron quedarse dos noches. Después de que Lucy se marchara para hacer la llamada, discutieron cuál sería su límite de precio de alquiler.

Lucy volvió apresuradamente. "Nigel dijo que sería un honor alquilar el lugar al equipo ganador de los Juegos de Agilidad Mundial. Dice que está escasamente amueblado ahora mismo, ya que él y Prissy aún no han terminado de decorar el lugar, pero hay suficientes camas para todos ustedes, además de sillas cómodas para sentarse y un juego de comedor."

Cole preguntó, "¿Cuánto cobrará tu hermano?" Lucy lució sorprendida. "¡Santo cielo! Se me olvidó preguntar. Pero les puedo decir esto: será tan razonable como cualquier otra cosa que puedan encontrar por aquí. ¿Quieren que lo llame de nuevo y le pregunte?"

Gordon dijo, "¿Por qué no vamos en coche hasta el lugar y le echamos un vistazo?" Los demás asintieron en acuerdo.

Le dijeron a Lucy que querían pedir comida para llevar para las mascotas y le preguntaron qué recomendaría.

"Esperen un momento," dijo mientras se apresuraba en dirección a la cocina. Varios minutos después reapareció llevando dos bolsas. "Aquí tienen sobras del asado de ternera especial de anoche con un poco de pudín de Yorkshire sobrante. No son sobras de los platos de los clientes. Son de los recortes y extremos del asado de ternera. He puesto nabos cocidos, puré de papas y salsa. Pueden calentarlo en la casa de mi hermano."

La agradecieron efusivamente. Cuando Essie preguntó cuánto debían pagar por las comidas para los perros, Lucy hizo un gesto despreocupado.

"Su comida va por cuenta de la casa. Normalmente guardo las sobras para el perro de mi madre." Al ver la expresión de consternación en sus rostros, añadió rápidamente: "No se preocupen. Hay suficiente para Wiggins. Los seguiré para echar un vistazo a sus mascotas."

No tuvieron dificultad para encontrar la granja de Nigel y Prissy Marden y les pareció que la tarifa de alquiler era muy razonable. Les encantó el edificio anexo que había sido transformado en una encantadora cabaña. Afortunadamente, tenía tres dormitorios, lo cual permitía que cada pareja pudiera disfrutar de privacidad.

Sarah buscó en los armarios de la cocina y encontró una cacerola en la que calentó la salsa, luego la roció sobre la carne y las verduras que Essie había picado en trozos pequeños y mezclado con comida seca para perros. Las mascotas devoraron la comida mientras Gordon, Cole y Evan llevaban el equipaje y los transportines.

Recién se habían sentado en la mesa de la cocina cuando escucharon un golpe en la puerta. Cole dejó entrar a Nigel y Prissy, quienes llevaban un hervidor eléctrico, además de café, bolsitas de té, azúcar y crema.

Jeanette los invitó a sentarse y tomar una taza de té.

Después de que el té hubo reposado y sus tazas se llenaron con la fragante infusión, Jeanette les contó a Nigel y Prissy sobre su misión de encontrar círculos en los cultivos.

Nigel dijo, "Han venido a un buen lugar para eso. Yo mismo he visto algunos. Los animales no entran en un círculo de cultivos. Se quedan en el borde o lo rodean. Ahora que lo pienso, no creo haber visto nunca un pájaro volar sobre uno."

Jeanette preguntó, "¿Alguno de ustedes ha entrado alguna vez en uno?"

Prissy respondió, "Lo hice dos veces, pero fue hace algunos años. La primera vez que entré en uno, no recuerdo que ocurriera nada fuera de lo común. Seis meses después, entré en mi segundo círculo de cultivos y sentí una extraña sensación en mi cuerpo—como una especie de vibración que atravesaba mi cuerpo. Sucedió tres veces. Cada ola ocurrió entre cinco y diez segundos después del final de la anterior. Recuerdo que en ese momento pensé que me habían escaneado completamente algo o alguien."

Prissy añadió, "Con completamente me refiero a mi cuerpo físico y a todos mis pensamientos y a todo lo que soy, como si lo hubieran mirado o examinado."

Notaron que Prissy se estremecía al recordar la experiencia. Jeanette preguntó, "¿Tuviste la impresión de que quienquiera, o lo que fuera, que te escaneó tenía intención de hacer daño?"

Prissy pensó un momento antes de responder, "No. Lo que fuera, simplemente parecía tener curiosidad."

Inmediatamente se corrigió. "Curiosidad es la palabra equivocada porque lleva consigo emoción. Tuve la impresión de que lo que fuera, quería información y estaba recopilando datos. No había ninguna emoción implicada."

Nigel agregó que había entrado en uno hace algunos años, pero que no había experimentado nada inusual. "Prissy y yo hemos estado ocupados arreglando este lugar, así que no hemos ido a buscar círculos de cultivos. Marcaré algunas áreas en su mapa local que serían buenos lugares para buscar. Tendrán suficiente luz hasta alrededor de las 8:00 p.m."

Prissy preguntó si planeaban llevar a los perros. Essie explicó que Kawdje y Topaz parecían particularmente sensibles a las vibraciones de huesos antiguos y habló brevemente sobre las excavaciones de kivas de Gordon. Nigel y Prissy se mostraron muy interesados y solicitaron que Gordon les contara sobre su trabajo cuando regresaran.

Prissy se ofreció a preparar suficiente estofado para que todos comieran y mantenerlo caliente para que pudieran tener una comida caliente cuando regresaran por la noche.

Sarah dijo, "Siempre cocinamos algo que podamos compartir con las mascotas. Ciertamente no esperamos que compartas tu estofado con ellas; sin embargo, necesitaremos agregar algo a su comida seca. ¿Dónde nos sugieres que compremos algo durante el camino de regreso?"

Prissy respondió mientras miraba a los cuatro perros acurrucados y durmiendo sobre una alfombra de trapo, "No me importa compartir mi estofado con las mascotas. Nigel y yo alimentamos al perro de su madre siempre que vienen a comer. Les estamos cobrando un alquiler extra por los perros, así que también merecen ser alimentados. Debo decir que realmente son mascotas excepcionales. Nigel y yo nos hemos prometido a nosotros mismos un perro y un gato cuando terminemos con las renovaciones."

Nigel dijo, "Los vimos a ustedes y a sus perros en la tele ayer. Estoy deseando contarles a las personas de por aquí que se quedaron en nuestra casa." Luego añadió, "Si conducen cerca de un círculo de cultivos, tal vez sus perros los alerten sobre ello."

Capítulo Cincuenta y Cinco

Topaz estaba medio dormida al lado de Michael en la parte trasera del Land Rover cuando unas vibraciones extrañas y débiles penetraron su consciencia. Se despertó y le dijo a Michael, "Hay un agujero adelante."

Michael preguntó, "¿Y qué? Hemos cavado muchos."

"No es como un agujero en el suelo. No sé cómo describirlo. Es más como una apertura que un agujero. Nunca he experimentado algo así antes, así que no puedo compararlo con nada. Solo sé que me asusta."

"Topaz, los ciervos solían asustarte."

Los padres sabían que cuando Topaz empezaba a temblar y a "hablar," debían estar acercándose a un círculo de cultivo. Gordon estaba conduciendo, así que Cole inmediatamente llamó a Evan y Essie, que los seguían. Essie contestó y Cole describió el comportamiento de Topaz. Essie dijo que estaba a punto de contactarlos por el comportamiento de inquietud y gemidos de Kawdje. Sugirió que estacionaran cerca de una colina que había un poco más adelante.

"Podemos subir la colina y obtener una vista del campo. Si hay un círculo de cultivo en esta área, deberíamos poder verlo."

"Buena idea," respondió Cole. "Si no podemos ver uno, las mascotas nos llevarán hacia él."

Condujeron unos quinientos metros antes de encontrar un buen lugar para detenerse. Se estacionaron, salieron de los vehículos, colocaron correas a las mascotas y comenzaron a ascender la colina. Cuando alcanzaron la cima, tenían una vista de 360 grados.

Vieron el círculo de cultivo cerca de la base de la colina, en el lado opuesto al que habían subido. Inmediatamente comenzaron a descender hacia el círculo, aunque era evidente que las mascotas estaban inquietas y se mostraban renuentes a seguir.

Evan dijo, "Podemos volver a los vehículos caminando alrededor de la base de la colina hacia la carretera."

No habían podido obtener una vista completamente despejada del círculo de cultivo desde la cima de la colina debido a un pequeño bosque cercano. A pesar de eso, tuvieron una vista lo suficientemente buena para apreciar el intrincado patrón. Era una serie de curvas de varias longitudes, dispuestas de tal manera que daban la impresión de una rosa en plena floración. Una línea larga y estrecha se extendía desde la rosa y conectaba con una réplica en miniatura de la gran rosa. "Rosa" fue la palabra que todos usaron al referirse al círculo de cultivo.

Cuando llegaron a "la rosa," descubrieron que se había formado en un campo de cebada. Examinaron las plantas y encontraron que cada tallo había sido doblado tan cuidadosamente y hábilmente que ninguno estaba roto, solo doblado y retorcido, doblado e intercalado de una manera tal que daba sombreado sutil y profundidad al patrón general.

Las mascotas se mostraban renuentes a entrar en el círculo, pero Sarah, Gordon, Cole, Jeanette, Essie y Evan no querían dejarlas desatendidas fuera del círculo ni atarlas a un árbol del bosque cercano. Evan llevó a Kissy en sus brazos y entró al círculo. Essie lo siguió con Kawdje en brazos. Michael caminaba entre Gordon y Sarah, con Gordon sujetando su correa. Sarah mantenía su mano sobre la cabeza de Michael para tranquilizarlo. Topaz caminaba con patas temblorosas entre Jeanette y Cole y se presionaba contra su mamá.

Caminaron con cuidado por el círculo, siguiendo las áreas curvas que juzgaron tener entre cuatro y cinco pies de ancho, y que variaban entre unos doce y quince pies de longitud, con las áreas más largas en el perímetro del círculo y las más cortas cerca del centro. Cuando llegaron al centro, vieron un círculo formado por tallos de cebada que habían sido aplanados en el sentido de las agujas del reloj. Era un área lo suficientemente grande como para que todos ellos pudieran estar juntos. Salieron del círculo central y se dirigieron al lado del círculo de cultivo opuesto al punto de entrada hasta que alcanzaron el punto donde comenzaba el estrecho camino que conectaba con la réplica en miniatura. Era lo suficientemente ancho como para que dos personas caminaran lado a lado.

Evan iba al frente con Kissy caminando a su lado en lugar de ser cargada. Essie y Kawdje seguían de la misma manera. Sarah caminaba delante de Gordon, quien caminaba con Michael cerca de él. Jeanette y Topaz seguían a Gordon y Michael. Cole cerraba la marcha. Cuando llegaron a la "rosa" en miniatura, vieron que no era lo suficientemente grande como para que todos ellos estuvieran dentro, así que se colocaron en un círculo justo fuera de su perímetro.

De repente, el cielo se oscureció y se preguntaron si una tormenta estaba a punto de llegar. Michael olfateó el aire y pensó que no olía a lluvia. Topaz pensó que todo olía diferente y Kawdje estuvo de acuerdo. Kissy decidió que quería ir a algún lugar donde pudieran hacer un picnic, porque tenía hambre. Evan se sentía agotado por todas las carreras que había tenido que hacer en los Juegos Mundiales de Agilidad para mantenerse un paso por delante de Kissy y estuvo de acuerdo con ella en que un picnic sería genial.

"Tú tuviste que esprintar, pero yo tuve que correr más rápido que el viento porque soy mucho más pequeña que tú. Si alguien tiene derecho a estar cansada, soy yo," pensó.

Topaz pensó, "Todos estamos cansados y hambrientos. Pronto encontraremos un lugar donde podamos relajarnos y comer algo."

"Disfruto comer la comida en esta tierra," pensó Michael. "Tiene mucho sabor."

Gordon revisó su teléfono satelital para obtener las coordenadas de latitud y longitud del círculo de cultivo. Se sintió perplejo al darse cuenta de que su teléfono no funcionaba. Cuando Essie vio que el teléfono de Gordon no funcionaba, inmediatamente sacó su teléfono móvil de su riñonera.

"Bueno, el mío tampoco funciona," pensó.

Cole alcanzó su teléfono móvil pero no estaba en su cinturón. Lo había dejado en el vehículo.

"Oh, bueno, no es como si estuviéramos en medio de la nada," pensó Jeanette.

"Tengo un muy buen sentido del olfato y puedo detectar fácilmente la ubicación del coche e incluso tal vez donde dormimos anoche, excepto que, por alguna razón, no puedo oler nada remotamente familiar," pensó Topaz y Kawdje inmediatamente estuvo de acuerdo.

Kissy se puso de pie sobre sus patas traseras y tocó la rodilla de su papá. Quería estar más arriba para ver mejor. Su papá se agachó y la levantó en sus brazos.

"I don't recognize anything," she thought with dismay.

Evan picked up her mood and thought that he, too, didn't recognize the terrain.

Everyone looked at the ground. They couldn't see any trace of the miniature replica of the crop circle, nor even the barley. There were patches of stubble and reddish soil and small rocks.

"Where's the crop circle?" Evan thought.

"Beats me," Cole said.

At the sound of Cole's voice, they all looked at one another in astonishment. They had been communicating by thought, all eight of them.

"This could open up Pandora's box," said Sarah.

"What's Pandora's box?" asked Kawdje wordlessly.

Jaws dropped and Essie, Evan, Sarah, Gordon, Jeanette and Cole stared at one another in disbelief.

"We're all communicating telepathically," Cole said. "You don't have to say it, just think it," Jeanette thought. "Sometimes I don't even want to admit to my own thoughts, much less have them

known by anyone else," Gordon thought.

"I echo the sentiment," thought Evan.

Michael thought, "Sarah and Gordon, I'm always sending thoughts to you. That's how I

communicate. Eventually you let those thoughts into yourselves."

"I wonder if we've slipped through a portal into an alternate universe or something," thought Gordon.

"Or something, for sure," replied Jeanette wordlessly.

Cole was thinking hard and his formed-thought-suggestion that they should just step forward toward one another and into the now invisible miniature crop circle replica to see if they could return to their own reality was greeted with relief.

"Try to retrace your exact steps," he thought, "and that includes Michael, Topaz, Kissy and Kawdje."

Everyone thought back on every step taken.

Kawdje closed his eyes in thought and then communicated, "It's easier to retrace your steps with your eyes closed. Remember which way your body was turned, even if it was slightly sideways and go back that exact way."

"Good thinking," Evan thought. "You're well named. Kawdje is a name your mom and I made up.

It's short for cogitate, which means to think or reflect on things."

Gordon thought, "I'll give you fifteen seconds to think about how you will retrace your steps and

then, on my count of three, we all start together. Okay?"

About twenty seconds later, the group found themselves in the long, connecting strip close to the miniature rose. They were all facing the replica. They jogged toward their vehicles as fast as they could. When they reached them and were putting the pets inside, Evan said, "Remember, Kissy and I are hungry. We want lunch."

They drove for about fifteen minutes before sighting a restaurant. They elected not to dine inside because they didn't want any discussion about their crop circle experience to be overheard, plus, they were reluctant to leave the pets in the vehicles. They all felt shaky and unnerved and thought that the pets probably felt the same way. They bought sandwiches and hot coffee and tea to go, then drove on until they found a clearing and stopped to have their picnic lunch. There were some stones large enough to use as sitting perches and flat enough to put some food upon. After filling pet bowls with food and water, they settled themselves onto stones and talked while munching on sandwiches.

Cole said, "Maybe we should have remained in the alternate world a little longer and explored."

"Maybe we wouldn't have found our way back to the exact spot where the portal was," said Jeanette.

"We could have had half of us stay at the point where we left our reality while the rest of us explored a little," he replied.

Gordon said, "Maybe we were able to return to our world only by exactly retracing our steps and movements. Those of us who left to explore might not have been able to place ourselves exactly where we were standing when we entered the alternate world, or whatever it was. Maybe it wouldn't have mattered, but maybe it would have. I'm glad we didn't take that chance. It would be unthinkable for some of us to have been left in the alternative world."

Michael walked over to Gordon, rested his head on his knee and looked up at him inquiringly.

Gordon stroked Michael's head. "Hey, buddy, I've lost the ability to communicate with you telepathically."

Kissy, Kawdje and Topaz were resting near one another. Although they physically talked with one another by barking and making other audible sounds, it was natural for them to communicate by mental and emotional telepathy. They were now telling each other that they regretted the loss of that special way of sending and receiving thoughts with their families. Topaz reminded them that she had that special connection with her mom.

"It's not as clear as when we were in that strange place awhile ago. I'm going to send my mom the thought that we're all chilly. This ground is cold and slightly damp. I sense that you both feel the same way."

Kawdje said, "Good idea. Kissy, let's you and I send that same thought to our parents."

All three concentrated.

Jeanette said, "I'm ready to get back on the road. It's chilly and I'm thinking the pets find the

ground cold to rest upon."

Essie said, "I was just thinking the same thing." "Me, too," agreed Evan.

They gathered their belongings while debating what to do next. They decided that another crop circle, if they could find one, would be anticlimactic after their experience.

"Let's drive back to our cottage. Tomorrow we can visit Stonehenge," suggested Sarah.

Later that evening, in the comfort of their cottage, they once again discussed their experience.

Sarah said, "I have a better understanding of the limitations imposed upon all of us by the bodies we inhabit. I think that the life force, the beingness, or whatever you want to call it, that is our true self is the same in all of us and in everything. When we were in that other dimension, or wherever, I felt that there wasn't any difference between humans and dogs, except for the way in which we must express that life force because of our physical differences. For example, dogs will never be able to master calculus. Well, forget that. It's not a good example because I, for one, will never be able to master calculus either."

The others laughed. She continued, "Dogs can't write; their paws aren't designed for that. Humans don't have the incredible sense of smell that dogs have. We have gifts unique to our species that we use and rely on that other species don't have and vice versa. Apart from the differences in how we must live and function that are imposed upon us by our bodies, our true beingness is very similar.

Dogs and humans have the ability to think and reason; we feel the same emotions; we are both a sociable species and enjoy companionship; we can give and receive love, demonstrate loyalty and so on."

Jeanette said, "Lots of people develop special relationships with barnyard animals, wild animals and even plants. That life force is, indeed, in everything."

Cole dijo, "No quiero llegar a ese punto. Me voy a sentir culpable cada vez que coma carne, pescado y verduras. Tal vez el agua también esté viva."

Gordon dijo, "Según estudios recientes, el agua tiene conciencia y responde a los pensamientos que se le dirigen."

"Tengo que comer y beber," dijo Evan. "Paremos esta conversación."

Essie preguntó cómo se sentían acerca de compartir su experiencia con el círculo de cultivo con alguien más. Tras un breve debate, acordaron unánimemente contárselo solo a sus hijos y a los cónyuges de sus hijos.

Jeanette dijo, "Nunca he oído hablar de nadie más que haya tenido la extraña experiencia que tuvimos nosotros."

Sarah respondió, "Tal vez mucha gente lo ha tenido y, como nosotros, decidió guardar silencio."

Gordon dijo, "Querría estar mejor preparado si volviera a entrar en un círculo de cultivo. En lugar de un teléfono satelital que no funcionará a menos que haya satélites orbitando, llevaría una brújula a la antigua, que tampoco puede funcionar. Tendría instrumentos que midieran campos magnéticos y la atmósfera. Además, llevaría tubos estériles para recoger muestras de suelo, aire, plantas y agua. También llevaría estacas y pintura en aerosol para marcar nuestro punto exacto de entrada. Además, colocaría marcadores a intervalos para hacer el camino trazable."

Cole interrumpió con entusiasmo. "Deberíamos llevar comida y agua, además de equipo de camping liviano y, odio decirlo, pero creo que deberíamos llevar armas pequeñas con nosotros. Nunca se sabe con qué nos podríamos encontrar y de lo cual necesitemos protegernos."

Jeanette dijo, "Esto me da miedo. Solo querría explorar un poco y permanecer cerca de nuestro punto de entrada."

Evan dijo pensativo, "Si pasara mucho tiempo, tal vez no podríamos salir del punto en el que entramos."

"Esa es una posibilidad," dijo Gordon.

Cole se frotó la frente. "He estado sintiéndome inquieto desde mi experiencia en el círculo de cultivo." Luego sorprendió a sí mismo, a su esposa y a los demás al anunciar que pensaba retirarse de la práctica de la medicina. "PPAL está yendo tan bien que mi parte en la compañía generará suficiente dinero para permitirme retirarme si lo elijo. Me gustaría aprender todo lo que pueda sobre los círculos de cultivo. También me gustaría tener tiempo para entrenar a Sonny y a mí en el deporte de Agility Canino."

Jeanette se quedó boquiabierta. Después de unos momentos, dijo, "Esa experiencia en el círculo de cultivo debió haberte afectado profundamente."

Cole se encogió de hombros, "Supongo que sí."

Gordon dijo, "Tal vez, debido a nuestra extraña experiencia, ahora entendemos cuán tenue es nuestra existencia y nos sentimos empujados a decidir lo que realmente queremos."

Mientras tanto, las mascotas estaban teniendo su propia conversación. Todos admitieron extrañar la comunicación instantánea que tenían con sus familias mientras estaban en "ese lugar extraño" y se preguntaron cómo podrían recrearla.

Kawdje dijo pensativo, "Tal vez solo pueda suceder en ese lugar en particular y si es así, me pregunto por qué."

Topaz admitió que no quería volver a ese lugar. "Era tan diferente que resultaba alienígena. Recordemos que nuestros padres no estaban seguros de que pudiéramos encontrar la salida de ese lugar. Sentí su miedo subyacente. No quiero ir a ningún lugar que me impida volver a ver a ninguno de mis cachorros. Lo positivo fue que estaba con mi mamá y papá y con todos ustedes."

Michael estuvo de acuerdo en que echaría de menos a sus cachorros y luego sugirió que enviaran el pensamiento a sus padres de que si alguna vez vuelven a "ese lugar extraño", también deberían traer a todos sus cachorros.

Kissy anunció, "No quiero quedarme atrapada en algún lugar donde no pueda competir en las prácticas de Agility Canino. ¿Qué haría para divertirme?"

Kawdje dijo, "Sigo preguntándome qué es la Caja de Pandora. Ojalá pudiera pedirle a Sarah que me lo explicara."

Capítulo Cincuenta y Seis

El día después de llegar a casa, Gordon llamó a Cecil y le informó que todo había ido bien durante los vuelos hacia y desde los Juegos Mundiales de Agilidad. Le relató con detalle la gran actuación que el equipo de EE.UU. había tenido en la competencia.

Cecil le pidió a Gordon que transmitiera sus felicitaciones a Sarah y luego preguntó, "¿Cuándo tiene pensado ese hijo tuyo trabajar a tiempo completo para PPAL?"

"Pronto. Sarah y yo asistiremos a su graduación a finales de este mes."

"Que me llame a casa cualquier noche. Por cierto, Aaron y yo queremos hacer un anuncio de PPAL utilizando a todos los competidores del equipo de EE.UU. que participaron en los Juegos Mundiales de Agilidad — personas y mascotas. Dirá algo así como que las mascotas que vuelan cómodamente rinden mejor."

Gordon y Sarah pasaron el resto de la mañana poniéndose al día con todos los detalles que requieren atención después de haber estado fuera una semana. Estaban en el despacho cuando sonó el teléfono. Sarah contestó. Gordon la escuchó hablar con entusiasmo con quien estuviera al otro lado de la línea y dar los números de teléfono de Essie y Evan, y de Jeanette y Cole. Después de colgar, Sarah se acercó bailando hacia él y le besó la mejilla.

"Era la directora del programa de mi programa matutino nacional favorito. Sabes que el ganador del Mejor en el Show del Westminster Dog Show siempre hace la ronda de programas matutinos de televisión. Pues Jean Miles quiere a Michael, Topaz y Kissy en la televisión porque ganaron el Triatlón de Equipos de Países para EE.UU. en los Juegos

Mundiales de Agilidad. También quiere a Kawdje en el programa porque ganó el oro en el Salto General, además del Biatlón, y a Dustin porque ganó Potencia y Velocidad. Le dije que Bogey ganó la medalla de plata en el Individual General, así que puede que lo quiera también."

"Eso son noticias maravillosas, chica dorada."

Sarah dijo, "Obviamente podemos agradecer a Cecil y Aaron por la próxima publicidad. Ayudará a promover PPAL y su cadena de hoteles y resorts. También es bueno para nosotros. Tenemos acciones fundadoras en PPAL. Aparte de los cinco minutos de fama y el beneficio financiero para nosotros y nuestras familias y amigos, somos los instigadores y promotores de un estilo de vida mejorado para las mascotas. Ese ha sido nuestro objetivo y sigue siéndolo. Esta publicidad ayudará."

Estar en la ronda de programas matutinos de televisión significaba un viaje a la ciudad de Nueva York. Todos se alojaron en el Hotel Families de ABCD Realty. No era tan gloriosamente hermoso como el Resort Familias en Belice, pero había una zona de ejercicio al aire libre para mascotas y un salón de peluquería para mascotas en las instalaciones. Los perros fueron tratados con un baño y corte de pelo, les cortaron y pulieron las uñas y les cepillaron los dientes. Para sus apariciones en televisión, Michael, Kawdje, Dustin y Bogey llevaban pajarita, y Topaz y Kissy lucían una flor de seda sujeta a una cinta que rodeaba sus cuellos.

Aparecieron en tres programas de televisión matutinos nacionales. Las mascotas se adaptaron fácilmente a los horarios apresurados de la mañana y a sentarse tranquilamente bajo luces brillantes y calientes. Michael estaba desconcertado porque Sarah le pintó la oreja izquierda y su mano izquierda antes de los programas. Esperó expectante para actuar, al igual que Topaz, Kissy y Kawdje, quienes también asociaban la oreja coloreada de Michael con una práctica de agilidad, pero ninguno de ellos vio un montaje de agilidad. No tenían forma de saber que el personal del programa de televisión había solicitado a Sarah que pintara la oreja de Michael y su mano porque añadía atractivo humano al hecho de que alguien tuviera dificultades para diferenciar rápidamente la izquierda de la derecha.

PPAL obtuvo publicidad nacional gratuita, ya que todos elogiaron las cómodas acomodaciones proporcionadas para ellos mismos y las mascotas que representaban al equipo de EE.UU. en los vuelos hacia y desde los Juegos Mundiales de Agilidad celebrados en Inglaterra.

Las idiosincrasias y preferencias de las mascotas se discutieron durante los programas nacionales de televisión matutina. La semana siguiente a sus apariciones en televisión, una compañía nacional de cereales ofreció a Essie un contrato para respaldar su marca de avena porque se había mencionado en el programa que las galletas de avena caseras de Essie se usaban como cebo de rendimiento y recompensas de competencia para Kawdje. Una compañía de galletas solicitó a Evan y Sarah que incluyeran a Kissy y Michael en sus anuncios de galletas de jengibre. Un conocido proveedor nacional de equipos de caza y pesca se acercó a Jeanette para usar a Topaz en la campaña publicitaria de su compañía para atraer a las personas que no les gustaba cazar o pescar a probar el camping y otras actividades al aire libre.

Varias semanas después de sus apariciones en los programas nacionales de televisión matutina, los amigos fueron entrevistados en el programa nocturno de televisión en horario de máxima audiencia de Barry Baldwin. Esta vez, Gordon, Cole, Kevin, Aaron, Cecil, Pat y Ed, Jenny, Joy y Sam fueron incluidos, pero no Breen ni Shelly ni tampoco las mascotas.

El enfoque de la entrevista fue PPAL, su origen, su éxito inmediato y el profundo efecto que estaba teniendo en la forma en que las personas vacacionaban y hacían negocios ahora que había disponibles condiciones de viaje aéreo cómodas y seguras para las mascotas. Aaron y Cecil dieron crédito por la creación de PPAL a los demás presentes.

Barry comenzó con Sarah, quien describió cómo Michael fue alojado en la bodega durante el vuelo de México a los EE.UU. y su deseo de mejores condiciones de viaje aéreo para todas las mascotas. Gordon habló sobre la investigación que hicieron él y Sarah sobre las acomodaciones para mascotas en los aviones y su idea de comenzar su propia aerolínea amigable para mascotas, y posteriormente pedir a su hijo que rediseñara los aviones para acomodar áreas para las mascotas. El grupo se turnó para contar sobre su reunión inicial, donde se discutieron las pautas para el viaje seguro y cómodo de las mascotas.

Barry felicitó a Kevin por su reciente graduación en la Universidad de Purdue con un título en ingeniería aeronáutica. "Eres joven para haberte encargado del proyecto de reconfigurar la estructura de un avión para acomodar un elevador que levanta a las mascotas en sus jaulas hasta el área de la cabina." Kevin agradeció a Barry y dio una breve explicación sobre el elevador, diciendo que podía ser operado mecánicamente en una situación de emergencia si había suficientes personas capacitadas para manejar el elevador usando su mecanismo. Mencionó que las personas en silla de ruedas podían entrar en el avión a través del elevador si era necesario o deseado.

A continuación, Barry dirigió su atención a Pat, quien habló sobre los requisitos de viaje aéreo de PPAL para mascotas. Barry la felicitó por ser la jefa del Departamento de Consultoría Veterinaria de PPAL y luego se centró en Ed, preguntándole sobre las responsabilidades de ser el segundo al mando del Departamento Legal de PPAL y Jefe de la División Legal de Viajes Internacionales de PPAL, que aún no había despegado. Barry se rió de su propio juego de palabras. Sabiamente, Ed no entró en los aburridos detalles de la carta de PPAL y evitó hablar en jerga legal. Habló de manera concisa sobre los aspectos legales del viaje internacional de mascotas y dijo que él y su esposa trabajaban en estrecha colaboración en todos los aspectos del viaje seguro y cómodo para las mascotas.

Barry se dirigió a Sarah. "Tengo entendido que todos ustedes se conectaron, de una manera u otra, gracias a los perros. Conociste a Essie y Evan Kilmer en una exposición canina de conformación donde se demostraba el deporte de la Agilidad Canina y, posteriormente, te presentaron a Gordon. Tu mascota, Michael Archangelo, es un perro callejero mexicano que rescataste y trajiste a este país. Michael no puede ser inscrito en exposiciones de conformación porque no es un perro de raza pura, pero querías que tuviera algo de entrenamiento y una actividad valiosa, así que decidiste que la Agilidad Canina era el camino a seguir. ¿Habías planeado desde el principio que eventualmente estaría en el equipo que representó a nuestro país en los Juegos Mundiales de Agilidad?"

"No, pero rápidamente me di cuenta de lo talentoso que es como Perro de Agilidad".

Barry cambió de enfoque hacia Jeanette y Cole y les preguntó por qué decidieron que su Pointer Alemán de Pura Raza se convirtiera en un Campeón de Agilidad en lugar de un Campeón de Conformación o incluso un Campeón de Campo. Jeanette explicó que Topaz mostró un desinterés total en las exposiciones de conformación y su manejador profesional les había aconsejado que Topaz nunca ganaría debido a su evidente actitud de aburrimiento. Cole le dijo a Barry que los ciervos perseguían a Topaz en lugar de ser ella quien los persiguiera, así que nunca podría convertirse en una Campeona de Campo. Todos se rieron.

Jeanette describió cómo vio a Essie llevando a Kawdje y la enorme cinta azul que acababa de ganar en una exposición de conformación y cómo comenzó una conversación con ella y Evan, quienes posteriormente hablaron sobre una mujer que tenía una instalación parcial de Agilidad Canina en su propiedad porque estaba interesada en que su perro se convirtiera en un Campeón de Agilidad.

Evan entró en la conversación diciendo que Kissy también se aburría en las exposiciones de conformación y que su actitud, combinada con el hecho de que sus patas eran ligeramente demasiado largas para ser una perra de exhibición de primer nivel, aseguró su decisión de introducirla en la Agilidad Canina porque ella había mostrado gran interés al ver una demostración del deporte.

Essie dijo que Kawdje era una estrella en las exposiciones de conformación, pero fue inscrito en el entrenamiento de Agilidad Canina porque querían hacer de ello una actividad familiar.

"Entiendo que su hija, Joy, y su yerno, Sam, tienen uno de los cachorros de Kissy y Kawdje", dijo Barry.

Joy entró en la conversación, diciendo que ella y Sam estaban entrenando a Sneakers en el deporte de Agilidad Canina y también lo estaban llevando a exposiciones de conformación.

Sam le dijo a Barry que él y Joy querían tener la opción de que Sneakers viajara cómodamente con él cuando viajaba por el país durante la temporada de baloncesto, pero habían invertido en PPAL antes de que Sneakers se uniera a su hogar. Mencionó que su compañero de equipo, Beau Benadar, también tenía uno de los cachorros de Kissy y Kawdje.

Barry comentó que recordaba haberlos visto en uno de los comerciales de PPAL y que también recordaba haber visto la ceremonia de boda de Sarah y Gordon, que incluía a Michael, Topaz, Kissy y Kawdje, transmitida por internet a través de YouTube.

"Me pareció hilarante cuando cantaron durante la ceremonia, pero también fue conmovedor".

Después de que todos dejaron de reír, Aaron dijo que él y su esposa tenían uno de los cachorros de Kissy y Kawdje y que Mimi estaba muy metida en el circuito de exposiciones de perros de conformación con Caressa. Cecil le dijo a Barry que él y su esposa tenían uno de los cachorros de Ángel de Topaz y Michael.

Barry le pidió a Jeanette que le contara sobre los cachorros. Ella describió el patrón de crecimiento del pelaje que parecía alas, lo que la inspiró a ella y a Sarah a desarrollar una nueva raza llamada Perros Ángel, y el protocolo que se debía seguir al desarrollar una nueva raza. Mencionó que Pat también estaba involucrada en el programa de cría de Perros Ángel y era su asesora.

Finalmente, Barry habló con Jenny, "Tengo entendido que tienes uno de los cachorros de Kissy y Kawdje y que eres activa en el deporte de la Agilidad Canina. Cuéntame sobre eso".

Jenny describió cómo había logrado su Nivel Senior en el Programa de Manejo Junior y había competido con Kissy y Topaz para lograrlo. Dijo que ella y Candy estaban muy involucradas en la Agilidad Canina y que querían eventualmente formar parte del Equipo USA en un Campeonato Mundial de Agilidad. Cuando Barry le preguntó por qué tenía un cachorro de Kissy en lugar de uno de Topaz, Jenny explicó que solo tenía once años cuando vivía con su tía Jeanette, su tío Cole y Topaz, y en ese momento, un perro más pequeño se adaptaba mejor a su tamaño. Dijo que le encantaba la personalidad extrovertida de Kissy y su obvia actitud de "deseo de ganar". También describió el vínculo especial que había desarrollado con Topaz, quien huía de los ciervos y no perseguía a la fauna local, pero la había atacado y salvado de un ladrón.

A instancias de Barry, describió el incidente. Después de que terminó, Barry dijo: "Me han dicho que fue tu idea nombrar a la aerolínea que acepta mascotas PPAL. ¿Por qué elegiste ese acrónimo?".

Jenny pareció perpleja por unos segundos y luego su expresión se aclaró y dijo: "Porque las mascotas son nuestros amigos".

Barry respondió, "Lo son, sin duda".

Barry dijo, "Aaron y Cecil, ustedes son los "bolsillos profundos" necesarios para poner en marcha PPAL, y a partir de su participación en una nueva compañía aérea amigable con las mascotas, hicieron cambios drásticos en sus propiedades inmobiliarias. Cuéntenme sobre eso".

Aaron dijo que él y Cecil se dieron cuenta de que los hoteles necesitaban acomodar a las mascotas que viajaban con sus familias y que los hoteles Families/Familias surgieron de esa necesidad.

"Todas nuestras instalaciones tienen salones para mascotas, además de paseadores de perros y cuidadores de mascotas. Existen áreas de ejercicio al aire libre en algunas instalaciones con planes para instalarlas en todos nuestros lugares".

Cecil resumió la situación diciendo: "Las mascotas que viajan necesitan un lugar cómodo para quedarse en su destino tanto como las personas".

Cecil continuó explicando que PPAL se estaba expandiendo tan rápido como podía mientras seguía siendo financieramente sólido. Enfatizó que los vuelos de PPAL eran adecuados para personas que viajaban sin mascotas, aunque el principio sobre el cual se fundó la compañía aérea era proporcionar alojamiento seguro y cómodo para mascotas y personas.

Barry miró directamente a la cámara y dijo: "Kissy y Kawdje, perros de raza pura Tibetanos Spaniels, con pedigrees ilustres, que siempre han vivido en el privilegio; Michael Archangelo, un perro mestizo de la calle de México, que, a pesar de tener miedo a la gente, decidió dar un salto de fe y confiar en una mujer que lo ayudó; y Topaz, una gentil Pointer Alemana de Pelo Corto que siempre ha vivido en amor y armonía con los animales a los que se supone que debe cazar y perseguir según su raza, formaron un equipo de Agilidad Canina increíblemente talentoso y exitoso que alcanzó su apogeo cuando representaron al Equipo USA en los Campeonatos Mundiales de Agilidad este año. Estos cuatro perros y sus familias se unieron con el propósito común de convertirse en Equipos de Agilidad Canina Campeones y todas sus vidas se entrelazaron mientras se abrían senderos felices e imprevistos".

De esa alianza ha surgido una aerolínea amigable con las mascotas, una cadena de hoteles de lujo que aceptan mascotas, empleos de paseadores de perros y cuidadores de mascotas en hoteles, viajeros de negocios que ahora pueden llevar a sus mascotas con ellos y una nueva raza de perro llamada Perros Ángel.

Las familias de Kissy, Kawdje, Topaz y Michael Archangelo, inspiradas por su amor por estos cuatro perros, están haciendo del mundo un lugar más seguro y feliz para las mascotas en todas partes, rompiendo tradiciones que no apoyan la estrecha compañía con las personas que los perros desean.

Los padres de Jenny vieron el programa de televisión de Barry Baldwin mientras cuidaban a Michael, Topaz, Kissy, Kawdje, Mary, Sonny, Michelle, Candy, Sneakers, Gabby y Caressa en la casa de Jeanette y Cole. Se había planeado una fiesta después del programa de televisión.

Las mascotas se perseguían unas a otras, subiendo y bajando las escaleras, alrededor de los muebles y entrando y saliendo de las habitaciones, excepto del comedor, cuyas puertas francesas estaban cerradas para evitar que probaran el buffet de comida antes de la hora señalada.

Sonó el timbre. Don e Iris Prescott acompañaron a Beau y Selma Benadar al interior. Inmediatamente, las mascotas los rodearon. Beau dejó a Hershey en el suelo del vestíbulo y desapareció en un mar de colas moviéndose mientras todas las mascotas se dirigían al salón familiar y se acomodaban en los sofás y sillones cubiertos con mantas o se tumbaban en la alfombra oriental de felpa.

Kissy dijo: "Esto es una fiesta".

"Eso significa mucha comida sabrosa", dijo Kawdje.

"Ya lo creo", dijo Topaz. "Por eso las puertas del comedor están cerradas. Es para evitar que comamos algo hasta que lleguen nuestros padres".

Sonny dijo: "Espero que tengamos crème brûlée de postre. Es uno de los mejores placeres de la vida".

"¿Cuál es el mejor placer de la vida, papá?" Michelle le preguntó a Michael. "Es amar a tu familia y ser amado a cambio. El amor es el mejor placer de todos. ¡Pero la crème brûlée está en segundo lugar!"

www.ingramcontent.com/pod-product-compliance
Lightning Source LLC
Chambersburg PA
CBHW030225100526
44585CB00012BA/221